제2판 행복한 가족을 위한

예비부모교육

전 선 옥

창지사

머리말

대학에서 '결혼과 가족'이라는 교과목을 10년 가까이 가르치면서 그 짧지 않은 시간 동안 우리 사회 젊은이로 대표되는 대학생의 연애관, 결혼관, 자녀관 등이 빠르게 변화하고 있다는 것을 직접 느꼈다. 매년 수업이 시작되는 첫 시간에 학생들에게 교과목에 대한 관심을 유도하고자 빠지지 않고 던지는 나의 질문이 몇 가지 있는데, 주로 "현재 사귀는 이성친구가 있습니까?", "앞으로 결혼 계획이 있습니까?", "결혼을 한다면 자녀를 낳고 싶습니까?" 등이다. 이성친구가 있는 학생들에게는 자신과 상대방을 위해서 예쁜 관계를 맺으길 격려해 주고, 아직 없는 친구들에게는 청년기 발달과업 중에 '이성교제'가 포함되니 발달지체가 되지 말고 열심히 찾아보라고 격려해 준다. 이어지는 학생들의 결혼관과 자녀관에 대한 대답은 세상의 변화를 실감 나게 하는데, 시간이 흐르면 흐를수록 결혼을 하지 않겠다는 학생 수가 점점 더 늘어나고, 당연히 자녀를 낳지 않아도 무방하다는 생각을 하는 학생이 많아지고 있는 것이 현실이다. 비혼과 만혼, 그로 인한 만산과 저출산 현상 등의 문제는 앞으로 우리 사회가 해결해야 할 큰 숙제라는 생각이 든다.

그러나 아직 대부분의 사람들은 성인이 되면 결혼을 하고 자신의 가족을 이루어 자녀를 낳고 부모가 되는 삶의 과정을 꿈꾸며, 실제로 결혼하여 부모가 된다. 부모가 된다는 것은 소중한 생명을 나로 인해 이 세상에 나오도록 하고 또 그 아이가 사회의 구성원으로 잘 성장할 수 있을 때까지 모든 지원을 해야 하는 힘들고도 엄청난 일이다. 그런데 대부분의 사람들은 그 중요하고 엄청난 일을 준비 없이 계획하고 실행하며 시행착오를 거듭한다. 주변을 돌아보면 누구나 부모가 되고, 부모가 되는 것은 자연스러운 일이라고 받아들여지므로 특별한 교육을 받지 않아도 올바른 부모역할을 수행할 수 있다고 생각하기 때문이다. 그러나 많은 학자들은 부모역할을 성공적으로 수행하기 위한 방법 가운데 하나가 부모역할을 미리 준비하는 것이라는 사실에 의견을 일치한다. 준비된 부모는 부모로서의 역할을 보다 만족스럽게 수행하고, 자녀의 발달에 필요한 최적의 환경을 마련해 주며, 부모-자녀 간의 관계를 긍정적으로 유지하여 가족 구성원 모두가 행복을 느낄 수 있다.

이 책은 예비부모를 대상으로 부모가 되는 과정에서 필요한 여러 가지 준비를 돕기 위한 목적으로 집필되었고, 모두 3부로 구성이 되었다. '결혼과 가족'이나 '예비부모교육'이라는 명칭의 교과목이 대부분 1, 2학년 과정에서 교양과목으로 다루어지고 있는 점을 고려하여 가급적 어려운 이론 부분을 간소화하고, 전문 용어를 최소화하였으며, 각 장의 끝부분에 함께 시청하면 도움이 되는 동영상 자료를 안내하고 스스로 생각해 볼 수 있는 문제를 첨가하였다. 제1부 '행복한 결혼과 가족'은 결혼과 가족의 의미와 결혼에 이르는 과정으로써의 사랑과 이성교제, 남성과 여성에 대한 이해, 결혼과 부부, 건강한 가족을 위한 대화기술을 내용으로 담았다. 제2부 '행복한 부모 되기'에서는 예비부모교육의 필요성과 부모교육의 역사 및 현황, 부모됨의 의의 및 동기, 부모기의 단계, 부모의 양육태도에 대해 다루었다. 마지막으로 제3부 '자녀의 발달에 따른 부모역할'에서는 자녀양육에 필요한 발달의 원리와 시기별 발달 특징 및 부모역할을 안내하고 사회적 이슈인 아동학대와 아동권리에 관한 내용도 포함시켰다. 최근 결혼을 하지 않으려 하거나, 결혼을 하더라도 자녀를 갖지 않으려는 사회 분위기를 고려하여 교재의 내용을 구성함에 있어 결혼과 가족에 관한 내용과 부모됨 및 자녀양육에 관한 내용을 균형 있게 담고자 노력하였다. 나이를 한 살 한 살 더 먹어 가면서, 앞으로 우리 자녀 세대들이 살아갈 미래의 세상이 좋아지는 일이 있다면 작은 힘이나마 보태며 살아야겠다는 생각을 자주 하게 된다. 이 책이 미래에 부모가 될 우리 청년들이 서로 아름답게 사랑하고 행복한 가족을 일구어 좋은 부모가 되는 데에 도움이 될 수 있기를 간절히 바란다.

부모교육의 중요성과 올바른 방향에 대한 통찰을 갖도록 가르침을 주신 모교의 은사님들과 늘 가까이에서 변함없는 격려와 지지를 보내 주는 고마운 김정원 선배님, 자녀양육에 관한 많은 정보를 보태 준 제자 황지영 교수와 조혜원 원장에게 감사의 마음을 전해 드린다. 그리고 내가 믿고 의지할 수 있는 형제들과 행복한 어린 시절을 선사해 주신 부모님께 감사드리며, 아내와 엄마의 곁을 늘 함께 지켜 준 남편과 아들에게도 깊은 고마움을 전한다. 특히, 나의 아들로 이 세상에 와 주고, 성장하면서 매 순간 말로는 표현할 수 없는 엄청난 기쁨을 안겨 주며, 부모의 역할에 대해 꾸준하게 생각하고 공부하도록 만들어 주는 우성범 군에게 마음 가득한 사랑을 전한다.

2017년 2월 20일

전 선 옥

차례

PART. 02 행복한 부모 되기

PART. 03 자녀의 발달에 따른 부모역할

PART. 01

행복한 결혼과 가족

C · H · A · P · T · E · R 01

결혼과 가족

최근 결혼을 미루거나 하지 않는 젊은이가 급증하고 있고 결혼과 가족에 대한 가치관이 달라지고 있지만 여전히 대다수의 남녀는 결혼을 하고자 하고 또한 인생의 한 지점에서 배우자를 만나 결혼하여 가정을 이룬다. 결혼은 새로운 가족의 탄생이며, 성인 남녀는 결혼을 통하여 배우자라는 중요한 가족을 새로 만나고 선택한다. 가족 구성원 중 자신을 낳아 주신 부모와 형제를 자신이 원하는 사람으로 선택할 수는 없지만 배우자는 스스로의 결정에 의해 선택할 수 있는 유일한 가족 구성원이다. 대부분의 사람이 자신을 낳아 주신 부모님과 대략 30년 안팎의 시간을 보낸다면 결혼을 통하여 만나게 될 새로운 가족인 배우자와는 그보다 훨씬 더 오랜 시간을 함께 보낸다. 또한, 결혼을 통하여 새롭게 부여받은 아내와 남편의 역할, 며느리와 사위의 역할, 그리고 부모와 조부모로서의 역할 등을 수행하며 다양한 삶의 여정을 보내게 된다.

이 장에서는 결혼과 가족에 대한 이해를 돕기 위해 결혼과 가족의 개념과 기능에 대해 알아보고, 결혼관과 현대사회 가족의 변화에 대해 살펴보고자 한다.

01 결혼

1) 결혼의 의의와 동기

(1) 결혼의 의의

대부분의 사람은 성인이 되면 결혼을 하고 결혼을 통하여 새로운 가족과 새로운 인생을 시작하기 때문에 결혼을 제2의 탄생이라고 한다. 또한, 결혼은 새로운 가족의 출발점이 된다. 좁은 의미에서 결혼은 결혼식 자체를 의미하기도 하지만 결혼은 의식만이 아닌 보다 포괄적인 의미로 사용된다. 결혼은 서로 다른 성(性)을 가진 두 사람의 성인이 정서적 · 법적으로 연합하여 동거하는 관계를 의미한다. 결혼은 성인 남녀가 합의하에 가정을 이루는 인간의 생활양식 중에서 가장 기본적인 행동으로 성적 욕구의 충족과 더불어 자손의 번식을 도모하고, 인간의 기본적인 생활을 충족시키는 것이다(양명숙, 1996). 결혼은 남녀 간의 애정과 사랑의 결합이라는 의미뿐만 아니라 결혼이라는 제도를 통해서 가족과 사회가 유지되고 재생산된다는 중요한 의미도 있다. 그러므로 대부분의 사람은 결혼을 통해 새로운 가정을 만들며, 가정에서 자녀를 낳아 사회 구성원을 재생산하고, 사회화시켜 성숙한 인간으로 성장할 수 있도록 하는 역할을 하며, 이는 가족이라는 이름으로 서로에게 특별히 의미 있는 존재로 작용한다(이세영, 2013).

결혼이 대부분의 사람이 경험하는 보편적인 사회현상이라 할지라도 시대에 따라 그 목적과 풍습은 다양하게 변화되었다. 고대 그리스나 로마 등의 사회에서 결혼은 의무적이었고 우리나라에서도 전통적인 규범은 일단 적령기가 되면 특수한 경우를 제외하고는 누구나 결혼을 하는 것이 자연스럽게 받아들여졌다. 이와 같은 전통사회에서의 결혼에 대한 사회적인 분위기는 우리나라의 “헌 짚신도 제짝이 있다”, 영어의 “Every Jack has his Gill”과 같은 속담에서도 찾아볼 수 있다. 한국 전통사회에서 결혼은 가문의 영속과 번영을 위한 양가의 결합수단이었다. 그러나 시대가 흐르고 사회가 빠르게 변화하면서 여성의 사회 진출 증가, 교육 수준의 향상, 남녀평등사상 등의 증가로 결혼관이 변화하고 남녀 간의 교제가 자유롭게 허용됨에 따라 결혼에 대한 규범이 의무에서 선택이 되었다. 결혼의 목적도 과거와 달리 개인의 행복이나 자아의 실현이 중요하게 여겨지고, 결혼 적령기나 부부가 될 남녀의 나이 차이, 연상연하 커플에 대한 생각도 매우 유연해졌다.

결혼에 대한 생각이 시대에 따라 변화해 왔을지라도 결혼은 다음과 같은 특성이 있다(김시업, 1998; 정복분 · 정순화, 2014).

첫째, 결혼 자체는 개인의 사적인 영역에 속하는 일이지만 결혼이 성립되기 위해서는 적정 연령에 도달해야 하는 것과 같은 일정한 법률적 조건이 충족되어야 하므로 결혼은 법률적 계약이다. 우리나라는 「민법」 제807조에 의해 법적으로 남자와 여자 모두 만 18세가 되어야 혼인할 수 있고, 만 18세가 되었더라도 만 20세가 되기 전에는 미성년자이므로 혼인을 하기 위해서는 부모 등 법정대리인의 동의를 받아야 한다.

둘째, 결혼은 경제적 측면을 공유하는 것이며, 경제적 책임은 결혼의 법적 계약 요소에서 가장 중요시되는 요인 가운데 하나이다. 결혼을 하면 혼인신고를 함으로써 각 배우자는 상대 배우자의 재산을 공유할 수 있는 권리를 갖는다.

셋째, 결혼은 법적인 계약이기도 하지만 동시에 정적인 측면이 강하게 작용하며, 서로에 대한 신뢰와 사랑, 정직과 존중에 대한 약속으로 상호 간에 친밀한 관계를 발전시켜 나가는 정서적인 결합이다. 부부는 서로가 연인, 친구, 삶의 동반자로서 믿고 의지할 수 있는 사람이 되어 준다.

넷째, 결혼은 부부 상호 간에 성적 소유를 선언하는 것으로, 두 사람은 결혼을 통해 합법적으로 성적 욕구를 충족시킬 수 있고 자녀 출산을 통해 새로운 사회적 단위를 형성하며 이를 통해 사회가 존속된다. 부부는 결혼을 함으로써 서로 성적인 파트너로서의 독점권을 행사할 권리와 의무를 지니며, 결혼 이후에는 각자 성적 정절을 지켜야 할 의무가 있다.

이상에서 살펴본 바와 같이 결혼은 서로 사랑하는 두 남녀의 신체적 · 정서적 · 사회적 결합을 의미하고, 결혼을 통하여 개인의 욕구를 충족시킴과 동시에 사회적 책임을 지게 된다. 그러므로 결혼한 부부는 사회 문화적인 관습과 규범 및 법률적 의무와 권리를 수행해야 한다. 결혼을 앞둔 젊은이 대부분은 가슴 설레는 프러포즈, 순결한 백색의 웨딩드레스와 멋진 턱시도를 입고 하객들의 박수를 받으며 행진하는 결혼식, 달콤한 신혼의 단꿈 등을 꿈꾸지만 사실 실제 결혼생활은 그리 쉬운 일이 아니다. 서로 다른 환경에서 자란 부부가 서로 애정과 신뢰를 바탕으로 이해하고 양보하며 때로는 인내하면서 자녀를 낳아 잘 키우고 인생의 고비에서 만나는 다양한 어려움을 함께 극복하면서 인생의 노년을 함께 맞이할 수 있도록 노력하는 것이 필요하다.

〈표 1-1〉 결혼에 대한 환상과 현실

결혼에 대한 환상	결혼에 대한 현실적 사고
우리의 결혼은 다른 사람들의 결혼과 다를 것이다.	우리의 결혼을 다른 사람의 결혼과 다르게 만들기 위한 노력을 해야 한다.
우리는 상대방을 행복하게 만들기 위해 노력해야 한다.	우리는 배우자의 행복에 영향을 미칠 수 있지만 책임을 질 수는 없다.
우리의 갈등은 심각하지 않다.	우리의 갈등이 심각하지 않을 수도 있지만 해결방안은 있어야 한다.
배우자는 내가 원하는 모든 것을 충족시켜 줄 것이다.	배우자는 나의 욕구 충족을 위해 노력을 할 수 있지만 사실 내 욕구는 나 자신이 충족시킬 수 있어야 한다.
사랑이 깊을수록 갈등이 적을 것이다.	사랑과 갈등은 불가분의 관계이다. 부부간의 갈등을 줄이는 것은 결혼에 대해 현실적인 적응을 했을 때 가능하다.

출처: Knox, D. & Schacht, D.(1999). Marriage and Family. Belmont, CA: Wadsworth Publishing Company. 김경자 외(2007). 함께 성장하는 결혼과 가족. p. 20. 서울: 도서출판 구상.

(2) 결혼의 동기

과거 우리나라에서는 결혼의 목적이 결혼 당사자의 개인적인 행복보다는 가계 계승을 전제로 한 가부장제의 유지였다고 볼 수 있다. 그러나 현대로 오면서 빠르게 진행되는 사회적 변화로 인해 결혼관이 변화하여 결혼의 목적이나 동기도 바뀌었다. 오늘날 결혼은 과거처럼 인생에서 거쳐야 하는 당연하고 필수적인 절차라고 생각되기보다는 개인적인 선택 영역으로 변화하고 있지만, 대다수의 사람은 결국 결혼을 선택한다. 그렇다면 사람들은 왜 결혼을 선택하는 것일까? 결혼의 동기는 결혼생활의 적응에 영향을 미치는 중요한 요인 가운데 하나이며, 어떤 동기로 결혼에 이르렀는가 하는 것은 결혼생활 중에 발생하는 문제를 대하는 태도에도 영향을 준다.

결혼에는 다음과 같은 동기가 작용한다(Turner & Helms, 1994).

첫째, 사랑을 실현하기 위해서이다. "왜 결혼하는가?"에 대한 가장 많은 대답은 "사랑하니까."이다. 결혼의 가장 강한 동기는 사랑하는 사람과 함께 지내고 싶기 때문이다. 특히, 현대의 결혼은 배우자와의 친밀감에 바탕을 두고 함께하는 관계가 그 기본적인 전제이기 때문에 애정은 결혼을 유지시키는 가장 기본적인 요인이자 애정이 식었을 때에는 이혼을 감행할 정도로 중요한 요인이다.

둘째, 성행위에 대한 합법성 부여를 위해서이다. 성인이 되면 남녀는 자연스럽게 성적 욕구를 느끼며, 성욕은 모든 성인이 가지는 기본적인 욕구이다. 결혼을 통해 합법적 부부관계가 됨으로써 두 사람은 서로에게 합법적인 성관계 대상이 된다. 종교적으로도 결혼은 간음을 피하기 위한 수단으로 그 합법성을 인정받고 있다.

셋째, 경제적 안정을 위해서이다. 경제적 안정도 결혼의 중요한 동기가 된다. 남성이 경제적 부양을 담당하고 여성이 자녀양육과 가사노동을 담당하는 전통사회에서 경제적 안정은 남성보다 여성에게 더 큰 결혼의 동기로 작용하였다. 남성의 직업이나 경제적 능력이 여성의 배우자 선택에서 우선순위를 차지하는 것이나 최근에 남성이 직업을 가진 여성을 선호하는 현상은 모두 결혼의 동기로 경제적 안정의 중요성을 반영하는 것이다.

넷째, 정서적 안정을 위해서이다. 결혼을 함으로써 나를 이해해 주고 함께 살아갈 인생의 동반자를 얻었다는 충만감은 정서적 안정감을 준다. 사람들은 결혼생활을 통해서 한 개인으로서 자신의 성장과 욕구만을 생각하는 것이 아니라 서로를 지지해 줌으로써 정서적으로 안정감을 느끼게 된다.

다섯째, 자녀를 출산하여 부모가 되기 위해서이다. 전통사회에서는 자녀 출산을 통해 가계를 계승해 나가는 것이 결혼의 가장 중요한 동기였다. 사회생물학적인 관점에서도 결혼을 통한 자녀의 출산은 자기 유전자를 보존하는 가장 효과적인 방법이다. 현대사회에서는 이러한 관념이 상당히 약화되었으나 여러 가지 이유에서 사람들은 아직도 결혼을 하고 자녀의 출산을 희망한다. 자녀 출산은 개인적인 동기이자 사회 구성원을 충당한다는 사회적인 의미를 가지기도 한다.

여섯째, 성인으로서의 신분 획득을 위해서이다. 결혼은 성인으로서의 신분을 인정하는 중요한 의식이다. 결혼을 통해 독립된 신분을 인정받은 상태에서 부모에게서 독립하여 부부만의 생활을 하게 되는 것이다.

일곱째, 사회적 기대에 부합하기 위해서이다. 어느 사회에서나 일정한 연령이 되면 결혼을 하는 것이 정상이라고 하는 결혼 적령기가 있다. 사회가 현대화될수록 결혼 적령기가 늦어지고 적령기에 대한 압박은 줄어들고 있지만 일정 연령이 지나면 결혼할 것이 기대되는 것은 사회적 통념으로 받아들여지고 있다.

미혼 남녀가 이상에서 살펴본 바와 같은 정상적인 결혼 동기에 의해 결혼하고, 결혼생활을 한다고 해도 결혼하는 사람 모두가 행복하고 안정적이라고 할 수는 없다. 시간이 가면서 점차 멀어져 가는 부부관계, 많은 노력과 희생을 필요로 하는 자녀의 출산과 양육, 풍족하지 않은 경제적 여건, 친인척과의 갈등 등으로 인해 행복한 결혼생활을 유지하기가 쉽지 않을 수도 있다. 그러나 많은 기혼자는 결혼에 대해 긍정적인 견해를 가지고 있으며, 자신의 자녀도 결혼하여 안정적인 가정에서 행복하게 생활하기를 바란다.

■ 결혼하기에 부적합한 동기

① 순간적인 열정으로 한 결혼

: 매력적인 사람과 사랑에 빠지기는 쉬우나, 열정이 단기간에 형성된 것이라면 상대방을 충분히 이해하지 않은 상태이므로 순간적인 열정만으로는 상호이해의 기반이 약하다.

② 현실 도피적인 결혼

: 현재의 불행한 가정에서 탈출하기 위하여 또는 자신의 목표를 달성하지 못한 좌절감에서 벗어나고자 하는 마음이 결혼의 강력한 동기가 되면 성공적인 결혼이 되기 어렵다.

③ 지위 상승의 수단으로서의 결혼

: 현재 자신의 사회적 지위나 경제적 상태를 개선하기 위한 수단으로 결혼을 하는 사람이 있는데 지위나 경제를 목표로 하는 결혼은 매매혼과 다를 바가 없고 행복한 결혼이 되기 어렵다.

④ 반발에 의한 결혼

: 교제하는 사람이 다른 사람과 사귀거나 결혼을 했을 경우에 그 사람에 대한 반발로 결혼을 행하는 경우이다. 반발로 인한 결혼은 헤어진 사람과의 관계에 얽매여 있고 현재 결혼하는 사람과의 관계가 미처 성립되지 않아서 결혼생활에 문제를 유발시킬 수 있으므로 과거의 부정적 기억을 극복할 수 있을 때까지 기다리는 것이 좋다.

⑤ 동정에 의한 결혼

: 상대방에게 은혜를 입어 보답하기 위해 결혼을 하거나 관계를 끝내는 상대방에 대한 죄책감이나 측은지심을 느껴 결혼하는 경우도 있다. 결혼은 은혜를 갚거나 동정심을 갖는 관계가 아니라 대등한 관계여야 한다.

출처: 이정덕 · 김경신 · 문혜숙 · 송현애 · 김일명(1998). 결혼과 가족의 이해. pp. 141-143. 서울: 신정.

2) 결혼 현황과 결혼관의 변화

(1) 결혼 현황

오늘날 우리 사회는 저출산 세계 1위, OECD 가입국 중 2009년 이혼율 1위, 한부모가족, 재혼가족, 다문화가족, 1인 가구의 증가 등 다양한 사회적 변화와 함께 결혼의 형태도 다양하게 변화하고 있다. 우리가 경험하고 있는 결혼과 가족의 변화는 그 어느 때보다 변화의 폭이 크고 속도가 빠르며, 현대사회의 변화와 발맞추듯 너무나 다양해졌다. 결혼을 하지 않는 사람의 수가 늘어나고 있고, 초혼연령이 늦어졌으며 이혼율과 재혼율 또한 증가하고 있다.

❶ 초혼연령

최근 한국 사회는 급격한 변화로 인해 전통적으로 전해 오던 많은 사회적 가치관이나 생활 방식이 크게 변화하면서 과거에 반드시 거쳐야만 하는 통과의례로 여겨지던 결혼이나 자녀 출산이 필수가 아닌 개인적인 선택의 영역이 되어 혼인율과 출산율이 심각할 정도로 낮아지게 되었다. 청년층의 경우에는 끊임없는 경쟁과 불안정한 일자리로 인해 자신의 생활영역을 마련하는 데 급급한 삶을 살고 있으며, 천정부지로 치솟는 집값으로 인해 연애, 결혼, 출산을 포기하는 새로운 현상이 나타나고 있는데 이를 '3포 세대'라고 칭하고, 이에 더해 최근에는 5포 세대(3포+직장, 내 집 마련), 7포 세대(5포+인간관계, 미래 희망), n포 세대라는 용어까지 등장하였다(스포츠투데이, 2015. 11. 24.).

이와 같은 현실적인 어려움 앞에서 결혼연령도 갈수록 늦어져 초혼연령이 1960년에 남자 25.4세, 여자 21.6세이던 것이 2007년 남자 31.1세, 여자 28.1세로 나날이 늦어졌다. 2014년에는 남자의 경우 평균 32.4세로 10년 전인 2004년의 30.5세보다 1.9살이 늘었고, 여자는 2014년 29.8세로 2004년 27.5세보다 2.3세가 증가하였다(보건복지통계연보, 2015). 또한, 2015년에는 평균 초혼연령이 남녀 모두 전년보다 각각 0.2세 상승한 32.6세, 30.0세로 조사됐는데, 여성의 평균 초혼연령이 30대에 진입한 것은 통계 작성 이래 처음이었다(헤럴드경제, 2016. 4. 7.). 2018년에는 남성 초혼연령이 33.2세, 여성 초혼연령이 30.4세로 더욱 증가하였다.

〈표 1-2〉 남녀 평균 초혼연령의 변화

		2005	2006	2007	2008	2009	2010	2011	2012	2013	2014	2015	2016	2017	2018
초혼연령	남자	30.9	31.0	31.1	31.4	31.6	31.8	31.9	32.1	32.2	32.4	32.6	32.8	32.9	33.2
	여자	27.7	27.8	28.1	28.3	28.7	28.9	29.1	29.4	29.6	29.8	30.0	30.1	30.2	30.4

출처: 통계청(각 년도). 인구동향조사.

❷ 혼인건수

통계청이 발표한 '2018년 혼인 · 이혼 통계'를 보면 2018년 혼인건수는 25만 7,600건으로 전년도보다 2.6% 감소했다. 이는 2003년 30만 2,500건 이후로 가장 낮은 수치이다. 특히, 인구 1,000명당 혼인건수를 의미하는 조혼인율은 2011년 6.6건을 기록한 이후 2012년 6.5건, 2016년 5.5건, 2018년 5.0건으로 꾸준히 하락해 왔다. 이와 같은 혼인건수 감소에 대해 통계청은 혼인기에 접어든 20대 후반부터 30대 초반의 남녀 인구가 감소하였고 최근 경기 부진이 겹친 것이 주된 원인이라고 설명하였다. 여기에 더해서 사상 최대의 취업난을 겪으면서 'n포 세대'가 급격히 늘고 있는 현실을 반영하는 것이라고 볼 수 있다. 특히, 과거와 비교하여 여

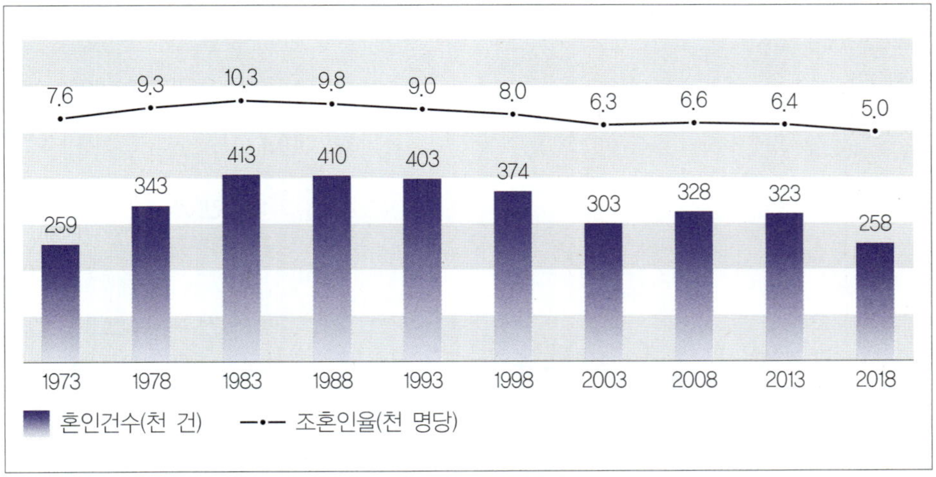

[그림 1-1] 총 혼인건수 및 조혼인율 추이

출처: 통계청(2018). 혼인통계.

성의 경우 고학력화로 인한 사회 진출이 늘어나면서 경제적 능력을 갖추게 되었는데, 좋은 직장과 경제력은 혼인율의 감소 및 초혼연령의 상승과 밀접한 관련이 있다고 하겠다.

❸ 이혼율과 재혼율

결혼과 관련하여 우리가 경험하고 있는 변화는 그 어느 때보다 변화의 폭이 크고 속도가 빠르며, 이러한 상황 속에 사회의 한 현상으로 자연스럽게 자리 잡은 것이 바로 이혼과 재혼이다. 우리나라의 이혼율은 1982년부터 2003년까지 증가한 후 2004년부터 최근까지 감소 추세로 전환되고 있었으나, 2018년 이혼은 10만 8천 7백 건으로 전년도(10만 6천 건)보다 2.5% 증가하였고, 이혼율의 증가는 재혼의 증가를 동반하였다. 재혼율은 남녀 모두 1982년부터 2005년까지 증가한 후 2006년부터 다소 감소하는 추세이나, 여자 재혼이 남자 재혼을 추월하여 2012년에는 여자 재혼이 남자 재혼보다 높게 나타났다.

우리나라의 이혼율은 한동안 급격한 증가세를 보였으나 다행히도 2004년도부터 조금씩 줄어들고 있으며, '이혼숙려제' 등이 도입되어 더욱 효과를 발휘하고 있다. 이혼숙려제란 협의이혼 당사자가 일정 기간(양육하여야 할 자녀가 있는 경우는

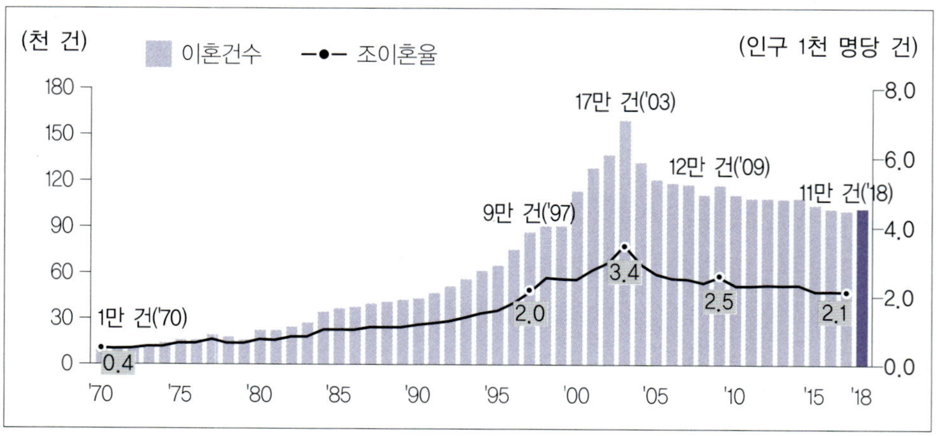

[그림 1-2] 이혼건수 및 조이혼율 추이, 1970~2018

출처: 통계청(2019). '2018년 혼인 · 이혼 통계' 보도자료.

3개월, 양육하여야 할 자녀가 없는 경우는 1개월)이 경과한 후 가정법원으로부터 이혼 의사 확인을 받아야만 이혼할 수 있도록 하는 제도로 2007년 12월에 법이 개정되고 2008년 6월 22일부터 시행되었다. 이혼하는 부부의 이혼 사유는 대부분 부부간의 성격 차이나 경제적인 문제가 높은 비중을 차지하며, 최근에 외국인과의 결혼이 늘어나면서 이혼 사례 또한 급증하고 있다.

우리나라 재혼은 사별 후의 재혼보다 이혼 후의 재혼이 높은 비율을 차지하며, 사별 후의 재혼은 점점 감소하는 데 비해 이혼 후의 재혼은 점점 증가하고 있다. 특히, 재혼이 이루어지는 연령대를 보면, 30~50세의 재혼이 전체의 70%를 차지하는데 이는 초혼을 통해 얻은 자녀가 있는 상태에서 재혼이 이루어질 확률이 높음을 말해 준다. 자녀가 있는 상태에서 시작하는 재혼가족은 그 관계가 매우 복잡하며, 더 많은 가족 갈등과 어려움을 경험하게 된다(통계청, 2013). 재혼가족의 경우 재혼 당사자가 애정을 기반으로 한 결혼이라 하더라도 자녀 문제나 친족 문제를 내포하고 있는 경우가 많아, 재혼율의 증가와 함께 재이혼율의 증가도 가족해체 측면에서 사회적 문제로 대두되고 있다(김유나, 2012).

(2) 결혼관의 변화

가치관이란 개인의 행동 유형에 규범과 합리성을 부여하고, 지향하는 지침과 한계를 제시하는 것으로, 다양한 가치관 중 결혼에 대한 가치관을 결혼관이라고 한다. 결혼관이란 결혼에 대해 개인이 지향하는 규범과 가치관을 말하며, 결혼에 대한 가치관은 개인적인 신념이나 가치에 의해서뿐만 아니라 우리 사회에 편재되어 있는 다양한 가치규범에 의해 영향을 받아 변화한다(김승권, 2003). 결혼관에는 결혼의 목적 및 동기, 배우자의 선택 조건 및 방법, 결혼 과정 및 결혼 후 생활 계획에 대한 태도, 자녀와 출산에 대한 시각 등이 포함된다(김유나, 2012).

전통사회에서 결혼은 결혼 당사자의 의견보다는 부모를 중심으로 상대방의 집안 배경이 중요하게 여겨지는 것이 관례였으나 현대사회로 넘어오면서 다양한 사회적 변화로 인해 결혼에 대한 인식과 태도가 개인 위주로 변화하고 있다. 과거에는 필수적으로 해야만 하는 것으로 여겨지던 결혼이 현대에는 개인의 선택 영역으로 변화되었고, 결혼 적령기가 있어 대부분의 남녀가 일정한 연령 내에서 결혼을 하던 사회적 분위기도 이제는 각 개인이 결혼하기 원하는 상대를 만나는 시점이 바로 결혼 적령기라고 생각하는 것으로 변화되었다. 또한, 과거에는 부부는 남성이 여성보다 더 연상이어야 하고, 부부간 나이 차도 그리 많지 않은 것이 좋다는 생각이 지배적이었으나, 최근에는 여성이 남성보다 연상인 경우도 많아지고 있고 부부간 나이 차도 과거에 비해 훨씬 다양해지고 있다. 최근 외국인과의 결혼이 점차 증가하고 있는 것도 변화된 결혼관을 반영하는 것으로 볼 수 있다.

한국인의 결혼에 대한 견해를 조사한 〈표 1-3〉을 살펴보면 결혼의 필요성에 대한 견해가 점차 변화하고 있음을 알 수 있다(이세영, 2013).

〈표 1-3〉 결혼에 대한 견해

(단위: %)

구분	계	결혼			
		반드시 해야 한다/ 하는 것이 좋다	해도 좋고 하지 않아도 좋다	하지 말아야 한다/ 하지 않는 것이 좋다	기타
1998	100.0	73.5	23.8	1.3	1.4
2006	100.0	67.7	27.5	2.2	2.6
2010	100.0	64.7	30.7	3.3	1.3
2012	100.0	62.7	33.6	1.8	1.9
남자	100.0	69.0	27.7	1.3	2.0
여자	100.0	56.6	39.4	2.2	1.8

출처: 이세영(2013). 대학생의 결혼관과 출산의지에 관한 연구. p. 7. 원광대학교 대학원 석사학위 논문.

앞의 〈표 1-3〉에 의하면 1998년에서 2012년을 기준으로 결혼에 대해 '반드시 해야 한다' 혹은 '하는 것이 좋다'의 응답률이 73.5%에서 62.7%로 10.8% 감소하였고, '해도 좋고 하지 않아도 좋다'의 응답률이 23.8%에서 33.6%로 9.8% 증가함에 따라 결혼의 필요성에 대한 견해가 약해지고 있는 것을 볼 수 있다. 또한, 결혼을 '반드시 해야 한다' 혹은 '하는 것이 좋다'에서 남성이 69.0%, 여성이 56.6%, '해도 좋고 하지 않아도 좋다'에서 남자가 27.7%, 여성이 39.4%로 응답하여, 결혼에 대한 선택적 사고를 가진 여성의 비율이 증가한 것을 나타내고 있어 남녀 간에 큰 견해 차이를 보인다.

2016년 한 일간지에서 20~30대를 대상으로 실시한 설문조사 결과를 보면 '결혼을 반드시 해야 하느냐'는 질문에 32.4%는 그렇다, 67.6%는 아니다라고 답했고, '꼭 결혼을 해야 하는 이유'는 행복한 가정과 2세를 갖고 싶다(50.7%), 사랑하는 사람과 평생을 보내고 싶다(28.2%), 미혼에 대한 부정적 시선이 걱정된다(5.6%), 주변 사람들이 결혼해서(4.2%), 외로움 때문에(4.2%)의 순이었다. 반대로 '반드시 결혼을 하지 않아도 되는 이유'는 나 자신의 삶과 성취가 더 중요하다(54.7%), 경제적인 부담이 크다(29.1%), 한 명과 평생을 함께할 필요가 없다(7.4), 이성관계에서 오는 피로감이 크다(6.1%)의 순이었다. 그리고 '결혼과 연애의 가장 큰 걸림돌'은 다름이나 성향 차이(39.7%), 경제적인 부담감(35.6%), 취업 문제(12.3%), 주변의 시선(1.4%) 순이었다(중앙일보, 2016. 6. 29.).

사슬러와 쇤(Sassler & Schoen, 1999)은 결혼의 필요성과 가치에 찬성하는 사람은 그렇지 않은 사람보다 결혼할 확률이 높다고 하였고(진미정 · 정혜은, 2010, 재인용), 미혼 남녀의 경우 결혼의 필요성에 대한 의식이 약할수록 결혼을 하지 않거나 연기하는 경향이 있다. 우리 사회에서 점차로 낮아지는 혼인율과 그와 무관하지 않은 낮은 출산율을 향상시키기 위해서는 무엇보다 청년층이 결혼에 대해 긍정적인 생각을 할 수 있도록 사회적 여건과 분위기를 마련하도록 노력하는 일이 필요하다.

02 가족

1) 가족의 정의

대부분의 인간은 가정에서 태어나 그 안에서 많은 것을 배우고 자라며, 성인이 되면 대부분 결혼과 함께 새로운 또 하나의 가정을 이루며 산다. 인간은 누구나 가정에 속해 있고 가족이 있으며, 많은 시간을 가정에서 가족과 함께 보낸다. 가정은 인간이 출생 후 최초로 경험하는 사회환경이며, 부모와 자녀의 관계는 대인관계의 기초를 형성하는 중요한 관계이다. 그러므로 우리의 삶에서 가정과 가족이 차지하는 비중은 매우 크다.

사람이 생애 최초부터 끊임없이 관계 맺으며 살아온 가족은 한 인간의 신체적 · 정서적 · 심리적 발달에 가장 중요한 토양이 되어 준다. 한 사람이 성인이 되어 가족의 영향하에서 벗어나면 독립적인 개인이 된다고 생각하지만 가족은 한 사람 안에 깊이 내재화되어 계속 영향을 미친다(이혜원, 2016). 가족은 한 사람의 어린 시절부터 성인에 이르기까지 삶 전체는 물론, 그들이 장차 결혼을 해서 이루게 되는 가정에까지 영향을 미친다.

가족은 부모 · 자식 · 부부 등의 관계로 맺어져 한집에서 함께 생활하는 공동체로 인류의 발생과 거의 때를 같이하여 발생한 가장 오랜 집단이며, 어떤 사회 · 시대나 존재하는 가장 기본적인 단위이다. 그러므로 가족은 한 사회의 기본 단위이자 가장 중요한 자원이다(윤덕우, 2011). 가족은 인간의 성장과 발달은 물론 그 사회의 전통과 관습 등 문화 전달에 필요한 모든 것을 전수하고 양육하는 일차적인 집단이다. 영어로 가족을 의미하는 'family'는 라틴어의 'familia'에서 유래한 것이다. 이는 원래 노예나 하인을 뜻하는 'famulus'에서 유래한 것으로 혈연관계보다는 한 남자에게 속한 재산이나 가옥, 노예 등의 생산 도구를 의미하는 것이었다(박민자, 1995). 가족에 대한 고전적인 정의를 내린 머독(Murdock)은 가족을 "부부와 그들의 미혼 자녀로 구성되며 공동의 거주, 경제적 협력과 자녀의 출산을 특징으로 하는 사회

집단으로, 사회적으로 인정된 성관계를 갖는 최소한 두 명의 성인 남녀와 그들의 친자녀나 입양에 의한 자녀를 포함한다."라고 하였다(정옥분 · 정순화, 2014, 재인용). 또한, 사전적 정의에서 가족은 "부부를 중심으로 한, 친족 관계에 있는 사람들의 집단 또는 그 구성원"(NAVER 국어사전, 2017)이라고 하는데 이러한 가족에 대한 정의는 학자마다 견해를 약간씩 달리하고 있다.

최근에는 다양한 가족 형태가 증가하면서 기존의 가족에 대한 정의에서 벗어난 수많은 가족 형태가 공존하게 되자 UN에서는 오늘날 가족의 유형이 너무 다양하기 때문에 국가의 법률과 관행상 가족은 "어린이를 돌보는 사람들", "국가의 법률과 관행하에 가족으로 간주되는 일군의 사람들"이라고 정의하고 있으며, 다양한 인종과 민족이 모여 한 국가를 이룬 미국에서는 가족을 아주 간단하게 "두 명 이상의 동거하고 있는 사람들이 혈연, 결혼 또는 입양의 관계를 가진 경우"라고 정의하면서 가능한 한 미국 내에 존재하는 다양한 가족의 형태를 포함시키고자 하고 있다(이영주, 2005, 재인용). 현대사회는 전 세계적으로 가족의 유형과 구조가 점점 더 다양화해지는 추세이고, 가족을 지칭하는 용어가 '가족(family)'이라는 용어 대신 '가족들(families)'로 대치되고 있어(정옥분 · 정순화, 2014), 가족에 대한 개념을 보다 유연하게 정립하고 현실적으로 대응하는 일이 필요하다.

■ 다양한 가족 유형과 그 개념

① 딩크 가족(Double Income No Kids: DINK): 맞벌이를 하면서 자녀는 없는 부부가족
② 통크 가족(Two Only No Kids: TONK): 부부끼리 독립적인 노년의 삶을 일궈 가는 노인 가족
③ 재혼 가족: 재혼한 부부 중 어느 한쪽 혹은 부부 양쪽이 재혼 전 가족의 자녀와 함께 형성한 가족
④ 한부모 가족: 이혼이나 사망 등으로 인하여 어느 한쪽의 부모, 자녀로 구성된 가족
⑤ 소년소녀가장(조손) 가족: 미성년의 자녀들로만 이루어지거나, 자녀양육의 경제적 능력이 없거나 부족한 노부모와 손자녀로 이루어진 가족
⑥ 일시적 별거(분거) 가족(주말부부(부모), 기러기 가족): 학업이나 직장의 이유로 부나 모 중 어느 한쪽 혹은 양쪽이 주기적으로 떨어져 살고 있는 가족
⑦ 공동체 가족: 혈연관계가 아닌 구성원이 모여 가족의식을 공유하며 사는 가족
⑧ 독신 가족: 혼인하지 않고 단독으로 가구를 구성하여 사는 가족
⑨ 비혼부모 가족: 혼인하지 않고 입양, 출산하여 자녀를 기르며 사는 가족
⑩ 동거 가족: 법적 혼인 상태가 아닌 일시적 또는 합의된 사실혼의 가족

출처: 김양희 외(2011). 결혼과 가족. p. 21. 경기: 양서원.

2) 가족의 기능

가족은 그 구성원 각자를 위해 그리고 가족이 포함되어 있는 사회를 위해서 여러 가지 기능을 수행한다. 가족의 기능은 가족이 수행하고 있는 역할이나 행동을 의미하는 것으로 학자마다 강조하는 점에 따라 조금씩 다른 관점을 제시하고 있지만 일반적으로 부부의 성적 · 애정적 기능, 자녀 출산 및 사회화 기능, 생산 및 소비와 같은 경제적 기능, 정서적 안정 및 휴식의 기능, 보호의 기능 등을 중요한 기능으로 보고 있다.

〈표 1-4〉 현대가족의 기본적 기능

구분	내용
인구 생산 기능	가족의 기본적인 권리이자 책임으로, 실제로 대부분의 사회는 아이를 출산할 수 있는 사회적 단위로 가족을 인정하고 있다.
아동 양육 기능	우선적인 양육과 보호가 필요한 사춘기 이전 아동의 보호 기능이 기본적으로 가족에게 있음을 명시하고 있다.
사회 구성원의 사회화 기능	사회화는 아동이 그 문화와 사회에 잘 적응할 수 있도록 사회화하고, 아동을 새로운 사회 구성원으로 생산하는 과정이라 할 수 있다.
성적 행동의 통제 기능	성적 행동에 대한 통제 기능이 개인이나 사회적으로 제대로 기능하지 않을 때 성적인 사회 문제로 인해 다양한 문제, 예를 들어 낙태 혹은 무분별한 출산 증가 등의 문제가 발생할 수 있다. 따라서 어떤 사회든지 가족제도를 통해 이러한 성적 행동을 적절히 규제함으로써 책임 있는 성행동과 출산을 유도하고 있다.
가족 애정의 원천 기능	인간이 애정 욕구를 충족하는 데 있어서 가족은 매우 중요한 원천이 된다. 이렇게 가족을 통해 느낄 수 있는 변함없는 소속감과 만족감, 그리고 가족 구성원과의 지속적인 관계를 통한 정서적·사회적 충족감은 가족관계 내에서뿐 아니라 사회적 관계에서도 매우 긍정적인 영향을 미친다.

출처: 권진숙 · 신혜령 · 김정진 · 김성경 · 박지영(2006). 가족복지론. p. 18. 서울: 공동체.

함께 보면 도움이 되는 동영상

- EBS 다큐프라임: 결혼의 진화
  제1부 - 인류, 결혼하다(2015. 7. 20. 방영)
  제2부 - 결혼, 하셨습니까?(2015. 7. 21. 방영)
  제3부 - 새로운 가족이 온다(2015. 7. 22. 방영)
- EBS 다큐프라임: 남과 여
  제3부 - 결혼 안 하는 남자, 결혼 못 하는 여자(2011. 3. 2. 방영)

스스로 생각해 봅시다

- '결혼이란 무엇일까?' 각자가 결혼의 의미를 생각해 보고 친구들과 의견을 나누어 본다.
- '나는 언제쯤 결혼을 할 것인가?' 자신의 결혼 시기를 구체적인 이유와 함께 생각해 본다.
- '나는 왜 결혼하고 싶어 할까?' 자신의 결혼 동기에 대해 생각해 본다.
- 내 부모님의 결혼생활은 어떠했을까?
- 주변에 본받고 싶은 결혼생활을 하는 부부에는 어떤 사람들이 있을지 찾아본다.
- 나의 결혼식 장면을 상상해 보고, 친구들과 생각을 나누어 본다.
- 사랑해서 결혼한 부부가 서로 갈등을 일으키는 이유는 무엇일까?
- 최근 국제결혼이 증가하고 있다. 국제결혼에 대한 나의 생각은 어떠한가?

C · H · A · P · T · E · R 02

만남과 사랑

01 사랑의 의미와 유형

1) 사랑의 의미

사랑은 남녀 간의 사랑, 부모의 자녀에 대한 사랑, 형제간의 우애, 친구들 사이의 우정부터 국가에 대한 애정인 애국심, 신이 인간에게 가지고 있는 절대적 사랑인 아가페에 이르기까지 그 종류가 다양하다. 사랑은 모든 인간의 삶 속에 존재하며, 전 생애를 통해 지속적으로 성장하고 변화한다. 사랑은 인간의 본질이며 인간을 존재하도록 하는 힘이다. 우리가 사랑에 대해 올바른 지식을 갖고 있다면 성장지향적인 삶을 살 것이며, 훌륭한 배우자를 만날 수 있고 미래의 가정생활도 행복하게 이끌 수 있을 것이다(옥선화 · 정민자 · 고선주, 2006).

사랑에 대한 학자들의 정의를 살펴보면, 이탈리아의 시인 단테(Dante)는 "만물은 성스러운 사랑에 의해 움직여진다."라고 하였고, 러시아의 소설가 겸 극작가 체호프(Chekhov)는 "사랑할 수 있다는 것은 모든 것을 가능하게 할 수 있다."라고 하였다. 프로이트(Freud)는 "가장 성공적인 삶이란 사랑하고 일하는 것이다."라고 말하면서 삶에서 가장 중요한 것은 자기의 존재가치를 드러낼 수 있는 일을 하며 사는 것이고, 다른 하나는 일생을 통하여 어떤 대상을 사랑하며 사는 것이라고 하였다(유연희, 2016). 사랑에 관한 대표적 저서인 『사랑의 기술(*The Art of Loving*)』를 저술한 에리히 프롬(Erich Fromm, 1956)은 사랑이란 자신의 기쁨, 흥미, 지식, 슬픔 등 자기 자신 안에 있는 모든 것의 표현은 물론 자신의 생명까지 줌으로써 상대방을 감동시키고, 상대방의 생활을 풍요롭게 만드는 것을 통하여 그 속에서 자신이 살고 있음을 느끼며, 그러한 사랑을 통하여 서로의 참된 자아를 찾아 보다 성숙한 인간이 되는 것이라고 하였다. 이처럼 사랑의 정의가 다양한 것은 다양성을 가진 사랑의 특성이 반영된 것이고, 각 인간관계에 따라 느끼는 감정이 다르기 때문이며, 사랑의 의미가 개인의 성장환경과 사회상에 근거하기 때문이다(김향숙, 2001). 본 장에서는 '사랑'을 두 남녀 간의 연애 감정을 가리키는 말로 그 의미를 한정하여 사용하고자 한다.

현대사회에서 보편적으로 사람들은 사랑을 바탕으로 연인이 되고 관계를 맺어 결혼에 이르고 가족을 구성한다. 가족은 사회의 가장 기본이 되는 단위이며, 가족은 연인 간의 사랑으로부터 출발하니 사랑이야말로 우리 사회를 이루는 근본이라고 할 수 있다. 이처럼 사랑은 사람들이 살아가는 사회의 근본일 뿐만 아니라 나아가 자녀 출산으로 이어져 인류의 존속과도 직결된 것이기에 언제나 사람들의 관심 대상이 되어 왔다. 사랑이 인간의 관계에서 매우 중요한 요소이고 인간의 관계를 이해하는 데에 도움이 되지만 그 실체를 측정하기 어렵다는 이유로 과학적 연구 대상에서 제외되었다가 최근에는 사랑을 정의하고 학문적으로 조명하는 연구들이 활발하게 이루어지고 있다.

일상생활에서 알아 두어야 할 사랑의 일반적 특성은 다음과 같다(김혜선·박혜인·옥선화, 2003).

첫째, 사랑은 현실생활에 존재한다. 사랑은 진실성을 갖고 있으므로 어디까지나 실제로 존재하며, 사랑의 경험이야말로 인간에게 가장 강력한 경험이 될 수 있다.

둘째, 사랑의 능력은 개인의 문화환경에 의해서 학습된다. 문화가 다른 사람끼리는 사랑이나 애정 표현 방법이 다른데 그 이유는 그들이 속한 문화에서 어렸을 때부터 배워 온 대로 사랑하게 되기 때문이다.

셋째, 사랑은 여러 단계로 존재할 수 있다. 단지 좋아한다는 호의에서부터 매우 강렬한 애정에 이르기까지 여러 단계가 있다.

넷째, 사랑에는 여러 다른 형태가 있다. 사랑에는 상대를 위해 희생하는 이타적 사랑, 청소년기의 낭만적 사랑, 성년기의 동료적 사랑, 성적인 사랑 등이 있다.

다섯째, 사랑은 성장한다. 사랑은 어릴 때부터 모든 경험을 통해 발달된 개인의 성격이나 인성 속에서 성장한다. 그러므로 한 개인의 정서적 성장이 건전하다면 타인에 대한 사랑도 건전하게 성장한다.

2) 사랑의 구성 요소와 유형

사랑을 심리학적으로 분석한 스턴버그(Sternberg, 1986)는 적어도 한 번 이상 사랑을 해 본 경험이 있는 다양한 연령층의 사람들을 대상으로 면접과 설문을 실시한 결과 사랑의 심리적 구성 요소를 분석하여 사랑의 삼각이론을 발표하였다. 그는 사랑에는 세 가지 구성 요소가 포함되는데 정서적 측면의 친밀감(intimacy), 동기적 측면의 열정(passion), 그리고 인지적 측면인 책임감/헌신(commitment)이며, 사랑의 크기는 이 세 요소의 비율에 의해 결정되고 다양한 형태로 나타난다고 하였다. 사랑의 삼위일체론이라고도 하는 스턴버그의 사랑이론을 간략히 살펴보면 다음과 같다(김용미 · 서선희 · 옥경희 · 정혜정, 2002; 김경자 · 임선영 · 김경원, 2007).

(1) 친밀감

사랑의 정서적 요소인 친밀감은 누군가와 가깝고 편안한 느낌, 서로를 잘 이해한다는 느낌, 의사소통이 잘 된다는 느낌, 서로 정서적으로 긍정적인 지지를 하고 있다는 느낌으로 사랑의 따뜻한 측면을 의미한다. 상대방의 행복을 바라며 자신의 소유물을 상대방과 공유해도 좋다고 생각한다. 친밀감은 처음에는 꾸준히 상승하지만 어느 수준 이상의 친밀감에 도달하면 더 이상 증가한다는 느낌이 없으며, 친밀하다는 사실에 대해서도 의식하지 않게 된다. 이는 남녀 간의 사랑뿐 아니라 친한 친구나 부모-자녀 관계에서도 존재한다.

(2) 열정

열정은 사랑의 동기 유발 요소로서 누군가와 함께 있고 싶고 신체적인 접촉을 하고 싶어 하는 열망을 의미하는 것으로 사랑의 신체적인 측면, 성적 욕망 등을 의미한다. 사랑에 빠진 사람이 생리적으로 흥분하며 들뜨게 되는 것을 설명하는 것으로 열정은 사랑을 느끼는 순간부터 급속히 발전하지만 오랜 시간 지속되지 않고 교제 기간이 길어짐에 따라 저절로 감소하며 남녀 간의 사랑에만 존재한다. 첫눈에 반해서 뜨겁게 불타오르다가 언제 그랬냐는 듯이 헤어지는 연인들을 보면 쉽게 이해할 수 있다.

(3) 책임감/헌신

책임감과 헌신은 사랑하는 사람과의 인지적인 애착을 의미하는 것으로 상대방을 사랑하겠다는 결심과 그것을 지키고자 하는 행동적 표현을 의미하는 것으로 사랑의 '차가운' 측면을 반영한다. 남녀 모두 서로의 장래를 책임지겠다는 약속을 하기까지는 상당한 기간이 걸린다. 자신을 사랑하는 상대에 대한 구속력으로 대표적인 행위가 약혼식과 결혼식이고, 그 이외에도 사랑의 징표나 선물의 교환, 주변 사람들에게 연인을 소개하는 일, 연인과 고통을 나누는 일 등이 포함된다. 책임감/헌신은 열정과 달리 처음에는 속도가 완만히 진행되지만 시간이 경과하면서 일단 친밀해지면 빠르게 진행된다.

스턴버그는 이 세 가지 구성 요소를 조합해서 결합 형태에 따라 사랑 없음(non-love), 좋아함(liking), 도취성 사랑(infatuation), 공허한 사랑(empty love), 낭만적 사랑(romantic love), 허구적 사랑(fatuous love), 우애적 사랑(companionate love), 완전한 사랑(consummate love) 등 8가지 형태로 사랑의 유형을 분류하였다. 이를 구체적으로 살펴보면 다음과 같다.

① 사랑 없음: 사랑을 구성하는 세 가지 구성 요소가 모두 결핍된 관계로 사랑도 우정도 아닌 피상적이며 단편적인 관계이다. 우리가 일상생활에서 흔히 겪는 표면적이고 사무적인 인간관계에 해당한다.

② 좋아함: 친한 친구와의 우정처럼 열정이나 책임감/헌신은 없고 친밀감만 경험하는 유형이다.

③ 도취성 사랑: 친밀감과 책임감/헌신의 요소는 결여되고 열정만 있는 경우이며, 우리가 흔히 말하는 첫눈에 반한 사랑이나 상대를 있는 그대로가 아니라 이상화시켜서 보는 사랑이기 때문에 문제가 될 수도 있다.

④ 공허한 사랑: 친밀감이나 열정 없이 상대를 사랑하겠다는 책임감/헌신의 요소만 있는 유형으로 상대에 대한 매력을 느끼기 어려운 침체된 결혼생활이나 빈 둥지 시기의 결혼생활에서 경험하게 된다.

⑤ 낭만적 사랑: 친밀감과 열정의 요소만 결합되어 있고 책임감/헌신의 요소가 결여되어 있는 유형이며, 서로에게 육체적 · 감정적으로 밀착되어 있으나 관계를 지속하는 것은 가능하지 않다고 생각하는 유형이다.

⑥ 허구적 사랑: 열정과 책임감/헌신의 요소가 결합된 사랑의 유형이며, 친밀감은 결여되어 있다. 상대에게 친밀감을 형성할 겨를도 없이 열정에 근거하여 급하게 결혼이 이루어지는 경우에 해당된다.

⑦ 우애적 사랑: 오래된 결혼생활에서처럼 열정은 없고 친밀감과 책임감/헌신만이 존재하는 유형으로 차츰 열정이 사라지기 시작하지만 친밀감은 남아서 서로를 잘 이해하게 된다.

⑧ 완전한 사랑: 친밀감, 열정, 책임감/헌신의 세 가지 요소가 모두 결합된 성숙한 사랑의 유형으로 이 경우에 사랑의 삼각형은 균형을 이룬 정삼각형이 된다. 낭만적 관계에 있는 사람들이 도달하고자 노력하는 종류의 사랑이 바로

완전한 사랑이며, 이 유형의 사랑은 도달하기도 어렵지만 그것을 지키는 것은 더욱 어렵다.

〈표 2-1〉 스턴버그의 사랑의 유형

유형 \ 구성 요소	친밀감	열정	책임감/헌신
사랑 없음(non-love)	X	X	X
좋아함(liking)	○	X	X
도취성 사랑(infatuation)	X	○	X
공허한 사랑(empty love)	X	X	○
낭만적 사랑(romantic love)	○	○	X
허구적 사랑(fatuous love)	X	○	○
우애적 사랑(companionate love)	○	X	○
완전한 사랑(consummate love)	○	○	○

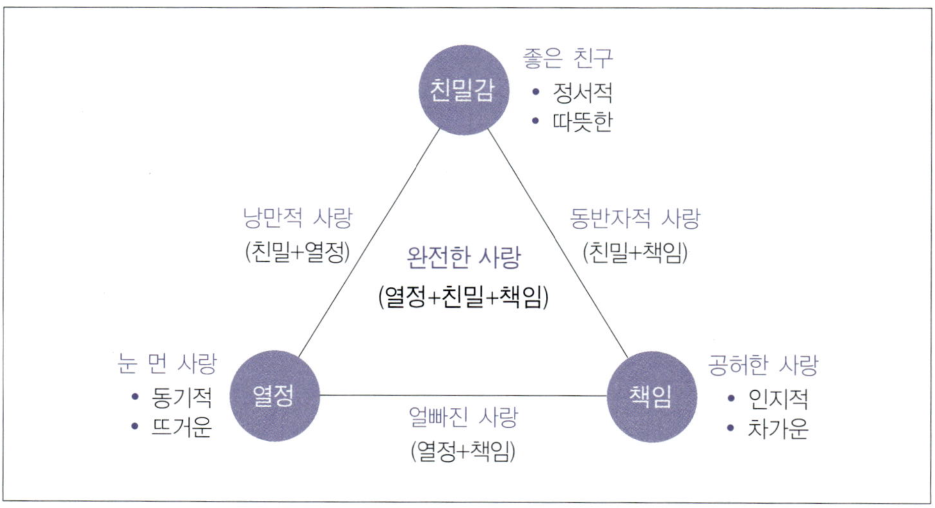

[그림 2-1] 친밀감, 열정, 책임감/헌신의 결합에 따른 사랑의 유형

〈표 2-2〉 사랑의 세 가지 요소와 관련이 있는 행동

친밀감을 높이는 행동	열정을 높이는 행동	책임감/헌신을 높이는 행동
• 상대방에게 용기를 준다. • 자신이 가지고 있는 것을 나누어 준다. • 정신적·물질적 지지를 해 준다. • 진정한 감정을 주고받는다.	• 안아준다. • 쓰다듬어 준다. • 키스를 한다.	• 서로 헌신할 것을 약속한다. • 어려울 때도 변함없이 관계를 유지한다. • 결혼을 약속한다.

출처: 최혜경 외(2004). 사랑학. p. 50. 서울: 교문사.

현대사회로 변화하면서 개인과 가족을 지탱하는 중요한 정서는 사랑이다. 또한, 결혼관이 변화하면서 남녀관계에서 가장 중요한 의미를 갖게 된 것도 바로 사랑이다. 사랑의 의미와 구성 요소, 사랑의 유형에 대해 알아보고 자신의 사랑이 어떤 유형에 속하는지 파악해 보는 것은 완전하고 성숙한 사랑을 하는 데 도움이 될 것이다.

02 이성교제

1) 이성교제의 의의와 기능

이성교제(Dating)란 정신적으로나 육체적으로 성숙하여 이성에 대한 정서적·성적 친밀감을 느낄 수 있는 남녀가 지속적으로 만나면서 사귀는 것을 의미한다(김미영, 2010). 십대 후반부터 시작되는 이성과의 교제는 개인의 발달뿐 아니라 이후 배우자의 선택과 결혼에까지 연결되어 성인기 이후 전 기간에 걸쳐 지속적인 영향을 미친다는 점에서 중요하다. 특히, 성인기의 이성교제는 배우자 선택에 기여한다는 점에서 매우 중요한데, 이는 현대사회에서는 당사자 간의 사랑과 합의가 결혼에 이르는 가장 중요한 요인이기 때문이다.

오늘날 우리에게 익숙한 데이팅의 역사는 그리 오래된 것이 아니다. 데이트라고 불리는 이성교제는 서구에서 18세기 후반 낭만적 사랑이 확산되면서 시작되었다. 1920년 이전까지 여성은 가족 안에서 폐쇄된 생활을 하였으므로 이성교제가 활발하게 이루어지지 못하였으며, 이성교제가 본격적으로 이루어진 것은 제1차 세계대전 이후부터이다. 세계대전 이후 미국의 경제적 번영과 성에 대한 자유로운 가치관의 팽배로 오락적 이성교제가 보편적인 구애제도로 정착되었으며, 이는 재즈, 블루진, 콜라, 히피문화와 같이 미국에서 유럽과 아시아로 수출된 중요한 사회적 수출품 가운데 하나이다(Broderick, 1984, 김미영 2010, 재인용). 이후에 사회가 산업화 · 도시화되어 여성의 사회 진출이 늘어나고 남녀공학제도가 도입되는 등 과거에 비해 진보적이고 자유로운 남녀의 만남이 가능해지면서 이제 이성교제는 평생을 함께할 배우자를 만나는 기초과정이 되었다.

이성교제는 남성과 여성의 신체와 생리, 역할 등 이성이 지니고 있는 여러 차이를 인정함으로써 인간으로서의 시야를 넓혀 주는 방법이다. 20대의 건전한 이성교제는 이성과의 적응 방법을 배우고, 대인관계기술을 향상시켜 사회화 기능을 증진하고, 이성과 교제를 할 때 자신의 언어와 행동을 통해 인격을 형성하고 이를 바탕으로 서로 간의 인격적인 성숙이 이루어지도록 도와주며, 미래의 배우자 선택이나 결혼에 영향을 주는 중요한 기능을 한다(박은영, 2003).

이성교제는 동기 여하를 막론하고 중요한 의미를 갖는데, 이성교제를 함으로써 사랑의 본질과 기쁨을 알며 자연스럽게 이성에 대한 욕구와 홍미를 표출하고, 서로의 개성과 인격을 존중하는 것을 배우며, 나아가서는 배우자 선택이나 미래의 결혼생활을 원만히 해 나갈 수 있는 기초적인 자질을 배양할 수 있는 기회가 된다. 그리고 이성교제가 무엇보다도 중요한 이유는 자기 자신을 상대방에게 투시하여 다시 바라보게 되는, 자기평가의 중요한 계기가 된다는 것이다(옥선화 · 정민자 · 고선주, 2006).

인간은 사춘기에 도달하면 이성에 대해 새로운 관심과 홍미를 느끼게 되고, 그러한 관심을 표현할 대상을 찾아 이성교제를 하는 것은 자연스러운 현상이다. 현대사회에 보편적인 구애제도로 정착된 이성교제는 단순히 남녀 간의 단순한 사랑의 표현이나 배우자 선택이라는 궁극적인 기능 외에도 다양한 기능이 있는데 이를 살펴보면 다음과 같다(유영주 · 이순형 · 홍숙자, 1990; 정옥분 · 정순화, 2014).

(1) 친밀감 충족의 기능

인간은 친밀감을 필요로 하며 이성교제는 이를 충족시켜 주는 수단이 될 수 있다. 인간은 많은 사람 속에 있으면서도 외로움을 느끼는 순간이 있고, 사회적 동물로서 친밀감을 형성하고자 하는 욕구가 있다. 에릭슨(Erickson)의 발달단계상 성인 초기에 해당하는 대학생 시기는 이성과의 의미 있는 관계를 도모하며 친밀감을 형성하는 것이 중요한 발달과업이기도 하다. 정서적 외로움은 단순히 많은 사람과 상호작용을 한다고 해서 충족되는 것이 아니므로 특정 대상과의 이성교제를 통해 이를 극복할 수 있다.

(2) 사회화의 기능

이성교제는 사회인으로 기대되는 성인 남녀의 역할 수행을 위한 준비라고 볼 수 있다. 성격이 다른 여러 이성친구와 접촉하며 교제를 하는 동안 동성친구에게서는 구할 수 없는 다양한 역할모델을 실제 상호작용을 통해 배우고 이런 경험을 통하여 사회생활의 훈련을 하게 된다. 이성교제를 통해 이성에 대한 적응력이 생기면 일반적인 사회생활에서도 자연스러움과 성숙한 대인관계의 기술을 습득하고, 이성에 대한 막연한 기대나 비현실적인 사고방식을 구체화시켜서 자신의 행동을 조절할 수 있다.

(3) 이성에 대한 적응의 기능

청년기의 중요한 발달과업 가운데 하나는 지금까지 동성친구와의 관계를 확장하여 이성친구와의 관계에 적응해 나가는 것이다. 이성과 직접 사귀고 친해지는 가운데 자신과 다른 유형의 인성을 관찰할 수 있는 기회를 가지고 다양한 성격의 이성을 경험하고 이성에게 관심을 표현하는 방법을 배우면서 자신에게 맞는 상대방에 대한 안목을 키워나가게 된다.

(4) 인격도야의 기능

이성과의 접촉에 의해서 자신의 행위가 타인에게 어떻게 영향을 주는가를 알 수 있으며, 타인의 행위에 대해서도 더욱 의식적이고 자제하는 반응을 보일 수 있다. 특히, 젊은이들은 이성교제를 통해 자신의 좋은 점과 나쁜 점을 알게 되며, 자신에 대한 반성을 함으로써 자아의식과 정서적인 평정을 발달시키고 정상적인 인격도야를 꾀할 수 있다.

(5) 오락적 기능

데이팅은 원래 오락의 형태로 출발하였고 현재에도 데이트를 하는 사람들의 생활에 흥미와 활기를 준다. 이성교제는 잠시 일상적인 일에서 벗어나 즐거움의 시간을 갖게 함으로써 인간이 가지고 있는 오락적 욕구를 충족시켜 주는 한 가지 방법이다.

(6) 배우자 선택의 기능

데이트가 직접적으로는 오락적 목적이나 인격성장의 목적이 있다고 할지라도 잠재적이고 궁극적인 목적은 배우자 선택에 있다. 이성교제를 통해 자신과 가장 조화가 잘 이루어질 수 있는 상대의 특성은 무엇인지 경험해 보고, 막연하게 생각하던 이상형과 실제 자신이 좋아할 수 있는 사람과의 차이를 깨닫게 된다. 결혼의 행복은 자기 자신이 선택한 사람에 의해서 크게 영향을 받으므로 이성교제를 통해서 인격적으로 서로 어울리며 사랑할 수 있는 배우자를 선택한다는 것은 매우 중요하다.

〈표 2-3〉 연령별 이성교제의 특성

연령	특성
12~15세	• 아직 이성교제에 대한 낭만적 관계를 수용하지 못하는 시기이기 때문에 절대적인 관심을 끌지 못한다. • 이성교제도 남학생과 여학생이 단체로 학교나 외부에서 큰 부담과 걱정 없이 함께 시간을 보내는 방식으로 진행된다.
16~18세	• 이성교제가 상당히 일반화되는 시기이다. 이성과 반드시 친밀한 관계는 아니며 우발적으로 이루어지는 경우가 많은데, 즉 근거리에 관심을 보이는 이성을 좋아할 확률이 높아진다. • 또한, 이 시기는 이성교제의 가능성만으로도 쾌감을 갖는 경우가 많아 실제로 이루어지는 이성교제의 유형은 격식을 차리지 않는 경우가 많다. • 교제의 형태는 짝으로 이루어진 2인이 시간을 보내는 경우가 많아지며, 점차 외모를 치장하는 등 격식을 갖추는 방향으로 전환되어 간다. 그러나 동성친구와 이성친구의 분화가 확립되지 않은 경우가 많다.
19~22세	• 점차 두 사람의 관계가 친밀해지고 성적인 안정을 보이며, 자기에 대한 비판력이 증가하여 자신에게 부족한 부분을 이성 및 동성친구에게서 찾기를 희망하는 '이상적 연인'을 찾고자 한다. • 애정의 대상은 1인이 되고 영속적인 이성관계를 획득하게 된다. 이성교제의 횟수는 독립성이 인정될수록 증가한다.

출처: 김양희 외(2011). 결혼과 가족. p. 83. 경기: 양서원.

2) 이성교제에 영향을 미치는 요인

이성관계는 자신의 성격이나 자신이 바라는 바가 상대방에 의해 수용되거나 동의, 칭찬, 존경을 주고받을 때 시작되며, 서로 간의 욕구가 채워지면서 애정으로 발전한다. 남녀가 특정 이성에게 매력을 느껴 이끌리고 점차 가까워지는 데에는 다음과 같은 요인이 영향을 미친다(김시업, 1998; 정옥분 · 정순화, 2014).

(1) 근접성

이성 상호 간의 이끌림에서 가장 중요한 결정 요인은 근접성(proximity)이다. 사람들은 이웃에 살거나, 같은 직장에 다니거나, 함께 휴가를 보내거나, 같은 동호인 모임에 참여하거나, 종교활동을 하는 등 보다 근접할 가능성이 있는 사람 중에서 이성교제의 대상을 선택하고 나아가 배우자를 구하려는 경향이 있다. 어떤 심리학자는 미래의 결혼 상대는 반경 70m 내에 있다는 극단적인 주장을 하기도 한다(이철우, 2008). 서양에서는 "눈에서 멀어지면 마음에서도 멀어진다(Out of sight, out of mind)."는 속담이 있다. 이와 같은 근접성 효과는 '에펠탑효과'라고 하는 '단순노출효과(more exposure effect)'로도 설명할 수 있는데, 사람들은 가까이 있으면서 자주 보는 사람에게 더욱 친숙해지며, 친숙한 대상에게 편안함을 느끼지만 친숙하지 않은 대상에 대해서는 두려움을 느낀다. 또한, 상호작용과는 무관하게 단순히 자주 보는 것만으로도 상대방에게 호감을 느낀다고 한다.

(2) 유사성

결혼한 부부 및 데이트 쌍은 연령, 인종, 종교, 사회적 지위, 교육, 지능, 신체적 매력 그리고 태도 등이 유사한 경향이 있다고 한다(Rubin, 1973). 사람들이 상호작용하면서 누군가와 의견이 일치한다는 것은 항상 즐거운 경험이며 안정감을 부여하고 적응을 용이하게 해 준다. 근접성은 친밀감 형성에 중요한 요인이지만 보다 깊은 관계로 발전하기 위해서는 또 다른 요인이 필요한데, 그중 대표적인 요인은 유사성이다. 사람은 상대방이 자신과 유사한 견해를 보이면 자신을 좋아하는 것으로, 자신과 의견을 달리하는 사람에 대해서는 자신을 싫어하는 것으로 생각하는 경향이 있다. 그러나 유사성이 모든 영역에 적용되는 것은 아니며, 사회적 배경이나 인종이 다르더라도 유사한 태도나 가치관을 공유할 수 있으면 그 차이를 극복할 수 있다고 한다.

(3) 호혜성

호혜성(reciprocity)은 사람은 자신을 좋아하는 사람을 좋아하고, 자신이 타인을 좋아하면 그들도 자신을 좋아하는 것으로 보는 경향이다. 이는 연애관계뿐만 아니라 전반적인 인간관계에서 가장 기본이 되는 것으로 '호의의 상호성'과 '혐오의 보복성'이다(이철우, 2008). 인간관계에서 호감은 호감을 증진시키고, 사랑은 사랑을 증진시키는 상호작용이 있다. 사람들은 다른 사람에게 흥미가 없는 척하는 경향이 있지만, 자신을 적극적으로 받아들이는 이성을 좋아한다고 한다.

(4) 신체적 매력

사회적 상황에서 개인의 신체적 매력은 첫인상과 호감에 일차적으로 큰 영향을 미친다. 연애에서 외모가 다는 아니지만 상당 부분을 차지한다. 상대방이 가까이에 있고 유사성을 가지고 있더라도 서로의 용모나 행동에 끌리지 않는다면 이성교제가 이루어지기 어렵다. 상대방에 대한 첫인상과 교제를 지속할 것인가를 결정하는 데에 신체적 매력은 중요하다. 사람들이 신체적 매력을 지닌 사람을 좋아하는 이유는 이들이 사회적 능력이나 자신감이 뛰어나고 성적으로도 적극적일 것이라고 생각하는 고정관념 때문이다. 신체적 매력은 이성 간의 만남에서 남녀 모두에게 중요한 요인이지만, 특히 남성의 경우에 더 중요하게 여기는 경향이 있다. 대부분의 사람이 외모를 중요하게 여기는 것은 사실이지만 그렇다고 외모지상주의에 빠져 공공연하게 행해지는 성형수술이나 다이어트 열풍에 동조하는 것은 바람직하지 않다. 외모에 대한 선호도는 주관적이어서 사람마다 호감을 느끼는 외모가 모두 다를 수 있으므로 지나치게 외부에서 주어진 객관적인 기준의 외모에 자신을 맞추고자 하기보다는 자신만의 독특한 개성을 가꾸어 나가는 것이 더 아름다운 외모를 갖는 일이 될 수 있다. 사람 사이의 관계는 초기에 외모가 어느 정도 영향을 줄 수도 있으나, 연애의 감정이 깊어지고 결혼에 이르기까지는 외모보다는 성격이나 가치관 등 더 중요한 다른 많은 것이 있다는 사실을 명심해야 한다.

(5) 바람직한 성격

바람직한 성격 특성 또한 이성교제에 영향을 미치는 요인이다. 특정 개인이 불성실하고 기만적이며 불쾌한 사람으로 보이는 것보다는 성실한, 정직한, 의존할 만한 사람으로 보일 때 호감이 높다.

〈표 2-4〉 남녀별 매력을 느끼는 이성의 성격

순위	남성의 성격	여성의 성격
1	배려심이 있다	명랑하다
2	상냥하고 부드럽다	청결하다
3	성실하다	솔직하다
4	활기차다	상냥하고 부드럽다
5	명랑하다	배려심이 많다
6	청결하다	건강하다
7	건강하다	활기차다
8	지적이다	지적이다

〈표 2-5〉 남녀별 싫어하는 이성의 성격

순위	남성의 성격	여성의 성격
1	나약하다	건방지다
2	퇴폐적이다	침울하다
3	건방지다	퇴폐적이다
4	육감적이다	유혹에 약하다
5	유혹에 약하다	일중독이다
6	사치하다	나약하다
7	감정적이다	쿨하다
8	침울하다	그늘이 있다

출처: 이철우(2008). 심리학이 연애를 말하다. pp. 53-54. 서울: 북로드.

한편, 남녀가 데이트 관계를 형성하고 유지하는 데는 어떤 결정적인 시기가 존재한다. 데이트 관계의 진행은 다음의 다섯 단계로 이루어지는데, 첫 단계는 사랑이나 애착이 발달하지 않는 단계, 두 번째 단계는 애착이나 사랑이 싹트기 시작하는 단계, 세 번째 단계는 데이트 상대와 서로 사랑에 빠지는 단계, 네 번째 단계는 오직 사랑하는 사람하고만 데이트를 하는 단계, 다섯 번째 단계는 서로 결혼하기로 약속을 하는 단계이다(윤가현, 2002). 이성교제는 성인 남녀에게 중요한 의미와 기능이 있다. 이성교제를 통하여 상대에 대한 이해를 도모하고 잘 몰랐던 자기 자신에 대해서도 많은 것을 배우고 성숙하게 된다.

3) 데이트 폭력

최근 우리나라에서 연인을 상대로 하는 폭력이 증가하고 있고, 각종 언론 매체나 시사 프로그램을 통해 데이트 폭력이 알려지면서 사회적 이슈가 되고 있다. 2015년도 경찰청 국정감사 자료에 따르면 2010년부터 2015년 8월까지 발생한 살인, 강간 등의 폭력사건 가운데 범죄자와 피해자 사이가 '연인관계'인 경우는 총 41,687건으로 집계되었다. 또 한 해 데이트 폭력 평균 건수는 7,355건이고 이 중 살

인사건은 645건으로 집계되었는데, 이는 데이트 폭력으로 인해 3일에 한 명꼴로 사망자가 발생함을 뜻한다. 이러한 데이트 폭력의 심각성을 반영하듯 2016년 2월 한 달간 경찰은 데이트 폭력 집중 신고기간을 운영하기도 하였다(경찰청 브리핑, 2016. 3. 7.).

데이트는 남녀가 서로 이성으로서 관심을 갖거나 이성애적 감정을 느끼면서, 적어도 그러한 가능성을 인정하고 만나는 교제활동이며, 데이트를 통해 이성 간의 친밀감을 경험하고 심리적 · 성적으로 성숙해지는 것은 삶에 있어 매우 자연스럽고 바람직한 일이다(남현미, 2003). 특히, 결혼 이전의 이성교제는 남녀 간의 가치관을 비교하고, 확인해 가며, 적합한 결혼 상대자를 구하기 위한 준비 단계로 사회생활의 중요한 과정 수행에 도움을 주는 측면에서 긍정적이지만 갈등이나 폭력과 같은 부정적인 면도 함께 존재한다. 혼전에 이루어지는 데이트 기간이 중요한 것은 혼전 단계에서 두 사람이 상호작용하는 양상이 서서히 정착되어 결혼 후 부부관계에서도 그대로 지속될 수 있다는 점 때문이다.

우리나라에서 혼전 단계의 데이트 폭력에 대한 연구는 1990년대에 접어들어 주로 대학생을 상대로 이루어지기 시작하였다. 데이트 폭력에 대한 개념은 폭력의 유형을 어디까지 포함시킬 것인가에 따라 학자마다 달라진다. 데이트 폭력(dating violence)이란 "서로 교제하는 연인 사이에서 둘 중 한 명 이상에 의해 발생하는 신체적 · 정서적 · 성적 · 경제적 폭력의 위협 또는 실행"을 의미하며, 연인관계에 있는 당사자 중 한쪽이 폭력을 이용해 다른 한쪽에 대한 권력적 통제 우위를 유지하는 것도 포함한다(홍영오 · 연성진 · 주승희, 2015). 데이트 폭력이라고 하면 이성교제의 갈등 상황에서 발생하는 폭력적이고 파괴적인 행동으로 생각하기도 하지만, 특별한 사건이 발생하지 않더라도 평상시에 습관적으로 나타나는 공격행동까지 포함하여 생각할 필요가 있다(조춘범 · 이현, 2013). 이러한 정의에 따라 데이트 폭력의 유형을 구분하면 〈표 2-6〉과 같다.

〈표 2-6〉 데이트 폭력의 유형

종류	행태
신체적 폭력	• 팔을 꼬집거나 비트는 행동 • 거칠게 밀거나 힘껏 움켜잡는 행동(목을 조름) • 때리는 행동(뺨을 때리거나, 주먹이나 발로 때림) • 물건을 이용한 폭행(물건을 던지거나, 흉기로 위협, 뜨거운 물이나 불로 화상을 입힘)
정서적 폭력	• 언어적 폭력(욕이나 모욕, 비난, 고함, 위협, 악의에 찬 말 등) • 심리적 폭력(상대방의 소유물을 허락 없이 만지거나 부수는 것, 발을 세게 구르거나 문을 세게 닫는 것)
성적 폭력	• 성희롱(강제 키스 또는 애무) • 원하지 않는 형태의 성관계 요구(위협, 흉기 사용)
행동 통제	• 상대방을 가족과 친구들로부터 고립되게 함 • 핸드폰, 이메일, 개인 블로그 등을 점검 • 옷차림, 모임 등의 제한, 특정 행위 강요, 행동 및 상태에 대한 지속적인 확인, 통화가 될 때까지 계속 전화하는 행위 등

출처: 홍영오 · 연성진 · 주승희(2015). 여성 대상 폭력에 대한 연구: 친밀한 관계에서의 폭력을 중심으로. pp. 48-49. 서울: 한국형사정책연구원.

우리 사회에서 점차 사회적 문제가 되는 데이트 폭력을 미리 방지하고 효과적인 치료 개입을 하기 위하여 많은 연구자는 데이트 폭력의 발생 원인에 대하여 탐구하고 있다. 왜냐하면, 데이트 폭력과 같은 공격적 행동을 교정하고자 하는 프로그램을 성공시키기 위해서는 반드시 데이트 폭력이 일어나게 된 이유를 알아야 하기 때문이다(Whitaker, 2014; Kelley, Edwards, Dardis, & Gidycz, 2015).

데이트 폭력에 영향을 주는 요인을 살펴보면 다음과 같다(남현미, 2003; 김경자 · 임선영 · 김경원, 2007; 이미호, 2016).

(1) 어린 시절의 가정폭력 경험과 폭력문화 학습 경험

가정은 최초이자 지속적으로 폭력을 학습하는 장소가 되기 때문에 어린 시절에 폭력적인 가정에서 성장한 자녀는 부모로부터 폭력의 피해와 사용 방법을 익힘으로써 그렇지 않은 자녀보다 더 쉽게 폭력을 사용할 수 있다. 어린 시절 부모 간 폭력의 목격이나 체벌의 경험은 이후 데이트 폭력이나 부부 폭력에 영향을 미친다. 또한, 학창시절에 친구와의 신체적 공격 또는 피해 경험은 데이트 상대에 대한 폭력과 유의미한 상관이 있다. 그러므로 성장하면서 대인관계에서 발생할 수 있는 문제를 폭력으로 해결하는 것을 경험하면 나중에 데이트 관계에서 갈등이 발생했을 때에도 폭력으로 해결할 가능성이 커진다.

(2) 문제해결능력의 부족

개인이 문제 상황에 직면했을 때 보이는 인지 · 정서 · 행동 반응이 부정적일 때, 즉 문제를 해결하려는 성향이 부정적이고 기술적인 부분이 미흡할 때 데이트 중 갈등 상황에서 발생할 수 있는 폭력을 증가시킬 수 있다.

(3) 폭력에 대한 허용 정도

피해자가 폭력을 사랑과 동일시하여 폭력을 받아들이면 폭력이 지속적으로 발생하고 강화되는 중요한 요인이 된다. 전문가들에 의하면 폭력을 허용하는 피해자는 가해자의 협박과 오랜 폭력으로 인한 무기력과 의존적 사고, 그리고 자신이 상대방을 변화시킬 수 있다는 생각 때문에 관계를 지속하게 된다고 한다.

(4) 성역할 태도

성역할은 생물학적인 성(sex)에 근거하여 사람이 어떤 태도를 보이고 어떻게 행동하는 것이 바람직한가를 규정해 주는 사회 문화적 규범이고 사회화 과정을 통해 학습된다. 성역할 사회화의 결과 사람은 자신의 생물학적 성에 따라 남성과 여성에게 각각 적절하다고 규정된 행동을 습득하게 된다. 그러므로 남성에게는 성에 대해 공격자 또는 주도자로 사회화시키는 반면 여성에게는 소극적이고 금기적인 것으로 사회화시키는 문화인 경우 남성에 의한 성폭력이 보다 쉽게 유발될 수 있다.

최근 날로 증가하는 데이트 폭력에 효과적으로 대응하기 위해서는 기존의 법률과 제도를 바탕으로 보다 신속하고 적극적인 방식으로 개선이 이루어져야 하며, 사전 예방효과를 증대시키기 위해 각종 예방 프로그램을 다양화하고 적극적으로 지원하는 제도적 개선방안이 모색되어야 한다. 데이트 폭력이 연인 간의 '사랑싸움' 정도로 취급되어 생명에 위협을 느낄 정도의 폭력이 발생하기 전에는 피해자 개인이 감당해야 할 몫으로 방치해서는 안 되고, 당사자가 적극적으로 도움을 요청하거나 신고를 할 수 있어야 한다.

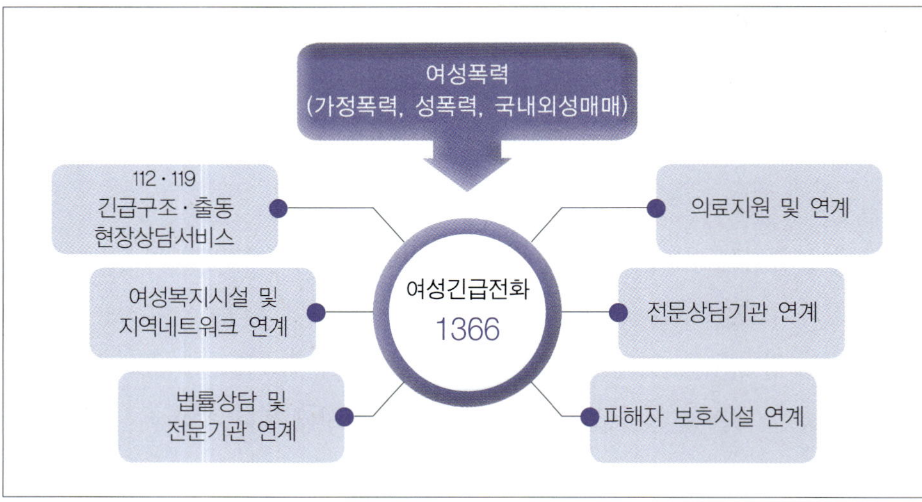

[그림 2-2] 데이트 폭력 신고센터 1366

함께 보면 도움이 되는 동영상

- EBS 다큐프라임: 남과 여
  제1부 - 끌림, 무의식의 유혹(2011. 2. 28. 방영)
- EBS 지식프라임(심리/인성교육) Disc 1 No.6: 자꾸 보면 좋아지는 까닭
- MBC PD수첩: 데이트 폭력, 괴물이 된 남자들(2016. 1. 12. 방영)
- KBS 감성과학다큐멘터리: 사랑
  제1편 - 900일간의 폭풍- 사랑하면 예뻐진다(2005. 3. 15. 방영)
  제2편 - SEX 37.2℃- 사랑하면 건강해진다(2005. 3. 22. 방영)
  제3편 - 사랑의 방정식 5대 1- 사랑하면 오래 산다(2005. 3. 29. 방영)

스스로 생각해 봅시다

- '나에게 사랑이란 어떤 의미일까?' 각자 사랑의 의미를 생각해 보고 친구들과 의견을 나누어 본다.
- 만약에 사귀고 있는 애인이 있다면 '나의 사랑은 어떤 유형에 속할까?' 생각해 본다.
- 나는 어떤 사랑을 하고 싶은가?
- 나는 이성교제를 할 때 상대의 어떤 측면에 매력을 느끼게 되는지 생각해 본다.
- 이성교제 중 데이트 폭력이 있었는지 생각해 보고, 있었다면 어떤 유형인지 파악하고, 데이트 폭력을 근절하는 방안에 대해 친구들과 토의해 본다.

C · H · A · P · T · E · R 03

여성과 남성의 이해

01 여성과 남성의 이해

1) 성의 이해

인간을 남성과 여성으로 특징짓는 것이 성(性)이고, 성은 인간의 본능이며 인간 생명의 근원이 되는 중요한 것이다. 성은 태어나면서 죽을 때까지 일생을 통해 한 개인의 삶과 함께하며, 한 사람을 그 사람답게 특징지어 준다. 그러나 오랫동안 우리 사회에서는 성과 관련된 대화나 성적인 욕구를 표출하는 것을 금기시하여 왔다. 성에 대한 모든 것은 바로 우리 자신에 대한 것이기도 하므로 성에 대해 바르게 아는 일은 바로 자신에 대해 아는 것과 같으므로 성에 대해 구체적으로 알아볼 필요가 있다.

서양에서는 성과 관련한 용어로 sex, gender, sexuality 등을 사용하는데 성에 대한 이해를 돕기 위해 성과 관련이 있는 용어들의 의미를 간략히 살펴보면 다음과 같다(정현숙, 2004).

- 섹스(性, sex): 생물학적 특성인 생식기의 차이에 의해 구분되는 남성과 여성을 의미하거나 성적인 행동을 언급하는 복합적인 의미로 이용된다.
- 사회적 성, 젠더(gender)와 성역할(sex role): 사회 문화적, 심리적으로 남성됨의 상태 혹은 여성됨의 상태를 의미한다. 이러한 사회적 의미의 성인 젠더에 따라 개인이 그가 속한 문화권에서 여자 또는 남자로 특징지어질 수 있는 여러 자질 혹은 성유형화 과정을 통해 성별에 따라 습득하게 되는 성격 특징, 태도, 선호 경향, 행동 등을 총체적으로 일컬어 성역할이라고 한다.
- 섹슈얼리티(sexuality): 흔히 성애나 성욕으로 표현되지만 자기 자신을 성적인 존재(sexual being)로서 정의하는 일련의 가치나 믿음, 행동들을 포함하는 포괄적인 개념으로 정의된다.
- 성적인 자아(sexual self), 성적 정체성(sexual identity): 심리적으로 자기 자신의 성적 자아동일시를 의미하는 용어이다. 자신의 신체적 성이 잘못되었다는 믿음을 가진 성정체성 장애를 겪는 성전환자(transsexuals)가 있으며, 성에 대한 부정적인 편견을 가진 성차별주의(sexism)자가 있다.

이 중에서 섹슈얼리티(sexuality)라는 총체적 개념의 성의 3요소에는 크게 생명, 사랑, 쾌락이 있다. 생명 창조의 성은 다음 세대로 이어지는 생명의 잉태와 출산으로 지금까지 굳건하게 이어져 내려와 인류를 유지하고 발전시키는 기초가 되고 있고, 사랑의 성은 남녀가 짝을 이루어 살게 되면서부터 풍부해지기 시작하여 서로의 공감대와 일체감, 신뢰와 존중, 의사소통 등을 통해 자아를 확장하는 기회를 준다. 마지막으로 쾌락의 성은 상대와의 신체적 접촉을 통한 친밀감과 행복감을 얻게 되는 것이나 사랑이 없는 쾌락의 성은 단순히 즐거움만을 추구하게 되므로 경계해야 한다. 성과 관련이 있는 생명, 사랑, 쾌락의 세 가지가 함께 있을 때 인간은 진정한 행복감을 얻을 수 있으며, 특히 성은 인간 생명의 출발점이라는 것을 반드시 기억해야만 한다.

한편, 동양에서 성(性)이라는 글자가 지니는 원래 의미는 마음(心)과 몸(生)의 양면을 나타내는 것이다. 즉, 성이란 전체적인 인간 그 자체를 뜻하는 것으로, 단순히 성행동이나 성적인 쾌락만을 의미하지 않는다는 것을 의미한다(문미옥 외, 2001). 성과 관련된 우리의 행동이나 태도는 생물학적인 성을 기반으로 한 성적 성숙이나 각자가 속한 사회에서의 성에 대한 전반적인 인식이나 기대를 반영하는 사회적 성과 밀접한 관련이 있다.

2) 여성과 남성의 성역할 획득

성역할(sex role)이란 한 개인이 자신의 사회와 문화 내에서 생물학적 성에 적절한 것으로 생각되는 성격 특성, 행동양식 또는 가치를 습득해 나가는 과정으로 볼 수 있다. 성역할은 생물학적인 요인보다는 사회 문화적인 영향에 의해 결정되는데, 각 사회는 남성과 여성에 대해 특별한 생각과 고유한 기준이 있으므로 그 구성원들은 특별 성별이 가지는 일련의 특성에 대해 대체로 비슷한 생각을 가진다.

전통적으로 대부분의 사회에서는 성역할 고정관념(sex role stereotype)에 따라 남성은 독립적 · 지적 · 지배적 · 적극적 등의 남성적 성역할을, 여성은 순종적 · 정서적 · 소극적 · 온순함 등의 여성적 성역할을 소유할 것으로 기대되었으나, 현대사회로 오면서 사회 구조의 변화와 여성의 인권 신장은 남녀 성역할에 큰 변화를 가져왔다. 현대사회 성역할에 대한 인식의 변화로 최근에는 한 개인이 남성성과 여성성을 동시에 가지고 있어 상황에 따라 남성적 및 여성적 특성의 역할을 융통성 있게 잘 수행하도록 한다는 양성성(androgyny)의 개념이 많은 관심을 받게 되었다. 한 개인의 삶에 기초적이고도 큰 영향을 미치는 성역할을 어떻게 획득하게 되는지에 대해서는 다양한 학자의 의견이 존재하며, 대표적으로 정신분석이론, 사회학습이론, 인지발달이론 등이 있다.

(1) 정신분석이론

정신분석이론에 의하면 남성과 여성의 성역할 학습에서의 차이는 프로이트의 심리성적 발달 5단계 중에서 3단계에 해당하는 남근기에서의 서로 다른 경험에 기인한다고 한다. 이 단계에서 남아는 오이디푸스 콤플렉스(Oedipus Complex)를, 여아는 엘렉트라 콤플렉스(Electra Complex)를 각각 경험하게 되는데 이 과정에서 아들은 아버지를, 딸은 어머니를 능가할 수 없다는 사실을 알게 되고 오히려 애정 상실에 대한 두려움으로 동성의 부모를 동일시하면서 성역할을 습득한다.

(2) 사회학습이론

사회학습이론에서는 아동이 칭찬이나 보상과 같은 긍정적 강화와 관찰 및 모방에 의해 그들의 성에 적합한 행동을 학습한다고 한다. 아동이 사회에서 요구하는 성역할과 일치하는 행동을 하면 부모나 교사, 또래집단으로부터 칭찬과 같은 긍정적 강화를 받지만, 그렇지 못한 경우에는 처벌을 받음으로써 자신의 성에 적절한 행동을 습득하게 된다. 사회학습이론에서 성역할은 전적으로 환경과 경험에 의해 획득된 후천적인 행동양식으로 간주한다.

(3) 인지발달이론

인지발달이론은 남아는 남자답게, 여아는 여아답게 되기 위해 아동 스스로가 성별을 인지하여 자신의 성에 알맞은 성역할 행동을 취해 가는 인지능력이 성역할 발달의 주요 원인이라고 본다. 그러므로 가장 중요한 것은 아동이 '나는 남자다' 또는 '나는 여자다'라는 성정체성을 획득하는 것이다. 자신의 성정체성을 획득하게 되면 아동은 자신과 같은 성을 가진 사람의 태도와 행동을 본격적으로 모방하기 시작한다. 성정체성의 획득 과정을 알아보면 2~3세경의 아동은 자신과 타인을 '남자' 또는 '여자'로 인지할 수 있지만 다른 사람들의 경우에 머리 모양이나 옷의 스타일, 소품 등이 바뀌면 성별까지 바뀐 것으로 생각한다. 그러다가 아동이 6~7세경이 되면 비로소 자신의 발달된 인지능력을 바탕으로 태어날 때 결정된 한 개인의 성별은 변화될 수 없다는 것을 제대로 이해하게 된다.

이러한 성역할 습득과정을 통해서 우리는 각 사회에서 요구하는 남성과 여성의 역할을 습득하며, 이는 성과 관련된 태도나 행동에 영향을 미친다. 그러나 일상생활을 자세히 들여다보면 남성과 여성의 역할에는 많은 공통점이 있다. 남성은 성취를 추구하지만 동시에 타인과의 친밀감을 추구하고, 이와 유사하게 여성은 친밀감을 추구하지만 성취도 함께 추구한다. 따라서 남성도 여성의 전유물처럼 여겨지는 부드러움을 표현할 수 있으며, 여성처럼 울고 싶을 때 울면서 감정 표현을 자유롭게 할 수 있고, 여성도 필요할 경우에 남성처럼 적극적이고 공격적이며 직업 지향적일 수 있다(김시업, 1998).

이러한 측면을 반영하는 여성과 남성의 역할에 대한 새로운 인식이 바로 양성성이다. 양성적 성역할을 강조한 벰(Bem, 1965)은 정상적인 성인은 전적으로 남성적인 성향이나 여성적인 성향만을 갖는 것은 아니므로 보다 유능하고 사회적 적응을 잘하는 성인일수록 여성성과 남성성을 적절하게 조합할 수 있는 양성적 역할을 수행하고 있다고 하였다. 우리나라에서는 1980년대 이후부터 양성성의 중요성을 인식하고 교육현장에서 유아기부터 성인기에 이르기까지 다양한 양성성교육과 양성평등교육을 실시하고 있다. 바람직한 여성적 특성과 남성적 특성이 공존하는 양성적인 유형의 사람은 다른 유형의 사람보다 자존감이 더 높으며, 사회적응력이 높고 성격과 행동이 독립적이면서도 부드럽고 기존의 성역할에 매이지 않는 경향이 있다고 한다.

양성적인 남성은 평등한 부부를 이루는 기초가 되는데, 그들은 평등한 배우자를 구하며 서로 친밀하고, 비인습적이며, 자기존중감이 높고, 여성의 사회생활에 대해 개방적이며, 가사노동도 분담하는 경향이 높다. 또한, 자녀양육에서 남성적인 아버지보다 자녀를 더 사랑하며, 덜 엄격하고, 덜 명령적인 특성을 갖는다(한국가족학연구회, 1993). 부모가 양성적인 성역할 정체감을 가지고 성역할을 수행한다면 미래의 자녀도 갈등 없이 자연스럽게 양성적인 성역할을 습득할 수 있을 것이다.

3) 여성과 남성의 유사점과 차이점

사람의 성별은 정자와 난자가 수정되는 순간 성염색체에 의해 결정된다. 그리고 성장과정에서 각 개인이 속한 사회문화의 영향을 받으며 성장하는 동안 여성과 남성은 서로 다른 특성을 지니게 된다. 남성과 여성의 차이를 다루고 있는 『말을 듣지 않는 남자, 지도를 읽지 못하는 여자(*Why Men don't listen and women can't read maps*)』(Allan & Barbara, 2005)라는 책의 내용에 따르면, 남자는 뇌 구조상 어눌하고 잔소리를 싫어하며, 여자는 공간지각능력이 떨어지고 지도를 볼 줄 모르게 타고났다고 한다. 과거와 현재를 막론하고 우리 사회에서는 남녀 간의 일반적 능력과 지능의 차이, 성격과 사회적 역할의 차이, 권리와 의무의 차이, 평등과 불평등의 논란 등에 관해 많은 논의가 있었다. 특히, 심리학 분야에서는 남녀 간에 정말 차이가 있는지에 대해 다양한 성차(gender difference) 연구를 수행해 왔다. 성별에 따른 남성과 여성의 차이를 구체적으로 살펴보면 다음의 〈표 3-1〉과 같다.

〈표 3-1〉 남녀의 심리적 특성의 차이

	남성이 높은 점수를 나타내는 영역	차이가 없는 영역	여성이 높은 점수를 나타내는 영역
능력	• 신체 크기, 힘, 달리기 • 수학적 능력(산수능력 제외) • 시각, 공간능력 • 대근육 운동	• 지능 • 창의성 • 기계적 학습능력 • 분석력(남성이 공간적 능력이 포함된 분석력은 높음)	• 언어능력 • 질병에 대한 저항능력 • 촉각의 민감성 • 소근육 운동
심리적 특성	• 공격성 • 활동성	• 지배성 • 동조성 • 주장성 • 수줍음 • 정서성 • 자존감 • 수동성 • 경쟁성 • 성취지향성 • 성적인 반응 • 피암시성	• 양육성 • 사회성 • 감정이입

출처: Greengerg, J., Bruess., & Millen, K. (1992). sexuality. p. 318. (김경자 외, 2007, 재인용).

앞의 표와 같이 심리학자들의 과학적 연구는 남녀 간의 신체적 차이는 분명하지만, 심리적으로 남녀 간의 차이 못지않게 유사점도 많다는 것을 알 수 있다. 매코비와 재클린(Maccoby & Jacklin, 1974)은 남녀 차이의 실상과 본질에 대해 연구한 결과, 남녀 차이가 상당히 명확하게 나타나는 측면들과 남녀 차이가 있다고 알려져 왔으나 그 증거를 발견할 수 없는 측면들, 그리고 연구 결과나 증거가 불충분하여 아직 남녀 차이에 대해 분명한 결론을 내릴 수 없는 측면들이 있다고 하였다. 1990년대 이래로 두뇌연구에 사용할 수 있는 PET(양전자 방출 단층 X선 촬영법) 스캐닝과 MRI 같은 기계 장비가 발달하면서 인간의 뇌를 자세히 들여다볼 수 있게 되어 뇌과학이라는 학문이 발달하게 되었고, 여성과 남성 차이의 많은 부분이 서로 다른 뇌의 차이에서 기인한다는 것이 밝혀지고 있다. 현대사회로 오면서 남성과 여성의 유사점과 차이점에 대한 연구가 다양하게 이루어지고 있지만 한 사회문화에서 태어나 성장하는 한 개인은 그 사회의 구성원으로서 각 사회가 기대하는 성역할을 습득하면서 성장하게 된다.

02 성과 성행동 유형

1) 남녀의 성

정자와 난자는 23쌍의 염색체를 가지고 있고 그중 한 쌍이 사람의 성별을 결정하는 성염색체이다. 남자는 XY염색체를, 여자는 XX 염색체를 갖고 있다. 수정과 함께 결정되는 초기의 성별 차이는 태아가 수태 후에 6~8주에 이를 때까지 염색체 결합 상태 이외의 차이점을 보이지 않다가 6~8주가 지나면 호르몬의 작용으로 남성 혹은 여성의 형태적 특징이 분화되기 시작한다. 8주 후에 호르몬 분비 여하에 따라 성분화가 본격적으로 진행되지만 일단 출생한 후에는 약 8세 정도까지 호르몬의 분비가 거의 없는 편이어서 이 기간 동안에는 호르몬이 성차에 기여하지 않는다.

그러다가 사춘기가 되면 남녀 모두에게 성호르몬의 분비가 크게 증가되어 남성과 여성 간의 신체적인 차이가 분명해진다. 사춘기가 되면 여성은 남성에 비해 많은 양의 에스트로겐(estrogen)과 프로게스테론(progesterone)의 분비가 일어나 여성화되고, 남성은 여성보다 훨씬 많은 양의 안드로겐(androgen)과 테스토스테론(testosterone)을 분비하며 남성화되는 2차 성징을 경험하게 된다. 2차 성징은 여성의 경우 12~13세경에 초경의 시작으로, 남성은 수염이나 음모의 성장, 목소리의 변화와 성기의 확장, 그리고 몽정 등으로 나타난다. 사춘기를 거치면서 남녀 모두 신체적 특징이 분명하게 구분되면서 이성에 관심을 돌리게 되며, 이성과 교제를 시작하고 결혼을 준비한다.

성과 관련이 있는 호르몬의 변화는 중년기에 한 번 더 나타나 남성은 여성호르몬의 분비가 증가하고 여성은 상대적으로 남성 호르몬의 분비가 증가한다. 남성과 여성은 다음의 〈표 3-2〉와 같은 성의 발달을 보인다.

〈표 3-2〉 남녀의 생물학적 성의 발달

특성	남성	여성
여성 염색체 X와 남성 염색체 Y에 의해 성이 결정됨	XY 성염색체	XX 성염색체
남성과 여성의 호르몬 발기성 외부 생식기	안드로겐, 테스토스테론 음경	에스트로겐, 프로게스테론 음핵
예민하고 부드러운 외부 생식기	한 쌍의 고환 내의 음낭	음순(대음순, 소음순)
사춘기에서 성인에 이르기까지 남성과 여성의 성세포	고환 (고환 한 쌍의 생식선)	난소 (골반 내 한 쌍의 생식선)
각기 새로운 유전학적 성질을 결정하는 DNA와 RNA분자를 포함하는 성세포	정액 (사춘기부터 적당한 간격을 두고 계속됨)	난자 (28일에 1개, 사춘기에서 폐경기까지 계속됨)
정액과 난자가 통과하는 한 쌍의 튜브	정관	난관
남성과 여성의 외부 생식기를 윤활하게 하는 내분비선	전립선 (요도 주위의 내분비선)	바스톨린 내분비선 음문과 질을 매끄럽게 하는 내분비선
각 성 기관으로부터 생성물 방출	사정	월경, 배란, 산고와 출산, 젖의 분비
각 성의 성인 피부와 털 모양 특성	얼굴과 몸의 털(체모)	겨드랑이 밑과 음부의 털
사춘기에서부터 각 성의 특수한 몸 형태	넓은 어깨, 좁은 둔부	좁은 어깨, 넓은 둔부
사춘기에서부터 각 성의 특수한 몸 형태	여성에 비해 강하고 무거운 근육	적은 근육과 피하지방층
사춘기에 남성 목소리는 저음인 반면에 여성은 상대적으로 고음	사춘기에 확장되는 후두	남성에 비해 상대적으로 더 작은 후두
몸무게, 신장, 완력에서 각 성차가 큼	여성보다 신장이 더 크며 힘이 셈	남성만큼 힘이 세지 않고 신장이 작으며 가벼움

출처: 이정덕 외(1998). 결혼과 가족의 이해. p. 59. 서울: 신정.

2) 성태도와 성행동

인간에게 성은 생명의 시작이면서 나아가 가족과 사회를 구성하는 가장 기본적인 기능을 가진다. 성은 인간의 기본 욕구 중의 하나로서 삶의 중요한 부분을 차지하지만 생물학적인 측면을 넘어 심리적·사회적 측면을 가지고 있기 때문에 이성과 의지에 의해 조절될 수 있다. 그러므로 성에 대한 올바른 이해와 정확한 지식은 성과 관련하여 발생할 수 있는 문제를 예방하고 효과적으로 대처하는 데 도움이 된다.

성지식은 남녀의 성적 특성과 역할을 이해시켜 신뢰와 존경으로 협력하는 바람직한 인간관계를 형성하고 유지하도록 하기 위해 올바른 성지식과 성에 대한 건전한 시각, 의식, 사고와 감정 및 태도 등을 함양시키는 지식으로 정의할 수 있다(조경화, 2005). 일반적으로 과학적인 지식을 많이 가진 사람이 그렇지 않은 사람보다 합리적이고 책임 있는 행동을 할 가능성이 더 큰 것처럼 올바른 성지식은 성에 관한 고민이나 문제를 최소화하고 건강한 성에 관한 태도를 형성하는 데 없어서는 안 될 중요한 요소이다(Kirby, 1980; 강효윤, 2007, 재인용). 그러나 최근 무분별한 성문화의 유입과 정보화의 발달로 인해 어린 시절부터 TV, 컴퓨터, 스마트폰 등 다양한 매체를 통해 습득한 성지식은 성을 왜곡시킴으로써 건강한 성태도 및 성문화 형성에 문제를 초래하기도 한다. 성은 여성과 남성이 인격체로서 각자 성별에 따른 역할과 의무, 자유와 권리에 대해 긍정적인 자부심을 가진 가운데에 성적 행동이 이루어질 때 가장 바람직하다.

성에 대해 이야기할 때에는 먼저 태도와 행동을 구별하여야 한다. 동일한 행동이 아주 다른 동기에서 일어날 수도 있고, 성에 대한 본인의 태도나 가치관과는 관계없이 성행동이 일어날 수도 있기 때문이다. 그러나 대체로 성에 대한 태도는 행동에 영향을 주어서, 성에 대해 진보적인 태도를 가진 사람이 보수적인 태도를 가진 사람보다 혼전 성경험자가 많다(Delamater & MacCorquodale, 1979; 조혜영, 2012, 재인용). 우리 사회의 성문화와 성의식, 성에 대한 태도가 과거의 보수적인 관점에서 벗어나 개방적인 풍조로 변화되면서 성행동 또한 자유로워지는 추세에 있으므로 바람직한 성문화의 확립을 위해 보다 적극적으로 현실에 부합하는 올바른 성교육 실시가 필요하다. 이를 위해 성태도와 성행동에 대해 좀 더 자세히 알아보면 다음과 같다.

(1) 성태도(sexual attitude)

태도는 어떤 사물이나 상황에 대해 긍정적 또는 부정적으로 반응하려는 자세이며, 성은 성행동이나 성적 쾌락만을 의미하는 것이 아니라 정신과 육체를 총칭하는 인간의 본성을 말한다. 그러므로 성태도는 사회 문화적 배경 속에서 형성된 성에 대한 의식 및 가치관을 말한다(조혜영, 2012). 성태도란 성욕에 대해 개인이 가진 체계화되고 일관성 있는 사고와 감정 및 행동의 양식이며, 성은 매우 개인적인 문제이므로 정확한 실상을 연구하여 파악하기 어렵고 성에 대한 태도는 문화에 따라 많은 차이가 있다(한국청소년개발원, 1997). 성태도는 극히 다양하여 이를 어느 한 가지로 쉽게 단정 지을 수는 없으나, 크게 세 가지로 분류할 수 있다(안순덕, 1984).

첫째, 전통적인 도덕성에 근거한 성태도이다. 이는 성에 대한 통제를 강조하고 결혼생활을 기반으로 한 성행위만을 인정하는 태도이다. 성을 부끄러운 것, 드러나서는 안 되는 것으로 보고 결혼관계 이외의 일체의 성행동을 부도덕한 것으로 보아 거부하는 성태도이다.

둘째, 새로운 도덕성에 근거한 성태도이다. 당사자 간의 애정을 가장 중요시하며, 합법적으로 결혼하고 있는 상태가 아니더라도 서로 애정만 있다면 성관계를 가질 수 있다고 본다. 성을 낭만적으로 해석하는 경향이 있다.

셋째, 반도덕성에 근거한 성태도이다. 이 경우의 주된 신념은 성충동이 자유롭게 허용될 때 개인의 행복과 만족이 증대되고 긴장, 불안, 좌절이 줄어든다고 본다.

대학생이 속해 있는 청년기는 발달단계상 남녀의 성역할에 대한 사회화가 뚜렷이 나타나는 시기이고 자신의 성지식을 곧바로 성행동으로 옮길 수 있는 나이이므로 성과 관련된 올바른 태도를 갖도록 하는 것이 매우 중요하다. 성태도는 교육이나 주위 환경에 의해 변화가 가능하지만 한 번 형성되면 쉽게 고쳐지지 않으므로 건강한 성태도를 형성하고자 하는 개인의 노력이 중요하며, 성욕은 인간의 자연스러운 욕구에 속하므로 훈련을 통해서 부적절한 성자극에 대한 절제력을 키울 필요가 있다.

읽고, 생각해 봅시다

신문기사 속에 나타난 우리나라 미혼 남녀의 성태도

한 결혼정보회사와 서울대학교 심리학과 최인철 교수가 공동으로 실시한 '연애와 행복인식 보고서'에 의하면 미혼 10명 중 9명(88.8%)은 혼전 성관계가 가능하다고 답했고, 가장 많은 남녀(남: 35.3%, 여: 16.8%)가 혼전 성관계를 "교제 1개월 이내에 해도 무방하다"라고 답했으며, "결혼식 전 불가"라는 의견은 11.2%에 불과했다.

또한, 미혼 남녀의 행복지수는 '교제 여부'에 큰 영향을 받았는데, 특히 남녀의 행복지수는 '결혼을 전제로 교제 중'일 때 각각 64.3점, 58.1점으로 가장 높았고, 솔로 남성(49.5점)과 솔로 여성(49.9점)은 전체 평균치(53.5점)에 크게 못 미쳤다. 즉, 연애 중인 커플, 그중에서도 결혼을 전제로 한 커플이 솔로보다 훨씬 행복했다.

출처: MK뉴스(2015. 2. 9.). '미혼 남녀 10명 중 9명 혼전 성관계 가능' 재구성(http://news.mk.co.kr/newsRead.php?year=2015&no=129828).

(2) 성행동

성행동은 자신이 가지고 있는 성과 관련된 광범위한 경험으로, 단순히 육체적인 행동만을 의미하는 것이 아니라 성행동을 통해서 사랑을 하고 사랑을 받아들이는 정신적 · 사회적 의미도 포함된다. 그러므로 성행동은 반드시 생식과 관련되는 행동뿐만 아니라 손잡기, 입맞춤, 포옹, 애무, 임신, 인공임신중절, 성폭력, 간접적 성행동 등을 포함한다. 인간의 성행동은 충동적 · 감각적 · 찰나적인 성행동으로부터 상호 간 애정과 신뢰 등의 정신적인 문제가 다분히 포함된 상태에서 행동하도록 발전되어 왔다. 또한, 성적 행동은 단계별로 나타나는 발달적 단계를 거치게 되는

데, 성적 상호작용의 위계 단계는 단순히 몇 번 만나는 정도의 사이, 꾸준히 만나는 사이, 키스, 껴안기, 가벼운 애무, 진한 애무와 성관계로 이루어진다(조혜영, 2012).

어떤 성행동이 자연스러우며 정상적인가 하는 판단 기준은 문화와 시대에 따라 다르게 나타난다. 오늘날 청년세대는 과거에 비해 성적인 성숙이 빠르게 이루어지고 있는데, 이러한 성숙의 가속화 현상은 영양 섭취가 과거보다 월등하게 향상되었고, 성에 대한 정보나 자극에 쉽게 노출되는 등 달라진 영양과 환경 요인에 기인한다고 설명할 수 있다(정옥분 · 정순화, 2014). 생활 주변에 성적인 자극을 유도하는 영화나 TV 프로그램, 대중가요나 상품 광고가 널려 있는 현대사회에서 젊은이들이 성에 대해 관심을 가지고 실제로 성행위를 거부감 없이 받아들이는 것은 자연스러운 결과이다.

청소년에서 성인으로 접어드는 길목에 있는 대학생은 이성관계에 자유롭고 허용적인 분위기를 제공하는 대학에서 여러 경로를 통해 이성과의 만남이 빈번해진다. 이는 대인관계 등의 측면에서 자신을 성장시킬 수 있는 기회가 되기도 하지만 때로는 적절하지 못한 행동으로 오히려 자신의 상황을 어렵게 만들 수도 있다(박지현, 2004). 즉, 본격적으로 이성교제를 시작하게 되는 대학생이 다양한 성행동을 실제로 경험하면서 성적인 욕구와 개인의 가치관 혹은 사회적인 규범 사이에서 갈등하거나, 상대방에 대한 무책임한 성행동으로 어려움을 겪게 될 수도 있다. 인간이 자신의 욕구를 실현하기 위하여 행한 모든 행동에 스스로 책임을 져야 하듯이 성행동에 대한 책임도 스스로가 책임지도록 교육하는 것은 중요하다. 인간의 성의식이나 성행동은 동물과 같이 본능대로 행동하는 것이 아니고 학습이나 훈련에 의해 이루어지므로, 젊은 세대가 잘못된 성지식이나 성태도로 인해 돌이킬 수 없는 치명적인 실수를 저지르기 이전에 수준에 맞는 구체적이고도 적극적인 성교육이 이루어질 필요가 있다.

■ "HER 섹슈얼리티"란?

리스(Reiss)는 새로운 성규범의 확립을 주장하는데, 그 핵심적 내용은 정직성(Honesty), 평등성(Equality), 책임성(Responsibility)이며, 그 첫 글자를 따서 'HER 섹슈얼리티'라 부른다. 이 규범은 기본적으로 다원주의 원리에 입각하여 자신이 따르는 행동양식이나 신념과는 다른 유형의 행동과 의식에 대한 관용과 인정을 전제로 한다. 따라서 강간이나 아동성학대 등 강제나 속임수 등에 의한 성적 행동을 배격한다. 그 대신 성적 의도나 행동에 대해 자신의 의사를 솔직하게 공개하며, 상대방에게도 성적 의도와 행동을 선택할 권리를 똑같이 인정하며, 원치 않는 임신이나 성병 예방 등의 문제에 대해 책임성 있게 행동할 것을 강조한다.

출처: 김정미(2004). 예비부모교육 프로그램의 구성과 적용효과. p. 38. 재인용. 중앙대학교 대학원 박사학위 논문.

(3) 혼전 성행동

혼전 성행동에 대한 기준은 시대나 사회 문화적 규범에 따라 차이가 있는데, 혼전 성행동은 역사적으로 억압되거나 허용되기도 하였다. 혼전 성행동은 일반적으로 절제, 이중규범, 애정에 따른 허용, 무절제의 네 가지 기준으로 분류할 수 있다(정옥분 · 정순화, 2014). 절제란 혼전 성행동은 허용될 수 없으며, 혼전순결은 반드시 지켜져야 한다는 것이고, 이중규범은 남성은 혼전 성관계가 가능하지만 여성은 안 된다는 것이다. 애정에 따른 허용은 결혼할 상대라면 성관계를 가져도 무방하다는 것이며, 무절제는 서로가 육체적 매력을 느낀다면 혼전 성관계가 무방하다는 것이다.

성행동은 어떠한 성태도를 가지고 있는지에 따라 영향을 받는데, 허용적인 성태도를 가지고 있을수록 성행동이 더욱 개방적이다(박지현 2004; 조승희 2011). 일반적으로 남성이 여성보다 성에 대해 개방적이고 이러한 태도는 혼전 성행동에 대한 남녀 간의 차이를 야기한다(Hendrick & Hendriack, 1987; 정미라, 2013, 재인용). 성관계를 경험한다는 것은 과거부터 형성되었던 성의 의미에 변화를 겪고 자신의 성정체성을 인식하고 확인하면서 스스로를 개별적인 존재로 의식하는 계기가 되기 때문에 첫 성관계 경험은 향후 미혼 남녀의 성에 대한 인식과 행동에 영향을 주는 요인이라고 할 수 있다(박수선, 2009).

성관계는 개인이 아닌 두 사람의 상호작용 속에서 이루어지는 과정이기 때문에 두 사람의 관계를 고려하는 것이 필요한데, 친밀한 관계 안에서 성적 의사결정을 해야 할 때 성적인 문제 상황을 해결하기 위한 개념으로 사용되는 것이 바로 성적 자율성이라고 할 수 있다(박선미 2009). 성적 자율성은 성적 자기결정권이라고도 할 수 있으며, 커플 내 성적인 상황에서 자신의 몸에 대해 주인의식을 가지고 자기 감정의 균형, 자신의 이득, 자신의 자부심, 사회적으로 떳떳함 등을 추구할 수 있는 자율성을 행사할 수 있는 능력이다(신상숙, 2001). 성적 자율성은 원치 않거나 안전하지 않은 성 접촉 상황에서 자신을 보호하고 성 건강을 유지하기 위한 아주 중요한 요소이다.

성관계는 개인이 스스로 결정하는 자신의 몸과 마음, 그리고 사회적 행위로써 일생의 건강을 좌우하는 행동인 만큼, 성적 자율성이 낮은 상태에서의 성관계는 신체적 · 사회적 · 정서적으로 여러 가지 문제를 초래할 수 있다. 대표적인 문제로는 원치 않는 임신과 임신중절(낙태), 임질이나 매독, 에이즈와 같은 치명적인 성병 감염 등이 있을 수 있다. 실제로 2012년 실시된 연령별 성병 감염 통계에서 20세부터 34세의 남녀가 전체 성병 감염자의 50%를 차지하고 있었으므로(질병관리본부, 2013), 어떤 외부 조건에서도 자기 스스로의 방식대로 대처할 수 있는 예방적 능력인 성적 자율성은 반드시 필요하다. 전통사회에서는 유교적 관습으로 인해 여성에게는 성적 자율성이 부여되지 못했었으나, 현대사회에서는 성에 대한 인식이 많이 개방적으로 변화되면서 여성의 성에 대한 시각이 과거보다 훨씬 관대해짐에 따라 여성의 성적 자율성도 강해지고 있는 추세이다.

읽고, 생각해 봅시다

신문기사 속에 나타난 우리나라 대학생의 성관계 경험

대학생 10명 중 6명은 성관계 경험이 있다는 조사 결과가 나왔다. 가톨릭상지대학교와 연세대학교는 2012년 서울, 충청, 강원 소재 총 6개 4년제 대학생 562명을 대상으로 설문조사한 결과 성경험이 있다고 응답한 학생이 368명으로 65.5%를 차지했다고 밝혔다. 성별로는 남학생이 71.5%, 여학생이 60.2%가 성경험이 있다고 답했는데, 1~2년 전 실시되었던 선행연구와 비교하면 성경험률이 10~20% 이상 증가했으며, 특히 여학생은 2년 새 최대 42% 상승한 수치다.

학년별로 보면 1학년은 56.4%, 3학년은 73.5%, 4학년은 84.7%가 성경험이 있다고 응답해 학년이 높아질수록 성경험 비율이 유의하게 높아지는 것으로 나타났고, 성경험에 가장 큰 영향을 끼치는 요인으로는 또래집단이 꼽혔는데, 친구가 성경험이 있는 학생 중에는 75.2%가 성경험을 한 데 비해, 그렇지 않은 학생은 30%만이 성경험을 했다고 응답했다.

대학교가 속한 지역에 따라서도 차이가 컸는데 서울에 있는 대학생의 77.9%가 성경험을 한 적이 있다고 한 반면 지방 대학생은 62.5%로 15% 이상 낮았다. 또한, 성교육을 받은 학생의 성경험은 25.3%로 낮아 성에 대한 교육과 관리가 미흡한 현실을 방증했다.

출처: 경향신문(2014. 11. 22.). 대학생 10명 중 6명 "성경험 있다"...여학생은 2년 새 42% 상승. 재구성(http://news.khan.co.kr/kh_news/khan_art_view.html?artid=201411221428181&code=940100).

03 젠더감수성

여성과 남성의 성별에 따른 특징과 성역할에 대한 이해는 성역할 고정관념이나 선입견에서 벗어나 편견 없이 있는 그대로의 사람을 보는 것을 기본으로 해야 하며, 이러한 것을 가능하게 하는 것이 젠더감수성이다. 성은 정자와 난자의 수정과 동시에 선천적으로 결정되는 순수한 생물학적 성(Sex)과 세상에 태어난 후 경험하는 다양한 사회적 · 문화적 · 심리적 환경의 영향을 받아 후천적으로 형성되는 사회학적 성으로 구분할 수 있다. 사회학적 성인 젠더(Gender)는 세상에 태어난 후 사회 문화적인 영향을 받아 형성되므로 문화권에 따라 다양한 특성을 지닌다. 예를 들어, 한 사람이 태어난 후 성장하면서 만나게 되는 부모와 조부모 등 가족의 특성, 학창시절의 교사, 지역사회 문화의 특성, 만화영화나 드라마 등의 매스미디어 등이 남성이나 여성의 바람직한 모습이나 그 역할에 어떠한 기대를 하는가가 젠더 개념의 형성에 영향을 미친다. 그러므로 한 국가에서도 어떤 분위기의 지역사회에서 성장하느냐에 따라, 한 지역사회에서도 어떠한 부모와 가족과 함께 살아가느냐에 따라, 그리고 학교에서도 젠더에 관하여 어떠한 생각과 태도를 가지고 있는 교사와 함께 지내느냐에 따라 각각의 구성원이 갖게 되는 젠더에 관한 개념은 서로 다를 수 있다.

젠더감수성은 일상적인 성차별이나 젠더이분법에 대하여 정서적인 불편함을 느끼는 것을 의미한다. 젠더감수성을 가진 사람은 성차별적이거나 젠더불평등한 사회적 상황에 대하여 예민하게 감지하고 인지하는 능력이 있다. 또한, 높은 수준의 젠더감수성을 가진 사람은 성역할에 대한 자신의 생각을 반성적으로 돌아보며 성역할 고정관념에 대한 자신의 신념을 진정성 있게 성찰하는 동시에 비폭력적 삶에 대한 신뢰와 성역할에 대한 개방성을 소유하는 경향이 있다(이진영, 2010). 따라서 현대사회에서 필요로 하는 생명, 사랑, 기쁨과 책임을 기본으로 하여 남녀 간의 평등한 인간관계, 인격존중, 올바른 성의식 등 아름답고 가치 있는 성적 특성을 갖춘 사람은 젠더에 대한 감수성 또한 높은 사람이라고 볼 수 있다(박은혜 · 김희진 · 곽삼근 · 김정원, 2004). 젠더감수성이 높은 사람은 성별에 구애됨 없이 다른 사람에 대한 인격적인 관심, 정서적인 배려와 책임감을 느끼며, 여성의 상품화나 여성만의 순결을 강요하는 등 우리 사회 전반에 퍼져 있는 성불평등한 인식을 갖지 않는다(박은혜 · 부성숙 · 김정원 · 최혜영, 2005). 또한, 이들은 아름답고 가치 있는 성문화 확립을 위해 우리 사회의 모든 구성원이 노력하고 협력할 필요성이 있음을 인식하고 있다.

높은 수준의 젠더감수성을 갖춘 사람은 올바른 성윤리에 기반을 두고 남성과 여성이 평등하다는 이념을 바탕으로 남녀가 서로 존중하며 조화로운 인간관계를 발전시켜 나가는 것이 중요하다고 생각하는 경향이 있다. 이들은 건전한 사회질서의 형성을 통해 남성과 여성이 모두 행복한 생활을 할 수 있도록 우리 사회의 시스템이 구축되어야 할 필요가 있다는 데 대부분 동의한다. 그러나 우리 사회에는 아직도 남녀의 생물학적 성을 기초로 특정한 성에 대하여 사회적으로 부과된 편견이나 차별이 적지 않다. 최근 들어 우리 사회의 지속적인 노력으로 인해 노골적인 성차별이 과거보다 줄어들었다고 하지만 아직도 성불평등과 연관된 성차별은 여전하다. 우리 사회의 성차별은 특정한 성에 대한 부정적인 정서와 성역할 고정관념으로 인하여 발생하고 있고, 대부분의 사회에서 남성보다는 여성에 대한 편견이나 차별이 보편적으로 존재하고 있는 실정이다.

〈표 3-3〉 성차별 인식 체크리스트

* 옳다고 생각하면 O, 틀리다고 생각하면 X

	내용	O	X
1	남성과 여성은 모두 인지적 측면에서 출생 때부터 확연한 차이를 갖는다.		
2	남성과 여성이 사회적 행동에서 차이를 보이는 것은 상당 부분 양육되면서 받는 사회 문화적 영향에 의해서이다.		
3	남성 혹은 여성이 반대의 성과 비교하여 어떤 특징을 가졌다는 것은 언제나 그 특성을 가짐으로써 우월하다는 것을 의미한다.		
4	성차와 성차별은 다른 것이다.		

(O: 2, 4 / X: 1, 3)

젠더감수성이 높은 사람은 성역할 고정관념에서 벗어나 성평등한 태도를 갖춘 사람이다. 성역할이란 여성이나 남성이라는 특정한 성별에 상응하는 사고, 정서, 행동에 대한 요구와 기대를 의미하며, 이러한 성역할에 대한 요구와 기대를 개인이 내면화시킴으로써 성역할 고정관념이 형성된다. 개인의 성별 특징적 행동을 결정하는 역할을 하는 성역할 정체감은 생물학적 성정체감과 구별되는 것으로 생물학적 · 역사적 · 문화적 요인들 간의 상호작용에 의해 영향을 받으며 형성된다. 남성성 정체감은 남성의 역할에 대한 고정관념을 바탕으로 형성된 바람직한 남성의 특성으로 우리 사회에서는 전통적으로 활동성, 논리성, 독립성, 객관성, 성취지향성, 리더십, 공격성, 경쟁성 등을 바람직한 남성성의 특성이라고 인식하고 있다. 여성성 정체감은 여성의 역할에 대한 고정관념을 바탕으로 형성된 바람직한 여성의 특성으로 미와 순종, 상냥함, 예술, 청결, 수동성, 의존감, 자기희생 등을 의미한다.

이러한 전통적인 성역할 고정관념은 급격하게 변화하고 있는 현대사회의 여성과 남성의 역할이라고 보기에는 무리가 있다. 최근 우리 사회는 여성과 남성이 서로 구별되는 각각의 역할에 집중하기보다는 특정한 상황에서 요구되는 역할을 성별에 구애됨이 없이 선택하여 수행할 수 있는 능력을 갖추는 것이 보다 바람직하다는 인식이 확산되고 있다. 이러한 성평등한 태도를 가진 사람은 가정에서 부부가 합리적인 논의를 거친 의견 수렴을 통해 가족 모두를 위한 최선의 선택과 결정을 할 수 있고, 동시에 퇴근 후 어린 자녀를 씻기고, 먹이고, 책을 읽어 주고, 놀아주고, 재우는 등의 자녀를 양육하는 역할이나 가족을 위한 저녁 식사를 준비하고, 어질러진 거실과 방을 정리하고 청소하는 등의 가사가 필요할 때는 누구나 수행할 수 있는 능력을 갖추고 있다. 이렇게 특정한 성별에 따른 행동을 구분하여 수행하기보다는 필요할 때 적절한 역할을 수행할 수 있는 것은 우리 사회에서 유능한 개인으로서 갖추어야 할 매우 긍정적인 능력이다.

〈표 3-4〉 양성평등지수 알아보기

양성평등지수	그렇다	아니다
사회 문제		
1. 부드러움과 상냥함은 여성의 타고난 미덕이다.		
2. 파마, 화장, 액세서리 등 치장하는 남자는 부자연스럽다.		
3. "여자가~", "남자가~"라는 말이 무의식적으로 나오는 것은 자연스럽다.		
4. 남자는 되도록 다른 사람 앞에서 울지 않아야 한다.		
5. 여자는 폭넓은 대인관계를 형성하는 능력이 남자에 비해 부족하다.		
공직생활		
1. 민원 접수나 안내 업무는 여성에게 더 어울린다.		
2. 기획, 예산, 인사, 감사 부서의 경우 야근 등 업무 특성상 남성이 더 적합하다.		
3. 남성은 육아휴직을 하지 않는 것이 좋다.		
4. 여성 상사는 남성 상사보다 부하 직원들을 잘 통솔하지 못한다.		
5. 여성할당제나 여성승진목표제는 남성에 대한 역차별이다.		
가정생활		
1. 가계부양의 일차적 책임은 남성에게 있다.		
2. 자녀가 잘못했을 경우, 부부 중 아내 쪽의 책임이 더 크다.		
3. 딸은 여자답게, 아들은 남자답게 키우는 것이 좋다.		
4. 설거지 등의 집안일은 아들보다 딸에게 시키는 것이 자연스럽다.		
5. 아픈 가족을 간병하는 것은 여성(딸이나 며느리)의 몫이다.		
교육/양육		
1. 여성과 남성은 타고난 지적 능력의 차이가 있다.		
2. 남학생과 여학생을 위한 교육 목표는 달라야 한다.		
3. 여자는 남자보다 선천적으로 과학이나 수학에 대한 소질이 적다.		
4. 학교에서 남학생에게 바느질, 요리 등을 가르치는 것에 반대한다.		
5. 남녀의 신체적 차이 때문에 체육수업과 스포츠 활동은 남학생 위주로 될 수밖에 없다.		
성/섹슈얼리티 영역		
1. 남성의 성욕은 여성보다 통제하기 어렵다.		
2. 성교육은 남학생보다 여학생에게 더 많이 시켜야 한다.		
3. 광고에서 여성의 몸을 선정적으로 그리는 것은 상품을 팔기 위한 것이지 성차별은 아니다.		
4. 성희롱은 여성의 과다한 신체 노출이 주요 원인이다.		
5. 여성의 혼외관계는 남성의 혼외관계보다 도덕적으로 더 심각한 문제이다.		

〈평가〉

각 문항에 '그렇다'이면 1점

- 16~25점: 성별에 꽤 얽매여 있다. 한번 더 일상생활을 되돌아본다.
- 8~15점: 의외의 구성에서 성별에 구애받고 있다. 양성평등을 지향한다.
- 0~7점: 성별에 구애받지 않고 있다. 양성평등사회에 적극적이다.

출처: 한국양성평등진흥원(http://www.kigepe.or.kr/).

함께 보면 도움이 되는 동영상

- EBS 다큐프라임: 남과 여
  제2부 - 사랑의 동상이몽(2011. 3. 1. 방영)
- EBS 다큐프라임: 아이의 사생활
  제1부 - 남과 여- 남성적인 뇌, 여성적인 뇌(2008. 2. 25. 방영)
- KBS 스페셜: 버려지는 아이들 베이비 박스, 60일의 기록(2016. 7. 14. 방영)
- MBC 스페셜: 남자의 말 여자의 말(2010. 3. 19. 방영)

스스로 생각해 봅시다

- 남자 또는 여자로서 나는 나의 성에 대해 어떻게 생각해 왔는가?
- 나의 성에 대한 생각이 나의 감정이나 행동에 어떤 영향을 미치는가?
- 나의 부모님은 성장과정에서 나에게 적절한 성적 행동이 무엇이라고 강조하셨나?
- 내가 생각하는 동성과 이성의 이상형은 누구이며, 그 이유는 무엇인가?
- 나는 파트너가 어떤 성역할을 갖기를 기대하는가?
- 내가 다시 태어난다면 어떤 성으로 태어나고 싶은가? 그 이유는 무엇인가?
- 사랑하는 연인 또는 부부관계에서 성차이로 인해 나타나는 갈등에 대해 생각해 보고, 갈등을 해결하는 방법에 대해 친구들과 토론해 본다.

C·H·A·P·T·E·R 04

결혼과 부부

01 배우자 선택

1) 배우자 선택의 의의 및 변화과정

대부분의 사람에게 결혼은 인생의 중요한 전환점이 된다. 자신의 의지와 관계없이 부모님의 자녀로 태어나 부모님의 가족 안에서 자녀로서 인생을 살아오다가, 성인이 되면 자신의 의지로 배우자를 선택하고 결혼하여 자신만의 새로운 가족을 형성한다. 결혼을 하는 사람은 결혼을 통하여 자신의 인생이 좀 더 행복해지기를 바란다. 수많은 사람이 결혼을 통하여 느끼는 행복과 불행은 어떤 배우자를 만나느냐에 의해 좌우된다고 해도 과언이 아닐 것이다. 결혼을 성립시키고 가족을 형성하는 출발점으로 배우자를 선택하는 일은 매우 중요하다. 자신에게 어울리는 배우자 선택은 일생의 가장 중요한 결정 중의 하나이며, 성공적인 배우자 선택은 객관적으로 알려진 배우자 선택의 기준을 적용해서 그 사람이 얼마나 완전한지를 따지는 것이 아니고 자신과 배우자감이 서로를 신뢰하고 이해하며 얼마나 조화를 잘 이루어 나갈 것인가를 고려해야 한다. 즉, 결혼에 앞서 완벽한 배우자를 찾으려고 노력하기보다는 자신이 완벽한 배우자가 되고자 노력하는 마음가짐을 갖는 일이 우선되는 것이 필수적이다.

배우자의 사전적 의미는 "부부의 한쪽에서 본 다른 쪽. 남편 쪽에서는 아내를, 아내 쪽에서는 남편을 이르는 말"(NAVER 국어사전, 2016)이다. 배우자는 결혼을 통해서 만나는 인생의 동반자인데 배우자 선택의 과정은 시대에 따라 변화해 왔다. 전통사회에서는 가문에 의한 선택이 주류를 이루었지만, 현대사회로 오면서 개인 중심의 선택으로 변화하였다. 우리나라의 전통적인 결혼은 개인의 행복과 욕구 충족보다는 가문의 영속과 번영을 위한 양쪽 가족의 결합수단이었다. 따라서 배우자 선택에서 결혼 당사자인 개인은 배제되고 양쪽 가족의 대표자인 조부나 아버지가 배우자를 결정하였다. 과거 대부분의 결혼은 결혼 당사자의 의사와 관계없이 중매혼의 형태로 이루어졌고, 오늘날 젊은이들이 결혼의 가장 중요한 동기로 꼽는 남녀 간의 사랑이나 신뢰 등을 토대로 한 배우자 선택은 통용되지 않았다. 그러나 현대사회로 오면서 과거와 달리 가족 구조가 핵가족화되고, 서구의 자유연애와 결혼문화가 전달되어 남녀 간의 교제가 자유롭게 허용됨에 따라 결혼에 대한 가치관과 규범이 변화하고 배우자 선택에서 개인의 판단과 선택을 중요하게 여기게 되었다.

배우자 선택의 변화과정을 시대별로 분석한 연구(유가효, 2007)에 의하면, 이성교제 및 연애결혼을 중심으로 자유혼과 중매혼의 변화과정을 시대별로 분석하였는데, 1945년부터 1960년대 중반에는 전통적인 규범이 지배하는 시대로 연애결혼 사례가 드물었다. 이 시기에는 중매혼이 지배적인 형태였으며, 교제 기간이 짧고 주변 사람들의 소개로 결혼이 성사되었다. 1960년대 후반부터 1980년대 중반에는 급속한 산업화가 진행된 시기로 한국 사회에 고등교육기관이 늘어나고 대학에서 이성교제가 보편화되었다. 연애혼이 증가하였으나 자녀는 결혼을 하려면 부모를 설득해야 되었고, 이 시기의 중매혼은 전문중재인의 역할이 대두되었다. 1980년대 후반부터 2000년대 중반에는 이성교제가 보편화되고 그 시기가 빨라져 이성교제에 대한 경험은 젊은 층의 발달과업 또는 통과의례로의 의미가 있었으며, 연애와 결혼이 분리되는 경향이 나타나기 시작하였다. 배우자 선택이 직장이나 대학에서 이루어졌으며, 연애혼에 대한 부모의 태도가 수용적이고 장려하는 경향이 나타났다. 현대에는 연애혼이 증가하고 있지만 중매혼도 여전히 공존하고 있고, 연애혼의 과정에서도 여전히 직접적이거나 간접적으로 부모의 의사가 결혼 결정에 중요하게 영향을 미치고 있다.

■ 배우자 선택에 관한 이모저모

여성가족부에서 실시한 '2015년 가족실태조사 분석 연구' 보고서에 나타난 배우자 선택에 관한 내용 중 몇 가지를 살펴보면 다음과 같다.

1. 결혼 적정 연령
   - 남성의 결혼 적령기는 '30~35세 미만'이라는 응답이 69.6%로 가장 많았고, 그다음으로 '35~40세 미만'(15.0%), '25~30세 미만'(14.7%) 순으로 나타났다. 응답자의 교육 수준이 높아질수록, 남성의 적정 결혼연령이 '30~35세 미만' 또는 '35~40만 미만'이라고 응답한 비율이 다소 높게 나타났다.
   - 여성의 결혼 적령기는 '25~30세 미만'이라는 응답이 54.3%로 가장 많았고, 그다음으로 '30~35세 미만'(40.7%), '20~25세 미만'(3.0%) 순으로 나타났다. 응답자의 교육 수준이 높아질수록, 여성의 적정 결혼연령이 '30~35세 미만'이라고 응답한 비율이 다소 높게 나타났다.

2. 배우자 선택 시 가장 중요하게 생각하는 요인
   - '성격'(43.6%), '신뢰와 사랑'(14.3%), '경제력'(10.6%), '건강'(9.4%) 순으로 조사되었다. 제2차 가족실태조사(2010)에서는 '외모 등 신체적 조건'이 중요하다는 응답이 두 번째였던 것에 비해 제3차 조사에서는 '외모 등 신체적 조건'이 중요한 요소라는 응답이 다소 적었다.
   - 여성 응답자의 경우 남성 응답자와 유사하게 '성격'과 '신뢰와 사랑'이 가장 중요하게 생각하는 요인이라는 응답이 많았지만, 남성 응답자에 비해 배우자를 선택할 때 '경제력'(남성: 5.8%, 여성: 15.4%), '직업'(남성: 4.6%, 여성: 8.2%)을 중요하게 생각한다는 응답도 많았다.

출처: 여성가족부(2015). 2015년 가족실태조사 분석 연구.

2) 배우자 선택 이론

배우자를 선택하는 과정은 시대나 사회적 상황에 따라 영향을 받는 요인들이 다르며, 각 개인의 주관적인 감정이 작용하는 영역이므로 하나의 통합된 이론으로 설명하기가 어렵다(맹미현, 2011). 그러나 많은 학자들은 성인기에 도달한 남녀가 직면하는 배우자 선택의 문제를 규명하려는 노력을 시도하고 있다. 각 개인은 여러 이론을 근거로 자신에게 가장 적절하다고 생각하는 배우자를 선택하게 된다. 대표적인 배우자 선택의 이론은 교환 이론과 공평성 이론, 여과망 이론, 자극-가치-역할(Stimulus-Value-Role: SVR) 이론, 상보적 욕구 이론 등이다.

(1) 교환 이론(exchange theory)과 공평성 이론(equity theory)

교환 이론은 적은 비용으로 더 많은 이익을 창출하고자 하는 고전경제학의 이론을 배우자 선택 과정에 도입한 것이다. 남녀 두 사람이 서로를 선택하는 데 있어 각자가 가지고 있는 인성, 매력, 학력, 가문 등 여러 가지 자원을 평가해 보고 가능한 한 많은 자원을 가진 사람을 선택하려 하며, 자신에게 최대의 보상을 줄 사람을 선택함으로써 서로 간의 균형을 이루는 결합을 한다는 것이다(김양희 외, 2011).

공평성 이론은 교환 이론을 보다 정교화한 이론으로 인간은 자신이 상대방보다 보상을 더 얻거나 대가를 더 지불하는 관계를 원치 않으며 공평한 관계를 원한다고 가정한다. 즉, 인간은 이기적인 존재가 아니라 타인에 대한 배려를 가지고 있기 때문에 관계 속에서 자신과 상대의 투입과 결과를 비교하여 판단하는 것이다(신화용 · 조병은, 2006). 공평성 이론에서는 배우자를 선택할 때 상대방의 가치를 어느 정도 인정하느냐 하는 심리적인 요인이 개입되는데 판단 기준이 자신과 유사하다고 느낄 때 공평한 것으로 판단하게 되어 결혼이 성립된다고 한다(정현숙, 2003).

(2) 여과망 이론

배우자 선택의 여러 요인을 발달적 모형으로 인식한 최초의 학자는 케리쵸프

(Kerkhoff)와 데이비스(Davis)였다. 이들은 배우자 선택이 단순히 사회적 배경과 욕구에 의해 결정되는 것이 아니라 일련의 여과망을 거쳐 이루어지며, 모든 가능한 데이트 상대로부터 관계를 맺기 시작하여 결혼에 이르기까지 여섯 개의 여과망을 거친다고 하였다(김시업, 1998).

❶ 근접성 여과망

모든 가능한 대상자 가운데 현실적으로나 지리적으로 쉽게 만날 수 있는 사람만으로 대상을 제한한다. 배우자감은 한정되면서 같은 지역, 학교, 동호회 모임 등에서 배우자감을 만나기 쉽다.

❷ 매력 여과망

서로 매력을 느끼며 호감을 느끼는 사람들로 대상이 좁혀진다. 이때 매력을 느끼게 하는 요인은 개인마다 차이가 있으나 상대의 인성, 외모, 능력 등이 포함된다.

❸ 사회적 배경 여과망

사회적 배경의 여과망을 통하여 인종, 연령, 종교, 사회 계층, 직업, 교육 수준 등이 비슷한 사람으로 범위가 축소된다. 이때 동질혼의 원칙이 적용되어 연령, 종교, 계층 등이 유사할수록 관계가 지속될 가능성이 크다.

❹ 상호의견 일치 여과망

인생관, 결혼관 등 중요 문제에 대해 유사하거나 동일한 가치관이나 견해, 태도를 지닌 파트너만 남게 된다.

❺ 상호보완성 여과망

파트너 서로 간의 욕구와 필요를 충족시켜 줄 수 있고, 어느 한 편의 단점을 다른 쪽에서 보완해 줄 수 있을 때 결혼 가능성이 더 커진다.

❻ 결혼준비상태 여과망

마지막 상태의 여과망으로 결혼준비상태의 여과망을 통하여 비로소 결혼에 이르게 된다.

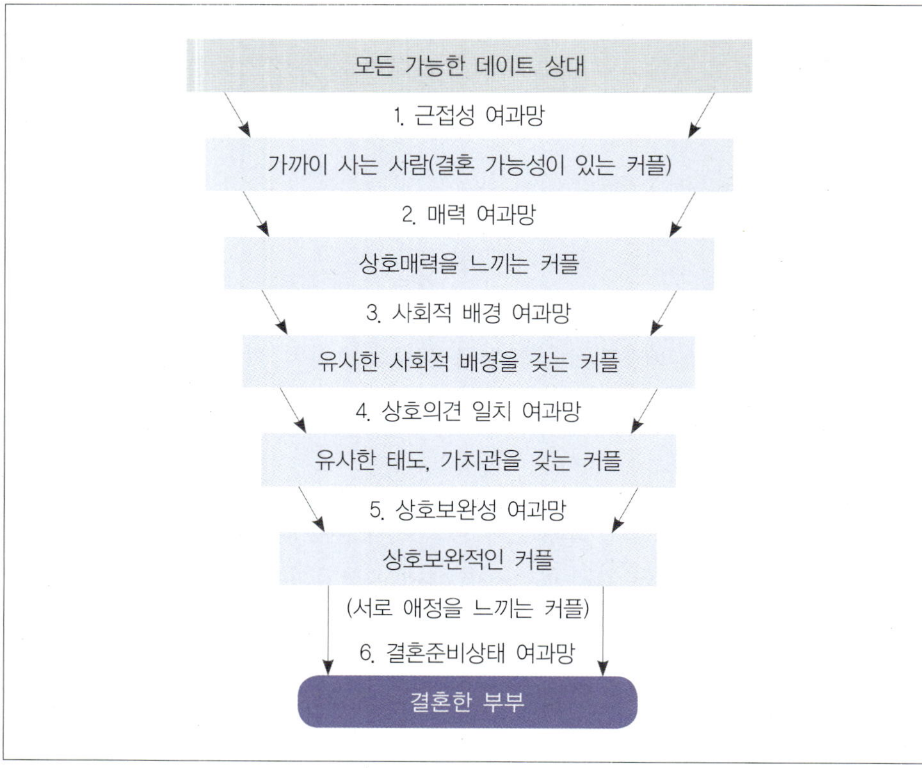

[그림 4-1] 여과망 이론

(3) 자극-가치-역할(SVR) 이론

머스타인(Murstein)이 여과망 이론을 보완 · 발전시킨 이론으로 교환 이론을 기본으로 하고 있다. 비교적 자유롭게 배우자 선택이 가능한 상황에서는 서로 가지고 있는 장점과 단점의 교환가치에 따라 파트너 서로가 매력을 느끼고, 교제를 계속해야 할지를 결정하게 된다는 것이다. 관계가 발전하여 배우자를 선택하는 과정을 좌우하는 요인은 자극, 가치, 역할의 적합성이다(김시업, 1998; 이철우, 2008).

❶ 자극 단계(stimulus stage)

첫 번째 만남의 단계로서, 최소한의 상호작용만 존재하는 단계로 사람들은 서로가 상호매력을 느낌으로써 교제가 시작된다. 상호매력을 유발하는 특성에 속하는 상대의 신체적 외모, 전문적인 직업, 학벌, 성격적 특성, 사회적 지위 등을 수반한 총체적 매력이 균형을 이루면 다음 단계로 발전한다. 직접적인 상호작용을 시작하기 전에 관찰 가능한 상대방의 자질을 평가하여 매력을 발견하는 단계이다. 이 단계에서는 다른 사람들에게 들은 상대의 평판도 중요한 역할을 한다. 상대방에게 받는 자극이 결정적인 역할을 하기 때문에 이 단계를 자극 단계라고 한다.

❷ 가치 단계(value stage)

자극 단계를 넘어 본격적인 교제가 시작되고 서로 친밀해졌을 때 대화를 통해 인생의 목표, 결혼관, 종교, 성역할, 직업과 자녀관, 사회에 대한 태도 등과 관련된 서로의 가치관을 비교한다. 중요한 사항에 대한 가치관이 동일하거나 유사하다면 서로에게 더욱 매력을 느끼게 되고 다음 단계로 진전된다.

❸ 역할 단계(role stage)

교제의 최종 단계에 이르면 비슷한 가치관 그 이상의 것이 필요해지는데 현재와 결혼 이후의 역할수행능력과 상호 역할기대를 고려하며, 역할기대가 서로 일치하고 적절하다고 판단될 때 결혼으로 발전하게 된다. 이 단계에서는 미래의 역할기대 및 수행과 관련하여 상대방을 검토함으로써 자신들의 관계를 성공적인 결혼으로 이끌 수 있을 것인지, 아니면 자신을 위해 관계를 정리할 것인지를 결정한다. 한 사람이 리드하면 상대방은 따라가야 하고 한쪽이 억지를 부리면 상대방은 그것을 받아 주기도 해야 한다. 교제의 마지막 단계에 이르러 두 사람이 역할을 조정하는 과정에서 서로 간의 역할기대가 맞지 않고 역할수행능력이 부족하다고 느껴지면 관계는 지속되지 못한다.

(4) 상보적 욕구 이론

상보적 욕구 이론은 심리적 욕구 수준이 반대 성향에서 매력을 느끼는 것으로 서로 비슷한 사람보다는 서로를 보완해 줄 수 있는 요인이 있을 때에 매력을 느끼며 이러한 특성이 배우자를 선택하는 데 작용하게 된다는 것이다(정현숙 외, 2003).

3) 배우자 선택에서 고려할 점

결혼을 결심하는 대부분의 사람은 사랑하기 때문에 결혼하고자 하지만 긴 시간 동안 지속되는 결혼생활이 행복하게 유지되려면 다른 여러 가지 요인에 대해서도 고려해 보지 않을 수 없다. 학자들이 제시한 배우자 선택 시 고려해야 할 사항들을 종합해 보면 다음과 같다(정옥분 · 정순화, 2014).

(1) 자신에 대해 알기

평생 자신과 함께하기 위해서는 자신과 잘 어울리는 조화를 이루는 사람을 선택하는 것이 중요하며, 이를 위해서는 먼저 자기 자신에 대한 인식이 선행되어야 한다. 자신은 어떤 상대를 원하고 자신의 결혼 동기가 무엇이며 결혼을 통해 얻고자 하는 것이 무엇인지 알아야 한다.

(2) 결혼 상대자에 대해 알기

자신뿐만 아니라 상대방의 욕구, 성격, 관심, 가치를 알아야 한다. 생활의 여러 측면에서 자신과 어울리는 사람, 조화를 이루는 사람과 결혼하는 것은 중요하다. 가치관, 의사소통, 역할 분담, 여가활동, 성생활, 신체 리듬과 같은 생활의 여러 영역에서 조화를 이루는 것은 결혼생활에 만족감을 주고 행복으로 이끈다.

(3) 자신이 원하고 필요로 하는 사람

결혼생활을 하는 과정에서 서로가 끊임없이 다양한 감정을 교환하며 생활해야 하므로 서로 원하고 호감을 느끼며 감정의 교환이 가능해야 한다. 현대사회는 갈등 상황에서 부부를 연결시켜 주는 외적 지원체계가 빈약하고, 결혼생활을 유지하는 책임이 전적으로 당사자에게 맡겨져 있어 두 사람 간의 유대감이 약해질수록 결혼관계의 유지가 어려워진다.

(4) 사랑하는 감정

전통사회와 달리 현대사회에서는 당사자의 의견이 중심이 되고, 사랑은 배우자 선택의 중요한 요인이 된다. 사랑과 성을 포함해서 결혼생활에는 지속적인 로맨스의 기분이 있어야 하고, 사랑의 감정은 남녀를 결혼에 이르게 하고 이어서 결혼생활을 유지하게 하는 필수조건이다.

(5) 부모나 친지, 친구의 지지

배우자는 자신이 선택하지만 얼마나 지혜로운 선택을 하는가는 상대방에 대해 얼마나 정확하게 알 수 있는가에 좌우된다. 낭만적인 감정에 빠져 있는 두 남녀가 상대방에 대해 정확한 판단을 하는 것은 어렵기 때문에 자신을 가장 잘 알고 있는 부모나 친구의 지지를 받는 것은 중요한 의미가 있다. 특히, 부모의 경우에는 결혼 이후에도 중요한 가족으로서 관계가 꾸준하게 이어져야 하므로 호감을 느끼고 관계를 시작하는 것이 이후에도 도움이 될 수 있다. 그러나 배우자 선택에서 부모나 친지의 지나친 간섭과 진정한 도움에 대해 일정한 한계를 설정하는 것도 필요하다. 부모는 자신의 자녀에 대해 객관적인 평가를 하기가 어렵고 실제로 자녀가 선택하는 배우자에 대해 거의 만족하기 어려운 기준을 가지고 있는 편이다. 자신의 판단과 부모님의 판단이 일치하지 않을 때에는 가능한 한 개방적인 태도를 유지하면서 적절한 시간적 여유를 갖고 서두르지 않는 것이 중요하다.

02 결혼

1) 결혼의 동기

'나는 왜 결혼하려고 하는가?'에 대한 답이 될 수도 있는 결혼의 동기는 결혼생활의 적응에 영향을 미치는 중요한 요인 가운데 하나이다. 어떤 동기로 결혼을 했는가 하는 것은 결혼생활 자체와 결혼생활에서 발생하는 문제를 대하는 태도에 직접적인 영향을 미치며, 당연히 결혼생활의 결과에도 영향을 미친다. 대부분의 사람을 결혼에 이르도록 하는 결혼의 동기에 대해 살펴보면 다음과 같다(김시업, 1998; 옥선화 · 정민자 · 고선주, 2006; 김경자 · 임선영 · 김경원, 2007).

① 사랑을 확인하기 위해서이다. 남녀 간의 사랑은 결혼의 가장 강한 동기이다. 특히, 현대사회의 결혼은 당사자 간의 애정과 신뢰가 기본이 되기 때문에 애정이 식으면 이혼에 이르기도 한다.

② 성행위에 대한 합법성 부여를 위해서이다. 성숙한 남녀는 생물학적으로 성적인 욕구를 표현하는 것이 자연스러운데 결혼을 통해 합법적인 부부가 됨으로써 성관계를 허용받게 된다. 따라서 부부는 사회적 · 법적으로 인정된 성적 욕구 충족을 통해 안정감을 갖는다.

③ 경제적 안정을 위해서이다. 남성이 가정경제를 담당하고 여성은 가사와 자녀 양육을 담당하던 전통사회에서 경제적 안정은 남성보다 여성에게 더욱 중요한 결혼의 동기로 작용하였다. 그러나 현대에는 여성의 사회 진출이 늘어나 여성도 경제적인 능력을 갖추게 되면서 남성 또한 직업을 가진 여성을 선호하게 되어 경제적 안정은 남녀 모두에게 중요한 결혼의 동기가 되었다.

④ 정서적 안정을 위해서이다. 결혼은 인생에서 가장 중요한 선택이라는 매우 어려운 과정을 통과하였으므로 개인에게 정서적 · 감정적 안정을 부여해 준다. 결혼을 함으로써 나를 이해해 주고 함께 살아갈 인생의 동반자를 얻었다는 충만감인 정서적 안정감을 준다.

⑤ 자녀 출산으로 부모가 되기 위해서이다. 적절한 시기에 자녀를 갖고 싶은 욕구도 결혼을 결정하는 중요한 동기가 된다. 자녀의 출산은 개인의 욕구를 충족시키는 것뿐만 아니라 사회 구성원을 충당한다는 의미에서 사회적인 의미를 가지기도 한다.

⑥ 성인으로서의 신분 획득을 위해서이다. 결혼은 성인으로서의 신분을 인정받는 중요한 의식이다. 결혼을 하면 어느 사회에서나 성인이 되는 신분을 부여하여 부모를 떠나 독립된 생활이 가능하다. 부모로부터 독립하고자 하는 욕구가 있을 경우, 결혼을 통해 합법적으로 성인으로서의 신분을 획득하고 독립할 수 있다.

⑦ 사회적 기대에 부합하기 위해서이다. 대부분의 사회에서는 일정한 연령이 되면 당연히 결혼을 해야 한다고 기대한다. 특히, 주위의 시선에 민감하고 가족주의가 강한 우리나라에서는 적절한 시기에 결혼을 하지 않으면 부모님을 포함한 주변 사람들이나 사회로부터 압력을 받게 된다. 결혼하는 것 자체가 그런 압력으로부터 해방됨을 의미하므로 결혼을 하기도 한다.

읽고, 생각해 봅시다

경기 지역 대학생 33%, "결혼 필요하지 않아"

인구보건협회 경기지회가 '포기할 수 없는 연애와 결혼 그리고 가족'을 주제로 저출산 위기 극복 야단법석 현장토론회에 참석한 경기도 내 대학교 재학생 남녀를 대상으로 설문조사를 실시한 결과, 결혼이 필요하다고 응답한 사람은 67명(67%), 결혼은 필요하지 않다가 33명(33%)이었으며, 결혼 적령기는 여성 26~30세라고 응답한 사람이 26명(77%), 남성 31~35세라고 생각하는 사람이 14명(56%)이었다.

결혼이 필요하다고 생각하는 이유로는 '평생의 동반자' 60명(90%), '합법적인 성파트너' 3명(3%), 기타 4명(7%)으로 나타났고, 결혼을 결심하는 계기로는 67명의 응답자 중 46명(67%)이 '상대방을 사랑해서 결혼한다'고 응답하였으며, 그다음으로는 '외로워서 결혼한다'고 10명(15%)이 응답했다. 결혼 지원 정책에 대해서는 57명(57%)의 응답자가 '신혼부부 주택마련이 시급하다'고 응답했으며, 결혼자금 융자가 12명(12%), 결혼 관련 정보 제공 및 상담 10명(10%) 순으로 나타났다.

출처: 경인일보(2016. 6. 29.) 재구성(http://www.kyeongin.com/main/view.php?key=20160629010009947).

2) 결혼의 절차

결혼을 결심하게 되면 사람들에게 가장 많은 관심을 받게 되는 것이 바로 결혼식이다. 결혼식은 결혼생활로 가는 통과의례이다. 통과의례는 사람이 일생 동안 새로운 상태로 넘어갈 때 겪어야 할 의식을 통틀어 이르는 말로써 우리의 삶에서 중요한 계기가 되는 사건을 맞이하여 그 사건에 대해 상징성을 부여하는 행위이다. 지금은 결혼(結婚)이라는 단어를 많이 사용하고 있는데 과거에는 결혼을 의미하는 단어가 무수히 많았다. 혼례와 관련된 유사한 단어들에는 혼인(婚姻), 혼례(婚禮), 혼례(昏禮), 결혼(結婚), 주례(晝禮), 대례(大禮), 초례(醮禮), 혼인의례(婚姻儀禮), 혼시행혼례(昏時行婚禮) 등이 있다(김선령, 2010).

(1) 전통적인 혼례 절차

혼례(婚禮)란 '부부관계를 맺는 서약을 하는 의식', 즉 혼인(婚姻)의 예절로서 예로부터 우리나라는 동방예의지국으로 전통혼례(傳統婚禮)의 양식이 있었다. 대부분의 사람이 지켜 왔던 전통혼례는 풍속과 유교적 의례를 혼용하여 사용한 것으로 지역과 집안별로 차이가 있겠지만 그 절차는 다음과 같다. 전통혼례는 서로 결혼 의사를 타진하는 의혼(議婚), 혼인 날짜를 정하는 납채(納采), 예물을 보내는 납폐(納幣), 혼례식을 올리는 친영(親迎)의 네 가지로 이루어진다(김시업, 1998; 김용미 · 서선희 · 옥경희 · 정혜정, 2002; 정옥분 · 정순화, 2014).

❶ 의혼

의혼은 중매인을 통하여 신랑과 신부의 집이 서로 혼사를 의논하는 절차로 신랑 측이 신부 측의 허락을 받아 내는 과정이다. 양가에서는 중매인을 내세워 상대방의 가문, 학식, 인품을 조사하고 두 사람의 궁합을 본 다음 어른들의 협의를 통해 허혼 여부를 결정하였다. 신랑 집의 청혼 편지에 신부 집은 허혼의 편지를 보냄으로써 의혼이 이루어지며, 혼인이 결정되는 동안 혼인 당사자들은 서로 얼굴을 못 보는 것이 대부분일 만큼 이 과정은 양가 부모의 주도하에 이루어졌다.

❷ 납채

혼약이 이루어져 사주를 보내고 연길(涓吉, 혼인 날짜)을 청하는 절차로서 신부 집으로부터 허혼 편지나 전갈이 오면 신랑 집에서 신랑의 사주와 납채문(정식으로 결혼을 신청하는 서장(書狀))을 써서 홍색 보자기에 싸 보낸다. 신부 집에서는 신랑의 사주를 받으면 신랑, 신부의 운세를 가늠해 보고 혼인 날짜를 택하여 신랑 측에 통지하는데 이를 연길이라 한다. 최근에는 이 납채를 납폐(현대의 함)와 함께하고 있다.

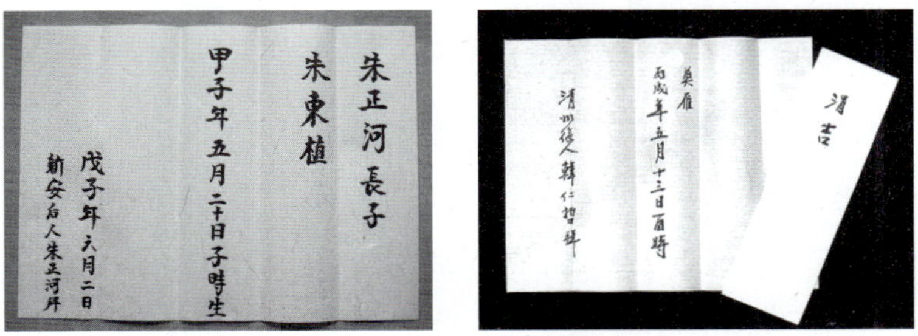

[그림 4-2] 사주와 연길

❸ 납폐

연길 편지를 받은 신랑 집에서 신부 집에 혼인을 허락해 준 데에 대한 감사의 예로 혼수와 혼서지 및 예물을 넣은 혼수함을 보내는데 이것이 납폐이다. 혼서는 결혼문서로 신부에게 무척 소중한 것이므로 일부종사의 의미로 간직하였다가 죽을 때 관 속에 넣어 가지고 갔다고 한다. 신랑이 가난할 경우 혼서와 함께 청 · 홍의 비단 치맛감인 채단(采緞)만을 보내고, 여유 있는 집에서는 옷감을 더 넣어 보내기도 하고 하는데 이를 봉채(封采) 혹은 봉치라고 한다. 신랑과 신부 집에서는 둥근 시루에다 찹쌀 두 켜에 붉은 팥고물을 넣고 대추 9개(홀수)와 밤 1톨을 가운데 박아서 찐 봉치떡을 만드는데 함을 보내고 받을 때 봉치떡 위에 함을 올려놓았다가 함을 열어 본다.

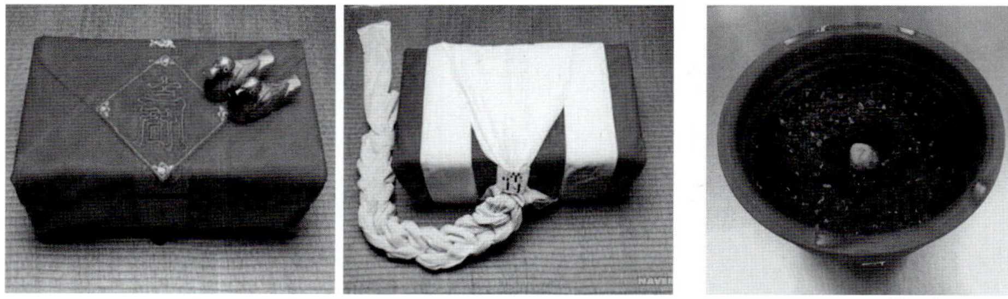

[그림 4-3] 납폐와 봉치떡

❹ 친영

오늘날의 결혼식을 말하며, 신랑이 신부 집에 가서 혼례를 치르고 신부를 맞아오는 예로서, 혼례 절차 중 가장 중요한 의식으로 전안례(奠雁禮), 교배례(交拜禮), 합근례(合巹禮)의 순서로 행해지는데 이 세 과정을 합쳐서 초례(醮禮)라 한다. 전안례는 신랑이 기러기를 가지고 신부 집에 도착하여 신부의 어머니께 기러기를 드리는 예이고, 교배례는 신랑과 신부가 서로 상대에게 절을 하며 백년해로를 서약하는 것이며, 합근례는 술잔과 표주박에 각각 술을 부어 마시는 것으로 부부의 인연과 부부의 화합을 의미한다.

[그림 4-4] 전안례, 교배례, 합근례

혼례식을 마치고 나면 신부가 시부모에게 정식으로 첫인사를 올리는 의식이 있다. 신부가 이 예를 올리기 위해 시부모에게 드릴 음식을 준비하여 가는데 이를 폐백이라고 한다. 오늘날에는 결혼식 당일에 예식이 끝난 후 예식장에 있는 폐백실을 이용하여 폐백을 올림으로써 식이 모두 끝나는데, 과거에는 신부만 시댁 어른들께 절을 하는 것이 원칙이었으나 요즈음에는 신랑과 신부가 함께 절을 하고 친정 부모님들에게도 절을 하는 것으로 풍습이 바뀌었다.

(2) 현대적인 혼례 절차

우리의 전통혼례는 서구문화의 영향을 받아 예식장이 신부의 집을, 웨딩드레스가 전통혼례복을, 결혼피로연이 혼인잔치를 대체하게 되었다. 그러나, 오늘날의 결혼식에서 전통혼례의 모습이 완전히 사라진 것은 아니어서 전통혼례에서 행해지던 궁합, 사주, 택일, 함, 폐백 등은 여전히 관례로 행해지고 있다. 일반적으로 행해지는 현대적인 결혼식의 모습을 살펴보면 다음과 같다.

❶ 상견례

양가의 부모가 만나서 인사를 나누고 자식의 혼인에 대해 정식으로 이야기를 나누는 자리이다. 결혼을 위한 첫 과정으로 보통 남자가 여자의 부모님께 먼저 인사드리고 허락을 받은 후 여자가 남자의 부모에게 인사드린 후에 양가의 부모가 만나게 된다.

❷ 결혼식 날짜 결정

양가가 협의하여 결정하는데 당사자 및 양가의 직업 관계, 예식장 사정, 신부의 생리일, 하객들이 참석하기 좋은 날, 혼수 준비 등을 고려하여 날짜를 정한다. 매달 음력 초하룻날을 달리 이르는 길일(吉日)이나 주말에 결혼을 하는 경향이 많다.

❸ 예식 장소 예약

예식 장소는 예식장, 성당이나 교회, 사찰, 호텔이나 회관 등을 주로 이용하는데 늦어도 3개월 이전에는 예식 장소가 정해져야 하며, 그렇지 않으면 원하는 날짜에 맞추기 어려울 수도 있다. 예식 장소는 교통이 편리한 곳으로 선정하는 것이 좋고, 예식 비용은 양가에

[그림 4-5] 서양의 스몰웨딩 모습

서 공동으로 부담하는 것이 일반적이다. 최근에는 젊은 예비부부들이 과다한 비용이 발생하는 보여주기식의 성대한 결혼식보다 진심으로 축복해 줄 소수의 사람만 초대해서 간소하게 결혼식을 치르는 스몰웨딩에도 많은 관심을 보이고 있다.

❹ 신혼여행 예약

예식 장소가 정해지면 신혼여행지를 정하고 예약을 한다. 여행 예산을 고려하여 여행지를 선택하고 예약하면 비용을 절감할 수 있다. 여행지가 외국인 경우에는 여권과 비자를 미리 준비한다.

❺ 주례위촉

주례는 신랑과 신부가 평소에 친분이 있고 존경하는 분으로 모셔서 결혼 후에도 여러 가지 문제를 상의할 수 있도록 한다. 주례는 가정생활이나 사회에 모범이 될 수 있는 분을 모신다. 최근에는 주례 식순이 지루하고 딱딱할 수 있다는 이유로 주례 없는 결혼식도 많이 볼 수 있다. 주례는 최소한 2주일 전에 직접 찾아뵙고 부탁을 드리는 것이 예의이며, 더불어 결혼식 사회자와 축가를 부를 사람을 정하고 사진 촬영이나 웨딩드레스, 신부 화장도 예약한다.

❻ 청첩장

결혼 사실을 친지와 친구들에게 알리기 위해 꼭 참석해야 할 하객들의 명단을 작성하고 청첩장을 준비한다. 청첩장은 진심으로 축복해 줄 사람들에게만 보내는 것이 좋다. 하객들이 개인적인 일정을 조정할 수 있도록 결혼식 3주일 전쯤에 보내는 것이 적당하며, 늦어도 일주일 전에는 도착하도록 해야 한다.

❼ 사주와 함

함은 결혼식 일주일 전쯤에 보내는데, 과거에 비해 최근에는 간략하게 주고받는다. 현대의 함은 그 형식이 간소화되고 달라졌어도 양가가 결혼으로 결합된다는 의미가 있으므로 축하해야 하는 일이다.

❽ 결혼식

결혼식 진행에는 일정하게 정해진 절차가 없다고 해야 할 것이다. 일반적인 절차는 개식, 신랑 입장, 신부 입장, 신랑 신부 맞절, 혼인서약, 예물 증정, 성혼선언, 주례사, 내빈께 인사, 축가, 신랑 신부 행진, 폐식의 순서로 진행된다. 최근에는 신랑과 신부가 동시에 입장하거나 종교적인 의미가 있는 특별한 절차가 추가되기도 한다. 예식장에서의 결혼식은 보통 20분 정도면 끝이 나고 기념 촬영을 한 후, 폐백실에서 폐백을 드리고 하객들에게 인사를 올린 다음 신혼여행을 떠난다.

❾ 신혼여행

신혼여행은 일반적으로 생각하는 것처럼 결혼식을 끝낸 후 그것을 기념하여 평생 기억에 남을 멋진 여행을 가는 것 그 이상의 의미를 지닌다. 실제로 결혼식을 마치고 정식으로 부부가 된 신랑과 신부가 서로의 애정을 깊게 하고 앞으로 시작될 새로운 생활을 진솔하게 설계하고 준비하기 위해서 떠나는 여행이다. 신혼여행지에 도착하면 양가의 어른들께 잘 도착했다는 인사를 전하고 돌아올 때에는 그동안 키워주신 은혜에 감사하는 의미로 간단한 선물을 준비하여 찾아뵙는다.

사람들은 일반적으로 결혼이 결정되면 양가의 부모나 예비부부가 모두 결혼식을 준비하는 일에 혼신의 힘을 기울이게 된다. 결혼식에 많은 비용이 소요되므로 준비해야 하고, 결혼식에 이르는 절차가 한두 가지가 아닌 것을 감안하면 당연한 일일 수도 있다. 그러나 결혼식은 결혼생활로 들어가기 위한 절차일 뿐 더욱 중요한 것은 결혼식 뒤에 전개될 실제 결혼생활이다. 그러나 많은 부부가 결혼생활에 대한 준비가 미비한 채로 결혼을 한다. 부모나 결혼 당사자인 젊은이는 결혼준비 과정에서 결혼식뿐만 아니라 바람직한 부부의 역할이나 곧이어 맞이하게 될 부모로서의 역할 등에 대해 관심을 가지고 결혼생활에 대한 현실적인 준비를 하는 자세가 필요하다.

■ 대학생이 꿈꾸는 결혼

다음은 지난 2015년 12월, '내가 꿈꾸는 결혼'의 모습에 관하여 서울/수도권 4년제 대학생 남녀 359명을 대상으로 조사한 결과를 바탕으로 구성한 것이다.

■ 살고 싶은 신혼집

– 서울까진 어렵고 수도권에 있는 20평대 전세 아파트면 좋겠어요.

주택 형태

주택 형태	
아파트/주상복합	52.6%
빌라/연립	19.2%
원룸/다세대	18.4%
단독주택	6.7%
타운하우스/전원주택	1.7%
기타	1.4%

평수

평수	
10평대	18.1%
20평대	63.8%
30평대	16.7%
40평대	1.1%
50평대 및 그 이상	0.3%

거주 지역

거주 지역	
서울 지역	12.3%
서울 지역 내	25.1%
서울 외 수도권	34.5%
지역 무관	28.1%

계약 형태

계약 형태	
자가	30.9%
전세	61.0%
월세	8.1%

■ 신혼집 선택 시 가장 중요한 것

– 아무래도 직장이랑 가깝고 교통이 편리한 게 중요하겠죠?

직장과의 거리	28.1%
교통 편의성	25.0%
주변 편의시설	12.0%
자가/전월세 여부	11.0%
집 구조/시설/인테리어	10.1%
집의 유형	6.3%
집의 구조	3.3%
동네 이미지/가치	2.2%
자녀 교육 여건	17%
기타	0.3%

■ 결혼 준비 예상 비용

– 결혼 준비에 1억 7,502만 원 예상해요.

남		여
13,174만 원	신혼집 마련 비용 (평균 12,122만 원)	11,088만 원
3,252만 원	혼수 마련 비용 (평균 2,910만 원)	2,573만 원
2,214만 원	결혼 준비에 필요한 비용 (평균 2,470만 원)	2,722만 원
18,640만 원	결혼 총 비용 (평균 17,502만 원)	16,383만 원

총 2,257만 원 차이

■ 결혼 비용 분담

– 비용 부담은... 부모님이랑 7:3 정도?
나머지는 우리 둘이 반반 부담하면 되지 않을까요?

부모님과 나의 부담

본인 부담	부모님 부담
71.7%	28.3%

배우자와 나의 부담

	본인 부담	배우자 부담
남자 생각	55.5% (남)	45.0% (여)
여자 생각	47.4% (여)	52.6% (남)

■ 결혼할 때 생략해도 되는 것

– 예물이랑 결혼식은 꼭 안 해도 돼요.

	남	여
결혼식	70.8%	73.5%
예물	68.0%	70.2%
자동차	44.4%	33.1%
혼수	23.0%	14.9%
웨딩촬영	19.1%	13.8%
신혼여행	12.9%	9.9%
신혼집	12.4%	8.8%

■ 이상적인 결혼생활

– 안정적으로 살려면 둘이 합쳐... 5,614만 원 정도는 필요할 것 같아요.

안정적 생활을 위한 적정 연봉	5,614만 원 *두 사람 수입 합
배우자와 여가시간	일 평균 3시간
외식	월 평균 4.6회
해외 여행	연 평균 1.6회

출처: 인포그래픽에 담은 '대학생이 꿈 꾸는 결혼'(http://www.wikitree.co.kr/main/news_view.php?id=257613).

03 부부

부부는 서로 다른 문화와 가정환경에서 자란 남녀가 결혼이라는 제도를 통해서 새로운 가정을 형성하고 오랫동안 밀접하게 지속적인 인간관계를 유지하며 서로에게 적응하고 조율해야 하는 과정을 거친다. 이러한 과정에서 부부는 가장 행복한 인간관계가 될 수도 있지만 반면에 서로에게 큰 상처를 주는 가장 갈등하며 절망적인 인간관계가 될 수도 있다. 한국인의 평균 수명은 평균 81.5세로 OECD 국가 중 12위이다(국가통계포털, 2014). 평균 수명의 연장과 더불어, 부부가 함께 살아가는 시간이 더욱 길어지고 개인의 삶의 질은 어떤 배우자와 어떻게 살아가느냐에 달려 있다고 해도 과언이 아니다. 따라서 안정되고 만족스러운 부부관계를 맺는 행복한 부부로서의 질적인 삶에 대한 모색은 오늘을 살아가는 우리에게 참으로 필요한 일이다(안현정, 2015).

한 가정을 행복하게 꾸려가기 위해서 가족 구성원들은 다양한 역할을 수행해야 하고, 부부도 각자의 역할을 잘 수행해야만 한다. 부부가 상대 배우자에게 기대하고 있는 만큼 상대가 역할을 잘 수행해 준다면 부부관계는 원만해지고 가족 구성원도 행복하겠지만 그렇지 못할 경우에는 부부간에 갈등이 생기게 될 것이다. 부부는 함께 살아가는 동안 필연적으로 각기 남편과 아내의 역할을 수행하게 된다. 그러므로 부부 각자가 갖는 자신의 역할에 대한 인식, 상대의 역할에 대한 기대, 상대의 역할 수행 정도는 부부관계와 가족 구성원의 행복에 영향을 미친다. 한국가족상담교육연구소(2010)는 부부가 남편과 아내로서의 역할을 얼마나 잘 수행하고 만족하는가에 따라 개인의 행복뿐 아니라 가족 전체의 건강성에도 큰 영향을 미친다고 하였다.

현대사회로 오면서 남녀의 성역할에 대한 변화, 결혼과 가족에 대한 가치관의 변화 등으로 인해 부부의 역할에 대한 개념도 많이 달라지고 있다. 부부역할이란 결혼으로 얻게 되는 남편과 아내의 지위에 따라 사회 문화적인 규범에 따른 행동이나 권리, 의무관계를 수행하는 과정으로 정의할 수 있다(한국가족상담교육연구소, 2010). 부부역할에 대해서 파슨스(Parsons, 1955)는 남편은 주로 도구적 역할(instrumental role)을 담당하며, 아내는 표현적 역할(expressive role)을 담당한다고 하였다. 도구적 역할은 재정적 의무와 지역사회에서 가족의 지위와 관련된 가치와 규범적 역할을 말하며, 표현적 역할은 가족 구성원들 간의 통합과 정서적 문제의 원만한 적응을 처리하는 역할을 뜻한다. 또한, 최신덕(1973)은 부부역할을 가사, 자녀양육과 교육, 경제활동, 대외활동, 여가활동, 성생활과 더불어 부부간의 대화 항목을 포함하여 7개의 항목으로 구분하였다. 국내외 학자들이 정리해 놓은 내용을 기초로 부부역할 영역을 정리하면 다음과 같다.

〈표 4-1〉 부부역할 영역과 내용

역할 영역	내용
가사활동	집안에서 일상생활을 영위하기 위해 요구되는 식사 준비, 청소, 세탁, 주택 관리 및 수리에 관한 역할
경제활동	가족 유지에 가장 기본이 되는 재화를 생산하고 공급하고 관리하며 가족의 안락함을 위해 재화를 사용하는 역할
자녀양육활동	자녀 출산과 자녀가 사회에 잘 적응하고 도덕적인 인간으로 성장하도록 자녀와 놀아주고 돌봐주고 학교생활과 교육을 지원하는 역할
친족관계활동	친척들과 원만한 관계를 유지하고 감정적 유대를 갖도록 자신의 친족과 상대 배우자의 친족에 대한 행사 참여 등의 역할
성적 활동	남편과 아내로서 합법적으로 고유한 성의 파트너가 되며 자녀 출산의 수단이 되는 역할
여가활동	자신과 배우자가 스트레스를 풀고 여유를 누리는 오락 및 휴식, 취미와 가족이 즐거운 시간을 갖도록 하는 역할
힐링활동 (정서적 지지)	부부가 서로의 대화방법 또는 고민을 털어 놓고 상담하며 문제해결을 하는 정서적 지지의 상담자적 역할

출처: 안현정(2015). 에니어그램 성격유형론을 활용한 부부역할 행동 특성 분석. p. 19. 숙명여자대학교 대학원 박사학위 논문.

현대사회는 과거와 달리 가족 구조가 핵가족으로 변화하고 맞벌이 부부가 증가하면서 전통적인 성역할에 따른 남편과 아내 역할로는 부부와 가족 구성원들이 행복을 느끼기가 어렵다. 부부가 일상생활에서 역할을 분담하거나 공유해야 함에도 불구하고 서로에 대한 역할기대에 차이가 있다면 결혼생활이 만족스럽지 못하게 된다. 여성의 경우에 교육 수준과 의식 수준의 향상으로 새로운 부부의 역할에 적극적으로 반응하고자 노력하는 반면 주로 남성은 기존의 전통사회에서 누리던 기득권을 놓지 못하고 있는 편이다. 이러한 현상은 미혼 여성으로 하여금 역할의 불균형으로 인해 결혼생활을 기피하게 만들기도 하고, 기혼 여성에게는 결혼생활을 불만스럽게 생각하도록 만드는 원인이 되기도 한다. 현대사회로 오면서 부부는 결혼생활에서 평등한 배려와 상호존중을 강조하고 있다. 이에 미래에 결혼과 가족을 형성해 나갈 젊은 세대가 현대사회에 걸맞은 바람직한 부부의 역할에 관하여 생각해 볼 기회를 갖는 것은 행복하고 평화로운 가정을 이루기 위해 반드시 필요한 일이다.

함께 보면 도움이 되는 동영상

- EBS 다큐프라임: 부부는 무엇으로 사는가?
  제1부 - 부부의 탄생(2016. 10. 10. 방영)
  제2부 - 같이 사는 이유(2016. 10. 11. 방영)
  제3부 - 일부일처제의 비밀(2016. 10. 12. 방영)
- MBC 스페셜: 우리가 결혼하지 않는 진짜 이유
  제1부 - 우리는 어쩌다 결.포.자가 되었나(2016. 10. 24. 방영)
  제2부 - 우리가 결혼하지 않는 진짜 이유(2016. 10. 31. 방영)
- 김창옥, 오중철의 만사형통 시즌2 - 5강 결혼식보다 결혼을 준비하라
  https://www.youtube.com/watch?v=xJTBj2QznAg

스스로 생각해 봅시다

- 자신이 배우자 선택 시에 중요하게 고려하고 싶은 것은 무엇일지 생각해 본다.
- 내가 결혼을 한다면 상대에게 어떤 배우자가 되고 싶은지 생각해 본다.
- 내가 결혼을 한다면 결혼의 동기는 무엇일지 생각해 본다.
- 나는 어떤 결혼식을 하기를 원하는지 생각해 보고 주례 없는 결혼식에 대해 친구들과 생각을 교환해 본다.
- 현대사회는 자신이 선택하여 결혼을 하는데도 이혼이 늘어나는 이유는 무엇일까?
- 결혼식보다 더 중요한 결혼생활을 위해 반드시 준비해야 하는 것은 무엇일지 생각해 보고 친구들과 토의해 본다.
- 결혼 후에 본인이 생각하는 역할과 배우자가 생각하고 있는 역할에 차이가 난다면 어떻게 할 것인가?
- 대중 매체 속에 나타난 부부간의 갈등 사례를 찾아 갈등원인을 분석해 보고, 건설적인 갈등해결 방법도 찾아본다.

C · H · A · P · T · E · R 05

건강한 가족의 의사소통

01 건강한 가족

여성과 남성이 만나 사랑을 하고 서로에 대한 진정한 이해와 존중 가운데 결혼을 하였다면 이들이 이루는 가족은 자연히 건강하고 행복할 것이라고 기대할 수 있다. 그러나 건강하고 행복한 가족은 아무런 노력 없이 저절로 이루어지는 것이 아니다. 가족 구성원들이 서로를 진심으로 사랑하고 서로를 위하여 헌신하고 서로의 성공적인 삶을 위하여 기꺼이 지원을 아끼지 않는 건강한 가족이 되기 위해서는 가족 구성원들의 노력이 필수적이다. 건강한 가족은 태어나는 것이 아니라 만들어지는 것이다(Stinett & DeFrain, 1989). 건강한 남성과 여성이 만나서 이룰 수 있는 건강한 가족의 모습을 살펴보면 다음과 같다.

1) 헌신하기

헌신은 건강한 가족을 이루기 위하여 매우 중요한 요소이다. 헌신은 가족을 보이지 않는 끈으로 묶어 준다. 건강한 가족은 무엇보다도 서로에게 헌신한다. 건강한 가족에게 가장 중요한 것은 바로 다른 가족 구성원들이다. 그들은 "내 아내(남편)와 아이들이 내 생활에서 가장 소중한 존재입니다." 혹은 "우리가 가족으로서 함께 한다는 것 자체가 바로 보물입니다."라고 말한다. 건강한 가족의 가족 구성원들은 다른 가족들이 자신의 삶에 있어서 얼마나 소중한 존재인지를 잘 알고 있으며, 가족들과 행복하게 살기 위하여 서로에게 기쁜 마음으로 헌신한다. 이러한 헌신에 대하여 다른 가족 구성원들은 마음으로부터 감사하게 된다.

2) 감사하기

서로 사랑하고 서로에 대하여 염려해 주는 가족은 서로에게 항상 감사하는 마음을 표현한다. 어떤 사람은 사랑하는 가족에게 함께 있어서 얼마나 감사한지를 일부러 말로 표현할 필요는 없다고 한다. 그러나 감사하다는 아주 작은 표현이 가족에게 기쁨을 주고 가족 구성원으로 함께 한다는 것이 얼마나 행복한지를 깨닫게 한다. 감사의 마음을 전하는 것은 가족 구성원들의 자존감을 높여 주고 가족 구성원 사이에 긍정적인 관계를 형성하게 하는 데 도움이 된다.

건강한 가족은 서로의 긍정적인 측면을 강조하며 건강한 가족 분위기를 형성하기 위하여 노력한다. 이러한 일은 가족 구성원들이 서로에 대하여 좋은 감정을 갖는 데 도움이 된다. 서로 감사하는 마음을 주고받음으로써 형성된 긍정적인 에너지는 가족 구성원들이 최대한의 성취를 이루는 데 도움이 된다.

감사의 마음을 주고받는 건강한 가족과 달리 제대로 기능하지 못하는 건강하지 않은 가족은 부정적인 측면에 초점을 맞추고 다른 가족 구성원의 자존감을 갉아먹으면서 에너지를 얻는다. 이러한 가족은 일반적으로 각 가족 구성원에게 내재되어 있는 좋은 점은 빨리 사라지고 단지 파괴적인 감정만 남게 된다. 이러한 가족에게 가족이라는 것은 각자의 성취와 행복을 이루는 데 장애가 되는 불필요하고 무가치한 존재일 뿐이다.

3) 함께하기

건강하고 행복한 가족은 많은 시간을 함께 보내며, 가족과 함께하는 시간의 질적인 면을 중요시하면서도 가능하면 많은 시간을 가족과 함께 보내려고 노력한다. 건강한 가족은 가족 구성원들이 최소한 어느 정도 이상의 시간은 함께 보낼 필요가 있다고 생각한다(Otto, 1962). 일주일 동안 단 한 끼의 식사도 함께하지 않는 가족을 건강하고 행복한 가족이라고 하기는 어렵다. 바쁘고 분주한 가운데서도 함께하는 시간을 만들어 내려고 노력하는 가족이 건강한 가족이다. 건강하고 행복한 가족은 가족 구성원들이 공통으로 가지고 있는 기억, 생각하면 마음에 미소가 번지는 따뜻한 추억이 많은 가족이다. 건강한 가족은 함께 기억할 수 있는 많은 추억거리를 만들기 위해 시간을 함께하고, 오랜 시간이 흐른 후 이러한 순간들을 추억하며 행복할 수 있는 가족이다.

우리나라의 경우 많은 부모가 부부간에 시간을 함께 보내고 서로에 대하여 염려하는 것보다는 자녀에게 더 많은 신경을 쓰는 경향이 있다. 자녀의 학업을 위하여 많은 부모는 배우자, 특히 남편에게 관심을 가지는 것을 포기하고 자녀에게 모든 관심과 시간을 쓴다. 그러면서 이러한 생활이 가족을 위하여 최선이라고 생각한다. 그러나 자녀가 생각하는 가장 소중한 것은 행복한 가정이고 그 가정의 행복은 부부관계에 달려 있다고 해도 과언이 아니다. 여러 연구 결과를 통해 나타난 것은 많은 아버지가 자녀에게 줄 수 있는 가장 중요한 것으로 말한 것은 행복한 결혼생활이라는 것이다. 행복한 결혼관계는 자녀의 미래를 위한 좋은 모델이 되는 동시에 현재의 가정생활을 행복한 모습으로 유지하기 위한 든든한 밑바탕이 된다(Lewis, 1979; Erel & Burman, 1995). 건강하고 행복한 가족이 되기 위해서는 배우자와 자녀에게 골고루 관심과 시간을 쏟고 서로와 함께하는 시간을 적절히 만들어 낼 수 있는 가족이다.

읽고, 생각해 봅시다

"일주일 5번 딸들과 저녁 식사" 약속 지키려 6시 반 칼퇴근

[글로벌 기획] 오바마 대통령 부부의 좌충우돌 육아법

오바마 대통령 부부는 정신없는 8년을 마치고 백악관을 떠난다. 현지 언론은 특히 젊은 부부의 좌충우돌 백악관 육아 뒷얘기에 주목한다. 1961년 존 F. 케네디 전 대통령(당시 44세) 이후 최연소 대통령(48세)이었던 오바마는 전직 대통령들보다 훨씬 어린아이들을 데리고 백악관에 입성했다. 하버드대 로스쿨을 졸업한 뒤 변호사 워킹맘 생활을 했던 미셸은 남편과의 육아 분담을 유독 강조하는 아내였다. 자녀에게 손이 많이 가는 때이자 인생에서 가장 바쁜 시기를 맞았던 오바마 부부는 백악관에서 머물렀던 지난 8년 동안 어떻게 아이를 키웠을까.

좋은 대통령과 좋은 아빠의 갈림길에서 오바마는 아내의 의견을 더욱 경청하고 사랑하기로 다짐했다. 『워싱턴포스트(*WP*)』에 따르면 미셸은 2009년 백악관에 처음 들어왔을 때 참모들에게 대통령 부인 일정보다 두 딸의 학교 행사가 우선이라는 말을 잊지 않았다. 미셸은 스스로를 '엄마 대장(Mom in chief)'이라고 칭했다. 오바마도 딸과의 시간을 위해 확고한 원칙을 정했다. 『대통령 아빠들(*First Dads*): 조지 워싱턴에서 버락 오바마까지 양육과 정치』의 저자인 조슈아 켄들에 따르면 오바마는 기부자나 동료 정치인과의 저녁 식사 약속을 주 중 2번만 한다. 꼭 5번 이상 저녁 식사를 가족과 하겠다고 참모들에게도 말해 뒀다. 대통령은 오후 6시 반만 되면 하던 일을 대담하게 끊고 식사하러 갔다. 오바마가 이 약속을 칼같이 지켰다는 것이고 오바마의 유별난 육아 철학에 대해 보좌진이 불만을 늘어놓기도 했다.

저녁 식사에는 오로지 부부와 두 딸만 참석했다. 심지어 육아를 돕던 오바마의 장모 메리언 로빈슨조차 식탁에 앉지 못했다. 가족이 편하게 대화하기 위해서다. WP는 두 딸의 학교에서 열리는 학부모 회의에 참석하기, 딸에게 농구 가르치기, 이따금 아빠, 엄마만의 저녁 데이트 이해해 주기 등도 오바마 가족의 철칙이라고 전했다. 그러나 오바마는 잠자는 시간, 텔레비전 시청, 채소 충분히 먹기에 있어서만은 '호랑이 아빠'로 돌변했다.

오바마는 자타가 공인하는 '딸 바보'다. 지난해 12월 백악관 인턴과의 대화에선 "내 인생 마지막 순간 기억할 일이 무엇이냐고 누군가 묻는다면 내 답은 대통령으로서 한 어떤 일도 아니다. 딸의 손을 잡고 공원을 산책하고 해가 지는 장면을 감상하며 딸이 탄 그네를 밀어준 것"이라고 밝혔다.

> 올 3월 쥐스탱 트뤼도 캐나다 총리와의 공식 만찬에서조차 오바마는 딸 생각을 했다. "딸들이 너무 빨리 자라버렸습니다. 올가을 말리아가 대학에 가지요. (잠시 말을 끊고) 제가 목이 메었네요. 중요한 건 우리가 권력을 위해, 명성을 위해, 재산을 위해 이 자리에 있는 게 아니라는 것입니다. 우리는 우리 아이들을, 그리고 모든 이들의 아이들을 위해 이 자리에 있습니다." 오바마 정치의 원동력은 부성애에서 나옴을 고백한 말이었다.

출처: 동아일보(2016. 12. 31.) 재구성(http://news.donga.com/3/all/20161231/82114680/1).

4) 가치 공유하기

건강한 가족은 공유하는 가치가 있다. 당장 마주한 사소한 일상에 집중하여 피곤한 일상을 살기보다는 모든 가족 구성원이 보다 높은 가치를 이루기 위해 함께 노력한다. 이러한 높은 수준의 의미 있는 가치를 공유하는 것은 건강한 가족 구성원들이 정서적인 유대감과 지지감을 가지고 어려울 때 혼자가 아니라는 것을 알고 노력하여 그 어려움을 극복하게 하는 데 도움이 된다. 건강한 가족 구성원들이 공유하는 가치는 어려울 때 그 어려움을 이겨낼 수 있는 힘이 된다. 의미 있는 가치를 공유함으로써 가지게 되는 정신적 풍요는 가족 구성원들을 서로 묶는 힘이 되고 가족 구성원들이 모든 것을 함께 나누고 서로에 대하여 강한 사랑의 감정을 유지할 수 있는 원동력이 된다(Otto, 1962).

이러한 정신적 풍요로움은 종교를 가짐으로써 얻을 수도 있고 가족이 대대로 중요하게 여기는 어떤 가치나 가족 구성원 모두가 깊이 몰두할 수 있는 일이기도 하다. 이들이 가져고 있는 믿음은 가족 구성원들에게 삶의 목표가 되기도 하고 삶의 의미가 되기도 한다. 그리고 이러한 믿음은 삶에 대하여 긍정적이고 자신감 있는 태도를 부여한다. 어떤 초월적인 존재에 대한 믿음은 생활의 작은 것에 집착하지 않게 함으로써 모든 사람이 겪고 있는 생활에서의 어려움을 이겨나갈 수 있도록 한다. 그럼으로써 강하고 건강한 가족을 이룰 수 있게 되는 것이다(Lewis, 1979). 의미 있는 가치를 공유하는 건강한 가족은 자신의 부와 명예만을 추구하기보다는 더 어렵고 힘들게 살고 있는 이웃을 돌아보고, 나누며 봉사하는 삶을 실천한다.

5) 문제해결하기

건강한 가족이라고 해서 스트레스와 위기 상황을 겪지 않는 것은 아니다. 다만 건강한 가족은 적응력이 매우 뛰어나고 문제해결에 창의적이어서 위기 상황과 스트레스를 잘 극복하고 더 나은 방향으로 나아갈 수 있다. 우리 사회의 모든 가족이나 가족 구성원이 겪고 있는 어려움을 이겨내고 보다 발전적인 방향으로 나아갈 수 있는 건강한 가족은 스트레스와 위기 상황을 만났을 때 적절히 대처할 수 있는 역량이 있다. 이러한 방법들을 살펴보면 다음과 같다(Otto, 1962).

- 가족 구성원 모두가 공동으로 어려움에 대처한다. 건강한 가족은 서로 협력하여 어려움을 적극적으로 이겨내려고 노력한다. 이들은 다른 가족 구성원들이 겪고 있는 어려움에 대하여 강 건너 불구경하듯 무관심하지 않다. 어떻게 해서든 지원하려 하고, 어려움을 잘 이겨낼 수 있도록 격려한다. 이와 동시에 지나치게 간섭하여 어려움을 겪고 있는 가족을 더욱 피곤하게 하거나 힘들게 하지 않는다.
- 스트레스와 위기 상황이 닥쳤을 때 도움이 필요하면 기꺼이 도움을 구한다. 건강한 가족 구성원들은 자신이 알고 있는 것이 무엇인지 아는 동시에 자신이 모르는 것이 무엇인지도 알고 있다. 따라서 기꺼이 감사하며 다른 가족 구성원들에게 도움을 요청하고 지원을 받는다. 부담이 되지 않을 정도의 지원을 서로 주고받으며 가족의 존재에 대하여 감사한 마음을 갖는다.
- 정신적 지주를 활용한다. 기도를 하고, 숲속을 걷고, 종교 지도자와 대화를 함으로써 그들 자신보다 훨씬 더 큰 어떤 존재로부터 도움을 얻는다. 사람이 살아가면서 만나는 어려움에는 이해하기 어렵고 이겨내기 불가능한 것도 많다. 건강한 가족은 이러한 어려움이 있을 수 있다는 것을 받아들이되 포기하거나 좌절하기보다는 어려운 순간들을 이겨냄으로써 보다 더 단단하고 강한 사람이 될 수 있도록 노력한다.
- 마음을 터놓고 안전한 상황에서 개방적인 대화를 한다. 어려움이 있을 때 함

께 터놓고 이야기할 수 있는 가족이 있다는 것을 알고 비난받을 염려 없이 자신을 터놓고 이야기한다. 건강한 가족의 가족 구성원들은 어려움이나 곤란을 겪고 있는 상황이 자신의 탓이라고 자책할 필요가 없음을 안다. 살아가다 보면 누구나 언제든지 어떠한 어려움도 만날 수 있다는 것을 알고 이러한 상황을 가족과 나눔으로써 헤쳐 나갈 수 있음을 이해한다.

- 새로운 스트레스 상황에 대처하기 위하여 옛것에 대한 집착을 버리고 새로운 방법을 찾을 수 있을 만큼 창조적이다. 스트레스를 받는 어려운 상황을 만났을 때 과거에 얽매여 일을 그르치는 실수를 하지 않고 그냥 내려놓고 삶의 흐름과 함께하는 지혜를 가지고 있다. 어떤 경우에는 해결하려고 안 될 것을 붙들고 힘을 들이기보다 다음을 바라보고 한 발짝 나아가는 것이 더 나은 결정이 될 수 있음을 안다.
- 마음 놓고 웃을 수 있고 마음 놓고 울 수 있다. 너무나 힘든 상황이 닥쳐서 단지 웃거나 울어버릴 수밖에 없을 때 마음 놓고 웃거나 울 수 있는 가족이 함께하고 있음을 안다. 건강한 가족의 경우 아버지도 힘들고 어려울 때 함께 마음 아파하고 기댈 수 있는 가족이 있다는 것을 알고 어려움을 기꺼이 함께 나눈다. 가장이라는 부담으로 어려운 상황을 혼자 해결하려고 숨기기보다는 가족과 함께 힘을 합쳐 해결방법을 찾는 것이 문제를 훨씬 더 잘 해결할 수 있다.
- 해결할 수 있는 것과 해결할 수 없는 것을 명확히 구분하여 문제해결의 때를 기다린다. 한 번에 한 단계씩 문제를 해결한다. 삶을 살면서 한 번에 해결할 수 없는 힘든 문제가 너무나 많다는 것을 알기 때문에 모든 위기 상황을 단 한 번에 끝내려고 시도하지 않는다. 가족의 힘에 부치도록 욕심을 부려 문제를 더 악화시키지 않고, 할 수 있는 것부터 차근차근 나아가면 결국에는 어려운 상황을 벗어날 수 있다는 것을 안다.
- 사소한 것에 집착하여 자칫 더 큰 문제를 만드는 어리석은 행동을 하지 않는다. 사소한 문제들은 그저 시간이 가면 해결될 수 있는 경우가 많기 때문이

다. 강한 가족은 일상사에서 부딪치는 사소한 스트레스를 해소할 수 있는 다양한 방법을 터득하고 있다.

- 가족과 함께하는 즐거운 시간을 마련한다. 신체적 운동도 강한 가족의 삶에서 중요한 부분을 차지한다. 땀을 흘리면서 운동하는 것은 세상에서 가장 확실한 안정제 역할을 한다. 여가 시간을 마련하여 함께 여행을 가는 것도 스트레스를 해소하는 데 도움이 된다.
- 매일의 삶에 압도당하지 않기 위해서 좀 더 크고 의미 있는 삶의 목표를 갖는다. 마음속에 좀 더 큰 그림을 그리고 사소한 걱정거리에서 벗어난다. 자녀의 학교생활을 개선하기 위하여 학교 일에 열성을 가지고 참여하고, 어려운 사람들을 위하여 자원봉사한다. 건강하고 강한 가족은 이 세상을 좀 더 살기 좋은 곳으로 만들기 위하여 노력한다.

02 건강한 가족의 의사소통 특징

인간을 특징짓는 여러 요인 중에는 의사소통도 포함이 될 것이다. 인간은 일상생활을 하면서 의사소통을 하지 않을 수 없고, 좋은 의사소통은 모든 지속적인 관계에 필수적이다. 가족 내에서 이루어지는 좋은 의사소통은 가족 간의 사랑을 발전시키는 것에서부터 가족관계를 향상시키고 생활의 많은 측면에서 가족 간의 유대감을 증진시켜 준다. 의사소통이 중요한 이유는 우리 자신을 알게 해 주고 우리의 내적 상태를 다른 사람과 공유할 수 있게 해 주기 때문이다(박수원, 2003). 최근 우리 사회는 소통을 중요하게 여기면서 다른 어떤 능력보다도 의사소통능력을 중요하게 여긴다.

건강한 가족은 그렇지 않은 가족에 비하여 가족 구성원들 간에 대화를 많이 하는 경향이 있다. 현대사회에서 대부분의 가족은 서로 대화를 나누는 시간이 점점 짧아지는 경향이 있으나 건강한 가족은 훨씬 더 많은 시간 동안 의사소통을 한다. 건강한 가족의 구성원들은 중요한 일에 대하여 서로 이야기를 나누고 과업 지향적인 의사소통을 한다. 그들은 또한 어떻게 보면 사소한 일에 관해서까지 가족들과 대화를 나누는 것을 즐긴다. 의사소통은 가족의 문제를 해결하는 데 유용할 뿐만 아니라 가족 구성원들에게 단순히 서로 함께 있다는 것만으로도 즐겁다는 사실을 인식시킨다(Lewis, 1979). 건강하지 못한 가족은 두 가지 유형으로 볼 수 있다. 하나는 항상 서로 다투는 유형이고 다른 하나는 전혀 다툼이 없는 유형이다. 그러나 건강한 가족은 산다는 것이 다른 사람들과의 갈등을 경험하는 것임을 알고 서로 간의 다른 점을 인정하고 피할 수 없는 문제는 부딪쳐서 해결하고자 한다. 그럼으로써 양극단 중 어느 한쪽으로 가는 것을 미연에 방지한다.

건강한 가족도 어느 정도의 의견 충돌은 경험한다. 그들은 어떤 문제를 바로 해결하기 위하여 매우 직설적이고 정직하게 이야기한다. 그러나 그들은 다른 가족 구성원을 비난하거나 적의를 쏟아 놓지는 않는다. 건강한 가족의 구성원들도 인간이기 때문에 서로에 대한 적대감을 가질 수 있다. 그러나 이러한 적대감이 극단으로 치닫지는 않는다. 반면에 제대로 기능하지 않는 가족의 경우에는 사소한 불만을 말하는 것이 잘못된 일이라고 생각하여 쌓였던 불만이 폭발할 때까지 참는다. 가족 구성원들 사이에 쌓이고 쌓인 불만은 어느 순간 폭발하게 되고 걷잡을 수 없는 상황으로 치닫는다. 건강한 가족의 의사소통 특징을 정리하면 다음과 같다.

- 살아가는 것과 인간에 대한 긍정적인 관점을 가지고 좋은 일을 이루기 위해서는 어느 정도의 시간이 필요하다는 것을 알고 있다. 그래서 가족 간의 긍정적인 의사소통을 위해서도 시간이 필요하다고 생각하고 기꺼이 참고 기다린다.
- 잘 들을 수 있는 능력이 있고 다른 가족에게 설교하지 않는다. 의사소통을 잘하기 위해서는 상대방의 말을 잘 들어야 한다고 생각하고 가족 구성원들의 마음을 살필 수 있는 다양한 질문을 하면서 다른 가족의 근황을 묻는다.

- 다른 가족의 마음을 읽을 수 있다고 생각하지 않는다. 많은 사람이 종종 사랑하는 사람들의 마음을 안다고 믿고 마음대로 추측하는 경향이 있다. 그러나 건강한 가족은 다른 가족에 대한 자신의 생각이 틀릴 수도 있음을 알고 다른 사람의 마음을 추측하려고 하지 않고 솔직히 묻는다.
- 다른 가족 구성원들의 세계에 기꺼이 들어가 그들을 이해하고자 한다. 이것은 다른 사람의 이야기를 잘 들음으로써 가능한 일이다. 다른 가족 구성원들의 말을 경청하면서 서로 간에 감정이입 상태가 형성되면 가족 구성원들 간의 유대 관계는 더욱 든든해진다.
- 많은 사람, 특히 남성은 자신의 두려움이나 좌절을 표현하는 것을 어려워한다. 그러나 건강한 가족의 구성원들은 서로에 대하여 염려하고 배려하는 분위기를 형성함으로써 모든 가족 구성원이 자신의 두려움, 절망감, 그리고 승리감을 아무 망설임 없이 표현할 수 있다.
- 건강한 가족은 항상 정직하다. 그러므로 건강한 가족의 의사소통은 정직하고 개방적이다. 그러나 건강한 가족은 잔인할 정도의 정직함은 피한다. 어떤 사람은 정직을 가장하여 사랑하는 가족에게 파괴적인 비판을 가하고 그럼으로써 상처를 준다. 정직함과 정신적인 잔인함은 분명한 차이가 있다. 비난하기, 평가하기, 분석하기, 그리고 자신이 더 잘났다고 표현하지 않는다. 이러한 모든 요소는 긍정적인 의사소통에 방해가 된다.
- 건강한 가족의 구성원들은 그들 사이에 존재하는 차이를 수용하고 극복하고자 노력한다. 그들은 차이점에 대한 불만을 너무나 오랫동안 참음으로써 해결할 수 없는 상태까지 이르도록 하지 않는다. 또한, 가족 구성원 중 누군가가 제어할 수 없을 정도로 화가 난 경우에는 얼마간의 시간을 두고 그가 어느 정도 평온을 되찾을 수 있을 때까지 기다린다.
- 문제를 해결할 수 있을 만큼 작게 나누어 너무 큰 어려움 없이 해결하고자 한다. 너무 큰 문제는 단계별로 나누어 점차 해결하고자 하며, 만약 너무 힘든 문제여서 가족들이 아무리 해도 해결할 수 없을 것 같으면 과감히 포기한다.

건강한 가족은 모든 문제를 단계적으로 처리하지 못하고 한꺼번에 모아 놓고 해결하려는 것은 가족에게 좌절감을 준다는 것을 안다. 이들은 가족 구성원들이 문제를 해결하기 위한 동료라는 것을 인정하고 문제에 집중하여 의사소통하며 가족 구성원 서로를 비난하거나 공격하지 않는다.

- 건강한 가족 구성원들은 서로에게 결정적인 상처를 줄 수 있는 약점을 절대로 사용하지 않는다. 누구나 피하고 싶고 생각하고 싶지 않은 약점을 가지고 있으며 이러한 것들을 사용하여 상대방을 공격하는 것은 그에게 지울 수 없는 상처를 입힌다는 것을 잘 알고 의사소통한다.

03 건강한 가족의 효율적인 의사소통방법

건강한 가족의 효율적인 의사소통방법으로 적극적 경청과 나-전달법을 들 수 있다. 고든(Gordon)은 효과적인 부모-자녀 관계를 유지하기 위해서 가장 중요한 요인을 대화라고 하였다(전남련 · 김의석 · 김혜금 · 시옥진 · 권경미, 2008). 고든에 의하면 부모-자녀 관계의 갈등은 효과적인 의사소통이 부족하기 때문에 발생하는 것으로 이를 해결하기 위해서는 부모와 자녀 사이에서 효율적인 의사소통방법이 활용될 필요가 있다. 효율적인 의사소통방법은 감정이입을 가능하게 하여 생산적이고 긍정적인 대화를 장려함으로써 건강한 가족을 형성하고 유지하는 데 도움이 된다(김인자, 1992; 이은화 · 김영옥, 1999).

1) 적극적 경청(Active Listening)

잘 듣는 일은 생각보다 훈련이 필요하고 흔히 잘 듣는 것이 잘 말하는 것보다 더 어렵다고 한다. 적극적 경청이란 부모-자녀 관계에서 자녀가 문제를 소지하고 그 문제에 관하여 부모에게 이야기할 때 부모가 사용하는 기술이다. 적극적 경청은 침묵이나 조용히 듣는 수동적 경청(passive listening)과 달리 자녀에게서 들은 대화 내용을 이해하고 피드백을 하는 진지한 대화의 자세이다. 경청은 몸의 자세, 손과 발의 동작, 표정, 목소리의 크기와 높낮이, 복장 등을 포함한 비언어적인 표현과 언어적인 표현을 모두 주의 깊게 듣는 것을 의미한다(유은정 외, 2012). 적극적 경청을 위해서는 자세를 약간 앞으로 숙이고 눈을 맞추며 적당한 거리를 유지한 채 상대의 이야기를 들어 주고, 상대에게 잘 듣고 있다는 메시지를 전달하며 듣는 것이 좋다.

특히, 부모는 자녀가 문제 상황에 대하여 이야기할 때 비판하거나 판단하려 하지 말고 이야기하는 것을 있는 그대로 수용하고 문제 상황에 대한 자녀의 감정을 있는 그대로 수용하고자 노력해야 한다. 자녀의 이야기를 경청한 후에는 부모가 이해한 내용을 다시 자녀에게 전달하여 적극적으로 의사소통에 참여한다. 부모는 자녀와 상호존중을 바탕으로 서로 마음을 터놓고 의사소통할 수 있는 분위기를 조성한 가운데 자녀의 의견에 동조하든 하지 않든 자녀의 감정을 받아들이고 수용한다는 것을 보여 주어야 한다. 그리고 부모 자신의 감정을 일시 중단하고 자녀의 수준에서 자녀의 문제를 이해하고 공감해 주고자 노력할 필요가 있고 자녀가 스스로 문제에 책임을 지고 해결 방안을 찾도록 도움을 줄 수 있어야 한다. 부모와 자녀 사이에서 적극적 경청을 사용하게 되면, 특히 부모와 자녀 사이의 온정적인 관계가 증진되고 자녀도 부모의 생각과 견해를 잘 경청하며 자녀 스스로가 자신의 문제를 분석하고 해결책을 찾는 데에 도움이 된다. 적극적 경청은 부모와 자녀의 관계뿐만 아니라 부부관계나 친구, 직장 동료나 상사와의 관계 등 모든 인간관계에서 이루어지는 의사소통에서 활용될 수 있는 기초적이고 중요한 대화기술이다. 적극적 경청의 장점은 다음과 같다(이민규, 2008).

- 들어 주어야 마음을 연다. 상대방이 잘 들어 준다고 생각할 때 안심하고 마음 속의 고민이나 소망을 이야기한다. 사람들이 마음을 쉽게 털어놓지 못하는 것은 상대가 자신의 이야기를 수용하지 못할 것이라고 짐작하기 때문이다.
- 들어 주면 호감이 생긴다. 들어 주기보다 말하기에만 열중하는 사람을 좋아하는 경우는 없다. 들어 주면 이해받았다는 느낌이 생기기 때문에 자기 이야기를 잘 들어 주는 사람을 좋아한다.
- 감정적인 정화(카타르시스, catharsis)가 된다. 모든 이야기를 참을성 있게 들어 주면 슬픔이나 분노도 해소된다. 자기를 이해해 주는 사람에게 속상한 것을 실컷 털어놓으면 마음이 후련해지는 것도 이 때문이다.
- 잘 들어 주는 사람과 있으면 그것을 보고 배운다. 자기주장만 하는 부모 밑에서 자란 자녀는 남의 이야기를 잘 듣지 못한다. 자녀의 말에 귀를 기울일 줄 아는 부모 밑에서 자란 자녀가 친구들의 이야기도 잘 들어 준다.
- 들어 주는 사람에게는 반항하지 않는다. 아무리 좋은 이야기라도 말하는 것에만 열중하면 상대방이 싫어한다. 설득이나 조언만 하는 사람에게는 반발심이 생기지만, 들어 주는 데 최선을 다하는 사람에게는 반항할 구실이 없다.
- 후회를 만들지 않는다. 좋은 말을 한다고 이런저런 이야기를 많이 하다 보면 뒤끝이 개운하지 않을 때가 있다. 그러나 열심히 들어 준 다음에는 후회할 것이 남지 않는다.

2) 나-전달법(I-Message)

나-전달법은 부모에게 문제가 있는 경우 부모의 생각이나 감정을 효과적으로 자녀에게 전달하기 위하여 사용하는 방법이다. 부모에게 문제가 있는 경우에 나-전달법은 너-전달법을 사용하는 경우와 달리 자녀의 행동을 판단하지 않으면서도 부모 자신의 감정 상태를 전달할 수 있기 때문에 부모-자녀 관계를 원만하게 이끌고 부모가 수용할 수 없는 자녀의 행동을 변화시키는 데 유용하게 활용할 수 있다.

나-전달법과 너-전달법을 비교하면 다음과 같다.

〈표 5-1〉 나-전달법과 너-전달법의 비교

	나-전달법	너-전달법
부모	네가 연락이 없이 늦어서 엄마가 걱정을 많이 했어.	너는 왜 늦는다고 전화도 못 하니? 너는 꼭 생각 없이 엄마를 걱정시키는구나.
	(해독)	(해독)
자녀	엄마가 걱정을 많이 하셨구나.	나는 생각 없이 엄마를 걱정시키는 아이구나.

나-전달법은 일반적으로 한 가지 상황에 대하여 행동, 느낌, 결과의 세 가지 요소를 말하는 것이다. 나-전달법을 구성하는 데 있어 다음과 같은 과정을 거쳐서 사용하면 도움이 된다.

- 네가 ~하면(행동 서술)
- 나는 ~라고 느낀다(느낌 서술)
- 왜냐하면(결과 서술)

위의 단계를 사용하여 문제를 서술하면 다음과 같다.

▶ 네가 학교가 끝나고 바로 집으로 돌아오지 않아서 엄마는 무척 걱정을 많이 했어. 왜냐하면, 네가 어디서 무엇을 하고 있는지 알 수 없었기 때문이야.

▶ 네가 장난감을 가지고 놀고 정리하지 않아서 엄마는 너무 당황했어. 왜냐하면, 바로 손님이 오신다고 했거든.

나-전달법이 반드시 위와 같은 과정으로만 사용되는 것은 아니다. 상황에 따라서 얼마든지 바뀔 수 있다. 중요한 것은 나-전달법을 사용하여 의사소통할 때 자녀가 중심이 아니라 부모가 중심이 된다는 것이다. 따라서 자녀를 비난하거나 힐책하지 않게 되고 자녀와 긍정적인 분위기에서 의사소통을 할 수 있다.

그러나 나-전달법이 모두 효과적인 것은 아니다. 자신의 감정을 솔직하게 표현하지 못하거나 상대방에게 부정적인 감정을 전달하는 나-전달법은 효과를 기대하기 어렵다. 그리고 화를 내면서 사용하는 나-전달법은 너-전달법과 동일하다. 기분을 나쁘게 하는 것은 자녀가 아니라 자녀의 행동이므로 행동과 자녀를 분리시켜 행동의 결과와 관련된 느낌만을 말해 주는 것이 좋다.

한편, 효율적인 의사소통을 방해하여 건강한 가족 구성원의 관계를 어렵게 하는 부정적인 언어 표현 방법이 있다. 이러한 언어 표현은 가족 구성원들, 특히 부모와 자녀 간에 믿음을 사라지게 하고 서로의 마음에 상처를 준다. 그리고 이러한 부정적인 의사소통이 지속되어 이로 인한 상처가 오랫동안 쌓이게 된다면 아무리 기본적으로는 서로 간의 사랑과 믿음을 기반으로 형성된 가족이라 하더라도 결국에는 긍정적인 관계가 파괴되어 매우 역기능적인 가족의 모습이 될 수 있다.

가족 간의 관계에서 사용하지 않아야 할 이러한 부정적인 의사소통의 유형을 예를 들어 간략히 제시하면 다음과 같다(김명희, 1996; 전남련 외, 2008; Gordon, 1975; 김정원·전선옥, 2016, 재인용).

- 명령, 지시, 요구하기: 자녀에게 어떻게 하거나 혹은 하지 말라고 명령, 지시한다.
  - 예 "숙제해라.", "그만 좀 시끄럽게 해라.", "네 방으로 가라.", "말대꾸하지 마라.", "당장 집으로 와라.", "안 돼.", "하지 마."
- 경고, 주의, 위협하기: 자녀에게 어떤 행동을 했을 때의 결과를 이야기해 줌으로써 특정 행동을 중지시킨다.
  - 예 "그만하지 않으면 매 맞는다.", "성적이 나쁘면 용돈을 안 줄 거야.", "한 번만 더 그러면 장난감을 안 사줄 거야."
- 훈계, 설득, 비교하기: 자녀에게 해야 할 일과 해서는 안 되는 일을 일일이 일러 준다.
  - 예 "웃어른을 공경해라.", "자기 전에는 항상 양치질을 해라.", "다른 사람이 이야기하고 있을 때 방해하면 안 된다."
- 강의, 가르치기, 논리적 논쟁하기: 사실, 정보, 논리 또는 부모 자신의 의견 등으로 자녀의 판단에 영향을 준다.

예 "어렸을 때 열심히 공부해야만 훌륭한 사람이 되는 법이다.", "책은 던지라고 있는 게 아니라 읽으라고 있는 것이다."

- 충고, 해결책 주기, 제안하기: 자녀에게 어떻게 하면 문제가 해결되는지 미리 조언과 제안을 해 준다.

  예 "친구에게 사과를 하는 것이 좋겠다.", "숙제를 잘하려면 일정표를 짜야 한다.", "친구네 집에 가서 놀면 어때?"

- 비판, 비난, 판단하기: 자녀에 대해서 부정적인 판단이나 평가를 내린다.

  예 "너는 항상 그 모양이야.", "내 생각에 너에게는 어울리지 않을 거야.", "너는 늘 부주의하구나."

- 해석, 진단, 심리분석하기: 자녀의 행동에 대해 동기가 무엇인지, 자녀가 하는 말의 진의가 무엇인지 진단하고 분석하여 잘못을 지적한다.

  예 "공부에 자신이 없으니까 그런 생각을 하는구나.", "친구가 미워서 그런 거니? 네 잘못을 들킬까 봐 두렵구나."

- 욕설, 조롱, 수치감 주기: 자녀에게 수치감을 주거나 욕설을 한다.

  예 "말썽꾸러기야.", "돌대가리야.", "네 머리에는 뭐가 들어 있니?", "나는 네가 그럴 줄 알았다."

- 칭찬, 부추기기: 자녀에 대해 무조건 긍정적인 평가나 판단을 내리고 동의한다.

  예 "너는 뭐든지 잘할 거야.", "너는 항상 친절하구나.", "그렇게 행동하는 것은 너답지가 않구나."

- 퇴행, 주의돌림, 화제 바꾸기: 자녀의 관심을 다른 데로 돌리려 하거나, 부모 자신이 문제에서 회피하거나 농담을 하며 피하려고 한다.

  예 "잊어버리자.", "있을 수 있는 일이란다."

- 질문, 탐문, 심문하기: 부모가 자신의 문제를 해결하기 위해 필요한 정보를 자녀에게서 얻으려 하거나 원인, 동기, 이유를 알고자 한다.

  예 "누가 너에게 그렇게 하라고 가르쳐 주었니?", "엄마와 아빠를 왜 싫어하는지 그 이유를 말해 봐."

- 격려, 동정, 위로, 지원, 안심시키기: 자녀의 기분을 맞추려 애를 쓰거나 불쾌한 기분을 풀려고 하거나 자녀의 감정을 부정하려고 한다.
  예 "괜찮아, 다 잘 될 거야.", "별일 아니란다.", "누구나 그런 경우가 있단다."

■ 부부간의 바람직한 의사소통

- 상대방의 자아를 근본적으로 존중한다. 상대방의 존재를 받아들이고 가치를 부여해 주는 것으로, 존중을 나타내는 메시지는 상대방의 존재를 인정하고 상대방의 이야기에 적절히 반응하며, 상대방의 자아경험을 반영하고 수용하며 상대방과 기꺼이 관계를 맺고자 하는 것이다. 이를 위해서는 경청이 선행되어야 하며, 상대방의 느낌과 생각에 대해 수용하고 상호작용해 줄 수 있어야 한다.
- 자기개방을 해야 한다. 서로 거리낌 없이 자신의 가치관, 지식, 취미, 성향, 감정 등을 표현할 수 있어야 만족스러운 관계를 가질 수 있다. 한쪽은 자신의 모든 것을 드러내는데 다른 한쪽에서는 감추고 있으면 관계의 성장을 기대하기 어렵고 대화가 원만하게 이루어지지 않는다.
- 부부의 성관계는 신체적 접촉 이상의 것이며 일종의 의사소통이다. 부부 두 사람 간의 성적 정체감, 상호욕구에 대한 지각, 성 표현에 담긴 메시지 등은 의사소통과 직접 관련이 있다.
- 서로에 대한 느낌과 생각 등을 되도록 많이 교류하며 상대방의 심리적 · 정서적 상태를 고려한 대화를 한다.
- 대화는 항상 쌍방 간에 이루어지며 개방적이고 진실 되고, 언어와 비언어적 의사소통 기법들이 일치를 이루는 대화를 한다. 이중적인 메시지를 주는 대화는 갈등과 오해를 불러일으킨다.
- 의사소통이란 언어적 의사소통만을 의미하지 않는다. 침묵, 자세, 표정, 근육, 손놀림 등이 모두 포함된다. 따라서 상대방의 전달 의미를 정확히 파악하기 위해서는 충분한 시간을 갖고 전체의 의미를 파악하는 것이 좋다.
- 부부간의 대화 시간 및 대화 장소를 의도적으로 마련하도록 한다. 대화의 동기가 되는 공통의 취미, 관심사, 정치, 경제, 문화 등에 대한 견해 등을 함께 나눈다.

출처: 옥선화 · 정민자 · 고선주(2006). 결혼과 가족. p. 124. 서울: 하우.

함께 보면 도움이 되는 동영상

- EBS 대기획 9부작: 가족쇼크

  제1부 - 나는 부모입니다(2014. 11. 17. 방영)

  제2부 - 당신의 가족은 안녕하십니까?(2014. 11. 18. 방영)

  제3부 - 마석, 집으로 가는 길(2014. 11. 19. 방영)

  제4부 - 식구의 탄생(2014. 11. 24. 방영)

  제5부 - 행복한 훈육, 프랑스 육아의 비밀(2014. 11. 25. 방영)

  제6부 - 부모로 살아간다는 것(2014. 11. 26. 방영)

  제7부 - 마지막 식사(2014. 12. 1. 방영)

  제8부 - 청춘, 고독사를 말하다(2014. 12. 2. 방영)

  제9부 - 엄마의 땅, 키리위나(2014. 12. 3. 방영)

스스로 생각해 봅시다

- 자신의 가족은 건강한 가족인지 그렇지 않은 가족인지 생각해 보고, 그렇게 생각하는 이유를 찾아본다.
- 가족 간의 의사소통이 중요한 이유는 무엇인가?
- 자신은 의사소통을 할 때 어떤 부분이 가장 어려운지에 대해 생각해 보고, 이를 극복하기 위해서 어떤 노력을 할 수 있을지에 대해 주변 사람들과 대화를 나누어 본다.
- 현대사회에서 건강한 가족이 되려면 반드시 갖추어야 할 것이 무엇인가?
- 부모님이 나에게 하셨던 말씀 중에 가장 감사했던 것과 가장 상처가 되었던 것을 기억해 보고, 부모님의 입장을 이해하려고 노력해 본다.
- 가족이나 가까운 친구들과 함께 '적극적 경청'이나 '나-전달법'의 구체적인 사례를 만들어 연습해 본다.
- 나는 가족이나 친구와의 관계에서 나를 잘 표현할 수 있는가? 혹시 표현이 어렵다면 무엇이 나를 표현하는 것을 막는지 알아본다.

PART. 02

행복한 부모 되기

C · H · A · P · T · E · R 06

예비부모교육

01 예비부모교육의 정의 및 필요성

한 개인에게 가정과 그 가정을 이루는 가족 구성원의 존재는 절대적으로 중요하다. 특히, 한 개인을 세상에 태어나게 하고, 세상에서 제 몫을 하며 살아 나갈 수 있도록 준비시켜 주고 보살펴 주는 부모의 존재가 얼마나 중요한지에 대해서는 다른 의견이 있을 수 없다. 가정은 사회의 구성원들이 결혼을 통해 형성하는 사회의 가장 기본적인 공동체로 다음 세대의 출산과 양육이 이루어지는 곳이다. 자녀가 어떠한 부모를 만나고 어떠한 양육방식을 경험하느냐에 따라 한 사람의 전 인격적 성장이 영향을 받게 된다. 가정은 인간이 태어나서 최초로 경험하는 사회환경으로 어린 시절 가정에서 부모와의 관계를 통해 경험하는 모든 것은 한 사람의 삶의 기초가 된다.

한 사람의 삶 전반에 미치는 부모의 영향력이 이처럼 중요함에도 불구하고 최근 현대사회에서는 급격한 사회적 변화로 인하여 부모로서의 역할을 적절히 수행하는 것이 점점 더 어려워지고 있다. 복잡하고 다양한 사회적 양상은 가정에서 어떤 표준적인 부모역할 수행을 어렵게 하고, 이러한 현상은 이전처럼 가정에서 성장하면서 부모로서의 역할 수행을 자연스럽게 몸에 익히는 것을 어렵게 한다. 또한, 전통사회에서는 결혼을 하고 부모가 되는 것이 필수적인 것으로 인식되었으나, 최근의 급격한 사회 변화는 부모가 되는 동기나 부모역할에 많은 변화가 초래되었다.

최근 우리나라는 청년 실업의 증가로 3포(연애와 결혼, 출산), 5포(연애와 결혼, 출산, 인간관계, 내 집), 7포(연애와 결혼, 출산, 인간관계, 내 집, 꿈, 희망), N포(포기해야 할 특정 숫자가 정해지지 않고 여러 가지를 포기) 세대라는 표현이 등장하면서 젊은이들 사이에서 결혼의 시기를 미루는 만혼화가 증가하고 있고, 아예 결혼을 포기하거나 자신의 의지로 결혼제도 자체를 거부하는 비혼족까지 생기고 있는 현실이다. 이 외에도 우리나라의 자녀 출산율이 OECD 국가 중 최하위에 속하고, 만혼화, 핵가족화, 소가족화, 여성 취업률의 증대, 이혼율의 증가 등과 같은 사회적 변화가 급속하게 진행되고 있는 점에 비추어 볼 때, 젊은 세대에게 부모가 되는 것의 중요성과 부모역할의 중요성을 교육하는 일은 매우 시급하고 중요하다.

최근 가족과 관련된 다양한 사회적 변화는 많은 사람에게 우리 사회에서 부모가 되는 것에 대한 가치를 낮게 평가하도록 만드는 경향이 있다. 부모가 되어 역할을 수행하는 데에는 지식과 기술이 필요하고, 이 지식과 기술은 후천적으로 학습되고 훈련되어야 하므로 부모가 될 사람에게도 교육이 필요하다. 자녀를 낳아 바르게 양육하고 교육해야 할 책임이 부모에게 있음을 누구나 인정하지만 좋은 부모가 되는 것은 타고나는 것이 아니기 때문에 미래에 부모가 될 사람들에게 자녀를 바르게 키울 수 있도록 돕는 부모교육이 이루어져야 한다.

예비부모교육이란 부모가 되기 이전의 사람에게 부모교육을 실시하여 부모로서의 역할을 잘 수행할 수 있도록 도움을 주기 위한 교육이다. 부모가 되기 이전의 사람에는 청소년, 청년, 미혼의 성인, 그리고 자녀가 없는 기혼의 성인, 또는 곧 태어날 태아를 임신한 예비부모까지 포함할 수 있다(김은설 외, 2010). 즉, 결혼 전 미혼 남녀, 신혼부부, 임신한 부부를 대상으로 부모역할에 대한 준비를 할 수 있도록 도와

주어 부모역할 수행 역량을 향상시키는 것을 예비부모교육이라고 한다. 예비부모교육은 대상자에게 부모됨에 대해 생각해 볼 기회를 주어 자신감을 갖고 양육에 임하게 하며, 자녀를 즐겁고 행복하게 기를 수 있도록 돕는다. 또한, 자녀의 잠재능력 계발을 돕기 위해 부모에게 필요한 지식, 기술, 태도를 가르치며 자녀양육에서 나타날 수 있는 잠재적 문제를 사전에 예방할 수 있도록 도울 수 있다(김정미, 2004).

최근에 우리 사회에서는 예비부모교육의 필요성에 대한 인식과 요구가 점점 더 증가하고 있다. 우리 사회에서 나타나는 여러 가지 현상이 사회의 가장 기본적인 요인인 가정에서 이루어지는 부모로서의 역량이 더욱 강화되어야 할 필요성이 있음을 보여 주기 때문이다. 특히, 최근에는 핵가족화와 소가족화의 경향으로 인해 과거처럼 성장과정에서 자연스럽게 부모역할을 학습할 수 있는 기회가 부족할 뿐만 아니라, 검증되지 않은 자녀양육과 관련된 지식의 폭발적인 증가로 인해 부모가 역할을 수행하는 데 오히려 혼란을 초래하기도 하므로 체계적인 부모교육이 더욱 필요해졌다.

즉, 부모로서의 바람직한 역할을 학습할 수 있었던 가정의 모습이 변화함으로써 사회적 차원에서 이루어지는 부모교육을 통해 부모로서의 역할을 준비하도록 도와줄 필요가 생기게 된 것이다. 현대사회의 신세대 부모는 대부분 핵가족 체제에서 성장하였고 자신 또한 핵가족의 형태로 자녀를 양육하게 될 것이다. 자녀양육을 위한 지원 인력이 많았던 과거의 확대가족과 같은 상황이 아니므로 부모가 되기 이전에 자녀양육에 관한 지식, 태도, 가치관을 배우고 갖추며 사회적 자원을 활용할 수 있는 방법과 정보 획득의 접근법을 알아 둘 필요성이 매우 커졌다.

우리 사회에서 자녀를 둔 부모를 위해 유치원이나 어린이집, 혹은 초중등학교 등의 교육기관을 통해 부모교육의 기회가 이루어지고 있다. 이에 비하여 아직 부모가 되지 않은 예비부모를 위한 부모교육의 기회는 매우 제한적인 것으로 알려져 있다. 부모가 아닌 성인의 경우 4.5%만이 대학이나 고등학교 등에서 부모교육의 기회를 가지고 있다는 연구 결과(김은설 외, 2010)는 부모가 되기 이전에 부모역할 수행에 대하여 준비할 기회가 매우 제한되어 있음을 보여 준다. 이러한 결과는 우리나라에서 결혼하기 이전이나 자녀를 낳고 부모가 되기 이전에 부모로서의 역할을 수행하기 위한 지식과 능력을 갖출 수 있는 기회가 거의 없는 실정임을 보여 준다.

부모가 되는 것의 의미와 중요성에 대한 인식 없이, 그리고 어떻게 하면 부모역할을 잘 수행할 수 있는지에 대한 지식 없이 부모가 되는 경우가 많아짐으로써 우리 사회에서 여러 가지 역기능적 현상이 증폭하고 있다. 자녀를 둔 부모가 부모역할을 포기하면서 부모의 적절한 보살핌을 받지 못하고 버림받고 학대받는 아이가 증가하고 있고, 자녀를 자기 소유물로 생각하여 자신의 모습대로 만들어 가려 함으로써 행복하지 못한 아이도 증가하고 있다. 경제적 상황이나 가족생활에서 어려움이 생기면 극단적인 경우 자녀의 목숨까지 빼앗는 부모조차 나타나고 있는 실정이다. 연령별, 상황별로 어떻게 자녀를 키우는 것이 아이들의 발달을 촉진하여 잠재력을 최대한 발휘할 수 있도록 할 수 있는지에 대한 지식이나 올바른 정보가 없어 자녀를 사교육으로 몰아감으로써 아이가 당연히 누려야 할 행복한 어린 시절을 빼앗는 부모도 더욱더 증가하고 있다.

이러한 모든 상황을 고려할 때 부모로서의 준비를 하고 결혼하여 가정을 이루고 부모가 되도록 우리 사회의 시스템이 갖춰지는 것은 필수적이다. 그리고 이를 위하여 필요한 것이 예비부모교육이다. 예비부모교육의 대상에는 대학생, 고등학생, 미혼의 남성과 여성 청년, 자녀 출산 이전의 부모, 그리고 십대 예비부모 등이 포함될 수 있다. 예비부모교육은 이들에게 부모됨에 대하여 생각해 보도록 기회를 주어 자신감을 가지고 자녀양육을 할 수 있도록 도와주는 것이다(김정미, 2004). 예비부모교육을 통해 부모됨의 기쁨이나 가치, 부모역할 수행으로 얻을 수 있는 의미를 알게 되는 것은 우리 사회의 저출산 문제를 해결하는 데도 도움이 될 것이다(김정미, 2004; 김은설 · 최윤경 · 조혜주 · 김선화, 2010). 예비부모교육을 통해 부모됨의 의미와 가치를 알고 자녀양육에 대한 구체적인 이해를 통해 좋은 부모가 되는 것에 대하여 기대를 하도록 하는 것은 우리 사회 전체의 발전적인 측면을 돌아봤을 때도 매우 중요하다. 예비부모교육의 필요성에 대해 구체적으로 살펴보면 다음과 같다(신혜영, 1996; 이원영 · 김정미, 2007; 한성심 · 김현자 · 김유진 · 신현정 · 임미혜 · 이명숙, 2008).

1) 철학적 측면

- 예비부모교육은 자기중심적 사고와 가족이기주의가 만연하고 물질만능주의가 지배하는 사회적 상황에서 생명존중과 인간 존엄성의 가치관을 회복하기 위해 필요하다. 배 속의 아기를 생명으로 인정하고 존중하며, 영아와 유아도 한 인간으로서 존엄성 있는 존재임을 알고, 다른 사람의 생명의 가치를 인정하는 것은 낙태와 아동학대 방지, 영유아 중심적 사고 등을 다루고 있는 예비부모교육을 통해서 가능하게 될 수 있다. 즉, 예비부모교육을 통해 낙태 문제, 성교육, 영유아의 발달에 적합한 양육과 관련된 내용을 다루는 것은 생명과 인간의 존엄성을 인정하고자 하는 우리 사회의 변화 방향에 부합하므로 필요하다.
- 예비부모교육은 민주적 가족관계 형성의 중요성을 깨닫고 민주적 가정을 만드는 데도 필요하다. 자유로우면서도 책임을 강조하는 민주적 분위기의 가정에서 민주적 자녀양육태도를 가진 부모에 의하여 양육된 자녀는 자유와 평등, 권리와 책임 등을 강조하는 민주적 태도를 가진 성인으로 성장할 수 있고, 이러한 사람은 민주주의가 구현되는 국가와 사회를 만들 수 있는 능력이 준비된다. 따라서 예비부모교육을 통하여 부모와 자녀 간에 서로를 존중하고 자율성, 책임감, 정의와 평화를 가치 있게 여기는 마음을 가지도록 자녀를 양육할 수 있는 역량을 길러 주는 것은 궁극적으로는 우리 사회를 민주사회로 만드는 데도 의미 있는 영향을 미칠 것이다.

2) 사회적 측면

- 예비부모교육을 통해 우리 사회에서 가정의 중요성을 환기시키고 가정교육, 밥상머리 교육의 중요성을 인식시킬 필요가 있다. 최근 우리 사회에서 벌어지는 여러 가지 문제는 가정의 해체와 가정교육의 미비로 인한 것들이 많다. 이러한 상황에서 예비부모교육을 통해 가정과 가정교육의 의미와 중요성에

대한 인식을 향상시키는 것은 우리 사회 전체의 건강성 향상에도 의미 있는 영향을 미칠 것이다. 예를 들어, 예비부모를 대상으로 가정의 중요성, 가족과 함께하는 시간의 의미, 건강한 가족의 조건, 좋은 부모의 역할, 민주적인 부모의 양육태도 등에 관한 교육을 실시하는 것은 건강한 가족의 회복을 위해서도 필요하다.

- 예비부모교육은 인권에 대한 감수성을 향상시킴으로써 최근 급증하는 아동을 대상으로 하는 폭력 및 학대를 예방하기 위해서 필요하다. 우리 사회에서 살아가는 모든 아동은 마땅히 누려야 할 권리가 있는데 그 권리를 보호받기는커녕 아동 인권의 무시와 그로 인해 상처 받는 아동이 점점 더 증가하고 있는 상황이다(서울시여성가족재단, 2016). 따라서 예비부모교육을 통해 아동을 대상으로 하는 폭력 및 학대를 예방하여 우리 사회의 모든 아동이 안전한 환경에서 행복하게 성장할 수 있도록 하기 위해서도 아동 인권을 보장하고 폭력 및 학대를 예방하는 것을 내용으로 하는 예비부모교육이 반드시 필요하다.

3) 국가적 측면

- 예비부모교육은 미래의 국가 인적 자원의 역량을 강화하기 위해서도 필요하다. 국가적 차원에서 예비부모교육을 실시하는 것은 미래의 국가 인적 자원인 다음 세대를 건전하고 역량 있게 키우는 데 반드시 필요한 부모의 자녀양육을 위한 교육적 지식과 정보를 제공하기 위해서이다. 또한, 부모됨이 무엇인지를 생각하고 부모로서의 역할과 책임이 무엇인지를 예비부모의 시기부터 알 수 있게 함으로써 우수한 사회 구성원을 양육하는 데 반드시 필요하다. 따라서 국가적 차원에서 예비부모교육을 정책적으로 지원할 필요가 있다(한국교육개발원, 1984; 이은화, 1997).
- 예비부모교육은 부모로서의 삶의 의미와 가치를 가르침으로써 자녀를 낳고 기르는 것이 얼마나 소중한 것인지를 알려 주어 우리나라의 출산율을 향상시키는 데 도움이 된다. 우리나라는 2010년부터 2014년까지 1.23명의 출산율

을 기록하고 있어 현재 OECD 국가 최하위에 머물고 있다(통계청, 2014). 이대로 가다가는 우리나라의 경쟁력 하락과 사회 존속마저도 위협받을 수 있는 처지에 놓일 수 있다. 출산율을 끌어올리기 위해서는 경제적 차원에서의 논의뿐만 아니라 자녀를 낳고 기르는 부모역할이 얼마나 소중한 것인지 알려 줄 필요가 있고 이를 효과적으로 수행하기 위해서도 예비부모교육이 필요하다.

4) 심리적 측면

- 발달과업이론(Havinghurst, 1953)에 의한 예비부모교육의 대상은 청년기와 성인 초기라고 볼 수 있다. 청년기의 발달과업은 남녀 간의 성역할 차이를 이해하고 동성이나 이성의 친구와 새로운 관계를 형성하며 부모 또는 다른 성인으로부터 정서적 · 경제적으로 독립하는 것 등이다. 성인 초기의 발달과업으로는 배우자를 선택하고 배우자와 함께 생활하는 방법을 학습하는 것, 가정을 꾸미고 자녀를 양육하는 것, 가정을 관리하고 직업생활을 시작하며 시민의 역할을 완수하는 것, 그리고 마음 맞는 사람과 사회적 집단을 형성하는 것 등이다. 이러한 청년기 및 성인 초기의 발달과업을 완수하기 위해서도 예비부모교육을 통해서 결혼과 가정생활을 준비시킬 필요가 있다.
- 에릭슨(Erikson, 1968)의 심리 사회적 발달이론에 의하면 청년기는 정체감 대 역할 혼미의 시기로 이 시기에 예비부모교육을 통해 청년들이 자아정체감을 형성하도록 도움을 제공하는 것은 성인 초기에 원만한 결혼생활을 하는 데에 필요한 이성과의 관계 형성에 도움이 된다. 예비부모교육에서는 청년이 사회 및 가족관계에서 자신의 존재를 살펴볼 수 있는 기회를 다양한 프로그램을 통해 제공함으로써 이후 부모로서의 역할을 원만히 수행하는 데 필수적인 긍정적인 자아정체감을 형성할 수 있도록 지원할 필요가 있다.

부모역할을 바람직하게 수행하기 위해서는 부모역할에 대한 가치관이나 신념을 부모가 되기 이전에 확립할 필요가 있다. 이미 한 가정을 이루어 부모가 된 이후에 받는 교육으로는 부모역할을 효율적으로 수행하기에 부족함이 있을 수 있으므로 부모가 되기 이전, 가정을 이루기 이전에 부모됨에 대한 준비를 하는 것이 필요하다. 부모가 되기 이전에 예비부모교육을 통하여 부모됨에 대한 올바른 이해와 바람직한 자녀관과 양육관, 양육태도를 길러 사회에 만연한 가족과 관련된 다양한 문제를 해결하고 예방하기 위해서 예비부모교육이 반드시 이루어져야 한다. 예비부모교육의 기회는 개인의 바른 성장뿐 아니라 장차 사회 전체의 안정을 위해서도 모든 사람에게 충분히 주어지는 것이 필요하다.

02 예비부모교육의 역사

예비부모교육은 이미 오래전부터 행해져 왔던 부모교육에서 파생되어 비교적 최근에 필요성이 급부상하게 되면서 많은 관심을 받으며 실시되는 교육이라고 할 수 있다. 그러므로 예비부모교육의 역사는 부모교육의 역사와 함께 살펴볼 필요가 있다.

우리나라 부모교육의 역사는 우리 사회의 역사적 변천에 따라 변화해 왔으나, 불행하게도 선조들의 양육방법에 대해 알 수 있는 기록이 거의 남아있지 않아 그 구체적인 내용을 알기가 어려운 것이 현실이다. 우리나라의 삼국 시대에서부터 고려 시대에 이르기까지 쓰인 『삼국유사(三國遺事)』나 『삼국사기(三國史記)』, 『고려사(高麗史)』 등과 같은 역사책을 통해 그 당시 자녀양육이 어떠했는지를 어렴풋이 짐작할 수 있고(김영옥 · 백혜리, 2000), 우리나라의 전통적인 자녀양육방법 중 오늘날까지 전해져 내려오고 있는 대표적인 것으로 태교(胎敎) 관련 서적을 통해서도 알 수 있다. 고려 시대에 정몽주의 어머니 이씨가 쓴 『태중훈문(胎中訓文)』은 태교를 목적으로 하는 가장 오래된 부모교육 책이며, 소혜황후 한씨의 『내훈(內訓)』, 빙허각 이씨의 『규합총서(糾合叢書)』, 송시열의 『계녀서(戒女書)』, 해평 윤씨의

『규범(閨範)』 등의 서적은 태교와 자녀양육에 관한 지침을 일부 포함하고 있고, 의학대전인 허준의 『동의보감(東醫寶鑑)』에서도 자녀양육에 관한 방법을 소개하고 있다. 태교의 발생지인 중국과 기록문화가 발달한 일본에도 태교에 관한 기록이 있지만, 우리나라와 비교한다면 아주 사소한 것에 지나지 않는다. 우리 선조들의 자녀교육에 대한 관심과 열정이 어떠했는지를 알 수 있는 소중한 자료들이 아닐 수 없다(김정원 · 전선옥, 2016).

비교적 최근에 해당하는 근대 이후 우리나라의 부모교육에 대한 기록도 그리 많지는 않으나 유아교육이나 유치원의 역사를 서술한 문헌, 그리고 당시의 여성용 잡지, 신문 기사 등에 부분적으로 나타나 있다. 우리나라에서 부모교육이 조직적으로 시작된 것은 1914년 미국인 선교사 부래운(브라운리; Charlotte Brownlee)이 이화유치원을 설립하여 유아교육을 정착시켜 나가면서, 1915년에 '자모회'를 조직하여 어머니들을 교육시키면서부터라고 할 수 있다. 브라운리는 이화유치원의 학부모를 대상으로 아동중심교육에 입각한 유희 중심의 유치원 교육을 이해시키고, 한국 어머니들에게 육아법을 계몽하였다. 당시에 이 자모회는 거의 대부분의 유치원에서 운영되고 있었다(이은화 · 김영옥, 1999).

브라운리를 이어 내한한 허길래(하워드; Clara Howard)는 자모회를 통한 부모교육 운동을 더욱 적극적으로 추진하였다. 그녀의 독려로 전국의 감리교 유치원 자모회는 대부분 월례회를 개최하였으며, 월례회의 내용은 목사, 의사, 간호사, 교육자 등의 강연, 놀잇감 제작, 스크랩북 제작, 유아식 요리 실습, 목욕시키기 실습, 아동복 제작 워크숍 등이었다. 또한, 하워드는 어머니뿐만 아니라 아버지 교육에도 관심을 가지고, 양친이 함께 자모회에 출석할 수 있도록 지도하였고(한국어린이육영회, 1993), 『새가정』(1954)이라는 잡지를 출판하여, 바람직한 자녀양육방법을 보급하기 시작하였다.

1920년대와 1930년대에는 일제 치하의 어려움으로 부모교육이 활발하게 맥을 잇지 못하였으나, 광복이 이루어지기 전인 1941년부터는 이화여자대학교 교육학과 유아교육전공에 김애마 선생님의 주도하에 '부모교육'이라는 교과목이 개설되기 시작하였다(이원영, 1985). 부모교육은 현재 유아교육학과가 설치된 거의 대부분의 대학 및 전문대학에서 전공과목으로 지정될 정도로 중요시되고 있다. 그 당시 미국의 경우에는 다양한 양육이론이 소개되어 영향을 미치고 부모교육에 대한 관심이 확대된 것과 달리, 광복 이전의 우리나라는 자식을 낳으면 부모가 되는 것이 당연하였으므로 부모로서 교육을 받는다는 것에 대한 인식이 생소하였다. 그러므로 당시에 대학에서 부모교육 과목을 개설하여 가르쳤다는 것은 역사적으로 주목할 만한 일이었다(이은화 · 김영옥, 1999).

광복 이후 1950년대에는 전쟁 이후의 참상으로 부모교육이 활발하게 진행되지 못하였고, 소수의 대학 부속 유치원 등에서 어머니만을 대상으로 한 '자모회'가 조직되어 운영되는 정도였으며, 사회 전반에서 유아교육과 부모교육에 대한 인식과 호응이 부족한 형편이었다. 1960년대와 1970년대 이후 부모교육에 중요한 변화가 일어나 여성단체를 통한 여성의 사회교육 내용에 부모교육이 강조되고 대중 여성잡지나 TV 등 전파 매체에서도 부모교육의 내용을 많이 다루기 시작하였으며, 유치원이나 유아교육단체에서도 이 분야에 관심을 기울여 색다른 프로그램들을 시도하기 시작하였다.

그 이후 1980년대에 국가적인 차원에서 유아교육을 활성화하면서, 유아교육의 질적인 향상이라는 시대적인 요청으로 부모교육 및 참여의 활성화를 도모하게 되었다. 당시 미국이나 유럽에서 개발된 부모참여 및 부모교육 프로그램을 우리나라에 적용하고자 하는 시도가 많이 이루어졌는데 그중 대표적으로 가장 많이 알려진 것이 부모효율성훈련(Parent Effectiveness Training: PET)이다. 이어지는 1990년대에는 예비부모교육에 대한 관심이 높아져 중 · 고등학교의 가정 과목에서 인간발달과 기본적인 부모-자녀 관계에 관한 내용이 삽입되었고, 1997년에 중앙대학교에서는 '부모교육'을, 고려대학교에서는 '부모되기 교육'을 일반 교양과목으로 개설하여 예비부모교육도 사회의 관심을 받기 시작하였다(김정미, 2004).

2000년대 이후에는 청년들의 연애관 및 결혼관이 변화하고, 개방된 성문화와 보편화된 이성교제로 인해 혼전 성관계와 미혼모가 증가하였으며, 독신과 이혼율이 증가하고 아울러 우리 사회의 존속을 위협할 정도의 심각한 저출산 현상마저 이어지면서 예비부모교육에 대한 관심이 급증하게 되었다. 특히, 최근에는 연이어서 매스컴을 뜨겁게 달구고 전 국민을 분노하게 하는 아동학대 사례가 빈번하게 발생하면서 현재 부모이거나 미래에 부모가 될 사람을 대상으로 부모교육을 반드시 실시해야 한다는 사회적 공감대가 형성되고 있다.

기존에 우리나라는 여성가족부의 건강가정지원센터, 보건복지부의 육아종합지원센터, 교육부의 학부모지원센터에서 부모교육이 실시되고 있었으나, 부모교육에 대한 인식 및 체감도가 높지 않았고, 취약가정의 부모는 상대적으로 교육 사각지대에 놓여있다는 점 등이 문제로 지적되어 2016년에는 여성가족부가 기존에 산발적으로 진행되던 부모교육을 생애주기 및 가족 유형을 고려하여 보다 체계화하였다. 여성가족부는 앞으로 결혼 전 학교의 정규 교육과정부터 대학, 군대, 결혼 전까지 지속적으로 부모교육을 실시하게 되며, 고등학교 졸업 시기에 가족 가치 및 예비부모교육을 실시하고, 초 · 중 · 고 교과 교육과정에 부모교육 관련 내용을 반영하고 체계화하며, 대학 교양과목 편성 시 부모교육 내용이 반영될 수 있도록 권고하였다(여성가족부, 2016b).

읽고, 생각해 봅시다

'좋은 부모' 버릇 평생 가도록… 고교 때부터 교육

생애주기별 '그물망' 부모교육 도입

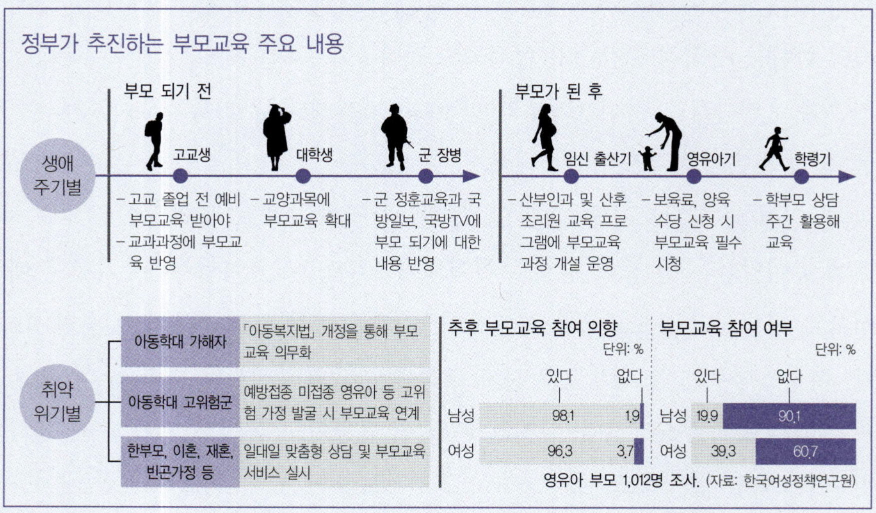

범정부 차원의 '부모교육' 대책이 마련된 배경은 충격적인 아동학대가 끊이지 않는 데다 가해자의 대부분을 차지하는 부모에 대한 교육 없이는 문제를 근본적으로 해결할 수 없다는 공감대가 형성됐기 때문이다. 한국여성정책연구원이 영유아 부모(예비부모 포함)를 대상으로 조사한 결과 "부모교육에 참여하겠다"는 응답이 남성이 98.1%, 여성이 96.3%에 이를 만큼 교육 기대 수요도 많은 것으로 나타났다.

올해 말부터 졸업을 앞둔 고교생은 가족의 가치 및 부모 되기에 대한 교육을 받아야 하고, 대학생은 교양과목을 통해 예비부모교육을 듣게 되는데, 교육부는 올 초 각 대학에 "예비부모교육에 대한 강좌를 확대하라."라는 공문을 보냈다.

군 장병 대상으로 정신교육과 국방일보, 국방부 인터넷TV(IPTV)에 올바른 부모 되기에 대한 내용이 추가되고, 임신 · 출산기 부모를 위해서는 산부인과와 산후조리원에서 부모교육 과정을 운영하도록 지원한다. 보건복지부는 영유아 부모가 보육료 및 양육수당을 신청할 때 부모교육 동영상을 먼저 봐야 가능하도록 시스템을 개선하겠다고 밝혔고, 교육부는 학령기 자녀를 둔 부모를 대상으로 학교의 학부모 상담주간을 활용해 사춘기 자녀 이해 및 소통법, 학대 방지 등에 초점을 맞춘 교육을 실시할 계획이다.

출처: 동아일보(2016. 05. 31.) 재구성(http://news.donga.com/3/03/20160531/78407229/1).

03 예비부모교육의 내용 및 현황

예비부모교육은 아직 부모가 되지 않은 시기에 현실이 아닌 미래를 예상하면서 부모가 되기 위한 준비를 하는 것이므로 부모기에 진입한 부모를 대상으로 이루어지는 부모교육과 유사하면서도 좀 더 강조하거나 첨가될 내용이 있다. 여성가족부에서는 대학 부모교육 사례집을 분석하여 대학생을 대상으로 실시할 수 있는 예비부모교육의 표준강의안을 제시하고 있다. 강의 개요와 목표, 내용을 살펴보면 다음과 같다(여성가족부, 2016a).

1) 예비부모교육의 개요

- 부모가 되어 자녀를 양육하는 것은 성인기 발달과업의 성취이자 사회 구성원의 의무로서 개인적이나 사회적인 측면에서 늘 중요하게 여겨져 왔다.
- 그럼에도 불구하고 가족을 둘러싼 사회환경이 복잡해지면서 부모됨을 연기하거나 선택하지 않는 사례가 증가하고 있으며, 좋은 부모가 되는 것이 점차 어려워지고 있다.
- 예비부모교육에서는 대학생을 대상으로 부모됨의 개인적 가치와 사회적 가치를 인식하도록 도와주고 부모역할을 올바로 수행할 수 있도록 돕고자 한다.
- 예비부모교육은 부모됨에서 부모가 자녀에게 미치는 영향뿐만 아니라 자녀도 부모에게 영향을 미친다는 상호작용적 관점과 개인, 가족, 사회, 국가 등 다양한 환경이 부모됨에 영향을 미칠 수 있다는 점을 기본 전제로 한다.
- 좋은 부모가 되기 위한 첫걸음으로 자기 자신에 대한 이해 및 자신의 성장과정에서의 부모역할의 정의를 이해한다.
- 자신에 대한 이해를 바탕으로 인간발달 단계에 따른 부모역할의 변화, 바람직한 부모양육태도에 대한 지식을 함양하고 의사소통기법 등 실제적 기술을

함양할 수 있도록 한다.

- 현대사회의 다양한 부모됨에 영향을 미치는 환경을 분석하고 대안과 활용자원을 모색한다.

2) 예비부모교육의 목표

- 부모됨의 다양한 가치를 안다.
- 나의 성장과정과 인성에 대한 이해를 통해 예비부모로서의 나를 이해한다.
- 자녀의 발달단계별 양육에 필요한 지식과 태도, 기술을 습득한다.
- 현대사회의 부모됨의 장애물과 대안을 모색한다.

3) 예비부모교육의 내용

대학생 예비부모를 대상으로 하는 부모교육의 내용을 분석한 결과 교육내용은 크게 6가지 영역으로 구분되어 이루어지고 있는 것으로 나타났다. 이를 살펴보면 예비부모교육의 내용으로는 자녀발달과 부모역할, 부모교육 이론 및 프로그램, 결혼과 가정, 사회현상과 부모역할, 부모됨, 기타 등으로 나타났다. 예비부모교육의 내용은 일반 부모교육에 비하여 아직 미혼인 청년을 대상으로 하므로 결혼과 가정, 가족관계에 대한 이해, 아동발달에 관한 지식 등을 보다 심층적으로 다룰 필요가 있다(김은설 외, 2010). 예비부모교육의 내용을 좀 더 상세히 그림으로 살펴보면 다음과 같다.

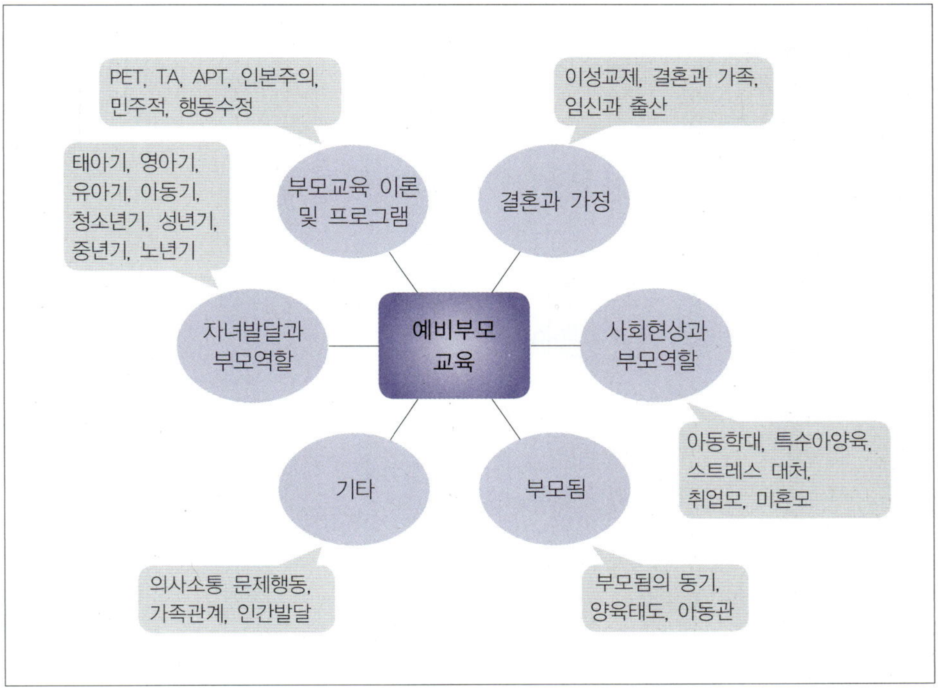

[그림 6-1] 예비부모교육의 내용

출처: 김은설 · 최윤경 · 조혜주 · 김선화(2010). 예비부모교육 실태와 내실화 방안 연구. p. 16. 육아정책연구소. 연구보고 2010-05.

한편, 여성가족부에서 제시하고 있는 예비부모교육의 내용을 살펴보면 다음과 같다(여성가족부, 2016a).

- 예비부모교육의 개념
  - 예비부모교육의 개념 및 필요성 이해
- 사회 변화와 부모역할
  - 부모됨의 동기, 부모역할의 가치 및 영향 요인에 대한 이해
  - 사회 변화에 따른 부모역할의 변화 이해
- 나에 대한 이해: 성장기
  - 자신의 성장기 고찰을 통한 자신에 대한 이해
  - 자신의 인성 구조에 대한 이해 및 인성검사

- 나에 대한 이해: 예비부모로서의 나
  - 다양한 양육방식에 대한 이해
  - 부모의 양육방식과 자신의 현재 부모-자녀 관계에 대한 이해
  - 자신의 인성과 부모의 양육방식에 대한 이해
- 부모양육태도
  - 현대사회에 적합한 자녀관 및 양육태도에 대한 이해 및 태도
  - 부부공동양육의 의미와 중요성
  - 지역사회 공동체와 부모됨
- 다양한 가족에서의 부모역할
  - 부모됨의 다양한 맥락에 대한 이해
  - 결혼관계(한부모가족, 재혼가족), 경제활동(맞벌이가족, 일-가정 양립) 등 가족형태별 부모됨의 이해
- 민주적 의사소통 방법
  - 문제의 소유자에 따른 나-전달법, 반영적 경청
  - 무승부법
- 자녀의 발달에 따른 가족생활의 변화
  - 자녀의 발달단계에 따른 가족생활주기별 부모-자녀 관계의 특징 이해
- 태내기 부모역할
  - 태내발달 단계 및 태내발달에 영향을 미치는 요인 이해
  - 태내기 부모역할 및 태교, 출산에 대한 이해
  - 태내기 부모역할을 위한 개인, 가족, 지역사회의 지원
- 영아기 부모역할
  - 가족생활주기별 부모-자녀 관계의 특징 이해
  - 애착형성의 중요성 및 영향에 대한 이해
  - 영아기 부모역할에 대한 이해
  - 영아기 부모역할을 위한 개인, 가족, 지역사회의 지원

- 유아기 부모역할
  - 유아기 부모역할에 대한 이해
  - 유아기 사회정서발달을 돕는 부모역할에 대한 이해
  - 유아기 부모역할을 위한 개인, 가족, 지역사회의 지원
- 아동 · 청소년기 부모역할
  - 아동 · 청소년기 부모역할에 대한 이해
  - 아동 · 청소년기 부모-자녀의 의사소통 및 자아정체감, 가치관 형성을 돕는 부모역할에 대한 이해
- 역기능적 부모역할
  - 아동학대, 방임 등 역기능적 부모역할이 개인의 발달 및 사회에 미치는 영향 및 예방책에 대한 이해
- 다양한 부모교육 프로그램
  - 한국의 부모교육 기관의 현황
  - 부모교육의 참여

이상에서와 같은 예비부모교육의 내용은 예비부모가 될 사람이 알아 두면 이후에 자녀를 양육하는 데에 도움이 되는 내용으로 구성되어 있으므로 눈여겨볼 필요가 있다.

4) 예비부모교육의 현황

우리나라의 예비부모교육은 크게 학교 중심의 예비부모교육과 정부 주도의 교육 프로그램, 그리고 비정부 사회단체 및 종교단체에서 이루어지는 예비부모교육학교 등으로 나누어진다(김은설 외, 2010). 자신이 필요한 시기에 가능한 장소에서 필요한 내용의 예비부모교육을 받기 위해 부모교육이 이루어지는 기관별 교육내용 특성을 미리 알아 두면 도움이 될 것이다.

(1) 학교 중심의 예비부모교육

❶ 고등학교

고등학교에서는 현재 예비부모교육을 '기술 · 가정' 교과목의 한 장으로 포함하여 학생들에게 가르치고 있다. 전국 모든 고등학교에서 '기술 · 가정' 교과목은 필수로 정해져 있고, 예비부모교육 관련 내용은 1장의 마지막 부분인 3절 '결혼과 육아'이며 총 4회 정도의 수업 시간이 할애된다. 이처럼 예비부모교육이 고등학교 교과과정 내에서 가르쳐지기 때문에 우리나라 인구 중 고등학교를 졸업한 사람은 기본적인 예비부모교육을 한 번쯤은 다 경험해 보았다고 할 수 있다. 그러나 입시 중심의 교육 체제하에서 부모교육은 큰 관심을 받지 못하고 고등학교 생활 초기에 잠깐 배우는 정도이므로 학생의 기억에 오래 남아있지는 않아 보인다. 최근 여성가족부(2016b)에서는 고등학생을 대상으로 학교현장에서 예비부모교육을 효과적으로 운영하기 위해서 교수-학습과정안과 교수 자료(PPT)로 구성된 '청소년 대상 예비부모교육 프로그램'을 개발하여 교육현장에서 활용하도록 하였다.

❷ 대학교

대학교에서는 예비부모교육을 교양과정으로 개설하고 있는 경우가 많다. 우리나라의 4년제 대학교에서는 과반수 정도가 부모교육이나 결혼, 가족 등의 용어가 포함된 관련 과목을 교양과목으로 개설해 두고 있으며, 전문대학은 대학교보다 개설 비율이 저조한 편이다(김정미, 2004). 대학교에서의 예비부모교육은 일반적인 부모교육에 비해 교육대상이 아직 미혼인 경우가 많음을 고려하여 자녀 출산과 양육에 관한 내용 못지않게 이성교제와 배우자 선택, 결혼과 가정, 가족관계에 대한 이해 등을 보다 심층적으로 다룰 필요가 있다. 2016년 여성가족부는 연이어 발생하는 아동학대 사건을 근본적으로 예방하고, 가족관계를 증진하기 위해 부모교육이 절실함을 인식하고 대학생 대상 예비부모교육을 비롯하여 생애 전반에 걸친 부모교육을 지속적으로 실시해 나가고자 '대학 부모교육 강의 사례집'을 제작 · 배포하였다.

(2) 정부 주도의 예비부모교육

정부에서 주도하는 예비부모교육은 대표적으로 정부 산하 기관인 건강가정지원센터의 예비부모교육 프로그램이 있으며, 저출산 대책 사업으로 정부가 주관 또는 후원하여 시행하는 예비부모교육 등이 있다.

❶ 건강가정지원센터

건강가정지원센터에서는 2006년부터 결혼준비교육 프로그램을 센터 공통사업으로 구성하여 매뉴얼을 제작하고 각 지역 센터에 보급하고 있으며, 이후 연차별로 시대의 변화와 요구에 따라 내용을 보완해 오고 있다.

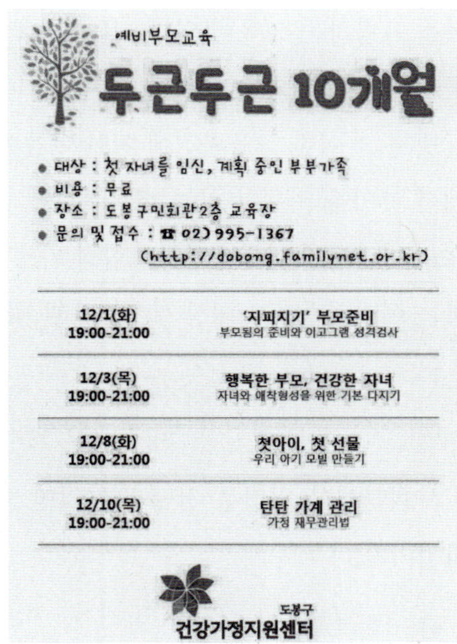

[그림 6-2] 건강가정지원센터 예비부모교육 안내의 예

❷ 저출산 극복을 위한 사회운동 및 정부활동

저출산 극복을 위한 다양한 정부 정책과 사회운동 몇 가지를 소개하면 다음과 같다.

첫째, 사회단체법인(가천길재단)과 정부전달체계(서울시)의 협업으로 이루어지는 대표적 예로 저출산극복 캠페인 세살마을운동이 있다.

둘째, 대학에서 이루어지는 비교과 산학협동활동의 일환으로, 출산 및 육아, 영유아 관련 학과에서 저출산 극복과 행복한 다자녀 가정 만들기 대학문화 캠페인을 벌이는 활동이 있다.

셋째, 출산장려운동의 일환으로 전개되는 각종 사회단체법인 활동 중 저출산 극복을 표방하는 교육이 있다. 실제 교육내용은 예비부모교육의 주요 내용인 가정의 구성과 가족의 의미, 행복한 결혼생활, 출산과 육아 등으로 구성되어 있다.

넷째, 특이한 양육환경에 처한 아동에 대한 돌봄과 (대리)양육, 취약한 양육환경에서 아이를 키워야 하는 예비부모에 대해 실시하는 특수한 형태의 예비부모교육으로 사단법인 한국수양부모협회-가정위탁지원센터 각 지부에서 전국적으로 실시하는 예비위탁부모 대상 부모교육과 미혼모자녀양육환경 조성사업이 있다.

(3) 비정부 사회단체 및 종교단체의 예비부모교육

사회단체와 비정부 전달체계(일명 NGO 활동), 종교단체에 의한 예비부모교육 사업이 있다.

❶ 사회복지단체 - 굿네이버스

굿네이버스에서 수행하고 있는 예비부모교육은 사회개발교육사업의 일환으로 고등학교 3학년 학생을 대상으로 학교 방문을 통한 특강 형식으로 제공되며, 교사들도 함께 참여한다. 건강한 이성교제와 성, 부모됨의 준비, 사랑의 기술을 주요 내용으로 한다. 또한, 다양한 연령의 대상자에 대해 행복한 가정생활 세미나, 아동권리 향상교육의 하나로 성교육과 태아 · 영아 생존 프로그램 등도 제공하고 있다.

❷ 여성단체 - 한국가정법률상담소, YWCA

한국가정법률상담소는 1977년 가정 문제 예방을 위한 사회교육사업의 일환으로 예비부모교육 강좌를 실시해 오고 있고, 기독여성단체인 YWCA에서는 여성의 권익 향상과 양성 평등을 위한 다양한 프로그램과 교육과정 중에 좋은 부모 함께 준비하기와 같은 생애 첫 예비부모교육 활동을 구성하여 제공한다.

❸ 사설연구소, 상담기관, 도서관, 문화센터

사설기관의 혼인준비교실, 언론사 및 문화센터의 강좌, 아동 · 청소년 및 가족상담소가 제공하는 예비부부 및 예비부모를 위한 교육 프로그램, 부모로의 전이기에 대한 교육 프로그램 등은 특강, 강의, 집단상담, 진단 등 단기간 프로그램으로 다양하게 제공되고 있다.

〈표 6-1〉 지역사회기관의 예비부모교육 프로그램

주최기관	프로그램 명	교육시간	비고
다솜아동청소년 연구소	예비부부 및 부모를 위한 부모교육 프로그램		연령별 부모교육 실시 (영아기, 걸음마기, 유아기, 아동기, 청소년기)
한국가족상담교육 연구소	부모 전이기의 부모교육 프로그램: 부모되기 길라잡이	6주/2~2시간 반	자녀양육기에 있거나 신혼의 맞벌이 부부
샬롬 가정상담소	부모교실 결혼예비 · 신혼부부교실	8회 7회	
도서관/문화센터/기타기관	예비부모교실	2~3개월	강의, 토의
	결혼준비교실	4회	
	예비부부, 신혼부부를 위한 행복한 결혼 만들기	3회/90분	
	예비부부를 위한 행복 가이드	4회/80분	
	신 예비부부(부모)교실	4회/80분	

출처: 김정미(2004). 예비부모교육 프로그램의 구성과 적응효과. p. 29. 중앙대학교 대학원 박사학위 논문.

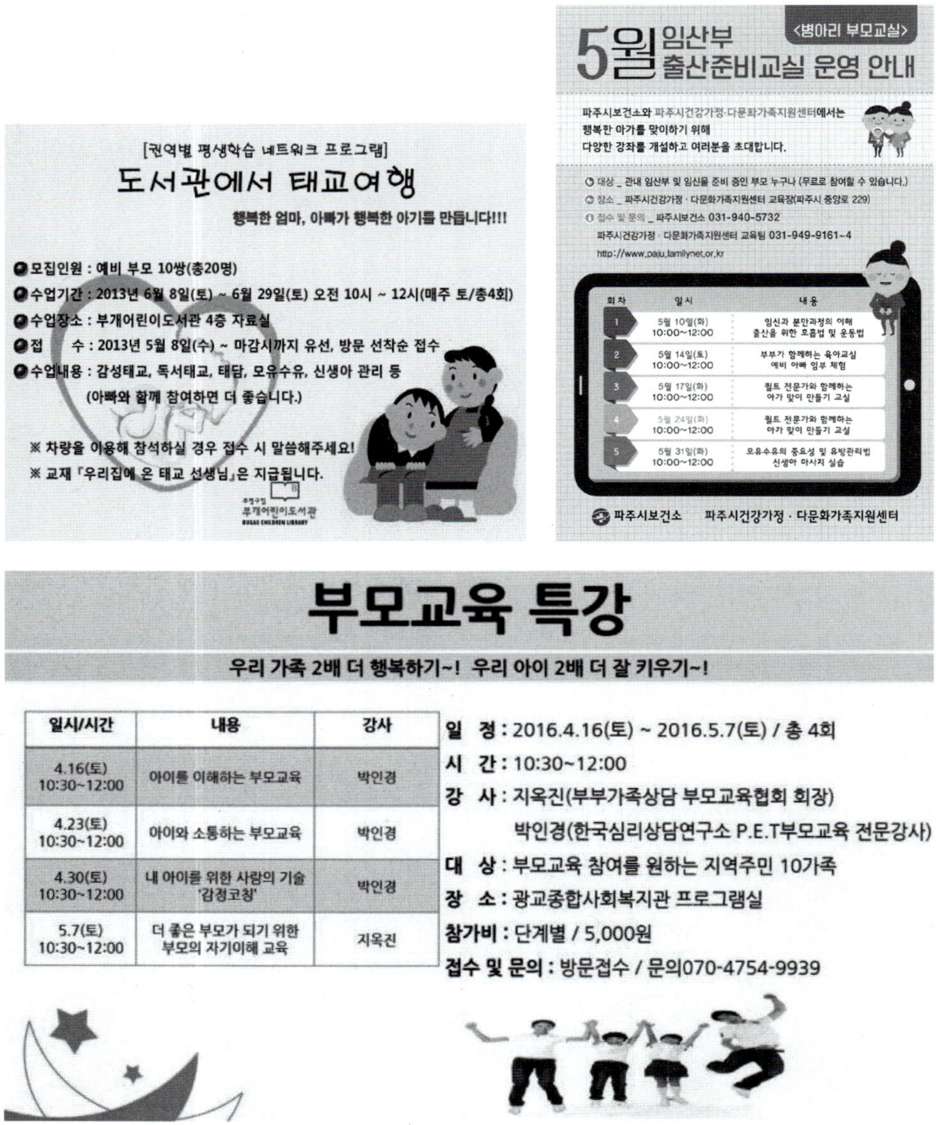

[권역별 평생학습 네트워크 프로그램]

도서관에서 태교여행

행복한 엄마, 아빠가 행복한 아기를 만듭니다!!!

- 모집인원 : 예비 부모 10쌍(총20명)
- 수업기간 : 2013년 6월 8일(토) ~ 6월 29일(토) 오전 10시 ~ 12시(매주 토/총4회)
- 수업장소 : 부개어린이도서관 4층 자료실
- 접　　수 : 2013년 5월 8일(수) ~ 마감시까지 유선, 방문 선착순 접수
- 수업내용 : 감성태교, 독서태교, 태담, 모유수유, 신생아 관리 등
  (아빠와 함께 참여하면 더 좋습니다.)

※ 차량을 이용해 참석하실 경우 접수 시 말씀해주세요!
※ 교재 『우리집에 온 태교 선생님』은 지급됩니다.

부개어린이도서관
BUGAE CHILDREN LIBRARY

<병아리 부모교실>

5월 임산부 출산준비교실 운영 안내

파주시보건소와 파주시건강가정·다문화가족지원센터에서는
행복한 아가를 맞이하기 위해
다양한 강좌를 개설하고 여러분을 초대합니다.

- 대상 _ 관내 임산부 및 임신을 준비 중인 부모 누구나 (무료로 참여할 수 있습니다.)
- 장소 _ 파주시건강가정 · 다문화가족지원센터 교육장(파주시 중앙로 229)
- 접수 및 문의 _ 파주시보건소 031-940-5732
  파주시건강가정 · 다문화가족지원센터 교육팀 031-949-9161~4
  http://www.paju.familynet.or.kr

회차	일시	내용
1	5월 10일(화) 10:00~12:00	임신과 분만과정의 이해 출산을 위한 호흡법 및 운동법
2	5월 14일(토) 10:00~12:00	부부가 함께하는 육아교실 예비 아빠 임부 체험
3	5월 17일(화) 10:00~12:00	퀼트 전문가와 함께하는 아가 맞이 만들기 교실
4	5월 24일(화) 10:00~12:00	퀼트 전문가와 함께하는 아가 맞이 만들기 교실
5	5월 31일(화) 10:00~12:00	모유수유의 중요성 및 유방관리법 신생아 마사지 실습

파주시보건소　파주시건강가정 · 다문화가족지원센터

부모교육 특강

우리 가족 2배 더 행복하기~! 우리 아이 2배 더 잘 키우기~!

일시/시간	내용	강사
4.16(토) 10:30~12:00	아이를 이해하는 부모교육	박인경
4.23(토) 10:30~12:00	아이와 소통하는 부모교육	박인경
4.30(토) 10:30~12:00	내 아이를 위한 사랑의 기술 '감정코칭'	박인경
5.7(토) 10:30~12:00	더 좋은 부모가 되기 위한 부모의 자기이해 교육	지옥진

일　정 : 2016.4.16(토) ~ 2016.5.7(토) / 총 4회
시　간 : 10:30~12:00
강　사 : 지옥진(부부가족상담 부모교육협회 회장)
박인경(한국심리상담연구소 P.E.T부모교육 전문강사)
대　상 : 부모교육 참여를 원하는 지역주민 10가족
장　소 : 광교종합사회복지관 프로그램실
참가비 : 단계별 / 5,000원
접수 및 문의 : 방문접수 / 문의070-4754-9939

[그림 6-3] 지역사회기관 예비부모교육 프로그램 안내

❹ 종교단체

종교기관 중 가톨릭과 기독교, 불교계에서도 미혼 남녀를 대상으로 결혼준비에 관련된 교육이나 출산과 양육, 건강한 가족문화 조성을 위한 교육을 실시하고 있다.

〈표 6-2〉 종교기관의 예비부모교육

종교	프로그램명	대상	내용	비고
가톨릭	혼인 강좌	- 성인 미혼 남녀	• 남녀 서로의 다름에 대한 이해 • 의사소통을 위한 방법론 • 혼인성사(婚姻聖事)	횟수: 1회(5시간)
불교	행복한 우리 가족, 아기 부처님을 만나요	- 승려 - 불교기관 - 불자 - 일반인(산하 시설 종사자 및 시설 이용자)	• 불교의 효와 가족 가치의 재조명 • 저출산 고령화 사회의 미래와 불교 • 불교의 생명관·출생관과 생명윤리 • 불교의 여성관과 현대의 성평등 • 현대의 다양한 가족과 사회적 태교 • 불교의 부부관으로 본 부부간 의사소통과 갈등해결 • 불교의 가족관과 바람직한 부모-자녀 관계 형성 • 일-가정 양립과 부부의 가사 분담	횟수: 중앙-1회 승려-2회 재가자-12회 각 2시간씩
기독교	두란노 결혼 예비학교	- 성인 미혼 남녀	• 결혼의 성경적 원리 • 남녀 차이 • 결혼과 자아상의 치유 • 부부의 성 • 가정경제 • 부부대화와 갈등해소	횟수: 3회(5시간)

출처: 김은설 외(2010). 예비부모교육 실태와 내실화 방안 연구. p. 51. 육아정책연구소 연구보고 2010-05. 서울: 육아정책연구소.

함께 보면 도움이 되는 동영상

- 서울시 건강가정지원센터: 부모교육용 동영상
  https://www.youtube.com/watch?v=3WzGRwzcXAk

스스로 생각해 봅시다

- 나 자신은 예비부모교육이 필요하다고 생각하는지, 그렇다면 그 이유는 무엇인지에 대해 생각해 본다.
- 예비부모교육의 내용에 반드시 포함되어야 하는 것이 무엇일지에 대해 생각해 보고, 친구들과 의견을 나누어 본다.
- 예비부모로서 나에게 부족한 것을 준비하기 위해서는 어떤 노력을 해야 할지에 대해 생각해 본다.
- 부모가 되기 위해 필요한 역량에는 무엇이 있을까?
- 진정으로 자녀를 위하여 비전 있는 미래를 준비하는 의미 있는 부모의 역할은 과연 무엇일까?

C · H · A · P · T · E · R 07

자녀와 더불어 성장하는 부모 되기

01 부모됨의 의의 및 동기

1) 부모됨의 의의

아기를 낳는다는 것은 부모가 된다는 것을 의미한다. 아기가 세상에 태어나서 가장 먼저 만나는 사람은 부모이다. 부모는 태어난 아기가 한 인간으로서 삶을 살아갈 수 있도록 도와주고 이끌어 주는 사람이다. 그러므로 부모는 자녀를 가진 사람에 대한 호칭이며, 부모-자녀 관계는 혈연관계로 맺어진 생물학적 부모와 그 외에 입양이라든가 이혼한 부부의 재결합 등에 의해서 맺어지는 상황적 부모가 있을 수 있다. 오늘날의 다양한 사회 변화를 고려해 볼 때, 지금까지 부모-자녀 관계라면 머릿속에 자연스럽게 떠올리던 생물학적 부모에 대한 의미를 넘어설 필요가 있다(김정원 · 전선옥, 2016).

비버스(Veevers, 1973)는 우리 사회가 부모됨에 대해 부여하는 의미를 다음의 여섯 가지로 설명하였다. 첫째, 부모가 되는 것은 도덕적 의무를 수행하는 것으로, 성인이 되어서 부모가 되지 않는 것은 종교적 권위를 거부하고 비윤리적인 것이며, 둘째, 부모가 되는 것은 시민으로서의 의무를 다하는 것이다. 다음 세대 없이는 사회가 존속될 수 없기 때문에 사회가 지속되기 위해서 사회 구성원이 될 자녀를 생산하는 것은 시민의 의무를 수행하는 것이다. 셋째, 부모가 되는 것은 자연스러운 일로, 결혼을 하고 부부생활을 하다 보면 자연스럽게 부모가 된다. 넷째, 부모가 되는 것은 남성이나 여성으로서의 성정체감을 보여주는 지표가 되고, 다섯째, 대다수의 사람은 자녀가 결혼생활을 유지시켜 주고 부부관계를 향상시켜 준다고 믿으며, 마지막으로 일반적으로 자녀를 갖고자 희망하는 사람이 자발적으로 자녀를 갖지 않기로 선택하는 부부보다는 정상적이라 여겨지기 때문에 부모가 된다. 이와 같은 여섯 가지 부모됨의 의미는 사회 계층, 교육 수준, 가치관, 성장환경 등 개인의 상황에 따라 달라질 수 있으나 현대사회에서는 부모됨의 의미가 보다 광범위해지고 있다. 부모됨의 의미를 자녀의 출산이라는 생물학적 측면에 초점을 두었던 과거와 달리, 오늘날은 자녀양육을 위해 경제적 · 심리적 · 사회적으로 다양한 역할을 수행해야 하기 때문이다(김지현 외, 2013).

그러므로 현대사회에 살고 있는 부모는 과거와는 다른 새로운 부모역할을 배우고 받아들여야 한다. 현대산업사회에서 부모가 된다는 것이 과거와 비교할 때 어떻게 그 내용과 의미가 변화되었는가를 살펴보면 다음과 같다.

첫째, 현대사회는 부모가 되는 일이 선택의 대상이 되었다(Skolnick, 1987). 20세기 과학기술의 발전은 피임과 산아 제한, 인공수정, 더 나아가 시험관 아기를 가능하게 함으로써 부모는 자녀를 가질 것이냐의 여부와 자녀를 갖는 시기, 자녀의 수를 마음대로 선택할 수 있게 되었다.

둘째, 현대사회에서는 애정과 정서적 유대감이 부모-자녀 관계의 핵심으로 중시된다. 우리나라 전통사회의 대가족 제도에서 부모의 가장 중요한 역할은 조상을 중심으로 이어지는 영속적인 가족집단의 대표로서 가족 공통의 물질적 · 비물질적 자원을 다음 세대에 전달하는 것이었다. 즉, 자녀에게 조상 대대로 내려오는 사회적 신분과 물질적 기반, 생업 및 이에 상응하는 가풍과 전통을 자녀에게 물려주는 일이 부모의 가장 큰 도리였다. 이에 반해 현대사회의 부모-자녀 관계는 무엇보다도 개인적이고 인격적인 관계에 기반을 둔 사랑과 정서적 유대감이 강조되며, 애정이 부모-자녀 간의 중심 요소로 간주된다.

셋째, 현대사회의 핵가족 속에서 부모는 자녀양육이나 교육에 있어 과거보다 커다란 영향력을 행사하고 있지만 과거처럼 친족이나 이웃, 공동체의 지지와 도움을 받지 못하기 때문에 부모역할에 부담을 느끼고 자신감을 잃기 쉽다. 전통사회에서는 아기가 태어나면 대가족 속에서 자라며 집안의 여러 어른들로부터 행위규범을 익히고 부모의 보살핌만큼이나 주변 집안 어른들의 보살핌을 받았다. 그러나 현대의 부모는 심리학이나 교육학, 아동학 등 자녀교육에 관한 전문가들의 이론이나 조언으로부터 자녀양육에 관한 지식을 얻거나, 인터넷을 통해 많은 정보를 구한다. 그러한 전문 서적이나 넘치는 정보는 시대에 따라 자주 변하기도 하고 간혹 모순된 내용이 있어 부모를 혼란스럽게 하고, 어떠한 정보가 옳은 것인지 판단하기 어렵게 만든다. 현대의 부모는 너무 많은 정보를 각자의 특수한 환경에 적용하기가 쉽지 않아 오히려 자신의 부모역할능력에 대해 불안해하며 자신을 잃고 당황하기 쉽다.

넷째, 현대사회에서 부모는 자녀의 지위 획득 기반을 마련해 주기 위해 많은 노력을 하며 경제적으로 부담을 느낀다. 과거 전통사회는 신분사회이므로 부모의 신분과 지위가 자녀에게 세습되었으나, 현대사회는 성취사회이고 개인의 지위는 자신의 노력과 능력에 의해 획득된다고 여겨진다. 그러나 실제 현실에서는 개인의 성취에 영향을 미치는 환경이 부모의 사회 계층적 지위에 따라 달라지므로, 부모는 정신적 · 물질적으로 자녀에게 지위 획득의 기반을 마련해 주기 위하여 노력하며, 이는 부모에게 많은 부담을 준다.

마지막으로, 현대의 부모는 그 어느 때보다 자녀의 심리적 · 정신적 적응과 발달에 대해 커다란 책임과 부담을 느낀다. 과거의 부모는 자녀의 신체적 건강과 도덕적 미덕에 관심을 가지며, 자녀의 심리적 · 정신적인 건강과 문제에 대해서는 신이나 운명 또는 악마의 책임이라고 믿었다. 그러나 오늘날 아동심리학의 발달은 부모가 자녀의 심리적 적응과 발달에 전적으로 영향을 미치며 책임이 있는 존재라고 강조하고 있다.

이상에서 살펴본 바와 같이 현대사회에서 부모가 된다는 것은 그 어느 때보다도 많은 부담과 책임을 지는 일이 되었다. 즉, 부모로서 자녀를 훌륭하게 키워야 한다는 의무감과 의욕은 넘치나, 유능한 부모가 되기 위해 필요한 교육이나 역할 모델링을 찾는 일은 그리 쉽지 않고 사회의 기대 수준은 더욱 높아지고 있다. 더욱이 자녀는 늘 사랑스럽고 귀엽기만 하며, 자녀 키우기는 재미있고, 부모가 노력만 하면 자녀는 늘 잘 성장한다는 등 부모됨의 낭만적 신화들은 역설적으로 부모가 이상과 현실 사이에서 괴리감, 죄책감과 불안감을 느끼게 하기도 한다.

〈표 7-1〉 부모됨의 장단점

장점	단점
• 애정과 온정을 주고받을 수 있다. • 자녀가 부모에게 주는 자극과 즐거움을 경험해 볼 수 있다. • 한 사회의 책임감 있고 성숙한 구성원으로 인식된다. • 삶을 보다 의미 있게 해 주는 새로운 성장과 학습기회를 경험할 수 있다. • 대를 이어 준다. • 성취감을 느끼고 창의적이 된다. • 덜 이기적이 되고 희생하는 것을 배운다. • 부모의 일을 도와주고 가족의 수입을 향상시킨다.	• 자유가 없고 의무감으로 구속을 받는다. • 재정적인 부담이 크다. • 자녀의 건강, 안전, 복지를 걱정하게 된다. • 어머니가 취업하는 것을 어렵게 한다. • 자녀를 기르면서 범죄, 전쟁, 오염 등의 문제에 봉착하게 된다. • 부부가 함께 보내는 시간이 줄어든다. • 사생활이 줄어든다. • 부모가 잘못하지 않았다 할지라도 자녀가 잘못 될까 봐 두렵다.

출처: 조성연(2006). 예비부모교육. p. 29. 서울: 학지사.

2) 부모됨의 동기

자녀를 낳고 기르며 부모가 된다는 것은 매우 어렵고 힘든 일이지만, 그럼에도 불구하고 대부분의 부모는 부모가 되는 일이 가치가 있다고 생각한다. 현대사회로 오면서 많은 청년이 여러 가지 현실적인 이유로 결혼을 미루거나, 결혼을 하더라도 아기를 낳고 부모가 되는 일을 필수로 여기지 않는 경우도 있지만 대부분의 사람은 나이가 들어 성인이 되면 결혼을 하고, 결혼을 하면 자연스럽게 아기를 낳아 부모가 된다.

성인이 된 사람이 부모가 되고자 하는 데에는 개인마다 특별한 생각이나 동기가 있을 수 있다. 현대에는 과거에 자녀가 가지고 있던 경제적 가치는 거의 사라지고, 효(孝)라든지 보은(報恩)이라든지 하는 부모에 대한 자녀의 의무도 없어지고, 오히려 자녀에 대한 부모의 의무가 더 많이 강조되는 사회가 되었다. 더욱이 과학 문명의 발달로 과거에는 불가능하던 일들이 가능해져, 현대인은 부모가 되는 동기를 스스로 선택한다. 결혼하면 자녀를 낳을 것인지, 언제쯤 낳을 것인지, 낳는다면 몇 명을 낳을 것인지, 몇 살 터울로 낳을 것인지도 모두 선택의 영역이 되었다. 부부가 합의하여 부모가 되기로 결정하거나 부모가 되지 않기로 결정하고 실행할 수 있다(김정원 · 전선옥, 2016).

사람들이 부모가 되는 동기에 대해 라빈(Rabin, 1965)은 다음의 네 가지로 설명하고 있다.

첫째, 운명적으로 부모가 되는 것이다. 부부가 자녀를 낳아 양육하는 것은 운명적이기 때문에 가족계획 등의 방법은 창조주 신에 대해 거역하는 행위로 간주한다. 즉, 이러한 운명론자들은 종교적 신념에 의하여 부모가 되는 것이며, 몇 명의 자녀를 어떤 성별 비율로 출산하는지도 신의 의사에 따를 일이라고 믿는다. 운명론자들이 부모가 되는 또 다른 동기는 가계를 계승하기 위해 자녀를 갖는 것이며, 이러한 동기는 사람들이 남아를 선호하는 이유를 잘 설명해 준다.

둘째, 이타적인 동기에서 부모가 되고자 하는 것이다. 자녀를 출산하여 양육하면서 애정과 관심을 표현해 주고 헌신적으로 돌보고자 하는 동기에서 부모가 되는 것이다. 이런 사람들은 자신이 자녀를 출산하지 못할 때는 타인의 자녀를 양자로 삼아 키운다.

셋째, 자기도취적인 동기로 부모가 되는 것이다. 이 부류의 사람은 자녀를 출산, 양육하는 행동이 자신의 선(善)함을 나타내 주는 것이며, 부모가 되는 것은 자신이 자녀를 생산할 만큼 성숙하여 성인집단에 속했음을 나타내 주는 것으로 생각한다. 즉, 부모가 되어 자녀가 필요로 하는 존재가 되어 주고 대부분의 사람처럼 자신도 부모가 되었다는 심리적 안정감을 이루는 것이다.

넷째, 도구적인 동기로 부모가 되는 것이다. 도구적인 동기로 부모가 되는 사람은 자녀를 낳아 양육하면 그 아이가 부모의 기대를 성취해 주리라는 생각을 가지고 부모가 된다. 예를 들어, 자녀가 부모를 대신하여 어떤 목적을 달성해 주기를 바란다든가, 자녀가 부모를 즐겁게 해 줄 수도 있으며 자녀를 통해 지나가 버린 어린 시절을 다시 살 수 있는 인생의 두 번째 기회를 얻는다고 생각한다든가, 손자를 기다리는 조부모를 만족시키는 도구로서 자녀를 가진다는 것이다. 또한, 부부갈등이 심한 경우에는 자녀를 낳아서 부부의 결혼생활이 더 나아지기를 기대하거나 자녀의 출산이 부부의 이혼을 막아 준다고 기대하여 자녀를 가지기도 한다.

다음으로 스콜닉(Skolnic, 1987)은 부모가 되는 동기를 크게 두 가지로 보았다.

첫째, 결혼한 사람은 반드시 아기를 가져야 하고, 그래야 정상적이라는 사회적 압력 내지 기대가 있다. 아기를 갖지 않는 여자는 이기적이거나 비정상적 · 비도덕적이고 불행하며 미성숙하고 여성적이지 못하다는 비난을 받으므로 사람들은 부모가 되고자 한다. 둘째, 부모가 되는 것은 돈, 시간, 에너지, 많은 비용이 들지만 그럼에도 불구하고 많은 정서적 · 상징적 보상을 제공한다. 자녀를 통해 사랑하고 사랑받고 싶은 욕구가 충족되며, 자녀를 지도 · 훈육 · 교육시키면서 권력이나 영향력을 행사하고자 하는 욕구가 충족될 수 있다.

사람마다 부모가 되려는 동기는 다양하다. 그러나 자녀를 돌보아야 하는 심리적 · 경제적 부담 등 자녀가 생김으로써 오는 현실적인 변화를 예상해 보고, 자신의 욕구보다 먼저 다른 사람의 욕구를 기꺼이 생각할 수 있는 능력이 있는지를 고려해 본 후 부모가 되기를 결정해야 할 것이다. 부모가 되어 자녀를 양육하는 일은 결코 쉬운 일이 아니다. 그러나 대다수의 사람이 쉽지 않은 부모의 길을 선택하는 이유는 자녀를 임신하고 출산하고 양육하는 모든 과정에서 세상의 어디에서도 얻을 수 없을 만큼의 큰 보상과 기쁨을 누릴 수 있기 때문일 것이다.

02 부모의 역할

1) 부모역할의 특성

부모는 자녀와 신체적 · 정서적 · 사회적 상호작용을 하는 사람으로 자녀의 신체를 보호하고 의식주의 욕구 및 심리적 · 사회적 욕구를 충족시키며 자녀의 발달을 촉진할 수 있는 학습 경험을 제공하여 적절한 자아개념을 가진 사회인이 되도록 교육과 사회화의 기능을 수행해야 한다. 이와 같은 부모의 역할은 자녀를 위해서나 사회를 위한 막중한 역할로, 성인이 해야 하는 주요 역할 중 하나이다(유희정, 1995).

부모-자녀 관계는 다른 인간관계와는 전혀 다른 특징을 갖는다. 부모-자녀 관계는 직계혈연관계이고 아주 깊은 정적 유대로 결속되어 있기 때문에 사회의 다른 인간관계에서 볼 수 없는 독특한 면이 있다. 부모-자녀 관계의 이러한 독특성 때문에 부모가 수행하는 역할도 성인이 일반적으로 사회에서 경험하게 되는 어떤 역할과도 동일하지 않은 독특한 면이 있다.

성인의 다른 역할과 비교해 볼 때 부모역할이 지니는 몇 가지 독특한 특징을 살펴보면 다음과 같다(방은령, 1995; 김지현 외, 2013; Rossi, 1986; Bigner, 2002).

첫째, 부모역할은 희생적으로 수행된다. 부모의 자녀에 대한 사랑은 본능적이며 무조건적이기 때문에 부모는 자녀의 출생에서부터 결혼에 이르기까지 혹은 그 후까지 부모의 목숨이 남아 있는 한 자녀를 위한 일을 주저 없이 행한다. 신체적인 고통을 감수함은 물론 물질적 · 정신적으로 부모가 지닌 모든 것을 자식에게 기꺼이 희생한다. 여기엔 아무런 조건이 없으며, 다만 자신의 자녀가 건강하고 사회적으로 성공하여 행복하기를 바랄 뿐이다.

둘째, 부모가 되는 이유가 다양하다. 과거에는 부모가 되는 것을 당연하게 여겼지만 오늘날에는 피임기술의 발달, 만혼의 증가, 미래사회에 대한 불안, 자녀양육비용의 증가, 자녀에 대한 가치관의 변화 등으로 부모역할을 담당하는 것이 하나의 선택이 되었다.

셋째, 남자보다 여자가 부모역할의 수행에 대한 문화적 압력을 더 크게 받는다. 이는 여성의 '어머니' 역할과 남성의 '아버지' 역할을 비교해 보면 어머니 역할에 대한 사회적 기대가 더 크고, 더 많은 가치가 부여되며 역할 수행에 대한 규범이 더 엄격하기 때문이다.

넷째, 부모역할은 연습할 수 없고 언제나 실제 상황이다. 첫아기를 잘 키웠으므로 둘째 아기를 키우는 일이 쉬울 것이라고 여기지만, 부모에게는 둘째 아기가 처음이므로 이 또한 쉬운 일이 아니다. 그러므로 부모역할은 어떤 역할보다도 신중해야 하며, 잘못 행하지 않도록 사전 준비가 철저해야 한다. 부모역할은 인간인 자녀를 대상으로 수행되는 것이며, 부모역할의 모든 순간은 자녀의 삶 속에 새겨짐을 깨달아야 한다. 그러나 부모로서의 역할 수행을 위한 준비는 성인의 다른 역할에 대한 준비에 비하면 미흡한 것이 현실이다. 직장에서의 역할 수행을 위해 사람들은 수년간의 교육과 훈련을 받지만 많은 사람이 부모역할 수행을 위해 필요한 아무런 준비나 사전 지식 없이 부모가 된다.

다섯째, 부모역할은 자녀의 발달단계에 따라 변화를 요구한다. 부모에 대한 자녀의 요구는 발달단계에 따라 다르다. 갓 태어난 신생아기, 영아기, 유아기, 아동기, 청소년기를 거치면서 부모에 대한 자녀의 요구가 현저히 달라지므로 부모의 양육행동 또한 자녀의 변화하는 요구와 행동에 맞추어 변화되어야 한다.

여섯째, 부모역할은 항상 자발적으로 이루어지는 것은 아니다. 때로는 피임에 실패하거나 원하지 않는 아기를 가지게 되어 부모역할을 하게 되는 경우도 적지 않다.

마지막으로, 부모역할은 도중에 포기할 수 없다. 자녀에 대한 부모의 사랑이 본능적이고 무조건적이라 하여도 부모역할을 수행하는 것이 부모에게 늘 기쁘고 만족스러운 일은 아니다. 오히려 그 과정은 힘들고 고통스러울 때가 많다. 부모 또는 자녀가 신체적으로 병약하거나, 경제적으로 어렵거나, 가정이나 사회관계에서 스트레스를 많이 받게 되거나, 자녀가 부모의 기대대로 자라지 않고 실망을 안겨 주는 경우에 부모는 부모역할에 지치게 되고 이 역할을 그만두고 싶어진다. 그러나 부모역할은 다른 역할과는 다르게 중간에 힘들다고 그만둘 수 없다. 자식을 기르는 일이 고통스럽고 지친다 하더라도 중도에 포기할 수 없는 것이다. 그러므로 부모는 가능한 한 도중에 지치지 않고 자신이 만족할 수 있도록 또 성공적으로 부모역할을 수행할 수 있도록 스스로 노력하고 지혜롭게 행해야 한다.

부모의 역할은 사회가 발전하면서 사회 문화적인 요구와 함께 점차 변화되어 가고 있지만 시대와 문화가 다양하게 변하더라도 부모에게 요구되는 일반적인 역할을 몇 가지로 요약할 수 있다(숙명여자대학교, 1996).

첫째, 부모는 출산 및 양육의 책임자이다. 부모는 자녀를 낳아서 키우든, 입양하여 키우든 양육의 주된 담당자이다. 자녀의 권리를 지켜 주는 일이나 자녀가 생활하는 가운데 겪게 되는 일에서 일차적인 책임자로서의 역할을 해야 한다.

둘째, 부모는 자녀의 신체적 · 심리적 보호 및 적절한 훈육의 책임자이다. 부모는 어떤 경우에라도 자녀에게 보호자의 역할을 수행해야 하며, 적절한 훈육으로 자녀가 바른 인성을 지닌 사람으로 성장할 수 있도록 지도해야 한다.

셋째, 부모는 교육자의 역할을 해야 한다. 교육자로서의 부모역할은 예나 지금이나 변함이 없다. 세상을 살아가는 데 지켜야 할 규칙이나 예의범절, 생활을 위한 기본적인 기술 등을 부모가 적절하게 가르쳐야 한다.

넷째, 부모는 자녀에게 동일시 모델의 역할을 수행한다. 자녀는 성장함에 따라 부모를 통해 성역할이나 세상에 대한 가치관 등 많은 것을 배우게 된다.

마지막으로, 부모는 자녀의 상담자 및 친구의 역할을 하게 된다. 특히, 아동기에 부모는 자녀의 갈등을 상담하는 상담자와 친구가 되어 주고, 정서적으로 가까운 의논자, 조언자, 격려자의 역할을 해 주어야 한다.

부모가 된다는 것은 성인으로서 할 수 있는 다른 일들과는 다르다. 거기에는 연습이 없고 갑작스러운 전이가 있으며, 따라서 지속적인 변화와 기술이 요구된다. 우리 사회 대부분의 직업은 확실한 대가가 주어지지만 부모역할에 대한 대가는 희미하고 오랜 시간이 지난 후에야 나타나는 경향이 있다. 부모라는 직업 자체는 사회에서 그 중요성을 낮게 평가하지만 그럼에도 불구하고 부모가 된다는 것은 심오한 기쁨과 만족을 준다. 부모가 된다는 것은 한 인간을 철저히 보살피면서 그의 성장을 지켜보고, 새로운 견지에서 자기 자신을 바라보며 인생에 대한 이해를 도모하는 등의 기쁨을 준다(Galinsky, 1987). 부모라면 누구나 자신의 자녀를 훌륭하게 키워내고 싶어 한다. 그러나 좋은 부모가 되는 길이 일정하게 정해져 있는 것은 아니므로, 부모 자신이 항상 노력하고 배우는 자세를 견지하는 것이 무엇보다 중요하다.

2) 어머니와 아버지의 역할

자녀를 낳고 기르는 데 있어서 아버지의 역할과 어머니의 역할이 다를 수는 없다. 두 사람은 서로 의견을 공유하면서 자녀를 올바른 사회인으로 성장시켜 주어야 하는 의무와 책임이 있고, 최근 젊은 부부들 사이에서 자녀양육은 부부 공동의 책임이라는 개념이 차츰 보편화되고 있다(조성연, 2006). 그러나 부모는 자녀에게 필요한 여러 가지 욕구를 채워 주며 그들을 성장시키는 과정에서 역할 내용 및 그에 대한 역할 공유와 역할 분담이 있다. 일반적으로 부모의 역할은 아버지 역할, 어머니 역할로 양분되어 고정된 것이 아니고 상황에 따라 서로 보완 또는 교환될 수 있다. 그러므로 양쪽 부모가 자녀양육과 교육의 역할을 공유하여 수행하는 것이 바람직하다.

(1) 어머니 역할

한국 전통사회에서 이상적인 부모상은 엄부자모(嚴父慈母)의 상이었다. 즉, 자녀에게 엄하게 가르치고 훈육하는 아버지와 온화하고 자애롭게 자식을 감싸 주는 어머니가 바람직한 것으로 간주되었다. 자녀의 사회화 과정에서 부모의 역할이 분명히 구분되어 아버지와 어머니는 상호보완적인 역할을 해 왔고, 대부분의 서양사회에서도 이와 마찬가지로 아버지는 생계부양자로서의 역할을 주로 하고 어머니는 가사와 자녀양육을 주로 담당해 왔다. 전통적으로 아버지는 자녀양육에 참여하지 않는 것으로 되어 있었기 때문에 자녀양육의 책임은 전적으로 어머니에게 놓여 있었다. 이에 대하여 파슨스와 베일스(Parsons & Bales, 1955)는 아버지는 사회와 가족을 연결하는 대표자로서 도구적 역할을 담당하고, 어머니는 가족 간의 애정과 감정 문제를 담당하는 표현적 역할을 하는 것으로 개념화하였다. 도구적 역할은 가족의 부양자로 밖에 나가 돈을 벌어 오고 가족 내 최종적인 판단의 결정자로서 자녀의 행동을 최후로 통제하는 역할이며, 표현적 역할은 가족의 소비생활과 가사를 담당하고 인간관계를 도모하며 가족 안에 협조와 이해가 있도록 애정과 정서적 역할을 수행하는 역할이다.

어머니는 자녀를 잉태하여 세상으로 나오도록 하고, 자녀가 세상에 태어나면 처음으로 접하는 사람으로 자녀의 생존에 없어서는 안 될 중요한 사람이다. 어린 자녀는 어머니를 통해 모든 욕구 충족이 이루어지고, 따뜻한 보살핌으로 애착이 형성되어 안정감과 신뢰감을 형성하며 인성의 기초를 다져 나간다. 어머니는 자녀와 긴밀하게 상호작용하면서 자녀의 성장에 결정적인 역할을 한다.

〈표 7-2〉 부모와 관련된 신조어

신조어	뜻
드론맘	헬리콥터맘처럼 너무 시끄럽지 않고 조용히 있으면서 드론처럼 모든 것을 간섭하고 관리할 수 있는 부모
빗자루맘	자녀가 가는 길을 빗자루로 깨끗이 청소해 주려는 부모
인공위성맘	헬리콥터맘과 반대되는 성향으로, 자녀의 곁에서 떨어져서 최소한의 조력을 하면서 자녀가 원할 때까지는 멀리서 지켜만 보는 부모
등대맘	자녀에게 방향만을 비춰 주는 부모
타이거맘	자녀를 엄격하게 훈육하는 엄마를 의미하며, 2011년 미국 예일대 교수인 에이미 추아가 엄격하고 혹독하게 교육을 시키는 자신의 중국식 교육법을 소개하며 사용했던 용어
캥거루맘	캥거루처럼 자식을 곁에 두고 조종하면서 무엇이든지 다 해 주려는 부모
알파맘	자녀의 재능을 조기에 발굴해서 막강한 정보력을 토대로 체계적으로 학습을 시키는 부모
스칸디맘	타이거맘의 반대로 자율과 조력을 내세워 자녀에게 많은 자유를 주고 자녀와의 정서적 교감과 유대감 키우는 것을 중요시하는 부모

출처: 여성가족부(2016). 청소년 대상 예비 부모교육 프로그램. p. 167.

(2) 아버지 역할

최근 어린 자녀를 둔 가정에서 어머니가 직장에 다니는 맞벌이 가족이 보편화되면서 아버지가 자녀양육에 참여하는 것이 보다 당연하게 여겨지고 있다. 특히, 1970년대 이후 아버지 역할에 대한 활발한 연구가 이루어진 이후 자녀의 성장과 발달에 미치는 아버지 역할의 중요성이 강조되면서 아버지가 보다 적극적으로 자녀양육과정에 참여할 것이 요구된다. 우리나라에서 최근 새롭고 신선한 재미를 안겨 주며 큰 인기를 끌었던 TV 육아예능 프로그램인 '아빠 어디가'와 '슈퍼맨이 돌아왔다'는 아버지의 자녀양육에 관한 우리 사회의 관심을 매우 극적으로 끌어냈다고 볼 수 있다. 이러한 육아예능 프로그램은 아버지가 가정 밖에서 일을 하는 사람, 직장 일 때문에 피곤한 사람이라는 그동안의 인식을 불식시키고 아버지의 자녀양육을 보다 자연스러운 현상으로 보여 준다.

이처럼 미디어를 통해 아버지가 조금 더 가정과 아이들에게 관심을 쏟는 모습들이 비춰지면서 아빠육아의 열풍이 불기 시작하여 친구 같은 아빠, 정서적 교감을 나누는 아빠라는 뜻의 '스칸디 대디(Scandi Daddy)', '프렌대디(Friend+Daddy)' 등의 신조어까지 등장했다. 스칸디 대디란 육아에 적극 참여하며 자녀와 최대한 많은 시간을 함께 보내고 교감하는 덴마크, 스웨덴 등의 북유럽 아빠를 통칭하는 말이다. 스칸디 대디는 육아휴직을 내고 자연 속에서 아이와 시간을 보내고, 아이를 존중하고, 공감대 형성하는 것을 중요하게 여긴다. 이들은 아이와의 정서적 교감을 중시하고 타인과의 교류와 인성에 중점을 둔 교육을 한다. 권위보다는 자율, 억압보다는 조력을 내세우는 스칸디 대디식 자녀양육은 '가정의 중심은 가족 구성원 전체다', '폭력 · 고함은 절대 금지한다', '종종 자녀들과 함께 밖에서 놀아라', '일곱 살 전엔 글 읽기를 가르치지 않는다' 등을 주장하며 엄격한 교육을 친밀한 교육으로, 주입식 교육을 소통식 교육으로 바꿔야 한다고 제안한다(김정원 · 전선옥, 2016).

아버지는 자녀가 태어나서 처음 만나는 남성이자 어머니와 더불어 자녀의 성장발달에 결정적인 역할을 한다. 아버지는 어머니와 질적으로 다른 상호작용을 하며 어머니와는 다른 역할로 자녀의 모든 발달에 영향을 미친다. 어머니가 신체적 · 정서적 · 언어적으로 큰 영향을 미친다면 아버지는 가부장의 권위를 보여 주며 인지적 · 사회적 · 도덕적으로 더 큰 영향을 미친다. 아버지는 지적인 훈련과 자극을 더 깊이 있게 해 주고, 사회를 안내하고 중재해 주며, 도덕과 가치판단의 기초를 잡아 준다(류왕효, 2008). 아버지는 놀이방식에서도 어머니와 차이가 있어 어머니는 아이들을 저지하는 반면 아버지는 아이의 흥미를 자극하는 예측할 수 없거나 특이한 놀이, 혹은 신체적인 놀이를 한다(Capuozzo, Sheppard & Uba, 2010). 어머니와의 놀이는 좀 더 언어적이고 교훈적이며 장난감을 가지고 노는 형태이지만 아버지와의 놀이는 좀 더 신체적이고 자극적이다(김정원 · 김정실, 2014, 재인용). 아버지가 자녀양육에 적극적으로 개입하는 경우는 자녀의 학업 성취에 도움이 되고 아버지의 일반적인 관심과 지원이 자녀의 동기 유발에 중요하다는 연구도 있다(Bradley, 1980). 이 밖에도 많은 연구가 아버지의 역할이 어머니의 역할 못지않게 중요함을 밝혀내고 있고, 자녀양육에서 차지하는 아버지의 역할은 그 비중이 나날이 더해 가고 있다.

〈표 7-3〉 아버지와 어머니의 역할 특성 비교

특성	아버지 역할	어머니 역할
성역할 모델	남자의 성역할 모델	여자의 성역할 모델
권한	가장의 역할	중재자의 역할
부양자 역할	도구적 역할	표현적 역할
교육자 역할	인지·사회·도덕발달에 더 영향	신체·정서·언어발달에 더 영향
가사 담당자 역할	분담	전담(또는 분담)
상호작용의 질	동적 상호작용	정적 상호작용

출처: 류왕효(2008). 부모교육. p. 62. 서울: 신정.

(3) 양성적인 부모역할

현대사회에서 부모의 역할은 아버지와 어머니의 역할이 명확히 구분되어 있던 과거와 달리 어머니의 역할과 아버지의 역할이 양분되어 고정되어 있는 것이 아니고 상황에 따라 양쪽 부모가 자녀양육과 교육의 역할을 공유하여 수행하는 것이 바람직하다고 여겨진다(김정원·전선옥, 2016). 즉, 자녀에게 엄하게 가르치고 훈육하는 아버지와 온화하고 자애롭게 자식을 감싸 주는 어머니가 바람직하다고 간주되어 아버지는 주로 생계부양자의 역할을 하고 어머니는 가사와 자녀양육을 주로 담당했던 것에서 벗어나고 있다. 이렇게 아버지는 사회와 가족을 연결하는 대표자로서 도구적 역할을 하고 어머니는 가족 간의 애정과 감정 문제를 담당하며 자녀를 양육하기 위한 사회 정서적 지도자로서 표현적 역할을 담당하던 것이 20세기에 들어서면서 변화되기 시작하였다(허선자, 1991). 현대사회에서 가족 구조가 대가족이나 확대가족에서 핵가족으로 변화되면서 자녀양육 및 교육에 대한 부모역할과 책임은 가중되었으나 이전과 달리 조부모나 확대가족으로부터 자녀양육에 지원을 받는 것은 어려워지게 된 것이다. 이렇게 핵가족에서 젊은 부모가 다른 가족들의 도움 없이 자녀양육의 책임을 전적으로 부담하면서 아버지와 어머니가 자녀의 문제를 공동의 관심사로 나누어 갖는 것이 당연하게 되었다(Mckee & O'biren, 1982). 사회적·시대적 요구에 따라 이전에는 어머니만 주로 담당하던 자녀양육의 역할에서 아버지가 중요한 부분을 담당하게 된 것이다.

이렇게 아버지와 어머니의 역할에 대한 경계가 무너지고 필요할 때는 언제 어디서든 어머니와 아버지 모두 자녀양육에 요구되는 적절한 역할을 수행하는 것을 양성적인 부모역할이라고 한다. 이러한 양성적인 부모역할은 여성의 사회경제활동 참여의 증가와 여성해방운동 등의 영향으로 어린 자녀를 둔 어머니의 취업이 늘면서 한층 더 강력하게 요구되기 시작했다. 남녀 간의 성역할 이데올로기가 점차 약화되면서 가족 내에서 여성과 남성의 역할에 변화가 오기 시작한 것이다. 즉, 부부간에 평등한 역할 분담이 요구되면서, 특히 아버지로서 자녀양육에 보다 적극적인 참여가 당연하게 여겨지게 된 것이다(Lamb, 1987).

아버지는 전통적으로 알고 있던 것과 달리 자녀양육에서 보다 유능한 역할을 수행할 수 있음이 밝혀지고 있다. 자녀양육의 과정에서 아버지 역할의 중요성에 대한 인식이 증가하면서 과거의 도구적 역할만을 수행하는 것에서 벗어나 자녀양육에 더욱 적극적으로 참여하는 표현적 역할도 유능하게 수행할 수 있는 양성적인 아버지(androgynous father)는 성역할 정형화의 부정적인 영향력에서 자녀를 보호하며, 성역할 고정관념에 상관없이 자녀의 흥미와 잠재력을 고려한 장래를 계획하도록 격려한다. 이러한 양성적인 역할을 수행하는 아버지는 가정의 일상생활에서 더 많이 자녀양육에 참여하여 자녀와 더 많은 시간을 함께 보낸다. 양성적인 부모는 보다 융통성 있고 자아존중감이 높으며 가정과 직장에서 더욱 효율적으로 일할 수 있다고 한다(Cordell, 1980).

양성적인 역할을 더 잘 수행하는 아버지는 어머니의 자녀양육에도 긍정적인 영향을 미쳐 어머니가 자녀양육을 혼자 감당해야 한다는 부담감에서 벗어나 자녀에게 더욱 애정적이고 민감하게 반응하도록 한다. 또한, 자녀에게 보다 평등한 성역할 개념을 심어 주어 자녀가 양성적인 역할을 유능하게 수행하는 데 도움이 된다. 이러한 양성적인 역할은 어머니와 자녀에게뿐만 아니라 아버지가 가족과의 단절의 상태에서 벗어나 아내, 자녀와 보다 친밀하고 깊이 있는 관계를 맺는 데 도움이 되어 가족 전체의 건강성과 가족 구성원 모두의 행복한 삶에도 도움이 된다. 양성적인 부모역할을 수행하는 현대사회의 요구에 부합하는 아버지의 양육참여와 양육행동의 특징을 제시하면 다음과 같다(김낙흥, 2010; Bradley, 1980).

- 양성적인 아버지는 가정 밖에서 주로 가족의 생계부양자로서의 역할을 수행하는 것에서 벗어나 가정에서 자녀와 더 많은 시간을 함께 보내며 상호작용한다.
- 자녀와 함께 더 많은 여가 시간을 함께 보내고, 자녀의 생활지도에 더욱 적극적으로 참여하며, 자녀와 관련된 가사활동에 더 많은 시간을 참여한다.
- 양성적인 아버지는 특히 자녀와의 놀이에 더 열심히 참여하는 경향이 있다.
- 양성적인 아버지는 자녀를 보다 긍정적인 관점에서 바라보는 경향이 있고 자녀의 행동이나 태도를 제한하거나 지시하기보다는 온정적이고 자상하며 더 긍정적인 방법으로 자녀에게 반응한다.

03 부모기의 단계

부모는 자녀를 낳아 기르고 성장시키면서 많은 어려움을 참아내고 인내하는 과정에서 자녀와 더불어 스스로도 성숙하며 성장을 이룬다. 부모역할은 한 성인의 생애와 관련되어 특정 시기가 되면 수행되어야 하는 것인 만큼 개인의 전체 삶과 별개의 것이 될 수는 없다. 부모가 부모기에 적응해 가는 단계에 대한 이론을 몇 가지 소개하면 다음과 같다.

로시(Rossi)는 부모기를 네 단계로 나누어 제시하였다(김연미, 2007, 재인용).

- 1단계/예상·준비 단계(anticipatory stage): 신입의 오리엔테이션 단계
- 2단계/착수 단계(honeymoon stage): 자녀의 출산 시기, 부모됨의 착수 단계
- 3단계/역할이행기(plateau stage): 부모의 역할을 실행해 가는 단계
- 4단계/종결 단계(termination stage): 정리 단계

이외에 부모의 발달과정에 관하여 체계적으로 이론을 정리한 갤린스키(Galinsky, 1987)는 부모의 발달과정을 밝히고자 다양한 인종과 종교, 사회 경제적 지위 등을 배경으로 하는 여러 가족 형태의 부모들을 면담하고 관찰하여 부모기가 여섯 단계로 진행됨을 알아내었다. 이 부모기의 6단계는 인간발달에서 일반적으로 설명되는 생애주기와는 구별되는 개념으로서 자녀와의 관계에서 자녀가 성장발달하면서 자녀로부터 도전받는 부모로서의 과업을 중심으로 구분한 부모역할 발달단계이다. 각 단계의 명칭은 해당 시기에 부모가 자녀양육을 위해 가장 주력해야 하는 부모의 역할을 의미한다.

1) 제1단계: 이미지 형성하기

첫 번째 단계는 이미지를 형성하는 단계(the image-making stage)인데 대체로 임신기간이 이에 해당한다. 임신을 하게 되면 젊은 부부는 부모로서의 자기 이미지를 구체적으로 형상화하기 시작한다. 이 시기 동안 예비부모는 주로 자기의 어린 시절 부모와의 경험을 되돌아보고, 또 성장하면서 보아 온 주위 사람들의 부모된 이미지를 떠올리면서 자신이 어떤 부모가 되기를 원하는지 생각하고 부모로서 자신의 이미지와 앞으로 태어날 아기의 이미지를 형성해 간다.

2) 제2단계: 양육하기

양육하는 단계(the nurturing stage)는 아기의 출산에서 영아기까지이다. 부모가 출산함으로써 분만의 고통과 공포에서 벗어나면, 가장 먼저 아기가 태어나기 전에 가지고 있던 아기의 이미지, 즉 상상의 아기와 현실의 아기를 비교하고 조화시키면서 아기에 대해 안정된 이미지를 형성하고 수용하며, 자녀를 양육하는 과업을 맞이하게 된다. 부모는 태어난 아기와 애착을 형성하고 아기가 기본적 신뢰감을 형성하도록 노력해야 한다. 부부는 아기를 중심으로 새로운 부모역할을 분담하거나 협력하는 체제에 순응해 나가야 한다.

3) 제3단계: 권위 형성하기

자녀의 나이가 2세를 지나 유아기에 접어들면 부모는 자녀에 대해 권위를 형성하는 단계(the authority stage)가 된다. 부모는 자녀의 욕구를 적절히 조절하면서 들어 주어야 하고, 생활에 일정한 규칙을 도입하여 적용해야 하고, 자녀의 공격적인 행동에 대해서는 통제도 가해야 하므로 유아를 지도할 수 있는 권위를 가져야 한다.

4) 제4단계: 설명해 주기

자녀의 나이가 초등학교 취학 연령인 5~6세가 되면서부터 부모는 자녀를 어린 시절의 상상의 세계에서 현실의 세계로 이끌어 주는 설명하는 단계(the interpretive stage)가 된다. 부모는 자녀가 당면한 현실의 문제나 과업을 일깨워 주고 설명해 주면서 차츰 독립된 개체로서의 생활을 강조하게 된다. 설명하는 단계를 거치면서 부모는 자녀와 새로운 관계를 형성하게 된다. 새로운 관계에서 핵심이 되는 것은 자녀를 심리 사회적으로 독립시켜 나가는 것, 그리고 자녀와 불평등한 권위 관계로부터 비교적 평등한 관계로 발전시켜 나가는 것이다.

5) 제5단계: 상호의존하기

상호의존하는 단계(the interdependent stage)는 자녀의 사춘기인 십대 시기 동안이다. 부모는 거의 성인이 다 된 자녀와 함께 새로운 관계를 형성한다. 십대 자녀와 원만한 관계를 유지하기 위해서 부모는 상당한 변화를 해야 한다. 부모가 십대 자녀와 긍정적인 관계를 유지하고 발전시키는 데 가장 중요한 것은 자녀와의 대화이므로 자녀와의 원만한 대화에 필요한 대화기술에 대해서 미리 알아 둘 필요가 있다.

6) 제6단계: 떠나보내기

마지막 단계인 떠나보내는 단계(the departure stage)는 자녀가 결혼을 하거나 독립을 하여 집을 떠나는 시기인데, 부모는 자신이 원하는 대로 부모와 성장한 자녀관계를 성취하였는지를 평가할 뿐만 아니라 부모로서의 전반적인 성공과 실패에 대해서도 평가하게 된다. 자녀가 성인기에 접어들면 자연스럽게 그들을 떠나보내야 하는 것이 부모의 운명이다.

자녀를 출산하여 성장시키는 전 과정을 통하여 부모는 어느 단계에서든지 부모역할에 대한 이미지와 실제 사이의 갈등을 해결하려는 과정에서 끊임없이 성장한다. 대부분의 부모는 자녀의 성장과 함께 자신도 변화하며 성장한다.

04 부모의 양육태도

양육태도란 부모 또는 양육자가 아동을 양육함에 있어서 일반적 · 보편적으로 나타내는 태도 및 행동, 즉 유아기의 훈육, 생활훈련, 전반적인 유아의 행위에 대한 부모의 태도(한국유아교육학회, 1996)로 정의되며, 학자에 따라 태도에 초점을 맞추거나 행동에 초점을 맞추고 있으나 대개는 양육태도와 행동을 특별히 구별하지 않고 혼용하여 사용하고 있다.

부모의 양육태도는 여러 가지 환경적 요소가 복합적으로 구성되어 영향을 받기 때문에 학자들의 견해에 따라 다양한 유형으로 나누어지는데 보통 자녀에 대한 부모의 애정 · 통제 · 합리성의 정도 등에 따라 몇 가지 유형으로 분류된다. 쉐퍼(Schaefer, 1959)는 정상적인 부모의 양육태도를 30년 동안 장기 연구하여, 그의 양육태도 모형이 널리 받아들여지고 있다. 그는 신생아기부터 초기 청년기에 이르는 동안의 발달과 부모의 양육태도를 함께 연구하여 양육태도를 자율과 통제, 애정과 거부라는 두 개의 축으로 분류하고, 네 가지 유형의 양육태도로 설명하였다.

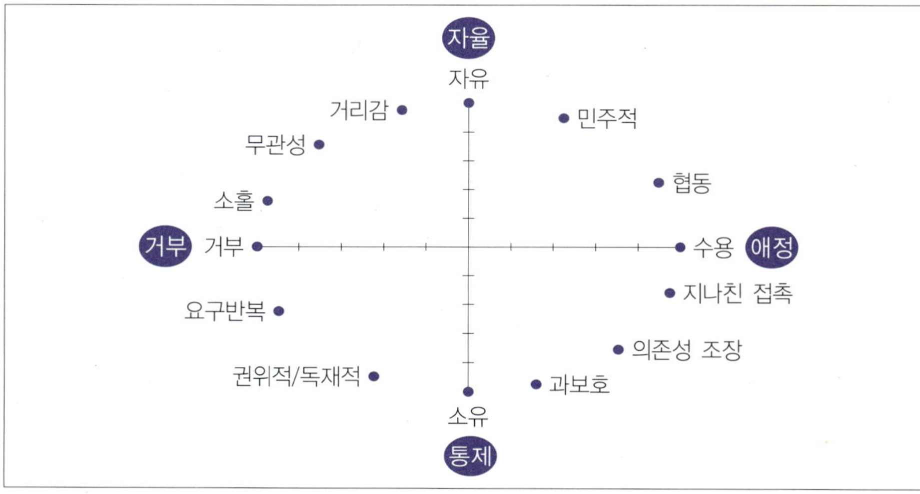

[그림 7-1] 쉐퍼의 양육태도 모형

출처: 김정원 · 전선옥(2016). 영유아교육기관의 부모교육. p. 84. 서울: 창지사.

1) 애정적-자율적 양육태도

애정적-자율적 양육태도는 가장 이상적인 부모의 양육태도로 부모가 자녀에게 애정을 갖고 자녀를 인격체로 존중하는 태도이다. 이러한 부모는 자유롭고 수용적인 태도로 자녀에게 자신의 행동에 대한 자율성을 인정하는 동시에 그에 따른 책임감과 의무를 갖게 한다. 그러므로 부모의 양육태도가 애정적-자율적일 때 자녀는 능동적 · 외향적이고 독립적이며 사회적응을 자신 있게 하고, 사교적이고 창의적이며 자신이나 타인에 대해 적대감이 없다.

2) 애정적-통제적 양육태도

애정적-통제적 양육태도의 부모는 자녀를 사랑하고 애정을 갖고 있지만, 그에 따른 행동의 제약과 통제를 많이 한다. 부모가 지나치게 애정을 갖기 때문에 자녀를 보호하거나 통제가 많아 과잉보호와 같은 특성이 나타나기도 한다. 애정적-통제적인 가정에서 자란 자녀는 애정적이면서 자율성을 부여하는 가정에서 성장한 자녀보다 더 의존적이고 사교성 · 창의성이 적으며, 내성적인 성격을 가지고 상상적인 적대감정을 품는다.

3) 거부적-자율적 양육태도

거부적-자율적 양육태도는 자녀를 수용하고 받아들이지 못하는 동시에 자녀 마음대로 행동하게끔 방임하는 부모의 태도이다. 이러한 태도를 가진 부모는 자녀에게 관심을 보이기보다는 소홀히 여기며 냉담하거나 무시하는 경향이 있다. 이러한 태도를 지닌 부모에게서 성장한 자녀는 자신을 무시하면서도 방임하는 부모의 태도로 인해 불안정하거나 공격적이고 반항적 · 반사회적이며, 자신의 행동조절을 못하게 되어 사회에서 고립되는 경향이 있으며 정서적으로 미성숙한 행동이 나타나게 된다.

4) 거부적-통제적 양육태도

애정적-자율적 태도와 정반대라고 볼 수 있으며, 독재적이고 권위주의적인 태도라고 할 수 있다. 이러한 태도를 가진 부모는 자녀를 애정적이고 따뜻하게 대하지 않을 뿐만 아니라 자녀의 행동에 대해 체벌이나 심리적 통제를 사용하여 엄격하고 거부적으로 규제한다. 이러한 부모 밑에서 자란 자녀는 자아에 대한 분노가 발생하여 내면화된 갈등, 고통이 많다. 경우에 따라서는 자학적 · 퇴행적이 되기도 하며, 수줍음이 많아 사회성이 부족하고, 정상적인 친구관계를 유지하기 어렵다.

부모의 양육태도는 엄격하게 구분되기 힘들며, 비록 부모가 자녀에게 행하는 하나의 양육방법을 갖고 있다고 하더라도 엄격히 구분된 한 가지의 입장만을 고집하지는 않고 상황에 따라 양육방법이 달라진다. 부모의 자녀양육태도는 부모-자녀

관계의 질을 결정해 주고 자녀의 지적 · 정서적 · 성격적 제 측면의 발달에 큰 영향을 미친다. 부모는 자녀의 바람직한 성장을 위해서 긍정적이고 일관성 있는 양육태도로 자녀를 대함으로써 건강한 부모-자녀 관계를 유지하도록 노력해야 한다.

■ 부모의 양육태도 결정에 영향을 미치는 일반적인 요인

- '이상적인 자녀(dream child)' 개념: 자녀가 태어나기 전, 자녀에 대해 가졌던 매우 로맨틱하고 기대에 찼던 생각이 영향을 미치는데 자녀가 부모의 기대를 만족시켜 주지 못하면 부모는 실망하여 거부적인 태도를 보이게 된다.
- 부모의 어릴 적 경험: 대가족에서 자라나 어린 동생들을 돌봐야 했던 부모는 어렸을 때 형제와 행복한 경험을 한 부모보다 자기 자녀는 물론이고 다른 아이에게까지도 호의적인 태도를 갖지 못한다.
- 문화적 가치: 권위주의적, 민주적, 허용적인 방법 등 자녀를 기르는 가장 좋은 방법으로 문화적 가치를 따른다.
- 부모의 역할에 대한 만족과 결혼생활에의 적응: 부모의 역할을 즐거워하고 결혼생활에 적응이 잘 되어 행복한 부모는 자녀에게 호의적인 태도를 보인다.
- 부모로서의 역할에 적합하다고 느낄 때: 자신이 부모역할을 수행하기에 적합하다고 느끼면 자녀에 대한 태도가 더욱 바람직하다.
- 자녀의 수, 성, 특성에 만족하는 부모: 자녀의 수, 성별, 특성에 만족하는 경우가 그렇지 않은 부모보다 더욱 호의적이다.
- 가족 중심의 생활패턴에 적응할 수 있는 부모: 혼자만의 독신생활을 오래 즐긴 후에 가족 중심의 생활패턴에 잘 적응할 수 있는 부모의 능력과 의지에 따라 양육태도가 달라진다.
- 자녀를 갖게 된 동기: 자녀를 갖게 된 동기가 위태로운 결혼을 지속하기 위한 수단이거나 자녀를 갖는 것이 너무 쉽게 이루어진 경우, 자녀에게 덜 호의적인 태도를 보이게 된다.
- 자녀의 부모에 대한 태도: 자녀가 부모의 양육태도에 어떻게 반응하는지, 자녀가 부모에게 애정을 보이고 의지하려고 하는지, 자녀가 독립적이고 가족 이외의 사람에게 더 많은 애착을 갖는지에 따라 부모의 양육태도가 다르다.

출처: Hurlock(1978). 김정원 · 전선옥(2016) 재인용. pp.87–88.

함께 보면 도움이 되는 동영상

- EBS 다큐프라임: 파더쇼크
  제1부 - 잊혀진 양육자들(2013. 6. 10. 방영)
  제2부 - 당신과 당신의 아버지-부성의 영향력(2013. 6. 11. 방영)
  제3부 - 아버지로 산다는 것(2013. 6. 12. 방영)
- EBS 다큐프라임: 마더쇼크
  제1부 - 모성의 대물림(2011. 5. 30. 방영)
  제2부 - 엄마 뇌 속에 아이가 있다(2011. 5. 31. 방영)
  제3부 - 나는 엄마다(2011. 6. 1. 방영)
- EBS 다큐프라임: 아버지의 성 父性
  제1부- 부성 본능의 불이 켜지다(2014. 5. 12. 방영)
  제2부 - 아빠의 역습(2014. 5. 19. 방영)
  제3부- 좋은 아빠 신드롬(2014. 5. 26. 방영)
- SBS 스페셜: 아빠의 전쟁
  제1부 - 아빠 오늘 일찍 와(2017. 1. 1. 방영)
  제2부 - 아빠와 저녁을- 더 디너 테이블(2017. 1. 8. 방영)
  제3부 - 잃어버린 아빠의 시간을 찾아서(2017. 1. 15. 방영)

스스로 생각해 봅시다

- 자신이 부모가 되기를 원한다면 부모가 되려는 동기는 무엇일까?
- 자신이 만약 자녀를 갖기를 원하지 않는다면 그에 대한 장점과 단점은 무엇일지에 대해 생각해 본다.
- 내가 자녀를 갖는다면 몇 명을 가질지, 터울은 어떻게 결정할지 생각해 본다.
- 자신이 생각하는 바람직한 부모역할은 무엇이며, 그러한 생각에 영향을 미친 요인에는 무엇이 있는지 생각해 보고 친구들과 의견을 나누어 본다.
- 자신의 부모님은 자신을 어떠한 양육태도로 키워주셨는지 생각해 보고, 그 결과 지금 자신의 어떠한 성격이 형성되었는지도 분석해 본다.
- 현대사회 부모의 역할이 과거와 달라진 점이 있다면 무엇일까?
- 자신이 부모가 되기를 원한다면 자녀에게 어떤 부모가 되어주고 싶은지, 그 이유는 무엇인지에 대해 생각해 본다.

PART. 03

자녀의 발달에 따른 부모역할

C · H · A · P · T · E · R 08

발달의 원리

01 발달의 개념

발달이란 무엇일까? 일상생활에서 발달이라는 용어를 많이 사용하고 있으면서도 발달에 대한 정의를 잘 알지 못하는 경우가 더 많다. 발달(development)은 정자와 난자가 만나 인간의 생명이 시작되는 수정의 순간부터 사망에 이르기까지 인간의 전 생애를 통해 연속적으로 이루어지는 모든 양적 · 질적 변화과정을 의미한다. 즉, 발달이란 인간의 신체적 · 심리적 · 사회적 요인들이 상호작용하면서 임신부터 사망에 이르기까지 전 생애에 걸쳐 일어나는 질서 정연하면서도 안정적이며 체계적인 과정을 따라 이루어지는 일련의 변화라고 볼 수 있다(전남련 외, 2012).

발달은 인간의 생애 전반에 걸쳐 지속적으로 일어나는 변화와 안정성이므로 발달에는 양적인 증가와 기능의 향상뿐 아니라 양적인 감소나 기능상의 쇠퇴 등 부정적인 변화도 모두 포함된다. 하나의 세포에서 시작된 생명체는 태내에서 성장하여 세상으로 나온 후 꾸준히 성장하여 젖을 먹던 갓난아기에서 걸음마를 배우고 말도 할 수 있게 된다. 이후에는 살아가는 데 필요한 기본생활습관과 글을 배우고, 친구들과 우정을 만들어 가며, 사춘기가 되면 신체적 변화를 경험하면서 자신에 대한 탐구와 이성에 대한 관심을 갖게 된다. 대부분의 사람이 성인이 되면 결혼을 하고 자녀를 낳아 키우면서 부모가 되고 점차 나이가 들어가면서 중년기와 노년기로 접어들어 자신의 인생을 돌이켜 보며 삶을 마감하게 된다. 이처럼 발달이라고 할 때 자연스럽게 떠올리는 신체적인 양적 성장뿐만 아니라 특정 기능의 수준이 높아지고 원숙해지는 변화과정이 모두 인간발달의 과정이다. 따라서 성인기에서부터 노년기에 이르는 동안에 나타나는 신체적 · 심리적 변화과정도 모두 발달의 범주에 포함된다.

발달과 관련된 개념에는 성장과 성숙 그리고 학습이 있다. 성장(growth)은 키가 큰다거나 몸무게가 늘어난다거나 하는 등의 신체 크기나 능력이 증가하는 것으로 주로 양적인 변화를 의미하고, 성숙(maturation)은 뇌 기능의 분화나 사춘기의 이차적 성 특징과 같은 생물학적 과정이 유전적 요인에 의해 나타나는 변화를 의미하며, 학습(learning)은 경험이나 교육 또는 연습의 결과로 일어나는 개인 내적인 변화를 의미한다.

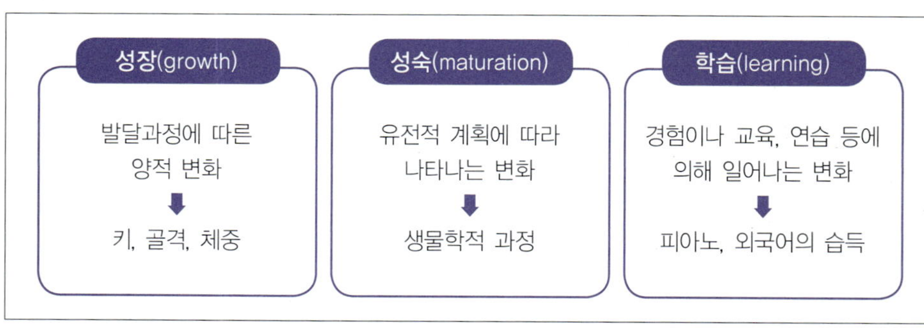

[그림 8-1] 성장, 성숙, 그리고 학습

앞의 내용을 종합해 보면 발달이란 신체뿐 아니라 심리적 측면과 사회적 측면에서의 변화를 포함하며, 양적인 성장뿐만 아니라 질적인 면에서 상승 또는 퇴행하는 모든 변화를 포함하는 넓은 의미가 있다.

또한, 발달은 크게 세 영역으로 생물학적 발달, 인지적 발달, 정서적 발달로 이루어진다. 생물학적 발달은 신체발달과 관련된 것으로 부모로부터 물려받은 유전자, 뇌와 감각기관의 발달, 신장과 체중의 증가, 지각과 운동능력, 사춘기에 나타나는 호르몬의 변화 등이다. 인지적 발달은 개인의 사고, 지능, 주의력, 기억력, 문제해결력, 상상력, 창의력 등을 포함하고, 사회 정서적 발달은 대인관계, 정서, 성격의 변화, 자기이해, 인간관계 기술, 우정, 도덕적 판단과 행동 등을 포함한다. 생물학적 과정은 인지적 과정에 영향을 미치고 인지적 과정은 사회 정서적 과정에 영향을 미치며 사회 정서적 과정은 다시 생물학적 과정에 영향을 미치며 발달이 이루어진다(정옥분, 2009).

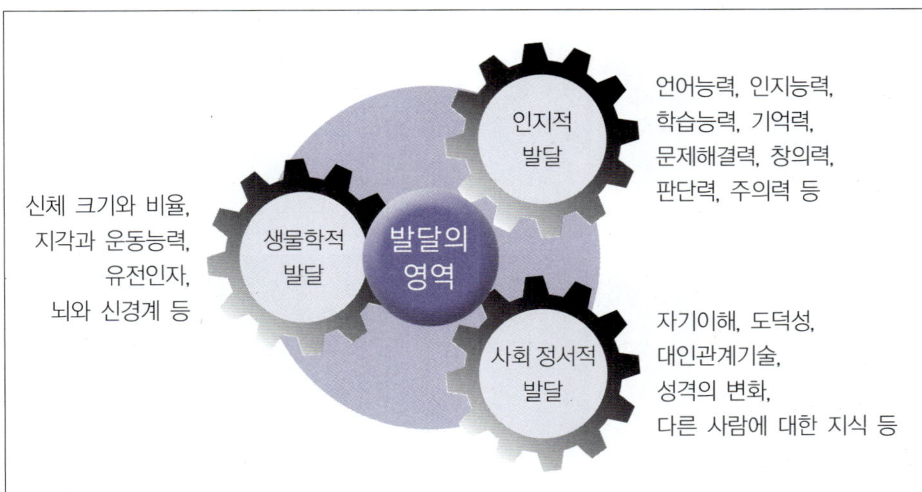

[그림 8-2] 발달의 세 가지 영역

02 발달단계

인간의 발달단계를 구분하는 방법은 학자들에 따라 약간씩 차이가 있으나, 발달단계를 구분하는 기준은 주로 연령과 심리적 특성별 변화 등이 사용된다(송명자, 1995). 일반적으로는 출생 이전을 태아기, 출생 후 2주 또는 4주까지를 신생아기, 신생아기 이후부터 만 2세까지를 영아기, 영아기 이후부터 취학 전 시기까지를 유아기, 초등학교에 다니는 시기를 아동기, 중・고등학교에 다니는 시기를 사춘기 또는 청소년기, 그다음으로는 청년기, 성인기, 중년기, 노년기 등으로 구분한다.

[그림 8-3] 인간발달의 8단계

발달의 각 시기에는 그 시기에만 나타나는 독특한 변화가 나타나고 다음 단계로 넘어가면 이전의 특징들은 사라지면서 다시 새로운 변화들이 나타나게 된다. 청년기 이후의 발달을 제외하고 부모의 영향력이 크게 미치는 태아기부터 청소년기까지의 시기 동안에 어떠한 발달적 특징이 일어나는지에 대해 간략히 살펴보면 다음과 같다.

1) 태아기

태아기(prenatal period)는 수정의 순간부터 출산까지의 시기이며, 이 기간 동안 정자와 난자가 결합한 수정란은 하나의 생명체로 성장한다. 어머니의 배 속에 있는 약 9개월, 280일 동안의 짧은 기간이지만 신체조직과 기관이 형성되는 중요한 시기이며 신체 성장이 급속도로 이루어지고 태내환경의 영향을 많이 받는다.

2) 영아기

영아기(infancy)는 출생부터 24개월까지인데, 그 시작은 신생아기(neonatal period)에서 시작한다. 학자들에 따라 신생아기는 배꼽이 아물고 생리적으로 어느 정도 안정된 상태가 되는 2주까지 혹은 아기가 어머니의 몸 밖으로 나와 심리적으로도 어느 정도 적응이 되어 생활할 수 있는 능력을 획득할 때까지의 4주까지로 구분한다. 영아기에는 발달의 여러 영역에서 급속한 발달이 이루어지며, 애착을 형성하고 초보적인 언어 사용이 나타나 독립된 개체로 성장할 준비를 한다.

3) 유아기

유아기(early childhood)는 취학 전 시기라고도 하며, 만 2세부터 초등학교 입학 전까지의 시기를 말한다. 영아기에 비해 신체적인 발달의 속도는 완만하지만 모든 발달영역에서 충분한 성숙과 변화된 모습을 보여 주며 꾸준히 성장한다. 기본운동능력과 체력이 발달하고 주변 환경에 대한 탐색이 활발해지며 인지능력과 언어능력이 증가한다.

4) 아동기

아동기(middle childhood)는 초등학교에 다니는 기간으로 모든 발달이 유아기에 비해 완만한 속도로 이루어지며, 생활의 중심이 학교로 옮겨감에 따라 학교생활의 중요성이 커지는 시기이다. 아동기에는 유아기의 자기중심성이 사라지고 많은 사회적 관계를 형성하게 되며 또래관계가 중요해지고 주변 세상에 대한 탐색과 상호작용이 활발해진다. 인지능력과 언어능력, 창의성과 상상력 등이 풍부해지고 자아개념이 더욱 발달한다.

5) 청소년기

청소년기(adolescence)는 아동기에서 성인기에 이르는 과도기이며, 신체적 · 정서적 · 도덕적 · 사회적 발달이 활발하게 이루어지는 시기이다. 이 시기는 흔히 질풍노도의 시기라고 불리며 감수성이 예민하고, 주변 환경의 영향을 많이 받는 것으로 알려져 있다. 자기 정체성에 대하여 혼란을 느끼는 경우가 많고, 부모의 보호에서 벗어나고 싶어 하면서도 아직 성인의 권리와 의무를 완전히 가지지 못한 중간적 시기이다. 신체적으로는 2차 성징의 출현으로 성적 성숙에 대해 적응하는 과정이 발생하는 기간이기도 하다.

03 발달의 원리

인간의 발달은 매우 다양한 양상을 보이므로 학자들의 다양한 주장이 있다. 발달의 원리(development principal)란 발달이 진행되는 일정한 규칙을 의미하는데 몇 가지 일반적인 원칙을 살펴보면 다음과 같다.

1) 발달은 일정한 순서로 진행된다.

아기는 일정한 순서로 발달하므로 발달로 인한 변화는 매우 규칙적이며 예측 가능하다. 이는 이전의 발달이 현재 발달의 기초가 되고, 다음 단계의 발달로 이어지면서 점차 높은 차원의 발달이 이루어진다는 것을 의미한다. 언어발달을 예로 들면 옹알이를 한 후에 한 단어, 두 단어, 세 단어로 말을 할 수 있게 되고 문장을 사용할 수 있게 된다.

2) 발달은 일정한 방향으로 진행된다.

발달의 진행에는 세 가지 원칙이 있으며, 다음과 같다.

(1) 두미발달(cephalocaudal development)의 원칙

발달은 머리에서 발끝 방향으로 진행되므로 영아는 머리 부분이 몸통이나 다리보다 먼저 발달한다. 그러므로 영아는 목을 가누어 머리를 들게 된 후에 가슴을 들고, 팔과 근육을 이용해 뒤집기가 가능해진다. 그다음에 하체와 다리 근육이 발달하면서 앉고, 서고, 걷는 순서로 발달을 이루어간다.

(2) 근원발달(proximodistal development)의 원칙

발달은 중심에서 말초 방향으로 진행된다. 즉, 몸의 중심부가 말초신경보다 먼저 발달하는데, 예를 들면 팔을 움직인 후에 손목을 움직이게 되고, 그다음에 손과 손가락을 움직이는 순서로 발달이 이루어진다.

(3) 세분화 발달(general to specific development)의 원칙

발달은 전체적인 활동에서 세분화된 활동으로, 일반적인 것에서 특수한 것으로, 단순한 것에서 복잡한 것으로 진행된다. 영아 초기에는 몸 전체를 사용하는 미분화된 활동을 하지만 성장하면서 좀 더 세분화되고 정밀하게 행동할 수 있게 된다. 영아는 자신의 앞에 놓인 물건을 잡을 때 처음에는 팔과 손바닥을 이용하지만, 시간이 지나면서 점차 엄지와 검지를 이용하여 작은 물건도 잡을 수 있게 된다.

3) 발달의 연속적인 과정이나 속도는 일정하지 않다.

인간의 발달은 수정되는 순간부터 죽을 때까지 전 생애에 걸쳐서 지속되지만 발달의 속도는 시기와 발달영역에 따라 차이가 있다. 신체발달은 영아기에 빠른 속도로 이루어지고, 언어발달은 유아기에 빠르게 이루어지며, 사춘기 이후가 되면 문제해결력이 현저하게 향상된다.

4) 발달에는 개인차가 있다.

발달에는 일정한 순서와 방향이 있지만 발달의 양상과 속도는 개인마다 다르다. 영아는 같은 월령이나 나이일지라도 몸무게와 키, 운동 기능이나 지각능력 등이 개인에 따라 다르게 발달하는데, 이러한 개인차는 일란성 쌍생아에게서도 나타난다. 특히, 발달의 초기에 속해 있는 영아기와 유아기는 지속적으로 발달하는 과정에 있으므로 발달의 개인차가 큰 편이서, 어떤 유아는 또래에 비해 신체발달이 더 빠르게 진행되거나 언어발달이 더 빠르게 진행되기도 하고, 유아기에 빠른 발달을 보이는가 하면 이후 아동기에 빠른 발달을 보이기도 한다.

5) 발달에는 결정적 시기가 있다.

발달은 인간의 전 생애에 걸쳐서 이루어지지만 발달영역에 따라 발달이 용이하고 가장 최적으로 이루어질 수 있는 결정적인 시기(critical period) 또는 민감기(sensitive period)가 있다. 영아기에 형성하는 애착은 태어난 후 1년 동안에 자신을 돌보아 주는 성인과의 관계에서 민감하게 이루어지고, 언어발달의 경우에도 가장 습득을 용이하게 하는 시기가 있다. 이처럼 특정 시기가 지나면 지속적인 자극을 제시하여도 어떤 심리적 특성이나 행동의 출현이 매우 어렵기 때문에 이 시기를 결정적 시기라고 한다. 결정적 시기는 아동마다 다르나 대체로 유아기는 이후 발달의 기초가 이루어지는 중요한 시기라고 할 수 있다.

6) 발달의 각 영역은 서로 밀접하게 연관되어 있다.

인간의 신체, 정서, 언어, 인지, 사회성 등의 제 발달영역은 서로 밀접하게 연결되어 있어서 한 영역의 발달 또는 지체는 다른 영역의 발달을 촉진하거나 지연되게 하므로, 각 영역의 발달을 서로 분리하여 생각할 수 없다. 예를 들어, 자신을 돌보아 주는 양육자와 안정적인 애착을 형성한 아기는 정서적으로 안정된 상태에서 보다 적극적으로 주변을 탐색하게 되고, 그 결과 인지발달에 영향을 미치고, 인지발달은 또 언어발달을 자극하여 또래관계에서도 사교적으로 언어를 사용하면서 사회성을 발달시킬 수 있다.

■ 영유아 발달의 원리

1. 기초성의 원리

"세 살 버릇 여든까지 간다."라는 우리 속담에 해당하는 것으로 어린 시절의 발달 여부가 이후 발달의 기초가 된다는 원리이다. 미국의 교육학자 블룸(Bloom)은 인간의 지능발달의 경우 50%의 발달이 만 4세경에, 나머지 30%의 발달이 만 4세와 8세 사이에 이루어진다고 하여 지능발달의 기초가 유아기에 이루어진다고 추정하였다.

2. 적기성의 원리

인간의 발달과정에는 발달을 이루기에 가장 적절한 시기가 있어서 그 시기에 발달을 이루지 못하면 다음에 이루어질 발달에 지장을 초래할 수도 있다는 원리이다. 프로이트와 에릭슨 등 정신분석학자들의 이론은 기본적인 양심체제나 도덕성은 주로 3세 전후에 걸쳐서 이루어지는 것이며, 이때 잘못되어 왜곡된 도덕적 성격을 후일에 교정하고자 하면 불가능하지 않을 수는 있으나 대단히 힘이 드는 일이라고 하였다.

3. 누적성의 원리

어린 시기에 반드시 이루어야 할 어느 한 부분이 제대로 발달을 이루지 못하면 그 결함으로 인하여 다음 단계의 성장과 발달까지도 정상적으로 이루어지기 어렵다는 원리이다. 누적성의 원리는 에릭슨의 발달단계로 가장 잘 설명할 수 있다. 그는 성격의 발달을 8단계로 설명하면서 첫 번째 단계에서 발달과업을 성공적으로 성취하지 못하면 실패가 누적되어 두 번째 단계와 그다음 단계들에서도 성공하기 어렵다고 하였다.

4. 불가역성의 원리

불가역성은 말 그대로 특정 단계에서의 발달이 제대로 이루어지지 못했을 경우에, 시간을 거슬러 다시 뒤로 돌아가 잘못된 부분을 교정하거나 보충하는 데에는 한계가 있다는 원리이다. 예를 들면, 0~6세 동안 영양 불충분으로 체격이 빈약해졌을 경우 그 후 7~17세 동안 잘 먹여도 체중은 보충하기 쉬우나, 신장은 보충하기 어렵다고 한다.

출처: 전남련 외(2012). 영아발달. pp. 18-19. 경기: 양서원.

04 발달에 대한 쟁점

1) 발달은 유전에 의한 변화인가, 환경에 의한 변화인가?

인간의 발달이 태어나면서부터 미리 결정된 유전, 즉 시간의 흐름에 따른 성숙에 의해 일정한 방향으로 발달해 가는 것인지 아니면 태어난 이후에 주어진 환경에서의 경험이나 학습에 의한 것인지에 관한 논의를 말한다. 인간의 성장과 발달이 유전과 성숙에 의한 것인지 또는 환경과 학습에 의한 것인지를 명확히 하기란 쉬운 일이 아니므로 오랜 논쟁의 대상이 되어 왔다. 유전과 환경은 거의 모든 상황에서 상호작용 또는 상호보완작용을 하기 때문에 아동의 발달과정에서 그들의 효과를 분리시키거나 상대적 영향을 평가해내기가 어렵다(최경숙, 2006). 인간발달이 선천적인 유전적 요인에 의한 것인지, 후천적인 환경에 의한 것인지 유전과 환경 중에 어느 것이 더 중요한지는 아직도 학계에서 논의가 되는 부분이다. 그러므로 중요한 것은 유전으로 물려받은 선천적인 특성이 충분히 발현될 수 있도록 최적의 환경과 자극을 제공해 주는 일이 필요하다.

2) 발달은 능동적인가, 수동적인가?

인간의 발달이 능동적으로 이루어지는가 아니면 수동적으로 이루어지는가 하는 문제는 아동이 외부에서 주어지는 경험을 수동적으로 받아들이는 존재인가 아니면 능동적으로 경험을 창조해 가며 성장하는 존재인가에 대한 논의이다. 발달이 능동적으로 이루어진다고 생각하는 견해를 가진 학자들은 아동은 선천적인 호기심을 가지고 태어나 적극적으로 주변 세계를 탐색하며 성장한다고 주장하고, 수동적으로 성장한다고 생각하는 학자들은 수동적으로 환경에서 제공하는 외적인 강화와 벌 등에 의해 영향을 받으며 성장한다고 본다. 이러한 논쟁에 대하여 현대의 발달이론에서는 아동을 스스로 주위 세계를 이해하고자 노력하는 능동적인 존재로서 생각한다(최경숙, 2006). 따라서 아동은 부모나 교사에 의해 만들어지는 것이 아니라 오히려 자신의 주위의 다른 사람에게 영향을 미치고 다른 사람의 행동을 형성하게 하는 적극적이고 능동적인 존재로 받아들인다.

3) 발달은 연속적인가, 불연속적인가?

인간의 발달과정이 조금씩 점진적으로 변화하는 연속적인 과정인지 아니면 갑작스럽게 매우 다른 변화가 이루어지는 불연속적인 과정인지에 대해서도 오랫동안 논란이 되어 왔다. 발달의 연속성을 주장하는 학자들은 인간발달을 수태에서 죽음에 이르기까지 연속적이고 점진적이며 축적된 변화로 본다. 반면에 발달의 비연속적인 과정을 연구하는 발달론자들은 발달이 일련의 독립적이며 질적으로 다른 단계들로 구성된다고 믿고 발달을 몇 개의 단계로 나누어 단계마다 아동의 능력과 행동이 질적으로 다르게 나타난다고 믿는다. 현대의 아동발달심리학에서는 특성에 따라 연속성에 의해 설명되는 부분과 불연속성에 의해 설명될 수 있는 부분이 있다고 본다. 예를 들면, 신장이나 체중의 경우는 연속적으로 발달이 이루어지는 부분이지만, 어제는 할 수 없었던 가위질이나 젓가락질을 오늘은 할 수 있게 되는 것과 같은 것들은 불연속성으로 설명될 수 있는 부분이다.

〈발달의 연속적 과정 예〉

〈발달의 불연속적 과정 예〉

[그림 8-4] 발달의 연속성과 불연속성의 예

출처: 이사라 외(2013). 영아발달. 경기: 파워북.

함께 보면 도움이 되는 동영상

- SBS 스페셜: 알파맘 vs 베타맘, 당신의 선택은?(2008. 10.19. 방영)

스스로 생각해 봅시다

- 우리가 흔히 생각하는 발달의 개념과 발달심리학에서의 발달개념 간의 차이를 설명해 본다.
- 발달에 대한 쟁점 중 인간은 능동적으로 자신의 발달을 주도해 가는 존재인지, 아니면 외부 환경의 자극에 대해 수동적으로 반응하며 발달하는 존재인지에 대한 논의가 있는데, 어느 주장이 더 옳다고 생각하는가?
- 인간의 발달에서 유전과 환경이 미치는 영향 중 무엇이 더 중요할지에 대해 생각해 본다.
- 나의 경우 유전(성숙)의 영향을 받았거나 환경(학습)에 의해 습득된 특성에는 무엇이 있을지 생각해 본다.

유전의 영향을 받은 특성	환경의 영향을 받은 특성

C · H · A · P · T · E · R 09

임신과 출산

01 임신의 과정

임신의 과정을 경험하고 출산을 통해 어머니가 되는 경험을 해 본 여성이라면 누구나 생명 탄생의 신비로움을 느끼게 된다. 과거에 결혼을 하면 누구나 어렵지 않게 할 수 있다고 생각되던 임신의 과정은 그리 만만한 과정이 아니다. 우리나라는 현재 아기를 갖기 원해도 좀처럼 아기를 가지기 어려운 난임 혹은 불임부부의 비율이 13.2%에 이른다고 한다(이데일리, 2017. 1. 28.). 열 쌍 중 한 쌍의 부부는 간절히 아기를 원해도 임신에 성공하기가 어려운 현실이 되었다. 현대사회의 만혼 추세, 인간의 성호르몬을 공격하는 환경오염이나 약물의 남용, 무리한 다이어트, 개방적인 성생활로 인한 성접촉성 질환과 임신중절 등은 난임이나 불임이 증가하는 원인이 될 수 있다. 이에 임신의 과정에 대해 보다 상세히 알아보고 주의할 점에 대해 미리 생각해 두는 것은 미래에 귀여운 자녀의 부모가 될 사람에게 반드시 필요한 일이다.

건강한 아기를 임신하려면 먼저 임신 전 부모가 될 사람의 신체가 건강하고 심리적으로 안정되어 있어야 하며, 더불어 경제적으로도 아기를 키울 준비가 되어 있어야 한다. 아기를 갖기 위해서는 언제 임신을 할 것인지에 대해 계획을 하고 계획된 임신을 하는 것이 바람직하다. 뜻하지 않게 임신을 하게 되면 기쁘고 축복받아야 할 새 생명의 잉태가 오히려 부담스럽게 다가올 수도 있기 때문이다. 원하지 않는 임신을 하게 되면 대부분의 여성은 당황해하고 심리적인 부담을 느껴 아기에게도 부정적인 영향을 준다. 임신을 계획하면 부부는 함께 몸가짐을 조심하고 주변의 유해한 환경을 제거함으로써 건강한 아기의 탄생을 위한 기본적인 준비를 해야 한다. 이를 위해 임신 전에 필요한 백신을 미리 접종하거나 술과 담배, 각종 유해한 약물의 복용을 피하고 균형 잡힌 음식을 섭취하며 아기의 성장과 발달에 관한 정보들을 알아보는 것이 필요하다.

1) 생명의 시작, 수정

여성의 생식기는 두 쌍의 나팔관, 그리고 자궁으로 이루어져 있다. 출생 시 난소에 있는 약 40만 개의 미성숙 난자는 사춘기가 되면 호르몬의 영향으로 매월 양쪽 난소에서 번갈아가면서 한 개의 성숙된 난자를 배출한다. 이처럼 난자에서 난소가 배출되는 것을 배란이라고 하는데, 배란은 보통 생리 시작 전 14일을 전후로 일어난다. 난소에서 배출된 난자가 난관을 통해서 자궁으로 수송되는 시간은 약 12시간인데, 그 도중에 정자를 만나면 수정이 되고, 수정이 이루어지지 않으면 그대로 자궁으로 내려와 월경으로 질을 통해 몸 밖으로 나오게 된다. 배출된 난자가 수정될 수 있는 시간은 약 24시간으로 그 이상 경과되면 수정능력을 잃고, 남성의 정자가 수정될 수 있는 기간은 약 72시간이다.

여성의 배란된 난자는 점액에 의해 나팔관을 따라 이동하다가 남자의 생식기에서 만들어진 정자를 만나게 된다. 남자는 한 번 사정 시에 약 1~2억 개의 정자를 방출하는데, 이 중에서 약 100개 미만의 정자가 나팔관 중간까지 도달하고 그중에서 한 개의 정자만이 난자와 결합하여 수정란을 만든다. 난자를 만난 정자는 가장 앞

부분인 첨체에서 단백질 분해 효소를 분비하여 난자의 투명대를 녹여 꼬리를 떼어 버리고 난자 속으로 들어간다. 이때 난자는 표면의 입자가 붕괴되면서 난세포와 난막의 빈틈에서 내용물이 분출하여 수정막을 단단하게 만들어 다른 정자의 침입을 막는다(이기숙 외, 2015).

수정 후 약 30시간 후에 수정란은 첫 번째 분열을 시작하는데, 세포의 수는 늘어나고 크기는 작아지는 난할을 한다. 수정란은 분할을 하면서 나팔관을 따라 자궁 쪽으로 이동하는데, 수정 후 약 5~7일이면 자궁에 도달한다. 수정란은 호르몬의 변화로 인하여 두꺼워진 자궁 내막의 표면을 녹여 그 안으로 들어가 착상하게 되고 임신이 시작된다.

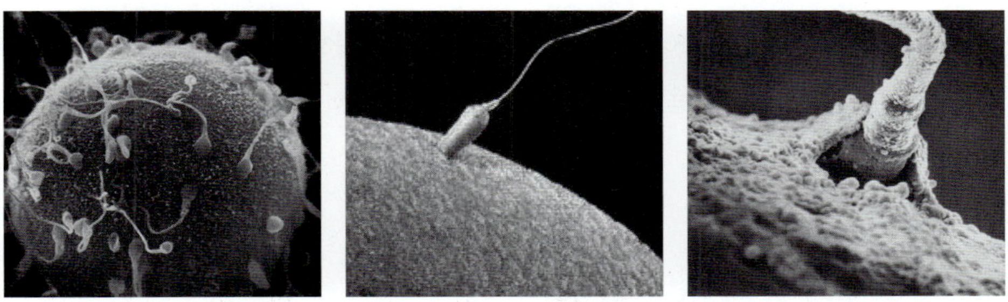

[그림 9-1] 난자와 정자의 수정

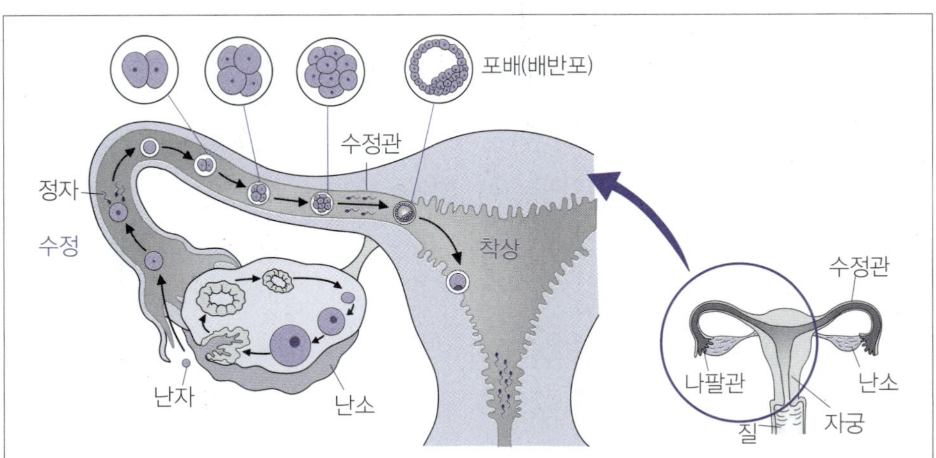

[그림 9-2] 배란과 수정, 착상의 과정

보통의 경우에는 각 한 개씩의 난자와 정자가 만나 수정란 한 개를 만들지만, 한 개 이상의 수정란이 생길 수도 있는데 두 개의 수정란에서 발달한 태아는 일란성 혹은 이란성 쌍생아가 된다. 일란성 쌍생아는 한 개의 난자와 정자가 만나 한 개의 수정란이 세포분열을 할 때 두 개로 갈라져서 생긴 것으로 같은 유전형질을 가지고 태어나고 성별도 같다. 이란성 쌍생아는 처음부터 두 개의 난자가 난소에서 배출되어 각각 한 개의 정자와 만나 수정란 두 개를 생성하게 되어 다른 유전형질을 가지고 태어나며 성별이 다를 수도 있다. 수정이 이루어지면 태아의 성이 결정되는데, 어머니에게서 온 난자의 성염색체는 모두 X염색체지만 아버지에게서 오는 정자의 성염색체는 X 혹은 Y염색체를 가진다. 그러므로 어머니의 X염색체와 아버지의 X염색체가 결합한 수정란은 XX염색체를 가지게 되어 여아가 되고 어머니의 X염색체와 아버지의 Y염색체가 결합한 수정란은 XY염색체를 가지게 되어 남아가 된다. 수정에서 분만에 이르기까지의 기간은 약 280일의 기간이다.

2) 임신의 단계

(1) 임신 초기(1~3개월)

이 시기는 수정과 착상이 시작되는 시기이며 아직 특별한 임신의 증세는 없다. 그러나 민감한 사람은 감기 기운이 있는 것처럼 느끼기도 하고, 아랫배가 아프거나 변비 증상이 나타나기도 하는데 그 이유는 황체 호르몬에 변화가 있어 이 호르몬의 작용으로 일어나는 현상이다. 착상이 안정적으로 잘 이루어지려면 산모의 컨디션이 좋아야 하며 몸과 마음이 편안하고 특히 자궁 부위가 따뜻하고 긴장이 없어야 한다. 이 시기에는 입덧으로 고생하는 임신부도 있지만 심리적 안정을 취하는 것이 태아에게 도움이 되므로 잘 극복하고자 노력하는 자세가 필요하다. 입덧이 나타나는 원인은 여러 가지 이론이 제시되었으나 아직까지는 정확하게 밝혀지지 않고 있다. 입덧은 보통 임신 12주경이면 사라지는데 만일 심하고 계속되면 의사와 상의하며 약물 복용은 반드시 의사와 상의한다. 의복은 몸에 꼭 맞는 것보다는 활동하기 편한 여유 있는 것으로 입고, 치과 검진을 미리 받아 두는 것도 필요하며, 유산의 원인이 될 수 있는 과도한 운동이나 긴 여행은 삼가는 것이 좋다. 이 기간에는 임신 사실을 수용하고 앞으로 다가올 신체적 · 심리적 변화와 가족관계의 변화에 대해 생각해 본다(김정원 · 전선옥, 2016).

■ 임신 초기 증상

- 월경주기를 건너뜀
- 유방이 무겁고 당김
- 유두 부분이 얼얼하고 검은색을 띰
- 아랫배가 당기거나 아픔
- 피로하고 나른하며 힘이 없음
- 속이 메스껍고 게워냄
- 잦은 배뇨
- 질 분비물의 증가

출처: 박영아(2010). 아동발달. p. 90. 서울: 창지사.

(2) 임신 중기(4~6개월)

임신 중기에 접어들면 대부분의 산모는 임신 초기에 괴롭히던 입덧이 가라앉고 태반이 완성되면서 유산의 위험이 줄어든 안정기에 접어들며, 아랫배가 조금씩 불러오기 시작한다. 배가 눈에 띌 정도로 부르게 되면 빠른 사람은 18주 정도에 아기의 태동을 느끼게 되는데 아기의 태동을 처음 느낄 때 산모는 자신의 임신 사실을 더욱 실감하며 행복감을 느끼기도 한다. 그러나 태동이 시작된 후 오랫동안 아기의 태동이 느껴지지 않으면 의사의 진찰을 받는다. 이 시기부터 아기가 바깥의 소리를 들을 수 있게 되므로 부모는 태담을 하여 아기에게 음성을 들려주고 태아와 대화를 자주 나누며 책을 읽어 주는 것도 좋다. 대부분의 산모는 임신 초기의 입덧이 끝나고 식욕이 왕성해지며 태아도 점점 커져서 영양분의 소요량이 많아지므로 충분한 영양을 균형 있게 섭취해야 한다. 유선이 발달하여 유방이 커지고 복부에 임신선이 나타나며 엉덩이나 몸 전체에 피하지방이 붙기 시작한다. 산모는 신체적 · 심리적으로 안정감을 찾으며 태아에 대한 관심이 많아져서 아기의 성별이나 생김새 등에 대해 다양한 이미지를 꿈꾼다(Galinsky, 1987).

(3) 임신 말기(7~9개월)

출산이 가까워짐에 따라 임신 말기가 되면 팔다리가 붓는 등 임신중독증의 위험이 있을 수 있는 시기이기도 하다. 태아가 커지면서 자궁의 상부까지 올라가 위와 심장이 압박되어 위가 쓰리고 가슴이 답답하기도 하며 체한 듯한 느낌이 들기도 한다. 임신 35주가 되면 자궁저가 명치 끝까지 올라와 숨이 차고 가슴이 쓰리고 변비와 치질이 생기기도 한다. 그리고 불규칙한 자궁수축이 늘어나며 출산에 대한 두려움과 신체적인 변화로 인해 심리적으로 불안감을 느끼기도 하므로 임신부의 심리적 안정이 요구된다. 출산일이 다가오면 명치 끝까지 올라왔던 자궁이 점점 아래로 내려가 방광을 압박하므로 화장실을 자주 가게 되고, 아랫배와 넓적다리 부분에 통증을 느끼기도 한다. 태아는 머리가 엄마의 골반 쪽으로 내려가 출생을 기다리게 되고, 태동은 예전보다 줄어들지만, 산모는 여전히 아기의 발길질을 느낄 수 있다. 임신의 이상을 빨리 알아내기 위해서 정해진 산전 진찰을 잘 받고, 출산할 장소와 산후조리할 곳을 정하며 산모와 출생아에게 필요한 물품을 미리 준비해 놓는다. 산모는 아기와 함께 편안한 마음으로 출산을 기다리는 것이 좋고, 분만이 2주 정도 빨라지거나 늦어지는 것은 크게 걱정하지 않아도 된다. 미래에 아버지가 될 사람도 임신이 진행되는 동안 아내를 중심으로 모든 것을 배려하며, 부부간 상호작용의 변화를 수용하면서 태어날 아기를 맞이할 준비를 한다.

읽고, 생각해 봅시다

"남자 입덧 '쿠바드 증후군' 실제 가능할까? 불안-긴장감이 빚어낸 환상 임신 증상"

아빠의 입덧이 가능하다는 연구 결과가 있는데, 2007년 영국 런던 세인트조지스대의 아서 브레넌 박사 연구팀이 예비 아빠 282명을 대상으로 실시한 조사 결과, 이 중 20여 명이 입덧, 요통, 불안, 불면증, 치통, 피로감 등 임신으로 인해 아내가 겪는 증상을 똑같이 겪는 것으로 나타났다. 심한 경우 아기를 밴 것처럼 배가 부풀어 오르는가 하면 허기진 사람처럼 음식을 마구 먹기도 했고, 이들 중 11명은 이러한 갑작스러운 증세 때문에 병원을 찾았지만 아무런 이상이 발견되지 않았는데, 이를 의학계에서는 '쿠바드 증후군(Couvade Syndrome)'이라고 부른다. '알을 낳다'라는 뜻의 프랑스어(couver)에서 나온 말이다.

입덧을 하는 가족이 있다면 비타민B6를 다량 함유한 녹황색 채소와 콩이 원료인 음식을 권하는 것이 좋은데, 자율신경계 조절에 도움을 주는 신경전달 물질 '도파민'을 활성화해 구토를 줄여 주는 효과가 있다. 돼지고기, 쇠고기, 어패류 등에 들어 있는 비타민B12도 신경을 안정시키는 효과가 있으므로 부인이 입덧 때문에 밥을 못 먹는다고 걱정할 필요는 없다. 입덧을 할 때는 영양적인 면이나 식사 시간 등에 대한 걱정을 뒤로하고 먹을 수 있을 때 먹고 싶은 만큼 먹으면 되는데, 신경을 쓰면 오히려 증상이 심해질 수 있다.

출처: 동아일보(2012. 5. 28.) 재구성(http://news.donga.com/3/all/20120528/46561754/1).

3) 임신 중의 이상검사

임신기간 중에는 예기치 못한 여러 가지 이상이 생길 수 있으므로 정기적인 검진이 필요하다. 태아의 유전적인 결함을 미리 알아보는 방법에는 초음파검사(ultrasound), 양수검사(amniocentesis), 융모검사(chorionic villus sampling: CVS), 혈액검사(alpha fetoprotein: AFP) 등이 있다.

(1) 초음파검사

초음파검사는 임신부의 복부에 초음파를 통하게 함으로써 자궁 내부의 사진을 찍는 것이다. 초음파는 신체기관에 따라 흡수나 반향의 정도가 다르기 때문에 이를 통해 태아에 관한 많은 자료를 제공받을 수 있다. 초음파검사는 TV 화면에 태아의 신체 각 부위를 나타나게 하여 장애 유무나 발육 정도를 알 수 있다. 정확한 임신의 시기와 태아의 생존 여부, 장애 유무와 다태아 임신, 태반의 위치, 자궁 및 난소의 이상 유무 등을 확인할 수 있어서 널리 이용된다(문미옥 외, 2001).

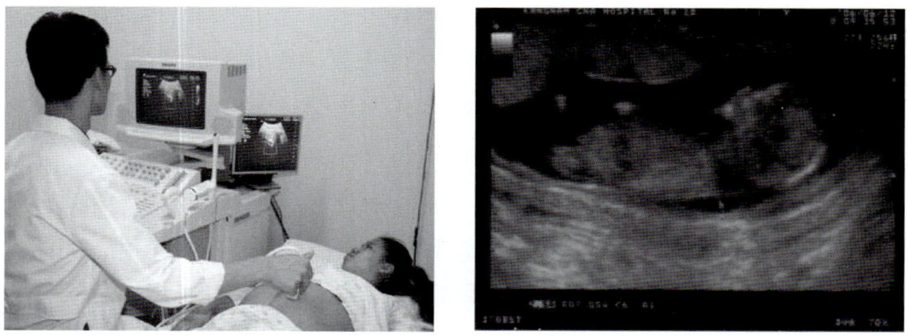

[그림 9-3] 초음파검사 장면과 아기의 초음파 사진

(2) 양수검사

양수검사는 태아를 보호하는 양막의 아랫부분을 바늘로 주사하여 소량의 양수를 채취하는 방법이다. 임신 15~20주 사이에 초음파진단 장치를 이용하여 양수를 채취한 후에 이를 배양하여 염색체 핵형을 분석한다. 이 검사는 세포배양 기간이 약 4주 정도 걸리므로 산모와 보호자가 결과를 기다리는 데 정신적 부담이 크고, 만일 태아에게 문제가 있는 것으로 파악되어 유산시켜야 할 경우에 임신중절에 따르는 신체적 · 심리적 위험과 부담이 크다. 초음파 검사가 태아의 영상을 보여 준다면 양수는 태아의 세포를 포함하고 있으므로 다운증후군이나 성염색체 이상, 대사 이상 장애와 같은 유전적 결함을 판별해 낼 수 있다.

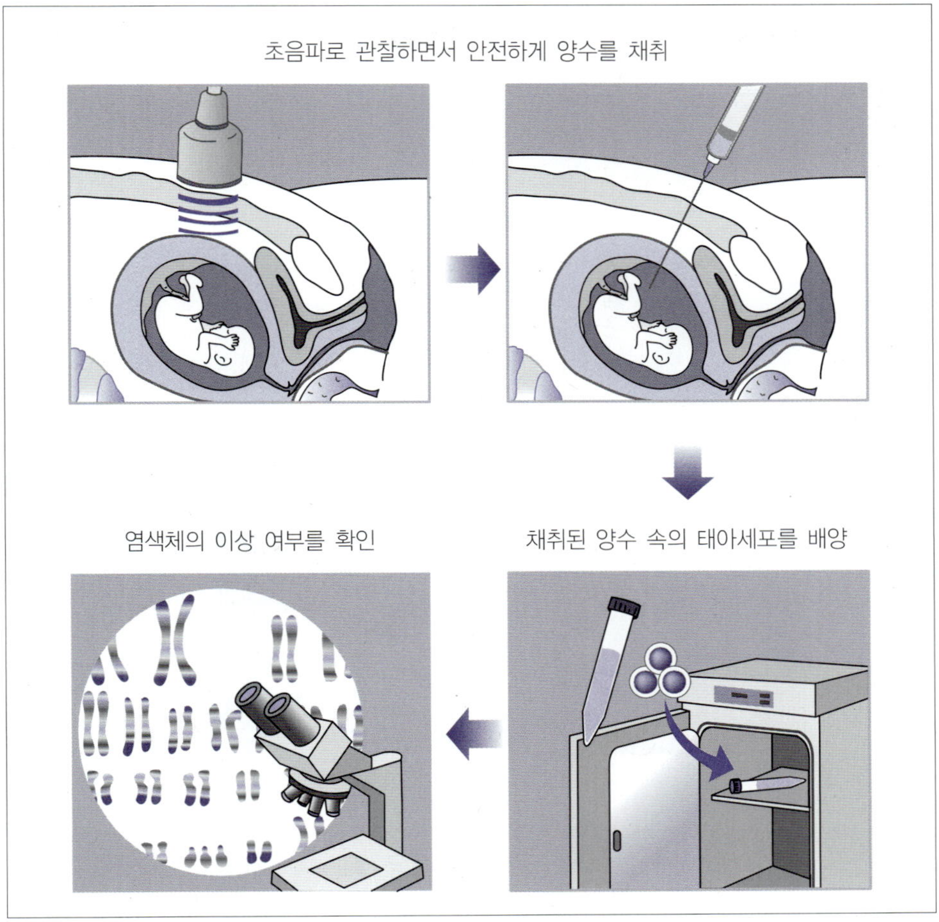

[그림 9-4] 양수검사

출처: 국가건강정보포털 의학정보(http://health.mw.go.kr).

(3) 융모검사

임신 6~12주 사이, 특히 9~10주 사이에 양수검사의 대안으로 초음파검사를 이용하여 태아와 태반의 위치를 확인한 후, 자궁 경부를 통해 태반의 일부 조직을 흡입하는 방법이다. 채취된 태반 조직을 직접 염색체 표본제작법에 의해 염색체 핵형을 분석하거나 배양하여 진단한다. 융모검사는 임신 초기에 시행하기 때문에 양수검사보다 조기에 진단할 수 있고 안정성 및 정확성이 앞선다.

[그림 9-5] 융모막 융모 생검

출처: 국가건강정보포털 의학정보(http://health.mw.go.kr).

(4) 혈액검사

혈액검사는 임신 14~20주 사이에 여성의 혈액이 알파 태아단백(alpha fetoprotein: AFP)이라 불리는 물질을 얼마나 많이 포함하고 있는가를 검사하는 것이다. 과도하게 높은 AFP 수치는 이분척추나 무뇌증과 같은 뇌와 척추의 구조적 결함을 말해 준다. 혈청단백질 검사인 AFP검사는 선진국에서는 기본검사로 널리 이용된다(문미옥 외, 2001).

■ 임신중독증의 증상

임신중독증은 임신기간 중 혈압의 상승과 더불어 소변에서 단백이 검출되는 질환으로, 초산, 고령 임신부, 쌍생아를 임신한 경우에 빈번한데, 혈관 수축에 의해 혈압이 오르고 태반으로의 혈류 공급이 저하되어 태아의 성장이 지연된다. 또한, 태반조기박리, 조산의 가능성이 크고 태반의 기능이 약해져서 태아의 자궁 내 사망을 유도할 수 있다는 점에서 위험하다.

- 쉽게 피로하고 몸이 무거움
- 눈이 침침하고 머리가 아픔
- 얼굴이나 손, 발이 심하게 부어오름
- 명치 끝이 아픔
- 소변량이 갑자기 줄어듦
- 체중이 갑자기 1주에 1kg 이상 또는 한 달에 3kg 이상 증가함

출처: 박영아(2010). 아동발달. p. 95. 서울: 창지사.

4) 출산

출산은 모체 내에 있던 태아가 세상 밖으로 나와 부모를 만나게 되는 과정으로, 아기를 낳는 엄마 자신은 물론 아기와 가족 모두에게 중요한 경험이다. 긍정적인 출산 경험은 분만 후 어머니 역할 수행에 있어 자신감과 만족감을 증가시키고 어머니로서 긍정적인 정체감을 형성시킨다(김은실, 2001). 최근 출산율의 저하와 함께 일생에서 한두 번의 출산만을 경험하게 된 여성은 자신의 출산과정이 남과 다르기를 원하며 가족과 함께 체험할 수 있는 긍정적이고 만족스러운 경험이기를 원한다. 출산이 다가오면 태아의 머리가 자궁 아랫부분 골반으로 내려와 자궁 전체가 조금 내려가는 경향을 보인다. 배가 약간 아래로 처진 듯한 느낌이 들면 분만이 멀지 않았다는 징후로 가벼운 진통과 요통을 느낄 수도 있다. 이러한 증상이 나타나고 일주일 정도가 지나면 이슬이라는 혈액이 섞인 출혈을 하며 분만이 시작된다.

(1) 출산 예정일 계산법

출산 예정일은 반드시 그 날짜에 출산한다는 것은 아니나 출산 예정일이 가까워지면 몸가짐을 더 조심하고 출산 준비를 하기 위해서 미리 알아 두어야 한다. 출산은 예정일보다 며칠 빠르거나 늦을 수도 있다. 태아가 모체 안에 있는 임신기간은 일정한 것은 아니지만 대체로 최종 월경일로부터 280일(1개월을 28일로 본 10개월, 즉 40주)을 임신기간으로 본다. 출산 예정일은 마지막 생리일을 기준으로 월(月)에는 9개월을 더하거나 3개월을 빼고, 일(日)에는 7일을 더하여 계산한다. 이는 수정이 이루어진 날로부터 266일, 마지막 생리일로부터 280일이 되는 시점이다. 예를 들어, 최종 월경일이 2월 9일이었을 때 2+9=11월, 9+7=16일, 즉 11월 16일이 출산 예정일이 되고, 최종 월경일이 9월 25일이었을 때 9-3=6월, 25+7=32일, 즉 다음 해 7월 2일이 된다(문미옥 외, 2001).

출산 예정일은 태아의 크기, 자궁의 크기, 호르몬의 수준, 외부의 생리적 · 심리적 영향에 따라 상이할 수 있다. 출산 예정일에 꼭 맞추어 분만을 하는 경우는 매우 드물고 예정일을 중심으로 전후 2주간은 정상적인 범주에 속한다. 조산은 임신기간을 기준으로 임신 20주 이하의 태아 만출인 유산(abortion)을 제외하고, 임신 20주에서 37주 미만까지의 분만으로 정의한다(대한산부인과학회, 2012).

조산은 영아 사망의 절반을 차지할 뿐 아니라 신생아 사망의 주요 원인으로 나타나고 있고 이로 인한 경제적 부담 또한 사회적 문제로 대두되고 있다(통계청, 2012). 최근 우리나라는 조산율이 증가하고 있는 추세인데 2000년과 2012년 사이에 분만 건수를 비교해 보면 총 분만은 약 20% 감소했으나 조산의 경우는 오히려 두 배 가까이 증가하였다(한국보건사회연구원, 2012). 조산은 경제적으로 빈곤한 계층에서 많이 나타나며, 영양 결핍이나 흡연, 음주, 약물 복용을 했을 경우와 산모의 나이가 많은 경우에 그 비율이 증가한다. 특히, 태아가 28주 이전에 태어나거나 체중이 1.5kg 이하인 경우는 생존에 어려움이 있다. 따라서 조산의 위험이 있는 임신부를 예측하고 조기에 발견하는 것이 중요하며, 조산을 야기하는 요인을 사전에 집중 관리하는 것도 필요하다.

(2) 출산의 과정

출산의 진행 과정은 사람마다 모두 다르다. 긴 임신기간을 거쳐 마침내 맞이하는 출산은 진통과 함께 시작된다. 10개월 동안 상상을 통해서 만나던 사랑하는 아기의 얼굴과 모습을 직접 만나는 벅찬 순간이 다가오는 것이다. 진통이 5~10분 간격으로 규칙적으로 오면 출산이 본격적으로 시작되는 것인데, 정상 분만의 경우 다음과 같은 세 단계로 진행된다(김시업, 1998; 문미옥 외, 2001; 조성연, 2006; 박영아, 2010).

❶ 제1기(개구기 혹은 진통기)

개구기는 분만 진통이 시작되어 자궁 입구가 10cm 정도까지 완전히 열리는 시기까지를 말한다. 진통이 5~10분에 1회 정도 규칙적으로 오는 때부터 출산1기가 시작된다. 소요시간은 초산부의 경우 평균 12.5시간, 경산부는 평균 7.3시간이 걸리며 개인마다 현저한 차이를 보이기도 한다. 일반적으로 진통 간격이 5~6분일 경우 자궁 입구가 5cm 이하로 벌어지고, 2~3분 간격일 때 7~9cm 정도가 된다. 진통은 자궁이 수축되면서 나타나는 것으로 밤에 시작하는 경우가 많다. 처음에는 15~20분 간격으로 25~30초 동안 경미한 진통이 시작되다가 점차 2~5분 간격으로 강하게 나타난다. 산모에게는 자궁 경부가 완전히 열리기 직전이 가장 고통스러운 시간이기 때문에 남편이나 옆에서 도와주는 사람은 인내심을 가지고 도와주어야 한다.

❷ 제2기(출산기 혹은 태아만출기)

출산기는 자궁 입구가 완전히 열린 이후부터 태아가 산도를 통해 출산되는 시기이다. 자궁 입구가 완전히 열릴 무렵에는 태아도 꽤 내려오고, 이때부터 힘이 주어져서 아기를 낳는 시기가 된다. 이 시기는 초산부의 경우에 평균 50~80분 정도, 경산부는 평균 20~30분 정도 소요되지만 매우 다양할 수 있다. 자궁 입구가 열리고 아기의 머리가 보이면 출산대기실에서 출산실로 옮겨지고, 자궁의 입구가 많이 열리면 양막 파수가 자연스럽게 일어난다. 태아의 머리가 나오면 그 이후 어깨에 이어 몸체와 다리가 나오며 드디어 가족 모두가 기다리던 아기가 탄생하게 된다.

❸ 제3기(후산기)

후산기는 태아 분만 직후부터 태반과 탯줄 및 산모의 몸 안에 있는 모든 부속물이 완전히 나오는 시기이며, 평균 10~20분 정도 소요된다. 태반이 모두 밖으로 나오고 자궁 수축이 잘 되어서 출혈이 조금만 있어야 성공적인 출산이라고 할 수 있다. 이러한 과정을 통해 분만은 종료되나 이 이후에도 자궁이 예전의 크기로 다시 회복되기 위해 수축이 이루어지면서 다소의 진통을 경험하게 되는데 이를 훗배앓이라고 하며 약 6주 정도가 소요된다.

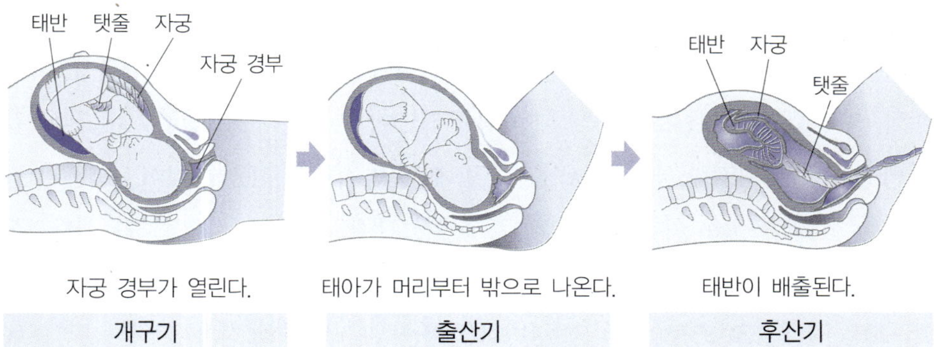

[그림 9-6] 출산의 과정

(3) 분만의 종류

분만의 종류는 크게 자연분만과 제왕절개로 나뉜다. 자연분만에는 자연분만을 위해 도움을 주기 위한 유도분만과 무통분만이 포함되고, 우리나라에서 비교적 최근에 관심을 받고 있는 수중분만이나 그네분만 등도 포함된다. 자연분만은 말 그대로 아기가 세상으로 나오기 위한 자연스러운 출산의 과정이므로 여러 가지 장점이 있다. 출산 중 출혈이 적고, 산욕기 감염이 적어 산후 회복이 빠르고, 병원에 머무르는 일수가 적어 경제적이며, 아기와의 관계도 일찍 시작할 수 있다. 반면 제왕절개는 자연분만 시 아기가 위험에 노출될 가능성이 있는 경우, 태아의 머리가 아래를 향하고 있지 않거나 몸무게가 너무 많이 나가는 거대아인 경우, 산모의 건강이 좋지 않은 경우 등의 상황에 따라 미리 날짜를 정해 수술로 출산하는 것인데, 간혹 자연분만 도중 아기와 산모가 위급한 상황이 되어 갑작스럽게 실시하는 경우도 있다.

❶ 자연분만

자연분만이란 일반적으로 정상적인 질식분만(vaginal delivery)을 지칭하는데, 현대에 자연분만이라는 말은 어떤 종류의 약물에도 의존하지 않고 아이를 낳는 것을 의미하는 용어로 쓰인다. 여성의 몸은 아무런 도움 없이도 스스로 분만할 수 있도록 되어 있고, 태아 스스로도 산도를 통해 밖으로 나오기 위한 노력을 하기 때문에 자연분만은 아기가 세상으로 나오는 건강하고 자연스러운 과정이다. 최근 자연분만 시 침대에 누워 아기를 분만하는 것에 대한 반론들이 제기되고 있는데, 아기를 누워서 분만하게 되면 중력 방향으로 힘을 줄 수 없고, 혈액이 심장으로 통하게 하는 것을 방해하여 출산 시 고통이 더 심하기 때문이다. 이에 아기를 앉은 자세로 분만하는 좌산이나 그네분만 등에 대한 관심도 증가하고 있다.

❷ 유도분만

유도분만은 자연분만을 위해 인위적인 방법으로 분만을 시작하는 것으로 진통이 없는 임신부에게 인공적으로 진통을 오게 하여 태아를 분만하는 방법이다. 태아 사망, 심한 임신중독증, 예정일이 많이 넘은 경우 등으로 빨리 분만해야 하는데 저절로 진통이 오지 않을 때 주로 쓰인다.

❸ 무통분만

출산을 앞둔 임신부에게 무통분만이라는 말은 무척 매력적으로 들리겠지만, 안타깝게도 진통과 분만을 겪는 과정에서 완전한 무통분만을 할 수 있는 의학적인 기술은 아직 존재하지 않고, 단지 진통을 경감시키거나 진통의 어느 기간 동안 마취를 함으로써 진통을 없애 보려고 노력하는 것이 무통분만이다. 진통을 없앤다는 의미에서 일반적으로 무통분만이라는 용어를 사용하지만, 학술적으로는 마취분만이라고 하거나 산과 마취라고 하는 것이 올바른 명칭이다. 무통분만도 어느 정도 자궁의 입구가 열려야 시행할 수 있으므로 산모가 어느 정도는 진통을 견뎌야 한다.

❹ 수중분만

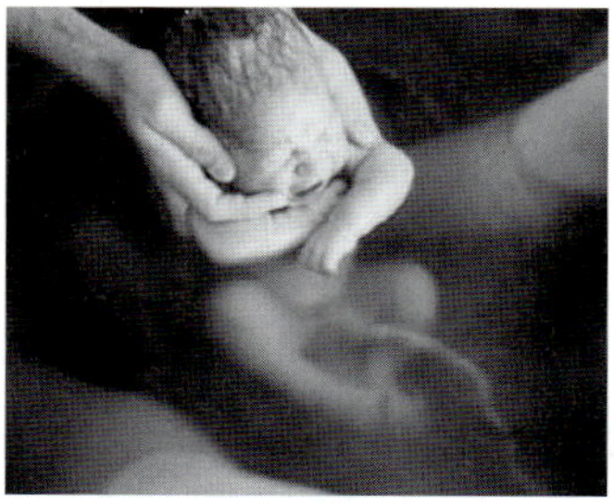

[그림 9-7] 수중분만

수중분만법(water birth)은 고대 이집트로부터 내려오던 자연분만법 중 하나이다. 수중 감염에 대한 우려 때문에 현대의학에 의해 밀려났다가 1960년대에 러시아에서 다시 시작한 것으로 알려져 있다. 그 뒤 프랑스 의사 미셸 오당(Michelle Odent)이 일반인들에게 보급했다. 오당은 약물 사용을 줄이고 의사가 출산에 개입하는 횟수도 줄일 수 있다고 판단하여, 산모를 욕조의 따뜻한 물속에서 산모 자신의 방법으로 아기를 낳도록 유도했다. 우리나라에서는 1999년 처음 수중분만을 시도하여 성공적으로 아기를 분만한 후 현재 많은 병원에서 실시되고 있다. 수중분만은 앉은 자세에서 골반이 가장 잘 벌어지고 힘을 주기도 쉽기 때문에 누운 자세가 아닌 앉은 자세로 분만하는데, 양수와 비슷한 환경이므로 출산 시 태아의 상태가 편안하며, 산모 역시 진통에 대한 두려움과 긴장이 줄어들고 자궁 수축으로 인한 통증과 불편함도 줄일 수 있다. 산모가 원한다고 하여 누구나 수중분만이 가능한 것은 아니며, 태아 및 모성 감염이 있으므로 주치의와 충분히 상의하고 신중하게 결정을 해야 한다.

❺ 그네분만

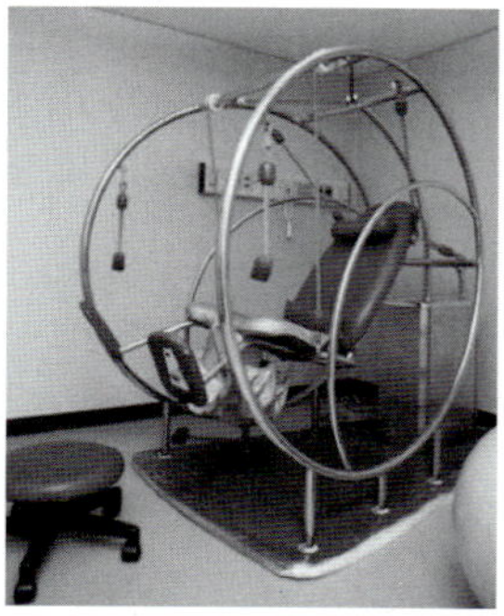

[그림 9-8] 그네분만

그네분만(wheel birth)은 그네처럼 매달려 있는 특수 분만대에 앉아서 출산하는 방법이다. 의자의 등받이를 산모의 체형에 맞게 변형시킬 수 있으며, 분만대를 90~180도 뒤로 젖힐 수 있게 설계되어 있어 산모가 앉거나 눕는 등 자세를 자유롭게 바꿀 수 있어 태아의 움직임이 원활해지기 때문에 태아가 쉽게 나올 수 있다. 또한, 바로 선 자세에서 발을 바닥에 놓으면 중력으로 인해 진통 시에 힘이 강화되어 자궁 경부의 확장과 태아의 머리 하강을 도와줌으로써 분만시간을 단축시켜 준다.

❻ 르봐이예 분만법(폭력 없는 탄생)

폭력 없는 탄생(birth without violence)은 프랑스의 유명한 산부인과 의사 프레드릭 르봐이예(Frederik Leboyer)가 주창한 분만법이다. 탄생의 첫 순간을 아기의 입장에서 생각하여 아기에게 스트레스 없는 분만환경을 만들어 주자는 것으로 아기의 시각, 청각, 촉각, 감정을 존중하는 아기를 위한 분만법이다. 이 분만법은 출산 과정에서 산모의 고통에만 관심을 둘 것이 아니라 태아를 위한 배려도 있어야 한다는 취지에서 출발한다. 신생아가 갑자기 새로운 환경을 접하면 심리적 외상을 경험하고 불안감이 발달할 수 있다고 주장한 르봐이예는 신생아의 감각기관이 이미 매우 예민하게 발달되어 있는데도 불구하고 의사들이 너무 거칠게 다루고 있는 것에 반대하고, 신생아의 환경 변화에 의한 자극을 감소시켜야 한다며 새로운 환경에 놓이는 아기를 배려한 출산 방법을 주장했다. 어두운 엄마 배 속에 있던 아기를 배려하여 분만실의 조명을 아기의 형태만 알아볼 수 있을 정도로 어둡게 해 주고, 분만실 안에 있는 의료진은 침묵을 지켜야 하며, 산모 역시 고통스럽더라도 아기가 태어나는 순간만큼은 소리를 지르지 않도록 하고, 아기가 태어나는 즉시 산모 배 위에 아기를 엎어 놓아주고, 출산 직후 맥박이 있는 4~5분간은 탯줄을 자르지 않고 기다려 주며, 탯줄을 자른 후에는 자궁 속과 비슷하게 따뜻한 물에서 잠시 놀도록 해 준다.

❼ 제왕절개

제왕절개분만(Cesarian section)은 정상분만을 시도했음에도 여의치 않을 경우에 취하는 수술에 의한 분만 방법을 말한다. 제왕절개술은 임신부의 배를 절개한 후 자궁을 일부 절개하고 절개 부위를 통하여 태아를 꺼내는 수술이다. 수술에 소요되는 시간은 40분에서 1시간 사이이고, 질식분만에 비하면 부작용이 크나 의술의 발달로 위험성이 현저하게 감소하여 태아나 산모가 긴급한 사태인 경우에 오히려 가장 안전한 분만법이라고 할 수 있다. 제왕절개를 하는 이유에는 아기의 심장박동이 불규칙적일 경우, 탯줄이 아기의 목을 휘감은 경우, 자궁 경부가 제대로 열리지 않는 경우, 전치태반인 경우 등이 있다. 세계보건기구(WHO)의 제왕절개분만 권장치는 5~10%로 우리나라의 제왕절개 수술률은 선진국에 비교하여 볼 때 매우 높은 수준이다. 제왕절개술로 첫아기를 분만했다 할지라도 두 번째 아기는 자연분만으로 낳을 수 있는데 이를 브이백(VBAC)이라고 하며 이 경우에 반드시 의사와 상의해야 한다.

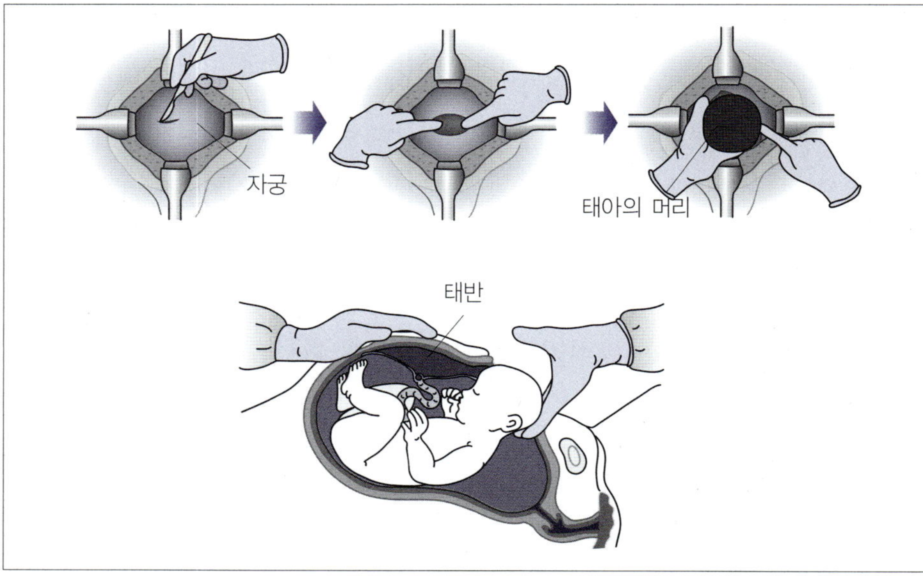

[그림 9-9] 자궁절개와 태아분만 과정

출처: 국가건강정보포털 의학정보(http://health.mw.go.kr).

〈표 9-1〉 우리나라의 제왕절개 분만율

	'01년	'02년	'03년	'04년	'05년	'06년	'07년	'08년	'09년	'10년	'11년	'12년	'13년	'14년	'15년
총 제왕절개 분만율	40.5	39.3	38.2	37.7	37.1	36	36.3	36.3	36	36	36.4	36.9	37.6	38.8	**40.2**
초산 제왕절개 분만율					36.1	34.9	35.6	35.7	35.8	36.1	36.5	37.5	38.9	40.4	**42.3**

출처: 메디칼 타임스(2016. 11. 19.) 산과 전문의가 보는 제왕절개 증가 요인? … 포괄 수가 – 분만 10건 중 4건, 제왕절개 "손해 안 내려고 수술 빨리 결정 분위기"(http://www.medicaltimes.com/News/1108371)

5) 피임과 낙태

(1) 피임

현대사회를 사는 미혼 남녀에게 성경험은 단순히 쾌락 이상의 의미가 있다. 젊은이는 사랑과 성경험을 통해 나 자신을 돌아보고, 이성과 상호작용하며, 나아가 성적 주체성을 형성한다(장수정, 2005). 따라서 오늘날 성에 대한 관점은 자신의 행동에 책임을 질 수 있는 성인이라면 혼전에 성관계를 해도 무관하다는 관점으로 바뀌고 있다. 그러므로 현재와 같은 성 개방 풍조 속에서의 역점은 안전한 성생활(safer sex)을 부각시키고 교육하는 것이며(조주연 · 한승의 · 송미승, 2006), 이를 위해 피임을 비롯한 구체적인 성교육의 필요성이 점차 강조되고 있다. 정확한 통계는 아니지만 적어도 전 세계적으로 수백만 명의 여성이 원치 않는 임신을 하고 있다. 무분별하고 책임 없는 성관계는 임신으로 이어질 수 있고, 임신과 출산의 합법성이 결혼관계와 연계되어 인정되는 한국 사회에서 원하지 않는 임신은 남녀 모두에게 불행한 결과를 가져올 수 있다는 사실을 기억하는 것이 필요하다. 성인이 된 사람에게 피임에 대한 지식은 인간 생명의 존엄성에 비추어 볼 때 매우 중요하다.

피임(contraception)은 정상적인 수정과정이 일어나지 못하게 하여 임신을 피하는 것으로 생식세포인 정자와 난자가 합쳐지는 과정인 수정현상을 막는 방법을 말한다. 최근에는 여러 가지 방법에 의해 피임법이 개발되어 사용되고 있으며, 아주 오래전 고대 이집트의 유적에서도 발견될 만큼 피임은 오랜 역사를 가지고 있다(김시업, 1998). 피임에는 자연피임법, 약제를 이용하는 피임법, 기구를 이용하는 피임법, 수술에 의한 피임법, 사후피임법 등이 있다.

〈표 9-2〉 피임의 종류

종류	남성	여성
자연피임법	• 성교중단법(질외사정)	• 월경주기법(오기노식 피임법) • 기초체온법 • 점액관찰법
약제를 이용하는 피임법		• 경구피임제 • 질정(좌약), 크림, 젤리 등 발포성 정제
기구를 사용하는 피임법	• 콘돔	• 페미돔 • 다이어프램(패서리)
수술에 의한 피임법	• 정관수술	• 이식형 호르몬 피임제(미레나와 임플라논) • 자궁 내 장치(루프) • 난관수술
사후 피임법		• 사후피임약

오늘날 피임의 방법이 아무리 발달하였다 할지라도 가장 안전하고 가장 완벽한 방법은 없다(문미옥 외, 2001). 그러므로 개인의 체질과 특성, 상황에 잘 따라야 하고 남녀가 함께 피임을 하는 것이 좋다. 다양한 피임의 방법에 대해 여성이 할 수 있는 피임법과 남성이 할 수 있는 피임법으로 나누어 간략하게 소개하면 다음과 같다.

❶ 여성이 하는 피임법

ㄱ. 월경주기법

달력주기법이라고도 불리는 이 방법은 배란된 난자의 수정능력이 24시간 내에 있다는 것과 여성 생식기 내에서 정자의 생존 기간이 4일을 넘지 않는다는 것, 배란이 다음 월경 예정일로부터 2주 전에 일어난다는 학설에 근거하여 28일~32일의 규칙적인 생리주기를 가진 여성의 임신 가능 시기에 성관계를 피하는 조절법이다. 이 방법은 아무런 부작용이 없다는 장점이 있고 생리주기가 규칙적인 여성에게는 비교적 효과를 거둘 수 있는 방법이나, 불규칙한 생리주기를 가진 여성은 피임에 실패할 확률이 높다.

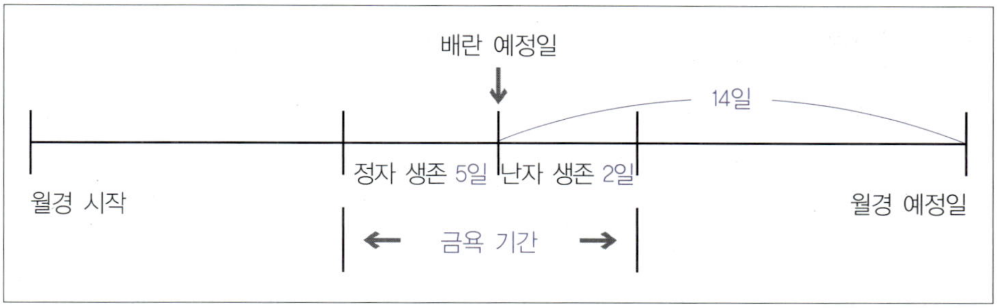

[그림 9-10] 월경주기법 이용을 위한 계산법

ㄴ. 기초체온법

월경주기법의 일종이며 매일 아침 체온을 조사해서 저온에서 고온으로 옮아가는 전후 7일간 성관계를 피하는 방법이다. 배란이 시작되면 체온이 약간 떨어졌다가 상승하기 시작하여 배란이 끝나면 정상 체온으로 돌아오고 임신이 되면 일정 체온을 유지하는 현상을 이용하는 방법이다.

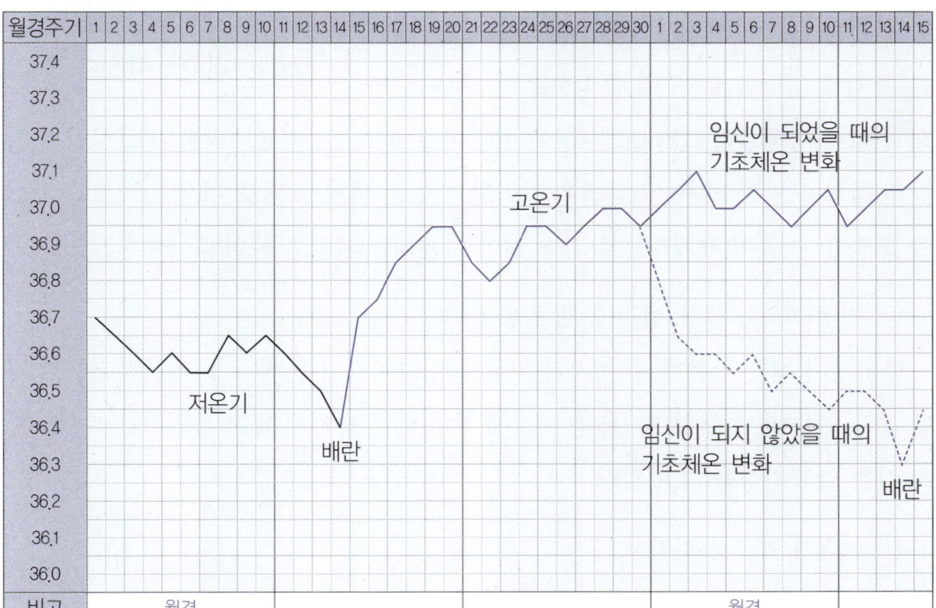

[그림 9-11] 기초체온법

ㄷ. 점액관찰법

배란주기에 따라 자궁의 경부 점막에서 분비되는 점액의 혼탁도와 점도의 정도에 의하여 배란일을 예측함으로써 임신을 피하는 방법이다. 배란이 일어나기 며칠 전에는 점액이 흘러나와 축축한 느낌이 드는데, 점액 배출 시기는 정자가 여성의 자궁 속으로 쉽게 올라가 난자와 만날 수 있게 하기 위한 준비 시기라고 할 수 있다. 월경이 끝나면 며칠 동안은 점액이 전혀 분비되지 않지만 배란이 이루어지기 수일 전부터는 점액이 분비되기 시작한다. 이 방법의 성공률은 약 95% 이상이며 선진국에서 많이 사용하고 있는 방법이다.

ㄹ. 경구피임제

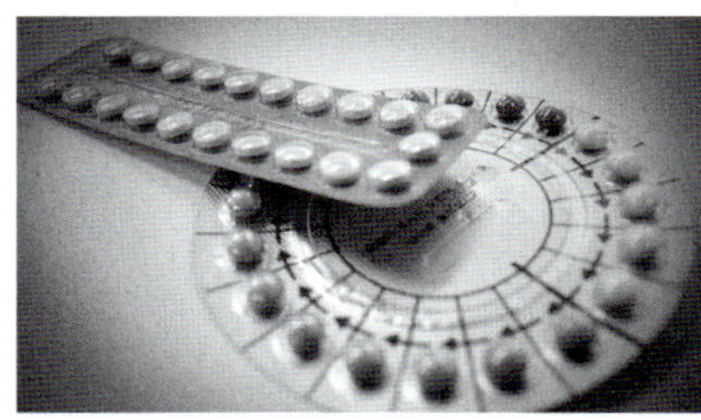
[그림 9-12] 경구 피임약

먹는 피임약은 여성의 난소에서 배란을 억제하여 임신이 되지 않도록 하는 호르몬 제제이다. 경구피임약은 뇌하수체의 호르몬 분비를 억제하여 난자의 성숙을 방해하고 배란을 억제하며 자궁 경부 점액에 변화를 가져와 점액을 더 두껍게 함으로써 정자의 진입을 방해한다. 그리고 수정이 이루어졌을지라도 자궁내막을 변화시켜 수정란의 착상을 방해한다. 이 방법은 간편함과 높은 피임 효과로 여성 스스로가 임신을 조절할 수 있어 세계적으로 가장 많이 이용되는 피임법 중의 하나이다.

ㅁ. 질정(좌약), 크림, 젤리 등 발포성 정제

발포성 정제는 성관계 후 정자가 자궁으로 들어가기 전에 모두 괴사시키는 효과를 갖고 있는데, 성행위 10~15분 이전에 질 속에 깊숙하게 넣어 삽입하는 피임약으로 강한 알칼리성을 띠고 있다.

ㅂ. 이식형 호르몬 피임제

이식형 호르몬 피임제의 사용은 피임 효과뿐만 아니라 생리량을 줄여 주고, 생리통 또한 감소시키는 효과도 있다. 이 피임제의 종류에는 미레나와 임플라논이 있다. 미레나는 T자 모양을 하고 있으며, 매일 일정한 양의 호르몬을 분비하여 피임 효과를 유지하고, 자궁에 삽입된 이후로부터 5년 동안 피임 효과를 얻을 수 있으나 5년이 넘거나 제거를 하게 될 경우에는 피임 효과가 없어진다. 임플라논은 자주 사용하지 않는 팔의 안쪽 피하 부분에 매우 얇은 막대형 피임봉 한 개를 삽입하는 방법으로 이식하는 날부터 피임 효과를 나타내며, 한 번의 시술로 3년간 피임 효과가 지속된다.

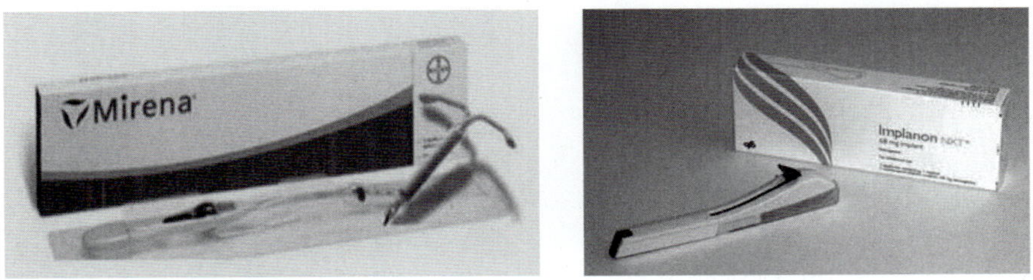

미레나 임플라논

[그림 9-13] 이식형 호르몬 피임제

ㅅ. 자궁 내 장치

이는 일명 루프라고도 하며, 자궁강 내에 피임기구를 삽입하여 수정란의 착상을 막는 방법이다. 자궁 내 장치는 피임 실패율이 낮고, 삽입이 간편하며 한 번 삽입으로 5~10년 정도의 장기적인 피임 효과가 있고 다시 임신을 원할 경우에 제거하면 된다는 장점이 있다.

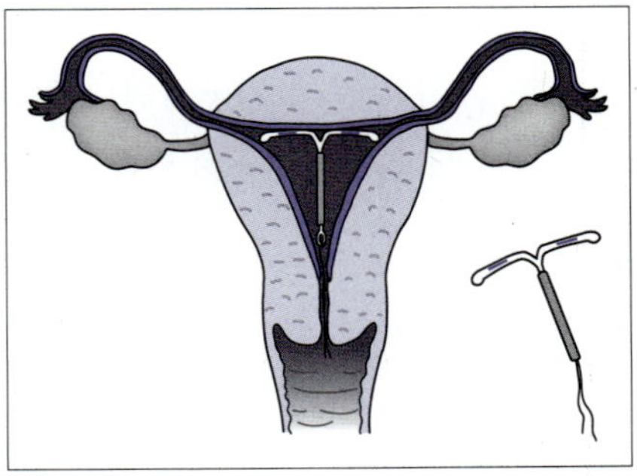

[그림 9-14] 자궁 내 삽입 장치

ㅇ. 페미돔과 다이어프램

페미돔은 여성용 콘돔으로 여성의 질 내부를 감싸 여성 스스로가 임신 및 성병으로부터 자신을 보호할 수 있도록 도와주는 피임기구이다. 다이어프램은 패서리라고도 하는데 얇은 고무로 만든 컵 모양으로 질 속에 넣어 앞면은 여성의 치골부위에 후면은 자궁경관 뒤 질 후벽에 끼워 넣는 기구이다. 생리 기간에는 사용할 수 없고 여성 각자에게 맞는 적당한 크기를 선택해서 올바르게 장착해야 하기 때문에 반드시 의사의 진단을 통해야 하고 훈련이 필요하다. 사용법은 성관계 직전에 젤리를 발라 질 속에 삽입하고 성관계가 끝난 후 적어도 8시간이 지난 다음에 빼는 것이 좋다.

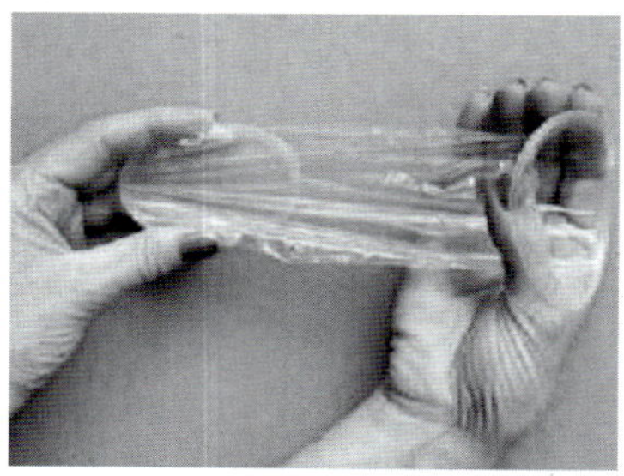

[그림 9-15] 페미돔

[그림 9-16] 다이어프램

ㅈ. 난관수술

난관수술은 여성의 난관을 명주실로 묶거나, 절단하여 난자와 정자의 만남을 차단시키는 방법이다. 이 피임법은 난자가 자궁으로 갈 수도 없고 정자가 난자와 만날 수도 없기 때문에 영구적인 피임에 속한다. 일반적으로 복강경으로 시술하지만 제왕절개분만 시에 시술하기도 한다.

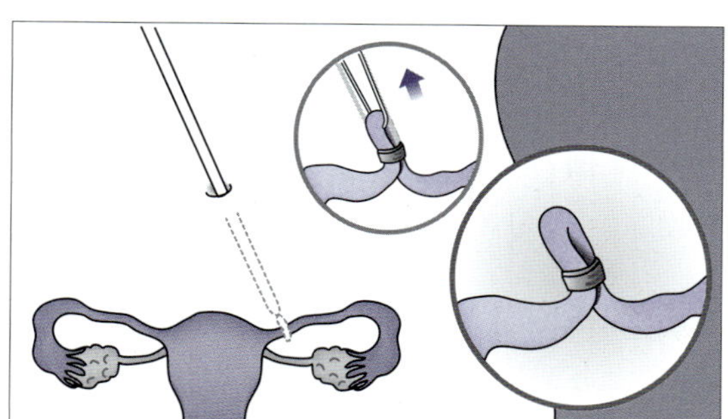

[그림 9-17] 난관수술

ㅊ. 사후피임약

배란기에 피임을 하지 못했을 경우 성관계 직후에 대처할 수 있는 응급피임법이다. 성관계 후 72시간 내에 고용량의 복합호르몬제를 12시간 간격으로 2회 복용하는 방법이다. 사후피임약은 아주 드물게 일회적으로 사용할 수 있고 자주 사용해서는 안 되며, 성폭행이나 강간 등의 경우에 사용된다. 이 약은 고농도의 에스트로겐을 복용하는 방법이기 때문에 월경주기도 불규칙해지고 메스꺼움을 유발하는 등 부작용이 우려되므로 응급 상황에만 의사와 상담하여 처방을 받은 후에 사용하여야 한다.

❷ 남성이 하는 피임법

ㄱ. 질외사정

질외사정이란 성관계 시 질 내부에 사정을 하지 않고 질 밖에 사정하는 것을 말하는데 인류가 알고 있는 가장 오래된 피임법 중의 하나이다. 이 방법은 성관계 도중 성기를 질 바깥으로 빼는 동작이 늦어져서 정액이 질 속에 남아 있을 경우 피임에 실패할 가능성이 크다. 남성의 정액은 남성의 성기가 발기한 후부터 사정할 때까지 조금씩 나오다가 사정할 때 한꺼번에 많이 배출되는 것이기 때문에 정액이 나올 때 정자도 조금씩 섞여 나와 임신을 가능하게 하므로 피임 실패율이 높다.

ㄴ. 콘돔

콘돔은 남성의 성기를 덮어 정액이 자궁 안으로 들어가지 못하게 하는 방법이며, 전 세계적으로 사용되는 대표적인 피임기구이다. 원래 성병을 예방하기 위해 만들어진 콘돔은 성병 예방은 물론 피임 효과가 높고 쉽게 구입이 가능하다. 그러나 성관계 시에 찢어지기 쉽고, 도중에 벗겨져 피임에 실패할 수도 있기 때문에 올바른 사용 방법을 알고 사용할 필요가 있다.

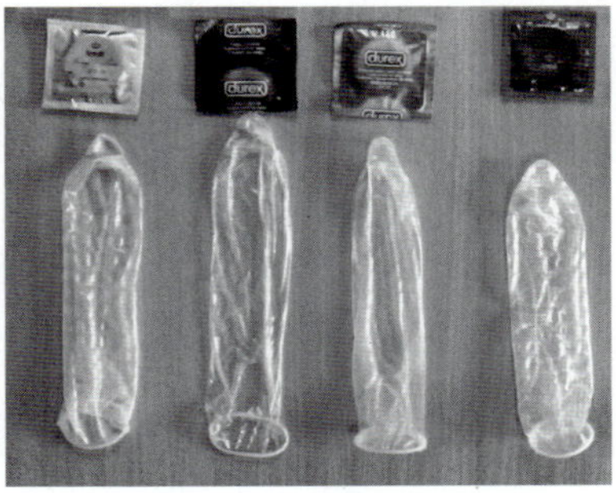

[그림 9-18] 남성용 콘돔

ㄷ. 정관수술

가장 대표적인 남성 피임법으로 정자의 통로인 수정관의 일부를 자르거나 묶어서 정자의 생산은 계속 이어지지만 정자의 체외 배출을 막아 임신이 되는 것을 방지하는 방법이다. 남성이 할 수 있는 영구적인 피임 방법이지만 나중에 필요에 따라서 정관을 이어주는 복원수술이 가능하다.

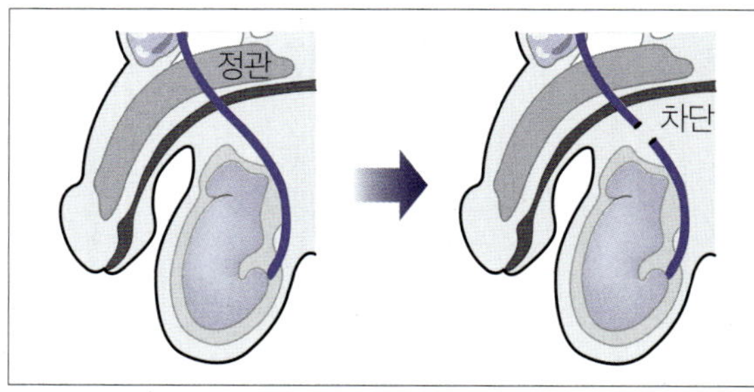

[그림 9-19] 정관수술

(2) 낙태

우리가 흔히 칭하는 낙태(落胎), 즉 인공임신중절이란 '태아가 모체 밖에서 생명을 유지할 수 없는 시기에 태아와 그 부속물을 인공적으로 모체 밖으로 배출시키는 수술'을 말한다(김정오, 2016). 낙태수술은 무리하게 여성의 몸에 기구를 넣어 태아를 없애는 것으로 자궁이 손상을 입을 수 있고, 이로 인해 다음 임신을 할 때 습관성 유산이나 조산의 가능성이 커질 수 있다. 또한, 낙태는 여성에게 심리적인 불안이라는 정신적 후유증을 남기기도 하는데, 낙태 후 절반 이상의 사람이 죄의식을 느낀다고 하며, 일부는 신경쇠약이나 수면장애를 겪기도 하고, 심리적인 불안이 지속되어 우울증으로 이어지기도 한다. 실제로 조주연 외(2006)의 연구에 따르면 여성은 인공유산의 결과로 신체적 문제뿐만 아니라, 아기에 대한 죄책감, 장래 결혼에 미치는 부담감 등 심리적 문제를 호소하는 것으로 나타났다.

우리나라는 최근 성문화가 개방되고 그로 인해 성의식의 수준이 변했지만 아직까지 남아 있는 혼전 성경험에 대한 이중 잣대는 미혼 여성의 인공유산을 증가시키는 데 기여하고 있다(김해중, 2005; 장수정, 2005). 즉, 혼전 성관계에 대해 미화하면서도 결혼 밖의 임신에 대해서는 사회적으로 비난을 하는 사회 분위기 때문에 임신과 출산에 대한 두려움은 매우 크다(조주연 외, 2006). 성관계의 상황은 남녀 상호 간에 이루어지는 행위이므로 파트너가 피임에 대해서 어떻게 생각하는지가 관건이어서 성 파트너가 피임에 대해서 긍정적인 생각을 가진다면 실제로 피임 실천율이 높다(황신우, 2013). 서로 사랑하는 사람끼리 애정을 확인하는 아름다운 행위가 불행으로 이어지지 않도록 현명하고 책임감 있는 행동을 하고자 노력하는 일이 필요하겠다.

■ 인공임신중절수술의 허용 한계(「모자보건법」 제14조)

① 본인이나 배우자가 대통령령으로 정하는 우생학적 또는 유전학적 정신장애나 신체질환이 있는 경우
② 본인이나 배우자가 대통령령으로 정하는 전염성 질환이 있는 경우
③ 강간 또는 준강간에 의하여 임신된 경우
④ 법률상 혼인할 수 없는 혈족 또는 인척 간에 임신된 경우
⑤ 임신의 지속이 보건의학적 이유로 모체의 건강을 심각하게 해치고 있거나 해칠 우려가 있는 경우

한편, 우리나라는 1953년 낙태죄를 제정한 이후 66년 만에 처음으로 낙태죄에 대한 관련 법률 개정을 앞두고 있다. 2019년 4월 11일 헌법재판소가 낙태한 여성과 의사를 처벌하도록 한 형법 제269조 제1항(자기낙태죄)과 제270조 제1항 중 의사에 관한 부분(의사낙태죄)에 대해 헌법불합치 결정을 내리며, 2020년 12월 31일까지 이에 필요한 법률 개정을 촉구하였다. 하지만 낙태죄를 둘러싼 논쟁의 쟁점이던 임산부의 자기결정권과 태아의 생명존중권 사이에서의 갈등은 아직까지도 사회의 난제로 자리 잡고 있다.

함께 보면 도움이 되는 동영상

- [DVD] The Human Body(신비한 인체 세계) - BBC 과학 다큐 스페셜
  DISC 2: An Everyday Miracle (KBS 방영 제목: 임신과 출산)
- KBS 3D 의학 다큐멘터리: 태아
  제1편 - 만남(2012. 5. 4. 방영)
  제2편 - 교감(2012. 5. 11. 방영)
- KBS 스페셜: 버려지는 아이들 베이비 박스, 60일의 기록(2016. 7. 14. 방영)
- EBS1 하나뿐인 지구: 자연주의 출산을 아시나요?(2016. 8. 12. 방영)

스스로 생각해 봅시다

- 사랑 없이도 성행위가 가능할지에 대해 논의해 본다.
- 현재 자신 혹은 남성의 경우에 자신의 여자 친구가 결혼 전에 임신을 했다면 어떤 방법을 택할 것인가에 대해 생각해 봅시다.
- 다양한 피임 방법에 대해 스스로에게 설명해 본다.
- 최근에는 다양한 출산 방법으로 아기가 태어나고 있는데, 어떤 방식의 출산이 가장 바람직하다고 생각하는가?
- 낙태에 대한 자신의 생각을 정리해 본다.
- 사후피임약을 의사의 처방 없이도 누구나 쉽게 살 수 있도록 하는 방안에 대해 어떻게 생각하는가?

C·H·A·P·T·E·R 10

태아기 발달과 부모역할

태아기(prenatal period)는 수정의 순간부터 출생에 이르는 약 10개월(40주, 280일)의 시기를 말하며 이 기간을 임신이라고 한다. 이 시기에는 정자와 난자가 결합한 수정란이 하나의 생명체로 성장하는데 기본적인 신체 구조 및 기관과 조직이 형성될 뿐 아니라 인간발달 과정 중 가장 빠른 변화가 발생한다. 태내에서의 발달은 이후의 성장과 직결되며, 출생 이후의 환경보다 태아에게 심각한 영향을 미칠 수 있다. 또한, 이 시기는 임신부의 연령, 건강, 약물 복용 및 정서적 상태까지 태아의 발달에 중요한 영향을 미치므로 각별한 주의가 요구된다(홍순옥 외, 2014; Zastrow & Kirst-Ashman, 2004).

부모가 되는 것은 첫아이의 출생과 함께 시작되지만, 부모가 되기 위한 준비는 임신 전부터 시작된다. 임신의 계획성 여부 또는 원하는 임신 여부에 따라 부모가 된다는 사실이 기대되며 즐거울 수도 있고 그렇지 않을 수도 있다(홍길회 외, 2016). 이 장에서는 태아기 발달에 대한 이해를 돕기 위해 태내 발달과정과 태아기 발달에 영향을 미치는 요인, 그리고 태아기 부모의 역할에 대해 알아보고자 한다.

01 태내 발달과정

태아기는 임신의 과정을 세 부분으로 나누는 것과 동일하게 초기, 중기, 후기로 나누어진다. 태아기 초기는 임신 초기인 3개월까지가 해당되는데, 수정되는 순간부터 자궁벽에 착상하는 약 2주 동안의 기간을 발아기(period of the zygote) 또는 정착기라고 한다. 이 시기에 수정란은 빠른 세포분열을 거듭하여 나팔관을 따라 안전하게 자궁벽에 착상되며, 자궁 속 태아가 자신을 보호하기 위해 양수를 담은 막을 형성한 주머니인 양막낭이 발달하고 태반이 형성된다.

배아기(embryonic period)는 수정란이 자궁벽에 착상한 후부터 약 2주에서 8주까지의 기간으로 이 시기에 분화하는 유기체를 배아(embryo)라고 부른다. 배아는 외배엽, 내배엽 및 중배엽으로 분화되며, 각 부분은 다시 세부적인 기관으로 분화를 계속한다. 외배엽은 피부 표피, 뇌, 손톱, 발톱, 머리카락, 치아 등 감각기관과 신경계를 형성하고 내배엽은 소화기, 허파, 간장, 췌장, 타액선 등 호흡기 계통 기관을 형성하며, 중배엽은 피부내층, 근육, 골격, 혈관 등 배설기관과 순환계가 형성된다(곽노의 외, 2007). 배아기 초기인 4주경에는 심장이 뛰고 뇌와 신경조직 분화, 입, 소화기관, 태반, 간, 허파, 신장이 형성되며, 약 6주경에 순환계와 얼굴, 사지, 내장기관, 신경관과 뇌 등이 형성된다. 수정 후 8주가 되면 태아의 모든 발달과정의 95%가 형성되어 얼굴의 입, 눈, 귀가 분화되고 팔, 다리, 손발 형성, 성기가 형성되며 배아기 동안 계속해서 태반이 발달하고 탯줄이 형성된다. 배아기는 임신과정 중 매우 중요한 시기로 선천적인 기형인 구순구개열, 소이증, 무뇌증, 뼈 기형, 지적장애 등이 발생할 수 있으며, 이 시기에 주요 신체 계통과 기관이 거의 이루어진다(홍순옥 외, 2014).

태아기(prenatal period)는 수정 후 8주 이후부터 출생까지의 시기이며, 배아기에서 형성된 여러 기관과 구조가 정교하게 발달된다. 이때 성장하는 유기체를 태아(fetus)라고 하며, 이 시기에 외형적으로 완전한 인간의 모습을 갖춘 태아는 각

기관 체계와 사지, 근육들이 기능하게 된다. 대략 8주에 첫 뼈세포가 형성되어 손가락이 분명해지며 발가락뼈가 나타난다.

태아기 중기는 임신 4~6개월 사이인데 이 시기에는 초기 3개월 동안 형성된 신체의 모든 기관과 구조가 성숙해 간다. 15주 때 감각기관이 형성되며, 기관과 근육의 기능이 시작되고 18주가 되면 입과 입술의 윤곽이 형성된다. 5개월부터 모체가 태아의 움직임을 느낄 수 있고, 6개월경부터 청각이 기본적인 기능을 수행할 수 있다. 시각은 다른 감각에 비해 가장 늦게 발달하지만 기본적인 시각기관이 완성된다(홍길회 외, 2016).

태아기 말기는 임신 7~9개월 사이로 태아의 모든 기관이 완성되고 출산 전까지 신체 각 부분의 발달이 마지막 단계에 이르며 대뇌피질이 커져 뇌가 급격히 발달한다. 태아는 발로 차고 꿈틀거리고 머리를 돌리기 시작하며 결국 몸통 전체를 돌릴 수 있게 된다. 빛에 대한 강한 반응과 감지가 가능하며, 입을 벌리고 적은 양의 양수를 삼키며 빠는 동작을 취한다(임지영 외, 2014). 약 36주경이면 대부분의 태아는 머리가 아래로 위치하며 정착하게 된다. 이러한 형태는 자궁 내에서 보다 많은 공간을 확보하게 해 줄 뿐만 아니라 출산을 용이하게 해 준다(정옥분 외, 2007).

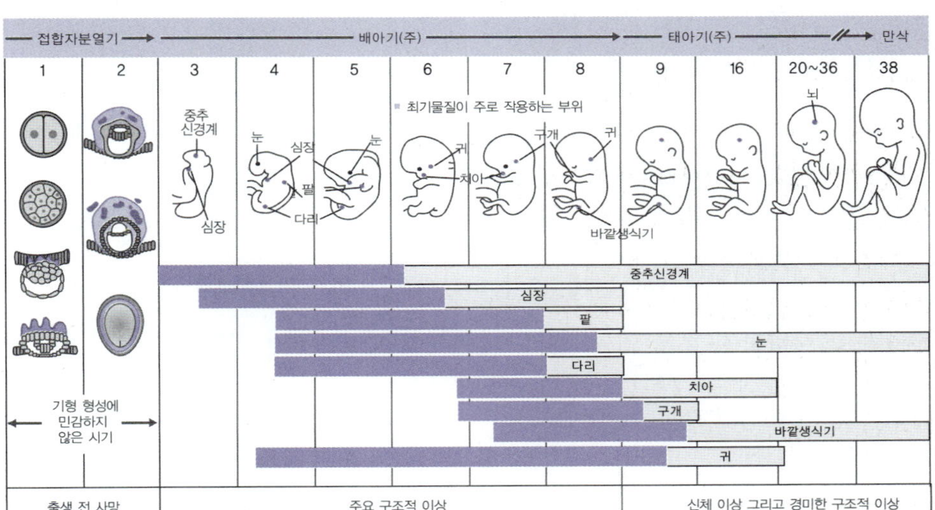

[그림 10-1] 태아의 성장과정

02 태아기 발달에 영향을 미치는 요인

태아기는 무엇보다 모체의 태내환경에 의해 많은 영향을 받는다. 대부분의 태아는 건강한 상태로 태어나지만 일부 이상이 있는 태아는 질환 요소를 가지고 태어나기도 하는데, 이상이 있는 태아는 대부분 자연적으로 유산이 되는 편이나 어떤 아기는 선천적으로 이상을 지닌 채 태어나기도 한다. 태아의 선천적 이상에 영향을 미치는 요인으로는 염색체 이상을 포함한 유전적 요인과 태내환경이 있다(홍길회 외, 2016).

1) 유전적 요인

유전은 부모가 가지고 있던 형질(形質)이 자녀에게 옮겨 가는 현상, 즉 부모의 개체 발생을 지배한 내부 요인과 같은 요인이 생식 당시에 자녀에게 전해지는 현상을 말한다(이태신, 2000). 인간은 개개인마다 각기 다른 염색체를 갖고 있는데, 이러한 염색체를 포함한 유전자는 형질을 만들어 내는 인자로서 유전 정보의 단위이다. 부 또는 모로부터 전해지는 유전자의 유전인자는 DNA와 RNA로 이루어져 있는데, 유전자가 기능을 발휘하기 위해서는 DNA가 RNA로 복사되는 전사(transcription)와 RNA가 단백질로 바뀌는 번역(translation)의 과정을 거치게 된다. 인간의 염색체는 23쌍의 DNA로 이루어져 있는데 22쌍은 비슷한 성질을 지닌 상염색체이고, 23번째는 성별을 결정하는 성염색체이다. 신생아의 약 0.6%가 어떤 선천성 염색체 이상이 나타나는데, 그중 약 1/3은 표현형에 영향을 미치지 않는, 즉 형질로서 나타나지 않는 이상이지만 나머지 2/3는 다양한 정도의 선천성 이상을 수반한다.

(1) 성염색체 이상

성염색체 이상 중 대표적인 것에는 성염색체 구성이 XXY이면서 정소기능부전이 주된 특징으로 나타나는 클라인펠터증후군(Kinefelter's syndrome, 47/XXY)이 있다. 또한, X염색체가 1개(XO)로 난소가 발육되지 않는 터너증후군(Turner's syndrome, 45/XO), X염색체가 3개인 XXX여성증후군(초여성증후군), XYY의 YY증후군(초남성증후군) 등이 있다.

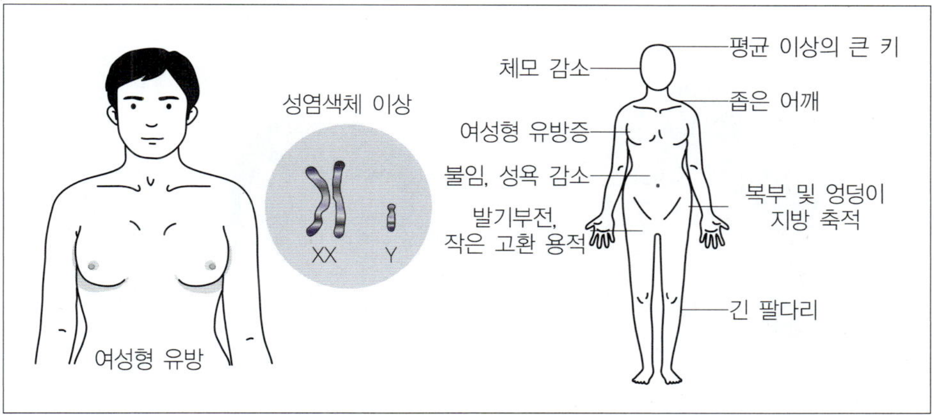

[그림 10-2] 클라인펠터증후군(XXY)

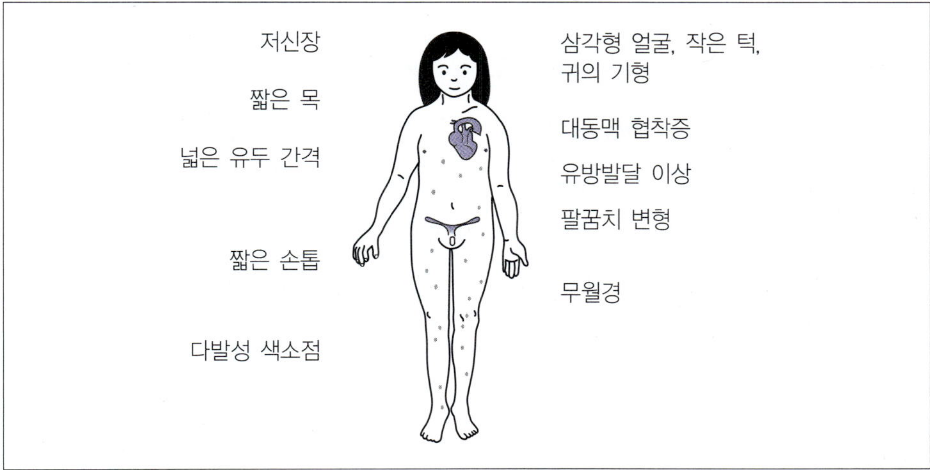

[그림 10-3] 터너증후군(XO)

(2) 상염색체 이상

대표적인 것으로 21번 염색체가 3염색체성인 다운증후군(down syndrome), 18번 염색체가 3염색체성으로 태생기의 발달장애를 일으키는 에드워드증후군(edward syndrome), 13번 염색체가 3염색체성으로 고도의 기형을 수반하는 파타우증후군(Patau syndrome) 등이 있다. 고양이울음증후군(cri-du-chat syndrome)은 고양이 울음소리를 내는 것으로 5번 염색체 단완(短腕)의 부분결실이 원인이다(강영희, 2014).

[그림 10-4] 다운증후군

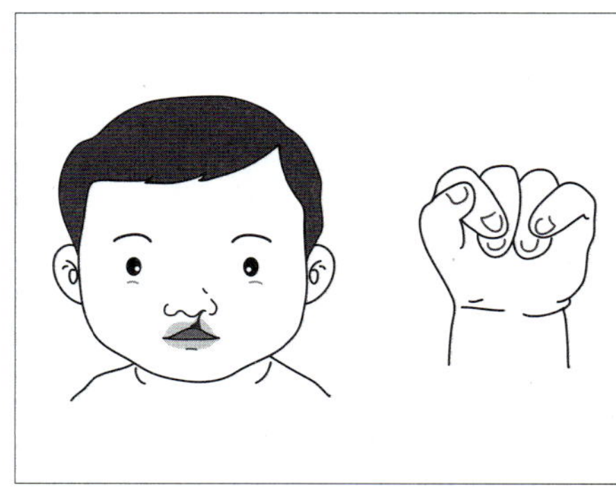

[그림 10-5] 파타우증후군

출처: 아산병원〉의료정보〉질환백과(http://www.amc.seoul.kr/asan/healthinfo/disease/diseaseDetail.do?contentId=32352).

그 밖에 선천적 이상에 영향을 미치는 유전적 요인으로 우성인자 결함으로 인한 헌팅턴병(Huntington's disease)이 있는데 중년기에 신경세포가 손상되기 시작하면서 신체적·정신적 능력이 점진적으로 쇠퇴하여 사망하는 질병이다(Shaffer & Kipp, 2012). 유전에 의한 이상 가능성을 가진 예비부모는 유전상담이나 태내진단을 통해 좀 더 확실한 것을 알 수 있고, 양수검사(amniocentesis)나 융모검사(chorionic villus sampling: CVS), 초음파검사(ultrasound 또는 sonogram) 등의 태내진단을 통해 태아의 유전적 결함을 출산 전에 미리 알아볼 수 있다(정옥분, 2014).

2) 태내환경

태아에게 영향을 미치는 태내환경(prenatal environment)은 출생 이전의 태아가 아직 모체에 있을 때의 환경을 말한다. 태내환경의 차이 때문에 태아의 건강이나 적응에 여러 가지 차이가 생긴다는 것은 잘 알려진 사실이다(서울대학교 교육연구소, 2011). 태아는 어머니와 생리적 · 심리적으로 밀접하게 연결되어 있어 산모의 연령, 건강 및 영양 상태, 정서 상태, 질병, 흡연, 약물 복용, 음주 여부 등은 태아의 발달에 큰 영향을 준다. 또한, 최근 아버지의 연령, 음주, 흡연 정도가 태내환경에 많은 영향을 미칠 수 있다는 것이 밝혀지면서 태아에게 보다 건강한 태내환경을 만들어 줄 수 있는 요인에 대한 관심이 높아지고 있다.

(1) 영양

태아는 태반을 통해 성장에 필요한 모든 것을 어머니에게 의존하므로 임신을 했을 때 적절한 영양 관리는 어머니와 태아 모두에게 중요하다. 임신기간 중에는 늘어나는 영양소 요구량을 유지하고 태아가 성장하기 위해 필요한 영양소가 갖추어진 균형 잡힌 식사를 해야 한다. 한국영양학회에서는 최근 5년간 국민건강영양조사의 자료를 통합 분석하여 권장식단을 구성하였는데, 성별 및 연령별 다빈도 음식 및 식품과 각 식품군의 대표 식품을 반영하여 구성하였다. 이 식품구성자전거는 권장식사패턴을 반영한 균형 잡힌 식단과 규칙적인 운동이 건강을 유지하는 데에 중요함을 알리기 위해 제작되었으며, 이를 이용하여 식사를 계획하고 평가해 볼 수 있다(한국영양학회, 2015).

일반적으로 임신기간의 하루 섭취량은 평상시보다 15~30%(300~500cal) 정도 증가시키는 것이 바람직하다. 특히, 칼슘과 단백질, 철분, 비타민은 임부의 건강뿐 아니라 태아의 성장과 발육에 필수적이므로 충분히 섭취해야 한다. 보건복지부가 한국영양학회를 통해 국민의 건강 증진과 질환 예방을 목적으로 제정한 2015 한국인 영양소 섭취 기준을 발표한 바에 따르면 대상 영양소는 총 36종으로 에너지 및 다량영양소 8종, 비타민 13종, 무기질 15종이었다.

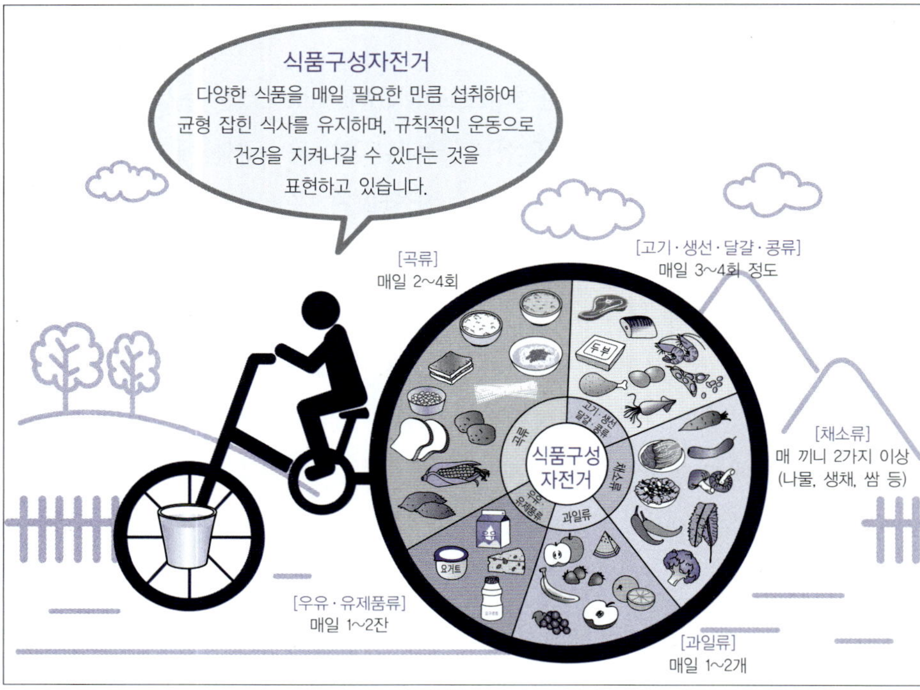

[그림 10-6] 식품구성자전거

출처: 보건복지부 · 한국영양학회(2015). 2015 한국인 영양소 섭취 기준.

〈표 10-1〉 2015 한국인 영양소 섭취 기준 대상 영양소 총 36종

구분	영양소(36종)
에너지 및 다량영양소(8종)	에너지, 탄수화물, 총당류, 지질, 단백질, 아미노산, 식이섬유, 수분
비타민(13종)	비타민A, 비타민D, 비타민E, 비타민K, 비타민C, 티아민, 리보플라빈, 니아신, 비타민B6, 엽산, 비타민B12, 판토텐산, 비오틴
무기질(15종)	칼슘, 인, 나트륨, 염소, 칼륨, 마그네슘, 철, 아연, 구리, 불소, 망간, 요오드, 셀레늄, 몰리브덴, 크롬

임신기간 동안 태내에 영양 공급이 충분하지 못할 경우 사산, 유산, 조산아나 미숙아가 태어날 확률이 증가하며, 출산 시 아기의 체중은 이후의 지능이나 성취도와도 관련이 있는 것으로 나타났을 뿐 아니라(Newman & Buka, 1993; 정옥분, 2014, 재인용), 성장에 필요한 성분을 어머니로부터 얻어가므로 임신부의 영양과 건강도 나빠진다. 일반적으로 임신기간 동안 산모의 체중은 11~16kg 정도가 증가하지만, 최근에는 고열량 및 과잉 영양 섭취로 비만인 임신부와 임신성 고혈압 및 단백뇨 등이 나오는 임신중독증으로 태아의 성장을 위협하는 사례가 늘어나고 있다. 임신 초기에 비해 4개월 이상 경과된 이후부터는 체중이 본격적으로 증가하므로 영양과 열량은 충분하지만 칼로리가 과잉되지 않도록 주의를 기울여야 한다.

■ 임신 단계별 건강 식단

1. 초기(임신 1~3개월)

태아의 뇌가 급속도로 발달하는 시기이므로, 뇌 발달에 좋은 단백질을 많이 섭취한다. 특히, 동물성 단백질은 태반의 성장과 태아의 혈액, 근육 등 몸 조직을 구성하는 근원이 되므로 매우 중요하다. 육류나 생선, 콩류에 많이 함유되어 있다.

엽산은 태아의 DNA를 합성하고 뇌의 기능을 정상적으로 발달시키는 데 중요한 역할을 한다. 만약 엽산이 부족할 경우 태아에게 신경기관의 이상이나 다운증후군, 구순염, 구개열 등의 기형이 발생할 수 있으므로 녹색잎 채소, 잡곡류, 굴, 연어, 우유 등을 충분히 섭취한다.

2. 중기(임신 4~6개월)

임신 중기는 모체의 적혈구가 크게 증가하고 태아에게 필요한 철분량이 늘어나는 시기다. 임신부는 하루 30mg의 철분이 필요한데, 동물의 간, 각종 해조류나 어패류, 녹황색 채소에 많이 함유되어 있다. 이때 단백질과 비타민C를 함께 먹으면 철분의 흡수율을 높일 수 있다. 임신 5개월부터는 태아의 뼈가 단단해지는 시기인 만큼 칼슘 섭취가 중요한데 부족할 경우, 유산 · 조산 · 난산의 위험과 산후 회복이 더딜 수 있다. 우유나 치즈 같은 유제품과 잎채소, 뼈째 먹는 생선, 참깨, 아몬드 등에 함유되어 있고, 동물성 단백질과 함께 먹을 경우에는 흡수율이 높아진다.

또한, 임신 중기가 되면 호르몬의 영향과 커진 자궁의 압박으로 장의 움직임이 느려져 변비에 걸리기 쉽다. 양배추, 배추, 시금치, 무, 고사리, 버섯, 콩 등의 식품과 사과, 바나나, 포도 등의 과일을 충분히 먹는다. 또한, 평소 수분을 충분히 섭취하고 배변 시간이나 식사 시간을 정하여 규칙적인 생활을 한다. 이 시기에는 조산 및 임신중독증의 위험이 있으므로 염분 섭취에 주의한다. 김치는 평소 섭취량의 반으로 줄이고 젓갈, 나트륨이 많은 가공식품은 피한다. 간은 소금 대신 식초와 레몬을 이용해 맛을 낸다.

3. 후기(7~9개월)

임신 후기 7주간은 신생아의 몸무게가 1/3~1/2 정도 더 커지는 시기다. 따라서 임신부의 영양도 늘려야 한다. 하지만 체중의 증가를 막기 위해 고영양, 저칼로리 음식을 섭취하는 것이 좋다. 쌀밥 대신 현미나 잡곡밥을 먹고 매 끼니 야채로 만든 반찬을 먹는 것이 좋다. 또한, 모유가 잘 나올 수 있도록 비타민K가 함유된 녹황색 채소와 살코기, 그리고 단백질과 무기질이 풍부한 생선, 콩, 우유, 해조류 등을 고루 섭취한다. 녹황색 채소의 비타민B군은 임신 후기의 요통이나 어깨 결림의 통증을 완화하는 데도 효과가 있다. 또한, 비타민A는 임신부의 물질대사 기능을 높이고 태아의 발육과 저항력을 높이는 데 효과적이다. 그러나 과잉 섭취 시, 태아의 기형을 일으킬 수 있으므로 주의한다. 비타민A가 풍부한 음식으로는 쇠간, 토마토, 달걀, 감, 늙은 호박 등이 있다.

출처: 파일리에 2월호, 인구보건복지협회(2014).

■ 임신부가 관심 가져야 할 필수 영양소

1. 엽산

엽산은 태아의 건강한 성장에 중요한 비타민 B군 중 하나다. 태아의 척추, 뇌, 두개골의 정상적인 성장을 위해 필요한 영양소로 임신기간 중 초기 1~4개월 동안 특히 중요하다.

임신 중에는 태반 형성을 위한 세포 증식, 태아 성장, 혈액량 증가 등을 도와주기 위해 엽산이 요구된다. 임신 초기에 엽산이 결핍되면 신경관 결손, 심장 기형 등 태아의 척추와 신경계에 선천적인 장애를 초래할 수 있다. 임신부에게는 태반조기박리, 빈혈 등이 발생할 수도 있다. 임신기간 중 엽산의 권장섭취량은 1일 600mg으로 비임신 여성의 권장섭취량 400mg보다 200mg이 추가 설정되어 있다. 임신 초기 4주 이내의 태아

발달에 엽산이 영향을 줄 수 있으나 임신을 계획하는 경우 임신 한 달 전부터 엽산을 충분히 섭취하는 것이 좋으며, 태아의 신경관 결손의 위험을 줄이기 위해서는 최소 임신 후 3개월까지 섭취할 것을 권장한다. 쑥갓, 메추리알, 시금치, 깻잎, 딸기, 부추, 고춧잎, 총각김치, 오렌지(무가당 주스), 토마토, 오렌지, 키위 등 엽산을 많이 함유한 음식의 섭취를 통해 권장량을 충족시키는 것이 이상적이다.

2. 철

철은 세포에 산소를 운반하는 혈액성분(적혈구)을 구성하는 무기질 성분이다. 임신기간 동안 태아와 태반 성장으로 철의 요구량이 증가된다. 또한, 태아는 출생 후 처음 몇 개월 동안 지속적으로 신체에 철을 저장해야 한다. 또한, 태아는 엄마 배 속에서 활발한 대사 작용과 성장을 하기 때문에 혈액량이 급속히 증가하는 임신기간에는 철의 중요성이 커지며 부족한 경우 쉽게 피로를 느끼게 된다. 임신부에게 철이 부족하면 빈혈이 생기기도 한다. 육류, 생선, 닭고기 등의 동물성 식품에 함유된 철이 식물성 식품의 철보다 더 흡수가 잘 되므로 철이 풍부한 붉은 살코기, 닭고기 등의 동물성 식품을 충분히 섭취한다. 비타민C 함유량이 높은 귤, 딸기 등과 철이 풍부한 식품을 함께 먹으면 철의 흡수가 좋아진다.

3. 칼슘

혈액 속에 용해되어 있는 칼슘은 근육수축, 뇌 전달물질 방출, 심장고동 조절, 혈액응고 등의 역할을 수행하고 있다. 임신기간 중 칼슘 섭취량은 1일 930mg으로 비임신 여성의 권장섭취량보다 280mg이 추가 설정되어 있다. 하루에 3~4컵의 우유 섭취로 칼슘의 권장섭취량을 충족시킬 수 있다. 칼슘은 우유, 치즈, 요구르트, 연어, 뼈째 먹는 생선, 시금치, 브로콜리, 콩, 오렌지 등에 함유되어 있다. 임신 후반기에는 식사로 칼슘 필요량을 충족시키기는 어렵기 때문에 필요시 의사와 상담을 통해 칼슘 보충제를 섭취하는 것이 좋다.

출처: 베이비뉴스(2015. 10. 23.) 도움말 – 한국소비자단체협의회, 식품의약품안전처.

(2) 약물

임신을 하면 가장 걱정되는 것 중의 하나가 약물 복용이다. 임신부에게 안전한 약물도 태반을 통해 태아에게 전달될 경우 치명적인 영향을 미칠 수 있기 때문이다. 태아의 신경관과 심장, 콩팥, 팔다리 등이 형성되는 임신 초기에는 특히 조심할 필요가 있다. 일반적으로 산모에게 처방되거나 시판되고 있는 약은 임신 중 약물 사용 시 태아에게 미치는 위험도에 따라 A, B, C, D, X의 다섯 가지로 구분한 미국의 FDA(미국식품의약청) 기준에 따른 것이다.

〈표 10-2〉 미국식품의약청 분류기준 임신 약물

기준	내용
A군	태아에게 해가 없는 것으로 알려진 약물
B군	동물실험에서는 해가 없는 것으로 확인되었지만, 인체 실험결과는 증명되지 않은 경우
C군	동물실험에서 유해한 영향을 미치는 것으로 나타났지만, 인체 실험결과가 없는 약물
D군	태아에게 위험하다는 증거가 있으나, 약물 사용이 가져다주는 이익이 더 크다고 판단되는 약물(임신부의 생명이 위급하거나 다른 약으로는 효과를 볼 수 없는 경우에만 부득이하게 사용)
X군	절대 복용해서는 안 되는 약물

출처: 제일병원(2015). 임신출산육아대백과.

A군과 B군은 안심하고 사용할 수 있으나 산모의 건강을 위해 부득이한 경우 C, D군의 복용도 가능하다. 철분제는 A군에 해당되는데, 일반적으로 일상에서 복용하는 소화제나 두통약, 해열 및 진통제, 감기약은 대부분 B, C군에, 간질약은 D군에 해당한다. 항암제 및 항응고제 등은 명백히 태아 유해성이 입증된 X군에 해당하므로 절대 임신 중에 복용해서는 안 된다. 그러나 어떤 약물이든 임신 중에 복용하는 약물은 반드시 전문가의 도움을 받는 것이 좋다.

■ 탈리도마이드 사건(Thalidomide Tragedy)

- 1957년 10월 1일 독일 그뤼넨탈사에서 contergan(탈리도마이드)을 출시함
- 일종의 진통 · 진정제로 임신부의 입덧 방지에도 사용됨
- 이 약이 발매된 다음 해부터 팔과 다리가 없거나 짧은 기형아가 출산됨
- 유럽과 아프리카 일본을 포함하여 40여 개 국가에서 사용되어 기형아가 10,000명을 상회함

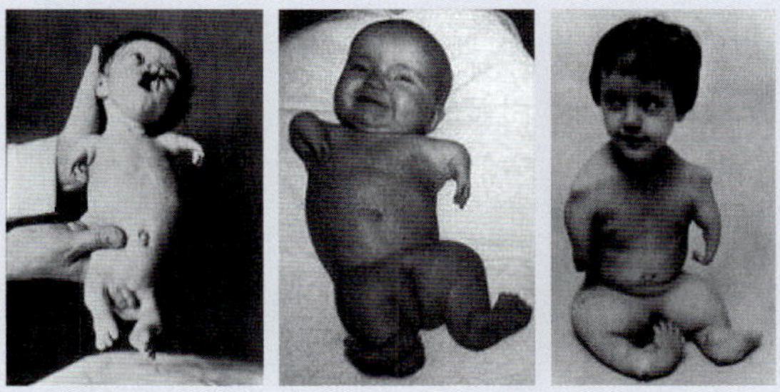

출처: http://specialdayztistory.com/99

(3) 질병

산모의 질병은 태내 결함을 유발하는 원인 중 하나이다. 태내 결함을 유발하는 대표적 질병 중 하나는 풍진이다. 임신 중 풍진에 걸되면 임신 12주 이전에는 80%, 13~14주에는 54%, 24주경에는 25%가 선천성풍진증후군을 일으키며, 백내장이나 녹내장, 심장 기형, 청각장애, 중추신경장애, 맥락망막염, 자반증, 간비장 비대증 및 지적장애 등을 유발할 확률이 높다.

임신성 당뇨는 당뇨가 없던 임신부가 임신 중기 이후에 발생한 고혈당 상태를 일컫는다. 전체 임신부 중 3~14% 정도가 발생하며, 임신성 당뇨는 거대아, 저혈당, 신생아 골절 및 신경 손상 등의 합병증을 유발할 수 있어 적절한 치료가 필요하다.

임신중독증은 임신 중 생기는 질병 가운데 발병률이 가장 높은 질병 중 하나로, 특별한 원인 없이 혈압이 높아지고 단백뇨나 부종이 함께 찾아오는 것을 말한다. 임신중독증은 주로 28주 이후에 발병하며 임신부의 5% 정도가 걸리고, 여러 가지 합병증이 나타날 수 있으므로 중증일수록 태아에 대한 위험이 증가한다.

임신 중 수두에 걸리면 폐렴 같은 합병증이 나타나기 쉽고 태아 기형의 가능성도 커진다. 세균성 질염은 정상적으로 질 내에서 살면서 질을 산성으로 유지하는 락토바실리(lactobac-illi)라는 유산균이 없어지고, 대신 혐기성 세균이 증식하면서 발생하는 질 내 감염증이다. 특히, 임신부의 경우 조기 양막 파수, 조기진통, 융모막염, 제왕절개술 이후 자궁내막염 등 다양한 합병증을 일으킬 수 있다.

그 외에도 매독이나 임질 등의 성병, 후천성 면역결핍증(AIDS)의 원인이 되는 인체 면역결핍 바이러스(Human Immunodeficiency Virus: HIV), B형 간염, 심장 질환도 태아에게 심각한 영향을 미친다.

(4) 음주

임신부의 음주는 알코올 중독, 영양장애 등을 초래하며, 태반의 기능부전으로 저체중, 전치태반, 태반조기박리 등이 발생할 수 있다. 특히, 임신 초기의 음주는 태아의 신체 및 중추신경 발달에 치명적인 영향을 줄 수 있으므로 임신기간 중에는 알코올 섭취를 제한하는 것이 바람직하다. 임신부가 지나친 음주 습관이나 알코올 중독 현상을 보이는 경우에는 태아알코올증후군(Fetal Alcohol Syndrome: FAS) 아기를 출산할 가능성이 크다. 태아알코올증후군은 수태기 또는 임신 중에 모체가 상당한 양의 알코올을 섭취한 결과로 신생아에게 나타나는 다양한 선천적 기형 증상이다. 출생 전후 모두 성장이 느리고 지적장애 또는 정신발육이 지연되며, 얼굴과 머리에 특정한 특징적 기형이 나타나기도 한다. 소뇌증, 미세운동 기능부전, 넓은 미간, 지적장애나 주의집중력의 결핍, 과잉행동이 대표적인 특징이다.

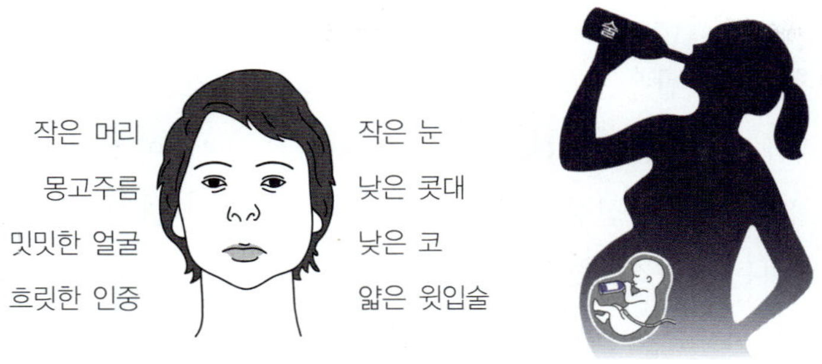

[그림 10-7] 태아알코올증후군

출처: 서울아산병원〉의료정보〉질환백과(http://www.amc.seoul.kr/asan/healthinfo/disease/diseaseDetail.do?contentId=31958).

읽고, 생각해 봅시다

▪ 기독교여자절제회, 태아알코올증후군 예방 세미나

"내가 태어나기 전 친모는 시외버스 터미널 앞에서 포장마차를 운영했다. 친모는 한 푼이라도 더 벌기 위해 매일 손님들과 술잔을 주고받았고, 결국 알코올 중독이 되어 버렸다. 얼마 뒤 친모는 좋아하는 남자와 동거를 했고 임신을 했다. 그러나 임신 사실을 몰랐던 친모는 장사를 계속하며 술을 마셨다. 결국, 난 전형적인 태아알코올증후군(Fetal Alcohol Syndrome: FAS)을 갖고 태어났다. 특히, 안면기형이 심했다. 구순구절개로 코뼈가 없고 윗잇몸에는 구멍이 나 있었으며, 입안은 코안까지 양쪽이 갈라졌다. 세 차례 수술을 받은 뒤에야 우유를 먹어도 밖으로 새지 않았다고 한다. 난 이웃에게 입양되어 지금 20세가 됐다. 그런 탓인지 신경이 날카로워지고 우울증이 심하다. 왜 이렇게 힘겹게 살아야 하는 건가. 만약, 엄마가 임신 중 술을 마시지 않았다면 내 인생이 달라졌을 텐데…"〈태아알코올증후군 예방 세미나에서 발표된 사례〉

출처: 국민일보(2004. 9. 15.) 33면 재구성(http://news.naver.com/main/read.nhn?mode=LSD&mid=sec&sid1=103&oid=005&aid=0000177355).

(5) 흡연

임신 중 흡연은 태반을 통하여 태아에게 전달되는 산소와 영양분을 줄일 뿐 아니라 혈액 속에 니코틴을 축적하고 혈압을 증가시켜 저체중아 출산, 영아돌연사증후군, 사산, 선천성 기형, 신생아 사망률에 영향을 미치는 대표적 요인이다. 흡연을 한 여성의 태아는 일반적으로 체중이 150~320g 정도 감소하며, 흡연 여성은 비흡연 여성에 비해 저체중아 출산율이 두 배 이상 높게 나타난다. 만일 임신기간 중 여성이 흡연을 피할 수 있다면 20%의 저체중아 출산은 피할 수 있다(Chomitz, Cheung, & Lieberman, 1999). 그러나 임신 중 계속 흡연을 한 사람은 37주 미만에 조산을 하는 비율이 9.2%나 되어 비흡연자보다 약 3.3배 높고, 유산율도 1.5배 정도 높다. 전치태반이나 태반조기박리, 조기파수의 위험성이 있으며, 태반을 통해 뇌에 들어간 니코틴은 뇌의 호흡을 관장하는 부분의 발달을 저해하여 갓 태어난 아기에게 호흡장애를 일으킬 수 있다(이진용, 2002). 임신부가 흡연을 시작한 2.5분 이후부터 부신호르몬의 수준이 급격히 상승하여 자궁과 태반 간의 혈관을 좁게 만들며, 결과적으로 태아에게 산소와 영양 공급이 원활하게 이루어지지 못하게 된다(Clarke-Stewart et al., 1985).

임신부의 직접적인 흡연이 태아의 발달에 영향을 미치는 것은 의학적으로 증명되었으나, 이에 못지않게 간접흡연도 태아의 저체중, 조산의 위험을 높이는 것으로 알려졌고(이보은 외, 2003), 흡연을 하는 어머니의 심리 상태도 태아에게 영향을 미치는 한 가지 요인으로 지적될 수 있다(정옥분, 2014).

(6) 정서 상태

임신부의 정서는 예부터 중요하게 여겨져서 임신부가 정서적 불안과 심리적 긴장을 피하도록 권장하고 있다. 임신부와 태아는 태반에서의 혈액체계에 의해 상호의존되어 있다. 임신부의 정서 상태는 내분비 조절에 영향을 미쳐서 혈액의 화학 성분을 변화시키며, 그 변화된 화학 물질이 태아에게 옮겨져 영향을 받게 된다

(윤기환, 2006). 임신부의 정서적 안정, 혼란 정도 및 스트레스 정도에 따라 태아의 행동 수준, 심장 박동률 및 움직임이 다르게 나타나는데(Dipietro, Hilton, Hawkins, Costigan & Rressman, 2002) 이는 태아가 엄마의 심장 박동을 들으면서 그 소리의 리듬과 조화를 이루어 태내에서 몸을 움직이기 때문이며(Jernberg, 1985), 태아기 때 이미 임신부-태아 간에 정서적 상호작용을 하고 있음을 의미한다(공응경, 2012).

임신기간 중 정서 상태는 여러 요인에 의해 영향을 받을 수 있는데, 임신부의 우울 및 불안, 과도한 스트레스는 조기 진통, 조산, 미숙아, 저체중아 출산의 원인이 된다. 임신 중 경제적 문제나 대인관계에서 스트레스를 많이 받으면 태아에게 영향을 주어 알레르기나 천식에 걸릴 확률이 높아지고, 산모의 심한 스트레스가 태아의 뇌 발달에 영향을 주어 자폐, 조현병을 일으킬 가능성이 큰 것으로 나타났다. 또한, 출산은 임신부에게 불안, 심리적 스트레스, 우울과 같은 부정적 정서적 상태를 야기할 수 있다. 이러한 정서 상태는 임신 초기에 증가했다가 임신 중기에 감소하고 임신 후기에 다시 증가하는 U자 패턴을 따른다(Teixeira, Fisk, & Glover, 1999). 특히, 임신 초기보다는 임신 후기에, 경험이 있는 산모보다는 초산 임신부의 경우에 심한 부정적 정서 상태를 경험하게 된다(하영수, 1968; 조미영, 1988, 이선아, 1997, 김보미, 2016). 국외에서는 임신부의 정서 상태의 중요성을 인식하고, 산전 진찰 시 임신부의 정서 상태의 수준을 파악하고 관리해 나가고 있다(Larsson et al., 2004; H. L. Littleton, C. R. Breitkopf, & A. B. Berenson, 2007).

읽고, 생각해 봅시다

"임신 중 우울증, 산후우울증 유병률보다 높아"

임신 초기부터 산후 한 달까지 임산부 정신건강 추적조사

많은 여성이 출산 후 고통을 겪는다는 산후우울증. 하지만 산후우울증 못지않게 임신기간에 우울증이 더 쉽게 발병한다는 연구 결과가 나왔다. 임신 초기(12주)에 가장 많은 임신부가 우울증 위험을 보여 임산부의 정신건강관리에 근본적인 변화가 필요한 것으로 나타났다.

제일의료재단 제일병원 정신건강의학과에서 지난 2013년 3월부터 2016년 11월까지 3,801명의 임산부를 대상으로 임신 초기(12주)부터 중기(24주), 말기(36주), 산후 한 달까지 4차례에 걸쳐 시기별 정신건강 현황을 추적하는 국내 최초의 연구를 시행한 결과, 우울증 위험도가 높은 것으로 확인된 비율(우울증 선별군)은 임신 초기가 19.3%로 가장 높았고 산후 한 달 시점이 16.8%, 임신 말기 14%, 임신 중기가 13.8%로 뒤를 이었다.

우울증 위험도가 가장 높게 나타난 임신 초기의 경우 불안점수 역시 모든 시기에 비해 가장 높았다. 신체 변화 등 새로운 변화에 대한 적응 문제, 유산에 대한 걱정 등이 영향을 미친다는 것이 연구팀의 분석이다. 임신 중 우울증 주요 위험 요인으로는 ▲가계소득 ▲결혼 상태 ▲직업 여부 ▲질병력 ▲입덧 ▲배우자와의 관계 문제 등이 확인됐다.

제일병원 정신건강의학과 이수영 교수는 "산후우울증이라는 용어가 대중에게 널리 퍼져 있어 흔히 출산 후에 우울증이 쉽게 발생한다고 생각하지만 임신기간, 특히 임신 초기에 우울증 발병 위험이 가장 높은 것으로 나타났다"면서 "임신부 및 배우자 교육 등 임신 중 정신건강에 대한 체계적 관리가 필요하다."라고 말했다.

제일병원 주산기과 류현미 교수는 "임신기간에 발병하는 우울증은 약물 사용이 자유롭지 않아 치료에 어려움을 겪는 경우가 많기 때문에 임신을 계획하고 있는 여성이라면 배우자 또는 보호자와 함께 적극적으로 위험인자를 관리하면서 우울증을 예방할 필요가 있다."라고 강조했다.

출처: 데일리팜(2017. 1. 24.).

03 태아기의 부모역할

태아기는 인간의 발달적 측면에서 보면 매우 짧은 기간이지만 태내의 발달이 출생 이후의 성장과 발달에 초석이 되는 중요한 시기이다. 태아기의 부모역할과 태교에 대하여 살펴보기로 한다.

1) 부모역할

첫째, 임신에 대한 긍정적인 마음과 태도를 갖는다. 임신기간에는 임신 자체 및 출산에 대한 불안, 임신부의 신체 변화에 따른 스트레스와 생활 변화에 따른 염려 등으로 신경이 예민해지기 쉽다. 임신 스트레스는 임신부의 1/4이 경험하는데, 심할 경우 임신성 고혈압, 조산이나 유산, 저체중아 출산, 태아 기형 등을 증가시켜 태아 건강에 매우 위협적인 것으로 알려져 있다(김효경, 2015). 임신부가 느끼는 스트레스, 우울, 불안, 공포는 태반을 통해 그대로 태아에게 전달되어 태아의 성장에 부정적인 영향을 줄 수 있으므로 가능한 임신을 긍정적으로 받아들이고 밝은 마음과 기분을 유지하도록 노력해야 한다. 또한, 자신에게 맞는 태교를 선택하여 임신부 자신과 태아의 건강 및 정서적 유대감을 증진시키는 것도 바람직하다.

둘째, 건강한 태내환경을 위한 노력을 한다. 태아는 탯줄과 태반을 통해 산소와 영양을 공급받기도 하지만 정서적으로 편안함을 유지하게 된다. 태아의 성장 및 발달을 위해 임신부는 충분한 영양 공급과 질병에 대한 관리를 해야 하고, 임신 중에 약물 복용이나 음주, 흡연 등은 삼가는 것이 좋다. 유해한 전자파나 환경호르몬도 태아에게 영향을 줄 수 있으므로 일상에서의 관심과 관리가 필요하다.

셋째, 남편은 정서적 지원과 적극적 참여로 임신기간을 함께 한다. 화목한 부부관계는 임신부의 심리적 안정감과 태아와의 유대감 형성에 매우 중요하다. 가정 내 역할 분담으로 임신부의 부담을 줄여 주고 긍정적 마음을 갖도록 한다. 남편의 정서적 지원은 임신부가 임신에 쉽게 적응할 수 있도록 해 주며, 임신부로 하여금 어머니가 된다는 사실을 만족스럽게 받아들이도록 하는 중요한 경험이 된다(강은주 외, 2016). 부부가 함께 산책을 하거나 태아에게 태담을 들려주는 것은 임신부와 태아의 건강 상태 유지에 도움이 된다. 또한, 남편의 음주, 흡연, 전자파나 화학약품에 대한 노출이 임신부의 정서와 태아의 발달을 저해할 수 있으므로 가급적 삼가는 것이 좋다.

넷째, 남편과 아내가 함께 출산 준비를 한다. 출산 준비는 크게 순산을 위한 건강 관리, 심리적 안정을 위한 정서 관리, 출산 및 아기용품 등의 물품 준비로 나누어 생각할 수 있다. 충분한 영양 섭취와 적절한 운동으로 건강을 유지하고 출산을 대비할 체력과 에너지를 갖추어야 한다. 출산이 가까워지면 이에 대한 두려움과 불안이 높아지면서 심리적 안정이 필요하므로, 남편의 이해와 지지는 필수적이다. 또한, 출산과 태어날 아기를 위하여 출산 및 아기용품을 준비한다. 분만 시 병원 이동 방법이나 필요한 서류 및 물품, 조만간 태어날 아기를 위한 물품(배냇저고리, 기저귀, 수유용품, 목욕용품 등) 등을 미리 준비해야 한다(이명순 외, 2015).

2) 태교

태교란 태중교육의 준말로 태중의 아기를 교육한다는 의미이며(주정일, 1989), 사전적 의미는 "임신부가 태아에게 좋은 영향을 주기 위하여 언행을 삼가는 일(서울대학교 교육연구소, 1995)"이다. 즉, 태교란 심신이 건강한 아기의 수태와 태내발달 및 출생을 위하여 부모가 될 부부가 임신을 준비하는 기간부터 아기의 출생 시까지 수행해야 하는 모든 교육적인 노력으로 볼 수 있다(정진자, 2000). 태아심리학에 따르면 태아는 수정되는 순간부터 의식이 생긴다고 한다. 태내 생활에 대한 기억을 갖고 있으며 그 안에서 마음의 상처를 받기도 하고 오감이 발달하여 아픔도 느낀다고 한다. 그러므로 임신부는 임신기간 동안 늘 기쁘고 행복한 마음을 유지해야 한다(연미희 외, 2014; 강은주 외, 2016, 재인용).

태교는 동양에서 예부터 시행되어 왔으며, 태교에 대한 중요성 또한 오래전부터 강조되어 왔다. 우리나라의 태교에 관한 문헌은 정몽주의 어머니인 이씨가 『태중훈문(胎中薰門)』(1370)에서 "여자가 아기를 가지면 옛날 성인들의 가르침과 행정을 배우도록 힘쓰고 좋은 책을 읽어서 항상 추앙사모하여 자신도 그와 같은 성인군자를 낳기를 소원하고 일반 사람들이 지킬 수 있는 일을 행해야 한다."라고 했던 기록을 비롯하여 『내훈(內訓)』(소혜왕후 한씨, 1450), 『성학집요(聖學輯要)』(이율곡, 1570), 『계녀서(戒女書)』(송시열, 1660), 『규범(閨範)』(권모, 1680), 『태교신기(胎敎新記)』(사주당 이씨, 1801), 『규합총서(閨閤叢書)』(빙허각 이씨, 805) 등에서도 태교의 중요함을 강조하고 있다. 특히, 조선 시대 유희 선생의 어머니인 사주당 이씨가 저술한 『태교신기(胎敎新記)』는 태교의 원리와 이념, 구체적인 생육방법을 담고 있는데 "생육이란, 아기 낳기 전에 가르칠지니 그러므로 스승이 십 년을 잘 가르쳐도 어미가 열 달을 배 속에서 잘 가르침만 못하고, 어미가 열 달을 배 속에서 가르침이 아비가 하룻밤 부부 교합할 때 정심(貞心)함만 못하다."하여 모성태교와 더불어 부성태교가 매우 중요함을 언급하고 있다(최삼섭 외, 2002).

[그림 10-8] 태교신기

태교의 중요성은 오늘날에도 여전히 강조되고 있는데, 최근에는 더욱 다양한 태교방법이 제시되고 있다. 그중 태담태교는 임신부가 배를 마사지하면서 하루 종일 있었던 이야기나 동화책 등을 읽어줌으로써 대화를 통해 태아와 유대감을 쌓는 것이고, 음악태교는 여러 태교 중 가장 많이 하는 태교로 임신 4개월경이 되면 태아의 청각이 발달하기 시작하므로, 이 시기부터 음악태교가 도움이 된다. 음악태교는 너무 크거나 자극적인 음악보다 임신부가 음악을 들으며 정서적으로 안정감을 가질 수 있는 것이 좋다. 미술태교는 미술작품이나 명화를 통해 시각, 촉각 등 여러 감각에 자극을 주어 태아의 감각발달에 도움을 줄 수 있으며, 명상태교는 마음을 비우고 집중력을 높여 임신으로 불안해진 몸과 마음에 안정감을 가질 수 있을 뿐 아니라 태아의 정서를 편안하게 하는 데 도움을 준다.

현대의 임신부는 태교에 관한 필요성을 이미 충분히 인지하고 있지만, 경제적 ·

시간적 여유나 구체적인 태교방법에 관한 지식이 부족해 태교 실천에 어려움을 겪을 수도 있다. 특히, 직장을 다녀 시간적 여유가 없거나, 소득 수준이 낮아 태교를 할 경제적 여유가 없는 임신부에게 태교에 관한 높은 사회적 관심은 오히려 스트레스가 되기도 한다. 특정한 장소에 일정한 비용을 내고 참가하는 다양한 형태의 태교 프로그램은 아무리 관심이 있다고 해도 시간적 · 경제적 여유가 있는 임신부만 참석할 수밖에 없는 한계가 있다. 실제 임신부를 대상으로 심층면담을 시행한 결과, 시중에 지나치게 많은 태교 프로그램이 넘쳐나 이를 제대로 실천하지 못하는 것에 대해 심리적 스트레스를 느끼고 있었다(김은주 외, 2006).

임신부는 임신육아종합포털 아이사랑(http://www.childcare.go.kr/)에서 임신의 초기, 중기, 후기에 할 수 있는 태교와 오감으로 보는 태교의 과학적 배경, 태아의 두뇌발달, 엄마의 스트레스, 아빠의 태교, 태담태교에 대한 다양한 정보를 살펴볼 수 있을 뿐 아니라 태교동화를 플래시동화로 구성하여 제공하고 있으므로 더욱 쉽게 태교를 실천해 볼 수 있다.

■ 태교에 대한 A에서 Z까지

1. A(air): 맑은 공기를 마신다.
2. B(book): 책은 산모의 정서함양은 물론이고 태아에게는 엄마의 음성을 들려줌으로써 정서적 안정과 아기와의 교감이라는 이중의 효과를 볼 수 있다.
3. C(computer): 전자파를 조심한다. 전자파는 자연유산과 기형아 발생률을 높인다.
4. D(drug): 약물 복용은 기형아 출산을 초래한다.
5. E(exercise): 운동을 꾸준히 한다.
6. F(food): 아기의 성장 단계에 따른 필요한 영양분을 충분히 섭취한다.
7. G(growth): 태아의 성장과정을 알아 둔다.
8. H(hospital): 정기검진을 빠뜨리지 않는다.
9. I(intelligence): 태아기는 뇌가 최대로 발달하는 시기이므로 적절한 태교를 한다. 엄마의 뇌신경과 태아의 뇌신경은 연결되어 있다.
10. J(journey): 장거리 여행을 삼간다.

11. K(kinship): 가족력과 유전질환을 확인한 뒤 적절히 대처한다.
12. L(labor): 출산에 대한 공포를 줄인다.
13. M(music): 편안한 음악을 듣는다.
14. N(nickname): 배 속에 있는 아기에게 애칭을 지어준다.
15. O(obserbation): 몸의 변화를 관찰한다.
16. P(preparation): 태교는 임신 전부터 준비한다. 태교의 시작은 임신을 계획하는 때부터 시작된다.
17. Q(quarrel): 부부싸움을 자제한다. 엄마, 아빠의 싸우는 소리는 태아를 불안하게 만든다.
18. R(relaxation): 스트레스를 피하고 휴식을 즐긴다. 엄마의 스트레스는 태아의 뇌발달과 신체발육을 저해한다.
19. S(sex): 성관계를 무조건 꺼릴 필요는 없다. 적절한 섹스는 태아에게 기분 좋은 자극을 준다. 그러나 임신 초기에는 유산을 임신 말기에는 조산을 조심한다.
20. T(talk): 아기에게 수시로 말을 건넨다. 아기는 엄마의 목소리를 기억한다. 아빠와 함께하는 태담도 중요하다.
21. U(utensil): 집안 곳곳에 도사리고 있는 위험 요소에 주의를 기울인다.
22. V(virus): 바이러스 감염을 조심한다.
23. W(work): 일을 완벽하게 하려는 욕심을 버리는 것이 좋다. 집안일은 조금씩 자주 하고 힘든 일은 남편의 도움을 받는다.
24. X(x-ray): 방사선에 노출되지 않도록 주의한다.
25. Y(youth): 신세대 임신부는 외모를 가꾸는 데도 소홀하지 않는다. 목욕을 자주 하여 피부를 청결히 한다. 머리 파마는 임신 24주 이후에 하는 것이 좋으며, 굽이 높은 신발은 피하는 것이 좋다.
26. Z(zizz): 충분한 수면을 취한다. 임신을 하면 체력이 떨어져 잠이 많이 온다.

출처: 김창규(2000). 뇌태교 혁명. 서울: 연이.

함께 보면 도움이 되는 동영상

- EBS 다큐프라임: 퍼펙트 베이비
  제1부 - 태아 프로그래밍(2014. 4. 28. 방영)
- EBS 다큐프라임: 오래된 미래 전통육아의 비밀(2012. 5. 3. 방영)
- SBS 스페셜 산후조리의 비밀
  제1부 - 산후풍은 있는가?(2010. 11. 7. 방영)
  제2부 - 여자의 인생을 바꾸는 100일(2010. 11. 14. 방영)
- KBS 다큐3일: 엄마 아기를 만나다, 분만실 72시간(2007. 5. 31. 방영)

스스로 생각해 봅시다

- 태아기 발달에 영향을 미치는 요인 중 자신에게 해당하는 부분이 있는지 살펴보고, 미리 주의를 기울여야 하는 부분이 있다면 어떻게 준비를 할 것이지 생각해 본다.
- 자신(혹은 자신의 아내)가 임신 사실을 모르고 약물을 복용했다면 어떻게 행동하는 것이 옳을지에 대해 의견을 나누어 본다.
- 태교가 왜 중요한지에 대해 생각해 본다.
- 자신(혹은 자신의 아내)이 임신을 한다면 어떤 태교를 할 예정인지 생각해 보고, 친구들과 의견을 나누어 본다.
- 산후우울증이 온다면 어떻게 대처할 것인가?

C · H · A · P · T · E · R 11

영아기 발달과 부모역할

영아기는 출생 이후 만 2세까지의 시기를 말한다. 그중에서도 특히 출생 후 2~4주 사이를 신생아기라고 하는데, 이 시기를 포함한 영아기는 인간발달의 여러 영역에서 급격한 발달이 이루어진다. 영아기는 신체적 발달 측면에서는 제1의 급성장기이며, 자신을 둘러싼 외부 환경과의 상호작용으로 인지와 언어가 발달하고, 부모 및 주 양육자와의 사회적 관계를 통해 정서와 사회성 발달이 서서히 이루어진다. 전 생애적 입장에서 볼 때 영아기는 삶의 기초가 형성되는 시기이므로 부모가 영아기의 발달적 특성에 대한 이해를 바탕으로 자녀를 양육하는 일은 매우 중요하다. 이 장에서는 출생에서 만 2세까지의 영아기를 출생에서 한 달까지의 신생아기와 생후 한 달부터 만 2세까지로 구분하여 발달적 특성 및 부모의 역할에 대하여 살펴보고자 한다.

01 신생아기 발달과 부모역할

출생 후 2주 혹은 4주, 즉 한 달까지의 아기를 신생아라고 하며, 이 기간을 신생아기라고 한다. 이 기간은 탯줄이 끊어진 후부터 배꼽이 아물 때까지를 의미하는 것으로, 출생 후 한 달은 매우 짧은 기간이지만 신생아는 호흡, 체온 조절, 영양 섭취, 배설 등 태내환경과 다른 외부 환경에 생리적으로 적응해야 한다(임지영 외, 2014). 신체적 발달이 아직 미성숙한 신생아는 이 기간 동안 매우 급성장하기 때문에 부모의 세심한 보호와 주의가 필요하다.

1) 신생아기의 발달적 특징

(1) 신체적 특징

신생아의 출생 시 체중은 약 3kg(남아: 평균 3.4kg, 여아: 평균 3.3kg)이고 신장은 약 50cm(남아: 평균 약 50.8cm, 여아: 평균 50.1cm)이다(홍순옥 외, 2014). 머리는 몸에 비해 상대적으로 큰 편이고, 신생아나 어린 영아의 머리를 만져 보면 정수리보다 더 앞쪽 부분에서 뼈가 없는 부드러운 마름모 모양의 부분이 만져진다. 흔히 머리로 숨을 쉰다고 하는 이 부분을 대천문이라고 하며 생후 1.5~2년에 닫힌다. 뒤쪽의 소천문은 생후 4~8개월 만에 닫힌다.

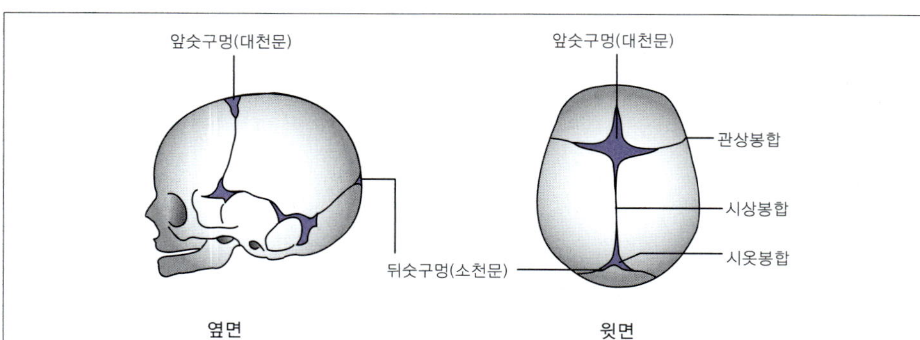

[그림 11-1] 대천문과 소천문

신생아기에 나타나는 생리적 특징을 살펴보면 다음과 같다(김이영 외, 2016).

첫째, 출생 초기에는 체중이 줄어든다. 출생 후 신생아는 체중이 5~7% 정도 감소한다. 아직 입으로 먹는 것이 익숙하지 않아 먹는 양이 적고 먹는 것보다 태변과 소변으로 배설하는 양이 많아지기 때문이다.

둘째, 신생아는 호흡이 빠른 편이다. 신생아는 처음 2주 동안은 호흡이 불안정한 경우가 많지만 시간이 지나면서 점차 안정된다. 신생아의 평균 호흡수는 1분에 30~40회로 잠잘 때 재는 것이 가장 정확하다.

셋째, 신생아는 성인에 비해서 심장 박동이 빠르다. 신생아의 심장 박동이 성인보다 빠른 이유는 몸무게와 관련이 있다. 몸무게가 적을수록 신진대사가 빠르기 때문에 신생아의 심장 박동 수는 보통 1분에 120~180회 정도이다.

넷째, 신생아는 보통 체온이 높다. 신생아의 정상 체온은 36.5~37.5℃이지만 보편적으로 평균 체온은 성인보다 다소 높은 37~37.5℃이다. 신생아는 체온 조절 기능이 떨어지기 때문에 외부의 온도 변화에 영향을 받는다. 더운 방에서 아기를 이불로 감싸 놓으면 열이 날 가능성이 크기 때문에 주의해야 하는 반면, 지방질이 없어 체온이 빨리 떨어지므로 체온을 잘 유지해 주는 것도 중요하다.

다섯째, 신생아기는 아직 신장 기능이 완전하지 못하고 태변을 본다. 갓 태어난 신생아는 먹는 것이 적어 소변을 못 보는 경우도 있으나 이후 제대로 먹게 되면 소변의 양도 서서히 늘어난다. 간혹 기저귀에 붉은 물이 배는 경우가 있는데 이는 요산에 의한 것이다. 신생아의 변은 먹는 음식과 몸 상태에 따라 차이가 있기 때문에 어떤 변이 정상이라고 말하기는 어렵다. 초기 태변은 태내에서 누적된 끈적끈적한 검푸른 색을 띠며, 태변을 본 며칠 뒤 녹색을 띤 노란색의 전이변을 보다가 다시 노란색 변을 본다. 순두부처럼 몽글몽글하게 나오기도 하고, 짙은 쑥색 변을 보기도 한다.

(2) 신생아의 감각능력

감각이란 주위 환경으로부터 주어진 다양한 자극을 감각기관을 통해 받아들이는 것으로, 아기는 태내에서부터 여러 자극에 의해 감각기관이 발달되어 있다. 다만, 출생 시에는 아직 미성숙한 감각능력을 지니고 있으므로 주위 환경으로부터 적절한 자극을 제공함으로써 신생아의 감각능력을 발달시킬 수 있다. 신생아의 감각능력은 다음과 같다(홍순옥 외, 2014).

❶ 시각

출생 후 가장 늦게 발달하는 감각능력으로 신생아의 시각은 비교적 덜 발달된 상태에 있다. 출생 시 신생아의 시각은 구조적으로 아직 미성숙하여 물체에 초점을 맞추지 못하지만, 생후 2일 정도가 되면 빛의 강약에 따른 동공반사(pupillary reflex)를 할 수 있어 밝은 빛에 대해서는 눈을 깜빡이고, 빛이 있는 쪽으로 시선을 둔다. 신생아는 성인에 비하여 뚜렷한 시각적 대비를 요구하기 때문에 여러 가지 형태를 구별하는 데 어려움이 있고, 눈의 렌즈를 조절하여 사물에 초점을 맞추는 것이 어렵다. 시력은 생후 몇 개월 동안 빠르게 향상되지만, 성인만큼 볼 수 있으려면 6개월에서 1년 정도 걸린다(최경숙, 2006).

[그림 11-2] 신생아의 시력발달을 돕는 흑백모빌

❷ 청각

청각은 이미 태내기에 발달한다. 출생 직후에는 양수가 귀에 남아 있기 때문에 잘 들을 수 없으나, 태어난 지 4시간 후에는 소리가 나는 방향으로 고개를 돌릴 수 있다. 신생아는 소리의 크기, 지속시간, 방향 및 빈도를 구별하는 것이 가능하며(Bower, 1982), 특히 엄마의 소리에 반응한다.

❸ 후각

신생아의 후각은 잘 발달되어 있으나, 아직 다양한 냄새를 구별하지는 못한다. 신생아의 후각을 알아보는 실험에서 출생 후 수일 이내에 신생아는 어머니의 젖을 묻힌 패드에 고개를 돌리는 반응을 보였고, 이는 다른 여성의 젖 냄새보다 어머니의 젖 냄새를 선호하는 후각발달의 특성을 나타낸 것이다(MacFarlane, 1975). 또, 단 냄새가 나는 방향으로 얼굴을 돌리고 맥박과 호흡은 느려지는 경향을 보이는 반면 불쾌한 냄새를 맡으면 고개를 돌리기도 한다(Brazelton, 1973).

❹ 미각

신생아의 감각 중에서 가장 잘 발달되어 있는 것 중의 하나가 미각이다. 태내기에도 어느 정도 기능을 하며, 출생 시에도 여러 가지 맛을 구별하는 것이 가능하다. 주로 쓴맛, 신맛, 짠맛보다는 단맛을 선호하며, 표정으로 여러 가지 기본적인 맛을 구별할 수 있다.

❺ 촉각

신생아는 주로 촉각을 통해 주위 환경을 감지한다. 신생아의 촉각은 출생 시 잘 발달된 감각으로 얼굴과 손 · 발바닥이 가장 예민하며, 온도 감각과 통각 등이 잘 발달되어 있다. 태내에 있을 때부터 모체의 복벽(腹壁)을 강하게 자극하면 태동이 심해지는 등 촉각에 반응한다. 갓 태어난 아기를 엄마의 가슴 위에 올려 주면 심장 박동 소리를 듣고 심리적 안정감을 얻게 되는데, 피부 접촉(skinship)은 아기의 성장에 필수적이다. 안아 주기, 목욕시켜 주기, 마사지 등은 피부 자극을 촉진하므로 자주 해 주는 것이 신체 및 정서발달에 효과적이다.

(3) 신생아 반사

신생아에게서 가장 많이 나타나는 행동은 외부 자극에 대한 무의식적이고 자동적인 반응인 반사(reflex)이다. 반사행동은 신생아의 생존과 직접적으로 관련된 생존반사(보호반사)와 특수반사라고도 불리는 비생존반사인 원시반사로 구분된다.

- 생존반사: 찾기반사(rooting reflex, 근원반사), 빨기반사(sucking reflex) 및 삼키기반사, 눈깜빡임반사(blink reflex), 재채기반사(sneezing reflex), 하품반사(yawning reflex), 동공반사(pupillary reflex)
- 원시반사: 모로반사(moro reflex), 바빈스키반사(Babinski reflex), 파악반사(grasping reflex), 걷기반사(stepping reflex), 수영반사(swimming reflex)

〈표 11-1〉 신생아 반사의 유형과 내용

반사 유형		내용
생존 반사	찾기반사	자극이 있는 방향으로 고개를 돌린다(예: 젖찾기 반사).
	빨기반사, 삼키기반사	입가를 자극하면 입술을 내밀고 빨려고 하며, 입속으로 들어오는 자극에 대해 목구멍, 입, 혀로 강하게 빤다.
	눈깜빡임반사	눈에 강한 빛을 비추거나 물체가 갑자기 다가오면 눈을 깜빡거린다.
	재채기반사	기도를 깨끗이 하는 역할을 하며 생리적인 기능을 유지시켜 준다.
	하품반사	산소가 필요할 때 산소를 공급해 주는 기능을 한다.
	동공반사	빛의 양을 조절하는 기능을 한다.
원시 반사	모로반사	깜짝 놀랐을 때 양팔을 쫙 폈다가 오므리거나 허우적거린다.
	바빈스키반사	발바닥을 간질이면 발가락을 쭉 폈다가 오므린다.
	파악반사	손바닥에 물체를 쥐어 주면 꼭 쥔다.
	걷기반사	평평한 곳에 양발을 닿게 하면 마치 걷는 것처럼 발을 번갈아 움직인다.
	수영반사	아기를 물속에 넣으면 숨을 멈추고 팔다리를 움직인다.

2) 신생아기의 부모역할

출생 직후 신생아는 양육자에게 전적으로 의존함으로써 생존이 가능하다. 신생아는 태내에 있을 때 엄마에게서 산소와 영양을 공급받지만 태어남과 동시에 스스로 호흡하고, 영양을 섭취해야 한다. 신생아가 태내환경과 전혀 다른 세상이라는 새로운 환경에 잘 적응하기 위해서는 의료전문가와 부모의 세심한 역할이 매우 중요하다(김현호 외, 2014).

(1) 신생아 관리

출생한 신생아는 분만 직후 입속의 양수와 이물질이 제거되고 탯줄을 잘라 스스로 호흡하는 데 필요한 처치를 받는다. 기본적인 처치 후에 몸무게, 머리둘레, 가슴둘레 등 간단한 신체검사와 신생아 반응을 검사하고 발 도장을 찍은 후 부모의 품에 안기게 된다.

❶ 신생아 검사

ㄱ. 육안 검사

육안으로 아기의 전반적인 상태를 점검한다. 손가락과 발가락이 제대로 있는가, 굽거나 붙지는 않았는가, 손과 발의 굵기는 동일한가, 얼굴 외관은 이상이 없는가 등을 살펴본다. 이마 위쪽 머리 부분의 머리뼈가 없어 말랑말랑한 부위인 대천문이 제대로 있는지 확인하고 귀의 모양, 목에서 덩어리가 만져지거나 목이 기울어지지는 않았는가, 다리의 고관절이 탈구되지는 않았는가, 성기의 모양은 정상인가, 고환은 둘 다 내려와 있는가, 항문은 제대로 뚫려 있는가, 심장에서 잡음이 들리지는 않은가 등을 확인해야 한다(김이영 외, 2016).

ㄴ. 아프가(Apgar) 검사

갓 태어난 신생아의 신체적 건강 상태를 측정하기 위한 검사이다. Apgar점수 10점 중 7점 이상은 정상, 4~6점은 건강하지 못한 상태로 신생아는 원활한 호흡을 위해 외부의 도움이 필요하고, 3점 이하는 위험한 상태로 진단한다. 출생 후 1분, 5분에 걸쳐 2회의 검사를 실시하는데, 2회 모두 낮은 점수이거나 두 번째 검사에서 점수가 급격히 낮으면 즉각적인 처치가 필요하다(홍순옥 외, 2014).

〈표 11-2〉 Apgar 검사항목과 점수

항목 \ 점수	2점	1점	0점
피부색 (Appearance)	몸 전체가 분홍빛	몸은 분홍빛이나 팔다리는 푸른빛	푸르고 창백함
심장 박동 (Pulse)	1분당 100~140회(빠름)	1분당 100회 이하(느림)	심장 박동 없음
반사행동의 민감성 (Grimace)	기침, 재채기, 울음	얼굴을 찡그림	무반응
근육 긴장 상태 (Activity)	팔다리를 늘리면 저항하여 구부림	거의 저항하지 않음	축 늘어짐
호흡 (Respiration)	규칙적 호흡과 강한 울음	느리고 불규칙하며 약한 호흡	1분 이상 호흡 없음

출처: Gallahue & Ozmun(2002).

ㄷ. 브라젤튼(Braxelton) 행동평가 척도

신생아가 주위 환경에 어떻게 반응하는지를 알아보기 위한 행동검사로 신생아의 포괄적인 상태를 평가하기 위해 사용한다. 출생 후 1주일경에 실시하고 습관화, 시각과 청각 상태, 운동발달, 각성 정도, 규제와 자기조절, 신경계의 안정성 등에 대한 신생아의 개별적인 행동의 차이를 평가한다(김현호 외, 2014).

(2) 배꼽 관리

신생아의 배꼽은 세균 감염에 취약하므로 이로 인한 감염은 매우 치명적일 수 있다. 배꼽은 출생 후 1~2주 정도 지나면 아물어 떨어진다. 목욕 시 배꼽에 물이 들어가지 않도록 조심해야 하며, 목욕 후에는 세균에 감염되지 않도록 소독하고 닦아주는 것이 중요한데, 배꼽이 3주 정도 지나야만 완전히 막히므로 소독을 할 때에는 주의가 필요하다.

(3) 목욕시키기

신생아의 목욕은 1일 1회가 적절하고, 시기는 수유 전이나 저녁에 잠들기 전이 좋다. 실내 온도는 24~27℃, 목욕물 온도는 38~39℃가 적당한데, 성인이 팔꿈치를 넣었을 때 따뜻하다고 느껴질 정도면 된다. 목욕은 머리, 목, 팔, 다리 순서로 시키며, 목욕 후에는 빨리 물기를 닦아 주어 감기에 걸리지 않도록 한다.

(4) 수유하기

출생 후 언제부터 젖을 먹이는가에 대해서는 소아과 의사들 사이에서도 여러 견해가 있으나 보통은 출산 직후부터 산모와 아이가 모두 건강하면 수유를 한다. 처음에는 아기도 먹는 법이 익숙하지 않고 젖도 잘 나오지 않으나 걱정하지 않아도 된다. 특히, 초산인 경우 5~8일 정도까지 거의 젖의 분비가 없을 수도 있는데, 초조해하지 말고 젖을 자주 빨리면 그 자극이 산모의 간뇌에 작용하여 모유 분비를 촉진하는 호르몬 작용이 활발해져서 모유가 분비된다.

출산 후 수일 동안 황색을 띤 진한 모유가 분비되는데, 이것을 초유(初乳)라고 하며, 성숙유(초유 이후에 분비되는 젖)에 비해 칼로리가 높고 면역체와 글로불린 등이 풍부하여 신생아에게 유익하므로 반드시 먹이는 것이 좋다.

(5) 예방접종 및 정기검진

국가에서 권장하는 필수예방접종은 보건소나 병·의원에서 무료 접종이 가능하다. 첫 검진을 받으러 가는 생후 4주차에 BCG와 B형 간염 예방접종을 반드시 받아야 한다. 간염 접종은 주사를 맞는 부위만 다르게 하면 같은 날 다른 접종과 동시에 실시해도 상관없다. 생후 1개월이 되면 엄마와 아기는 함께 건강검진을 받아야 한다. 엄마는 산후의 회복 정도를 체크하고 아기는 발육이 순조로운지, 선천적인 병은 없는지 확인해야 한다.

우리나라의 표준 예방접종 일정표는 〈표 11-3〉과 같다.

〈표 11-3〉 표준 예방접종 일정표

	대상 전염병	백신 종류 및 방법	0개월	1개월	2개월	4개월	6개월	12개월	15개월	18개월	24개월	36개월	만 4세	만 6세	만 11세	만 12세
국가 필수 예방 접종	결핵	BCG(피내용)	1회													
	B형 간염	HepB	1차	2차			3차									
	디프테리아 파상풍 백일해	DTaP			1차	2차	3차		추가 4차				추가 5차			
		Td/Tdap													추가 6차	
	폴리오	IPV(사백신)			1차	2차	3차						추가 4차			
	B형 헤모필루스 인플루엔자	PRP-T/GbOC			1차	2차	3차	추가 4차								
	폐렴구균	PCV(단백결합)			1차	2차	3차	추가 4차								
		PPSV(다당질)									고위험군에 한하여 접종					
	홍역 유행성이하선염 풍진	MMR						1차					2차			
	수두	Var						1차								
	A형 간염	HepA						1~2차								
	일본뇌염	JEV(사백신)						1~3차						추가 4차		추가 5차
		JE(생백신)						1~2차								
	인플루엔자	Flu(사백신)					매년 접종									
		Flu(생백신)									매년 접종					
기타 예방 접종	결핵	BCG(경피용)	1회													
	로타 바이러스	RV1(로타릭스)			1차	2차										
		RV5(로타텍)			1차	2차	3차									
	인유두종 바이러스	HPV(가다실)													1~3차	
		HPV(서바릭스)													1~3차	

출처: NIP 예방접종도우미 예방접종 정보 검색사이트(https://nip.cdc.go.kr/irgd/index.html)

02 영아기 발달과 부모역할

1) 영아기의 발달적 특징

출생 후 4주간의 신생아기를 지나 2세까지에 해당하는 아기를 영아(嬰兒)라고 부르며, 이 기간을 영아기라고 한다. 영아기는 인간의 발달영역에서 급성장을 이루는 시기로 이 기간 동안 영아는 목을 가누고, 뒤집고, 앉고, 걷고, 뛰어다니는 이동능력이 발달한다. 이러한 신체적 변화는 몸을 이동시켜 주변 탐색을 용이하게 하고, 사물과 세상에 대한 다양한 도식을 형성하게 하는 데 기초가 된다. 영아기는 표상능력의 발달을 통해 언어와 사고의 기초가 형성되는 시기이므로 인간발달의 기초를 이루는 중요한 시기이다.

(1) 신체발달

영아기에는 신체의 기관이 양적으로 확대되고, 신체적 구조가 정밀해지며, 신체 기능도 효율적으로 발달한다. 이러한 과정에서 출생 후 2세까지는 신체 및 운동능력이 점차 정교해지고 광범위하게 발달이 이루어진다. 영아기의 신체운동발달은 이후의 인지발달, 언어발달, 자아발달 및 사회성발달에 중요한 영향을 미치며, 두뇌발달은 생후 어느 때보다 급격하게 이루어진다. 영아기에는 체중과 신장, 근육, 골격 그리고 뇌의 발달이 급속도로 이루어지므로 이 시기를 제1성장 급등기라고 한다. 이 시기의 신체발달은 개인의 유전적 특성과 환경적 요인 등에 따라 차이가 나지만, 인간발달의 보편적 원리에 따라 일정한 순서와 방향으로 나아간다.

평균적으로 영아는 출생 시 체중이 3.3~3.4kg 정도인데, 생후 3~4개월이면 약 7kg 정도로 출생 시의 2배가 되고, 1세가 되면 출생 시의 3배, 2세가 되면 4배가 된다. 신장은 출생 시 평균 49.5~50.1cm 정도이나 생후 1년이 되면 75~76cm 정도로 약 1.5배가 되고, 2년이 되면 출생 시 키의 50% 정도 더 자라서 87~89cm가 된다. 영아기에는 시간이 지남에 따라 이동운동과 근육운동의 기능도 발달하는데, 이동

운동은 시간에 따라 새로운 형태의 기능적 특징을 나타내면서 발달하므로 영아기 운동발달의 지표가 된다.

[그림 11-3] 영아의 운동 기능 발달

출처: Kail, R. V.(2004). Children and their development(3rd ed.). New Jersey: Prentice-Hill.

이동운동은 팔다리를 사용하여 몸을 한 장소에서 다른 장소로 이동시키는 운동기능으로 기어가기, 걷기, 달리기 등을 의미한다. 영아는 2~3개월경에는 가슴을 들고 물건을 잡으려고 하며, 3~4개월에는 뒤집기를 하고 받쳐 주면 앉는 자세를 보인다. 8~10개월경에는 물건을 잡고 서 있을 수 있으며, 무릎으로 기게 된다. 13개월경에 혼자서 걷기 시작하다가 18개월경이 되면 달리기를 할 수 있다. 또한, 근육도 발달하게 되는데, 대근육의 발달에 기초하여 소근육의 발달이 이루어지고, 몸체가 발달하여 몸을 뒤집은 후에 사지가 발달하며, 말초기관인 손가락과 발가락이 발달한다.

근육운동 기능은 근육의 크기와 신체 부위에 따라 대근육운동과 소근육운동으로 나뉜다. 대근육운동은 팔, 다리, 몸통과 같은 대근육을 사용하는 운동으로 기기, 서기, 뛰뛰기, 걷기, 달리기, 계단 오르내리기, 공 던지기 등이 포함된다. 소근육운동은 물건 잡기, 손가락으로 집기, 가위로 오리기, 단추 채우기, 신발 끈 묶기, 글씨 쓰기 등 소근육을 사용하는 운동을 말한다. 우리의 전통육아방법인 도리도리, 지암지암(죔죔), 곤지곤지, 짝짜꿍 등은 영아기의 대 · 소근육 발달을 돕는 효과적인 방법이다. 발달시기별 대근육운동과 소근육운동의 발달은 다음과 같다.

〈표 11-4〉 영아기 대근육운동 발달

시기	내용
4주 이전	엎어 놓으면 머리를 들려고 한다. 누워 있을 때에는 머리를 한쪽으로 돌리고 있다.
4주	손은 주먹을 쥔 상태이고 팔다리는 펴는 자세일 때가 많다. 목은 아직 잘 못 가눈다.
16주	엎어 놓으면 머리를 90도로 들 수 있고 머리를 가눌 수 있다. 반듯이 누워 있으며 몸을 약간 자유로이 움직일 수 있다.
28주	앞으로 기울이면서 앉을 수 있고, 세우면 다리를 껑충껑충 뛰고 뒤집을 수 있다.
40주	혼자 앉고, 기어 다니고, 붙잡고 일어선다.
12개월	혼자 서고, 한 손으로 잡고 걷는다.
15개월	혼자 걷고, 계단을 기어 올라가고, 공을 발로 찰 수 있다.
18개월	혼자 잘 걷는다. 한 손으로 잡고 층계를 걸어 올라간다. 조금씩 뛸 수 있다.
2세	넘어지지 않고 잘 뛴다. 발로 큰 공을 찰 수 있다. 계단을 혼자 오르내린다.

〈표 11-5〉 영아기 소근육운동 발달

시기	내용
4주 이전	움직이는 물체나 소리에 반응한다.
4주	움직이는 물체를 중앙선까지 따라가며 볼 수 있다.
16주	천천히 움직이는 물체를 주시할 수 있다. 장난감을 보면 잡으려고 손을 옴지락거린다. 물체를 주면 쥘 수도 있다.
28주	한 손으로 장난감을 잡을 수 있고, 잡은 장난감을 다른 손으로 옮겨 쥘 수도 있으며, 장난감을 흔들 수도 있다.
40주	숨겨진 장난감을 찾을 수 있고, 2개의 장난감을 쥐고 맞부딪쳐 소리를 내기도 하며, 미세한 동작도 약간 가능해 작은 물체를 엄지와 집게손가락으로 집을 수도 있다.
12개월	음식을 엄지와 집게손가락으로 정확히 집어서 먹을 수 있다. 장난감을 달라고 하면 주기도 한다. 공을 던질 수도 있다.
15개월	크레파스로 선을 그리는 시늉을 한다. 2개의 정육면체를 쌓을 수 있다. 그리고 작은 조각들을 병에 담을 수도 있다.
18개월	3개의 정육면체를 쌓을 수 있고 크레파스로 종이 위에 마구 그을 수 있다.
2세	6개의 입방체를 쌓을 수 있다. 수평선을 그리고 원을 그리는 흉내를 낼 수 있다.

(2) 언어발달

영아기의 언어발달은 출생 시 울음으로 시작하여 2세경이 되면 두 단어를 사용하며, 약 200개 정도의 어휘를 구사하면서 자신의 의사를 표현하고 타인과의 관계도 형성해 나간다. 인간의 언어발달은 언어 이전의 단계와 언어 이후의 단계로 나눌 수 있는데, 생후 1년까지는 최초의 어휘를 사용할 수 있게 되기까지로 언어 이전 단계에 해당한다. 언어 이전 단계에 속해 있는 아기에게 울음은 중요한 의사소통 수단이 된다. 언어 이후의 단계는 한 단어 단계, 두 단어 단계, 세 단어 이상 문장 사용 단계로 구분되는데, 이 절에서는 영아기에 해당하는 두 단어 단계까지만 살펴보기로 한다.

영아는 말을 시작하기 전에 언어발달의 기초가 되는 울음, 쿠잉(cooing), 옹알이(babbling)의 단계를 거친다. 세상과 소통할 수 있는 최초의 수단인 울음은 출생 후 1개월가량은 분화되지 않은 울음으로 아기가 배가 고픈 것인지, 아픈 것인지를 구별하기가 어렵다. 생후 1개월이 지나면서 영아의 울음은 점차 분화하기 시작하는데, 영아는 울음의 강도와 지속시간 등으로 자신의 요구를 양육자에게 전달하게 된다. 생후 3~5주가 되면 영아는 주로 모음으로 구성된 목 울리는 짧은소리("우우우")를 내기 시작하는데, 이를 쿠잉이라고 한다. 모음만으로 이루어진 쿠잉은 울음보다 더 다양한 소리를 포함하며, 이는 곧 옹알이로 발전한다. 옹알이는 자음과 모음을 합쳐서 소리를 내는 것으로 같은 음절('바바', '마마' 등)을 반복하게 된다. 옹알이는 6~7개월이 되면 절정기에 이르는데, 이 시기의 영아는 자기소리를 모방하기 시작하고, 생후 9개월 정도가 되면 타인의 소리를 모방하게 된다. 12개월 전후가 되면 옹알이가 끝나고 처음으로 한 단어를 사용하게 되는데, 한 개의 어휘가 하나의 구나 문장을 의미하기 때문이 이 시기를 한 단어 시기라고 한다. 아기가 한 단어 문장을 사용하면서 가끔 어휘를 부적절하게 사용하는 경우가 있는데, 특정 대상을 가리키는 단어를 다른 대상까지 확대하여 사용하는 과잉확대(overextension)와 여러 대상을 가리키는 포괄적인 의미를 특정 대상에게만 사용하는 과잉축소(underextension) 현상이 대표적이다.

18~24개월이 되면 어휘가 폭발적으로 증가하고, 두 개의 단어를 사용하기 시작한다. 영아는 한 단어 시기에 비해 두 단어를 사용하게 되면서 보다 정확하게 대화할 수 있게 되는데, 이 시기의 언어적 특징은 가장 핵심적인 단어만으로 구성하는 전보식 언어와 주축어 및 개방어로 이루어져 있는 주축문법의 사용이다.

영아기의 언어발달은 지능, 정서적 상태, 부모나 형제 등의 가정환경 및 사회 계층 등 다양한 요인에 의해 영향을 받으며, 발달에서의 개인차가 매우 크다. 영아기의 언어발달을 위해 부모 및 주 양육자는 영아의 음성적 언어뿐 아니라 눈빛이나 표정, 몸짓 등의 비언어적 표현에도 긍정적이고 적극적인 상호작용을 해 주는 것이 중요하다.

(3) 인지발달

영아기는 피아제(Piaget)의 인지발달단계에 따르면 감각운동기에 해당한다. 이 시기의 영아는 감각 기능과 운동 기능의 협응 과정을 통하여 세상을 인식하게 되는데, 감각운동기의 인지는 영아가 태어날 때 이미 가지고 나온 반사적 형태로 시작된다. 2세가 끝나갈 무렵이 되면 기초적 상징 형태의 인지과정으로 발달하게 되는데, 이 기간 동안 영아가 획득해야 할 인지발달의 중요한 과업은 대상영속성이다. 피아제는 감각운동기를 월령의 증가에 따라 반사운동기, 1차 순환반응기, 2차 순환반응기, 2차 순환반응의 협응기, 3차 순환반응기, 정신적 표상기의 6단계로 세분화하였으며, 대상영속성의 발달도 감각운동기의 하위 6단계처럼 발달한다고 하였다. 피아제가 제시한 감각운동기의 6단계와 대상영속성의 발달은 다음과 같다.

〈표 11-6〉 감각운동기의 인지발달 양상 및 대상영속성 개념의 발달 양상

<table>
<tr><th>감각운동 단계</th><th>개월</th><th>발달적 특징</th><th colspan="2">대상영속성 개념의 발달 양상</th></tr>
<tr><td>1단계:
반사 운동기</td><td>0~1</td><td>• 반사행동을 적용
• 세상에 대한 지식을 습득하는 일차적 자원인 반사적 행동, 즉 빨기, 잡기, 큰 소리에 반응하기(모로반사) 등이 나타남
• 다양한 반사 도식의 사용을 통해 환경을 탐색하고 이해하게 됨</td><td>• 대상물이 사라져도 무반응</td><td rowspan="2">• 출생~4개월 사이의 영아는 움직이는 물체를 추적하나 사라지면 무시하고 후반에는 사라진 장소를 잠시 응시하나 곧 무시</td></tr>
<tr><td>2단계:
1차 순환 반응기</td><td>1~4</td><td>• 단순 반복하는 순환반응
• '특정 반응→만족→특정 반응→만족…'이라는 의미에서 '순환적'인 반응을 보임
• 이 시기 영아는 자신의 신체와 관련된 사건에 흥미를 느끼고 반복함</td><td>• 대상물이 사라져도 반응이 없으며, 사라진 자리만 응시</td></tr>
<tr><td>3단계:
2차 순환 반응기</td><td>4~8</td><td>• 의도가 담긴 것보다 복잡한 순환반응
• 자신의 외부 대상에게서 일어나는 사건에 흥미를 느끼고 이를 다시 반복함</td><td colspan="2">• 부분적으로 가려진 대상물을 탐색함
• 자신의 행위와 독립적 실체로서의 대상을 어느 정도 이해함
• 친숙한 물체인 경우 그 부분만 보고도 그 물체를 알아보고 잡으려 하지만 일부분이 나와 있거나 투명한 덮개로 덮어진 경우에 한함</td></tr>
</table>

감각운동 단계	개월	발달적 특징	대상영속성 개념의 발달 양상
4단계: 2차 순환 반응의 협응기	8~12	• 이미 알고 있는 과정을 새로운 상황에 적용함 • 두 개 이상의 행동을 협응하여 어떤 목적을 성취하기 시작함	• 완전히 가려진 대상물을 탐색함 • 친숙한 물체를 완전히 덮더라도 찾아냄
5단계: 3차 순환 반응기	12~18	• 적극적 실험을 통해 새로운 과정을 발견함 • 새로운 원인과 결과 간의 관계에 대해 가설을 세우고 결과를 변화시키기 위해 다양한 행동을 함	• 보고 있는 동안 숨겨진 대상물을 탐색함 • 오류를 극복하나 보이지 않는 대상의 이동은 이해하지 못함
6단계: 정신적 표상기	18~24	• 정신적 표상을 통한 사고를 함 • 눈앞에 없는 사물이나 사건들을 심적으로 표상하기 시작함	• 보지 않아도 숨겨진 대상물을 탐색함 • 비가시적 위치 이동도 이해할 수 있음

출처: 곽금주(2014), 김현호 외(2014).

영아기의 인지발달에서 대상영속성은 사물이나 대상이 눈앞에 보이지 않아도 세상에서 완전히 사라진 것은 아니라는 것을 아는 것으로, 대상영속성의 발달은 영아가 회상하고 기억할 수 있음을 나타내는 중요한 지표가 된다. 영아기에는 점진적으로 대상영속성이 획득되어 18개월경에는 표상능력이 발달하게 되고 점차 상징을 통한 사고의 단계로 발달하게 된다. 전통사회에서 어른들이 아기와 놀아줄 때 자주 하던 '까꿍놀이'는 영아기의 아기가 대상영속성을 획득하도록 돕는 좋은 놀이이다.

(4) 정서 및 사회성발달

영아의 정서는 출생 시 덜 분화된 상태에서 연령이 증가하면서 점차 세분화된다. 신생아도 기쁨이나 슬픔 같은 기본 정서를 가지고 태어나지만 덜 분화된 상태이다(정옥분, 2014). 신생아기의 경우 흥분 상태에서 먼저 유쾌와 불쾌의 정서가 분화되고, 그다음에 불쾌한 정서에서 차츰 분노, 혐오, 공포, 슬픔 등의 정서가 나타나며, 유쾌한 정서에서 행복, 기쁨, 만족 등의 정서가 나타난다(정옥분 외, 2007). 초기의 영아도 정서를 조절하기 위한 전략을 사용할 수 있는데, 4~6개월이 되면 유쾌하지 않은 자극에 대해 자신의 얼굴을 돌리거나 눈을 감기도 한다(kail, 2008). 영아의 정서조절 전략은 돌 무렵까지 지속적으로 발달하고, 다양한 책략을 사용하여 자신의 부정적인 정서를 감소시키기도 하며(Kopp, 1989; Grolnick, Bridges, & Connell, 1996), 24개월이 되면 언어를 사용하여 자신의 정서 상태를 표현하기도 한다(Kopp & Neufeld, 2003).

영아의 정서발달에 영향을 미치는 중요한 요인은 기질인데, 기질(temperament)은 영아의 행동을 특징짓는 기본적인 반응 및 행동양식으로 자극에 대한 반응을 보일 때 나타나는 개인차와 그 반응에 대해 자기규제를 할 때 나타나는 개인적 특성을 의미한다(우수경 외, 2013). 기질은 사람마다 보이는 정서적 · 행동적 특성으로, 서로 다른 성격의 특성이다. 모든 영아는 저마다 각기 다른 기질적 특성을 갖고 태어나는데 이에 따라 영아가 환경에 반응하고 느끼는 경향도 달라진다.

토마스와 체스(Thomas & Chess, 1977)는 9가지 기질의 구성 요소를 바탕으로 영아의 기질을 순한 기질의 영아, 까다로운 기질의 영아, 반응이 느린 영아의 3가지 유형으로 구분하였다. 첫째, 순한 기질의 영아는 잘 먹고, 잘 자고, 잘 배설한다. 포만감을 느낄 만큼 충분히 먹고, 충분한 수면으로 기분이 좋으며, 규칙적인 배설로 기분이 상쾌하다. 환경의 변화나 새로운 자극에 잘 적응하고 안정적이며 긍정적인 정서를 유지한다. 40%의 영아가 여기에 속한다. 둘째, 까다로운 기질의 영아는 생리적인 기능이 불규칙하여 예측하기가 어렵고 예민하여 새로운 환경에나 욕구좌절에 대하여 짜증을 내거나 자주 우는 등 부정적인 정서를 강하게 나타낸다. 약 10%의 영아가 여기에 속하는데, 부모는 예민하고 까다로워 기르기 힘들다고 표현하며 양육 스트레스를 많이 호소한다. 셋째, 느린 기질의 영아는 새로운 상황이나 환경에 적응하는 속도가 느리고, 수줍은 반응을 보이며 행동은 소극적인 경향이 있다. 낯선 상황에 대해 부정적인 반응을 보이는 특성은 까다로운 기질의 영아와 유사하나 반응이 약하고 활동량은 적다. 약 15% 정도의 영아가 여기에 해당한다.

영아의 정서발달에는 영아의 기질적 특성을 고려한 부모나 양육자의 역할이 매우 중요하다. 부모가 영아의 요구에 얼마나 적절하고 민감하게 반응하는가, 따뜻하고 친밀한 상호작용을 하는가에 따라 부모와 영아 사이에 친밀한 정서적 유대감인 애착이 형성된다. 이러한 안정적인 애착은 영아가 자신과 타인, 그리고 세상을 신뢰하고 원만한 대인관계 및 사회적 관계를 맺음에 있어 중요한 기초가 되며, 특히 생후 1년 동안 자신을 돌보아 주는 주 양육자와 아기 사이에서 형성하는 애착은 평생 동안 유지가 될 정도로 강력하다.

또한, 에릭슨은 사회적 관계 및 과업을 통해 영아기를 기본적 신뢰감 대 불신감(basic trust vs. distrust), 자율성 대 수치심(autonomy vs. shame and doubt)이 발달하는 시기로 보았다. 영아 초기에 부모나 양육자가 영아의 욕구에 민감하게 반응하고 일관된 양육태도를 취하면 영아는 사회적 관계 대상에 대한 기본적인 신뢰감을 형성할 수 있지만, 그렇지 않은 경우에는 불신감이 형성된다. 초기 영아의 기본적 신뢰감 형성에 중요한 발달적 과업은 수유 및 이유이다. 영아가 원할 때 따뜻하게 안고, 부드러운 눈빛으로 바라보며 수유하는 과정은 영아의 생리적 욕구뿐 아니라 정서적 안정과 기본적인 사회적 신뢰감을 형성하는 매우 중요한 과정이다.

영아는 월령이 증가함에 따라 신체 기능의 발달이 점차 유능해지는데, 근육과 운동능력, 조절능력 등을 통해 스스로 걷고, 이동하고, 먹고, 배설할 수 있게 된다. 이 과정을 통해 영아는 스스로 하고자 하는 자율성을 발달시켜 나가는데, 이 시기의 발달과업 중 대표적인 것은 배변학습이다. 영아 초기에 기본적 신뢰감이 잘 형성된 영아는 스스로 활동을 선택하고 결정하려는 시도를 계속하며, 실수나 실패를 하더라도 자신과 타인에 대한 기본적 신뢰감이 형성되어 있으므로 다시 도전한다. 그러나 그렇지 않은 경우, 자신의 선택이나 결정, 행동의 잘못에 대한 수치심을 경험하게 된다. 이러한 시기에는 실패로 인한 좌절감을 맛보지 않도록 하는 것이 좋으며 실수를 하더라도 배려와 격려를 해 주는 것이 좋다. 또한, 영아의 행동에 대한 지나친 통제나 간섭은 삼가는 것이 바람직하다.

2) 영아기의 부모역할

자녀에 대한 부모의 양육태도는 부모의 사회 경제적 지위, 부모와 자녀의 성, 결혼 만족도, 부모의 인성 및 연령, 자녀 수, 지역 차에 따라 다양하지만 영아기의 발달 및 성격 형성에 중요한 영향을 미친다(한국교육심리학회, 2000). 영아기의 부모는 영아를 양육하는 역할, 기본적 애착과 신뢰감을 형성하는 역할, 상호작용자로서의 역할 등을 수행하게 되는데, 이 장에서는 영아의 발달에 기초하여 부모역할을 살펴보기로 한다.

(1) 신체발달을 위한 부모역할

영아기는 감각능력과 운동능력이 발달하며 이를 토대로 세상을 경험하는 시기이다. 영아의 감각능력은 태내기부터 발달하는 영역도 있지만 출생 후 더 정교하게 발달된다. 이 시기의 부모는 영아의 감각능력과 운동능력, 대·소근육의 발달과 협응 및 조절능력이 발달하는 데 있어 적절한 물리적·사회적 환경을 구성해 주고 적극적인 상호작용을 해 주는 중요한 인적 자원으로서의 역할을 수행하게 된다.

1~4개월경의 영아는 덜 발달된 시각과 근육, 운동 기능을 세상에 적응하기 적합하게 조절하게 된다. 먼 곳의 물체를 보거나 초점을 맞추게 되고, 형태를 구별하는 능력이 발달한다. 시각과 청각의 협응이 이루어지면서 반응을 하며, 손을 뻗을 수 있고, 머리를 들거나 돌리는 시도를 한다. 이 시기에는 대·소근육 발달을 위해 장난감을 영아의 가까운 위치에 놓아주어 손을 뻗어 보게 하거나, 눈앞에 물체를 들고 서서히 움직이면서 영아의 시선이 물체를 따라올 수 있도록 한다. 영아가 내는 쿠잉 소리에도 부드럽게 상호작용해 주는 것이 좋다.

4~8개월경이 되면 영아가 기어 다닐 때 적당한 거리에 좋아하는 장난감을 놓아두어 다가가도록 하여 근육활동을 돕는다. 8~12개월경에는 몸체와 다리의 대근육이 발달하여 잡고 서며 움직이려고 시도를 하고, 물체를 엄지와 검지로 잡는 등의 소근육도 발달한다. 이 시기에는 영아가 잡고 일어서거나 이동할 때 부딪치거나

넘어질 수 있어 바닥에 매트를 깔고 가구 모서리에 보호대를 설치하는 것이 필요하다.

걸어 다니며 사물을 다루는 데 익숙해지는 1~2세에는 부드럽고 크기가 큰 블록이나 실내 오름대와 미끄럼틀, 밀고 당기는 장난감, 매우 단순한 퍼즐, 리듬을 위한 놀잇감 등 다양한 놀잇감을 제공해 준다. 긁적거리기, 구슬 꿰기, 컵 쌓기, 고리 쌓기, 블록이나 점토, 모양 분류 상자 등의 조작활동과 적절한 실외활동을 제공하고, 부모는 영아의 놀이 및 활동에 함께 참여함으로써 영아를 안전하게 보호할 뿐 아니라 신체발달을 조력하는 조력자로서의 역할을 수행해 주어야 한다(김영옥, 2016).

(2) 인지와 언어발달을 위한 부모역할

영아의 인지와 언어발달은 영아를 둘러싸고 있는 물리적 환경과 사회 문화적 환경, 그리고 인적 환경과 밀접한 관련이 있다. 피아제는 감각운동기에 영아가 자신의 감각능력과 운동 기능을 통해 세상의 다양한 물리적 환경을 직접 경험하면서 사물의 지각적 특성을 획득하고, 다양한 도식이 형성된다고 하였다. 영아는 사물을 지칭하는 언어를 획득하고 실제에 적용시켜 봄으로써 어휘가 점차 폭발적으로 증가하고 언어를 통한 사고는 보다 더 정교해진다.

비고츠키(Vygotsky) 역시 인지와 언어의 발달에 있어 사회적 환경이나 문화적 특성, 또래나 성인의 역할이 중요함을 강조하였다. 사고와 언어는 각각 별개로 이루어지다가 2세경에 서로 만나면서 언어는 인지적으로, 인지는 언어적으로 발달하게 된다고 보았다. 즉, 언어는 사회적 환경에 적응해가는 매개체로서 인지발달을 이끄는 힘이라 보았고, 언어는 사회적 상호작용의 도구이기 때문에 성인이나 또래의 사회적 영향을 강조하였다.

영아기 부모는 영아의 다양한 행동특성에 대한 적극적인 언어적 상호작용과 영아가 탐색하고 도전해 볼 수 있는 환경을 구성해 줌으로써 인지와 언어발달을 도모할 수 있다. 또한, 영아가 감각을 통해 다양한 물리적 특성을 직접 경험할 수 있도록 발달에 적합한 놀잇감을 제시해 주어야 한다. 이때 놀잇감은 영아가 만지거나 입으로 빨아도 위생적이고 안전한 것이어야 하고, 풍성한 문해환경을 통해 읽고 듣는 것이 하나의 놀이가 될 수 있도록 하는 것도 좋은 방법이다.

다양한 듣기 자료를 다양한 방법으로 들려주고, 영아가 옹알이나 말을 할 때 항상 주의를 기울이면서 부드럽게 언어적으로 반응해 준다. 영아가 친숙한 목소리를 인식하고 구별할 수 있도록 하거나 새로운 단어를 배울 때에는 실물이나 모형을 보여 주며 이름을 말해 주고, 한 단어 및 다단어 문장을 말할 때에는 완전한 문장으로 확장하여 들려준다.

(3) 정서와 사회성발달을 위한 부모역할

양육이 필요한 전 시기에 있어 부모의 일관된 양육태도는 가장 중요한 기본이라 해도 과언이 아니다. 영아기는 정서가 분화되고 기본적 신뢰감 및 자율성이 형성되고 발달하는 시기로, 특히 생후 1년은 부모가 얼마나 영아의 기본적인 욕구 및 정서에 즉각적이고 민감한 반응을 일관되게 보여 주는가, 따뜻하게 상호작용해 주는가가 매우 중요하다. 이를 통해 부모와 영아 간에는 안정적인 애착의 관계가 형성되고, 영아는 세상이 믿을 수 있고 안전할 것이라는 신뢰감을 얻는다. 반대로 부모가 영아기 자녀의 다양한 욕구를 민감하지 않고 일관성이 없는 태도로 대하면 영아는 세상에 대한 두려움, 자신과 타인에 불신감을 형성하고 부정적인 감정이나 사회적 관계 맺음에 어려움을 초래하게 된다. 이 시기에 부모를 통한 신뢰감의 발달은 영아로 하여금 자신의 행동에 대한 결과를 예측하게 하는 능력을 발달시켜 주고 환경에서 오는 자극에만 반응하는 수동적인 존재가 아니라 자신의 행동에 대한 결과를 예측하고 행동하는 적극적이고 능동적 존재로서 의미를 갖게 한다. 따라서 부모는 수유, 수면, 놀이, 훈육 등에 있어 항상 일관성을 유지할 수 있어야 한다.

1~2세 영아는 걸음마기 동안 또래와 의사소통하기, 또래와 놀이하기, 친사회적 행동 발달시키기, 부정적인 감정이나 또래와의 갈등 조절하기 등 사회적 상호작용에 대해 상당히 많은 것을 배운다(홍길회 외, 2016). 또한, 이 시기의 영아는 "내가!",

"아니!" 등의 말을 많이 하는데, 이는 자신의 판단을 신뢰하고 자기조절을 하며 자율성을 획득하기 위한 것이므로 이 시기에 적합한 발달적 과제를 행하려는 영아의 노력을 격려해 주며 끊임없이 사랑을 주고 안전한 환경과 적절한 보호를 해 주는 것이 필요하다.

부모는 영아의 독특한 사고력을 격려해 주며, 해야 할 것과 해야만 하는 것, 그리고 하면 안 되는 것에 대한 규칙과 이유를 반드시 설명해 주고, 긍정적이든 부정적이든 아이가 드러내는 정서적 표현을 받아들여 준다. 간혹 아이가 격한 정서적 감정을 표현하더라도 침착하게 대응해 주고, 자신과 다른 사람의 감정에 대해 생각해 볼 수 있는 기회를 제공해 주며, 가능한 한 자주 의논하고 아이의 연령에 적합한 제한을 설정해 주도록 한다. 부모는 영아기 자녀가 충분히 이해할 수 있도록 아이에게 맞는 간단하고 분명한 지시를 하고 결과와 성과에 대해 적극적으로 격려하고 칭찬해 주는 것이 좋다(도현심, 2012).

신생아기를 포함한 영아기의 부모는 많은 노력과 인내가 필요하다. 아기가 태어남과 동시에 갑작스럽게 이제까지 경험해 보지 못한 부모로서의 수많은 역할과 책임이 부여되고, 양육에 많은 시간과 에너지를 쏟기 때문에 자신을 돌보거나 여유를 갖기가 어렵다. 과거 우리의 전통사회는 자녀의 양육을 어머니의 역할로 여겼으나, 현대사회는 부모의 공동육아를 지향하는 방향으로 변화해 가고 있다. 부모의 자녀 출산 시기가 늦어지고, 자녀의 수가 감소하면서 자녀양육에 대한 사회적 인식이나 아버지의 관심이 높아졌고, 다양한 양육코칭에 직접 참여하는 아버지도 점차 늘고 있다. 그럼에도 불구하고 영아기 자녀를 둔 많은 가정에서 어머니는 아버지보다 자녀에 대해 더욱 애정적인 양육태도를 보이며, 아버지보다 자녀와 더 많은 시간을 보내고, 양육에 대한 책임을 많이 맡아 상당한 부담감을 느낀다. 영아기 어머니의 부모역할 스트레스는 산후우울증으로 이어져 심각해질 수도 있으므로, 출산 및 자녀양육에 대한 아버지의 격려와 지원은 매우 중요하다(차기주 외, 2016).

읽고, 생각해 봅시다

육아에서 아빠의 역할은 어디까지일까?

불과 10년 전만 해도 육아는 온전히 엄마 몫이었다. 아빠는 밖에서 열심히 일하고, 집에서는 피곤에 지쳐 잠이나 자는 사람이었다. 하지만 요즘에는 아빠들이 바뀌고 있다. 육아박람회에서 아빠를 보는 것은 어렵지 않은 일이고, 유치원 발표회에도 아이의 반 이상이 아빠와 함께 온다. 캠코더로 아이 모습을 담고 발표회가 끝난 아이를 들어올려주면서 마음껏 사랑을 표현하는 아빠는 육아에서도 한발 더 나아가고 있다.

핵가족이 되면서 아빠 역할에도 변화가 많이 일어났다. 엄마 혼자서는 아이를 키우기 힘들기 때문에 아빠의 참여가 자연스럽게 늘어났다. 맞벌이 가정이 늘어난 것도 아빠 육아가 부각되는 원인이다. 요즘에는 남편이 육아휴직을 사용하는 집도 점점 늘고 있다. 가부장적인 가치관이 약해지면서 아이를 함께 돌보는 가정이 늘어나는 것은 긍정적이다. 아이에 대한 엄마의 영향력과 아빠의 영향력이 다르기 때문이다. 세심하게 보살피고 정서적으로 안정되며 부드럽게 만드는 것이 엄마의 영향력이라면 아이의 진취성과 성취욕을 키우는 데는 아빠의 영향력이 힘을 발휘한다. 아빠의 관심을 많이 받은 아이의 성취도가 더 높다는 연구 결과도 있다.

특히, 남자아이에게 아빠는 가장 가까이 있는 경쟁 상대이자 멘토 같은 존재이다. 남자아이는 클수록 엄마 혼자 감당하기 힘들며 아빠 역할이 중요해진다. 성장할수록 남자아이는 엄마를 무시하는 경향이 있다. 엄마는 덩치도 작아 왠지 이길 수 있을 것 같은 생각이 들어 반항하기도 한다. 엄마가 잔소리해도 아이가 꿈쩍하지 않는다면 아빠에게 도움을 청하는 것이 좋다. 딸과 엄마 사이에 '여자만의 세계'가 있듯이 아들과 아빠 사이에도 '남자만의 세계'가 있다. 아빠는 아들이 성역할을 건강하게 형성하는 데 중요한 역할을 한다.

여기서 엄마가 주의할 것이 있다. 난감한 상황을 남자의 논리로 해결하다 보면 엄마가 보기에 이해되지 않는 상황이 생길 수도 있다. 특히, 아이에게 감정이입을 잘하는 엄마일수록 아빠가 아이에게 엄하게 하는 것이 마음에 들지 않을 수 있다. 그럼에도 엄마는 아빠의 방법을 존중해야 한다. 도움을 청했으면서 옆에서 자꾸 방해하면 아빠의 육아법도 효과가 떨어질 수 있기 때문이다.

아빠의 방법이 마음에 들지 않는다면 나중에 아이가 보지 않는 곳에서 함께 이야기하는 것이 좋다. 아빠와 엄마는 자라난 환경과 성별이 다르기 때문에 양육방식에 차이가 나게 마련이다. 그런데 많은 부모가 아이를 키우는 양육방식을 일치시켜야 한다고 생각하며 그것 때문에 다툰다. 부모가 아이 앞에서 다투면 아이는 혼란스러워하고 불안해한다.

부모가 서로 다른 양육원칙이나 태도를 반드시 일치시킬 필요는 없다. 일치되지 않는 양육태도를 부모가 어떻게 풀어나가느냐가 더 중요하다. 의견이 다르다면 서로 존중하면서 합리적인 의견을 도출하려고 노력해야 한다. 이런 과정을 아이가 느낄 수 있게 한다면 이보다 더 좋은 교육이 없다. 아이는 부모를 보며 다른 사람과 자기 의견을 어떻게 조율하고 조정하는지 배울 수 있으며, 사회생활을 하면서도 상호존중하는 마음으로 다른 사람을 대하는 법을 배운다.

아빠가 육아에 참여하면 아이에게 두 성별의 특징을 모두 경험하게 하면서 성별에 대해 선입견을 갖지 않게 할 수 있다. 아빠도 엄마처럼 집안일을 할 수 있다는 것을 경험한 아들은 자라서 거부감 없이 집안일을 함께할 것이며, 아내를 도와주고 아이와 친밀한 아빠가 될 것이다. 마찬가지로 딸은 아빠가 바라보는 넓은 세상을 경험하면서 진취적인 꿈을 키워나갈 것이다. 현대사회에서는 남성과 여성의 일의 경계가 점차 없어진다. 아이가 성공하려면 남녀에 대해 좀 더 진취적인 의식을 갖고 자기 능력을 계발하는 것이 필요하다. 이는 앞으로 아빠가 아이와 더 친밀해져야 가능하다는 것을 명심하자.

출처: 육아에서 아빠의 역할은 어디까지일까(EBS 60분 부모: 문제행동과의 한판승 편(2010. 5. 21.) 지식채널. 서울: 시공사.

함께 보면 도움이 되는 동영상

- EBS 특별기획 아기 성장 보고서
  1부 - 세상을 향한 첫걸음(2006. 5. 1. 방영)
  2부 - 아기는 과학자로 태어난다(2006. 5. 2. 방영)
  3부 - 애착, 행복한 아기의 조건(2006. 5. 3. 방영)
  4부 - 언어 습득의 비밀(2006. 5. 4. 방영)
  5부 - 육아 키워드, 기질(2006. 5. 5. 방영)
- EBS 다큐 프라임: 언어발달의 수수께끼
  제1부 - 아기는 어떻게 말을 배울까?(2011. 10. 24. 방영)
- KBN 뉴스: 신생아 흔들면 사망위험
  https://www.youtube.com/watch?v=C_tMm96IIC4
- 영아돌연사증후군(sudden infant death syndrome, SIDS) 예방 애니메이션
  https://www.youtube.com/watch?v=ohHiIX6gOQ8
- 채널A 논리로 풀다 시즌2: 모유(2013. 8. 18. 방영)

스스로 생각해 봅시다

- 신생아에게서 나타나는 반사행동의 발달 변화와 의미를 생각해 봅시다.
- 모유수유와 분유를 먹이는 것의 장점과 단점에 대해 생각해 봅시다.
- 아기에게 천 기저귀와 종이 기저귀를 사용하는 것의 장점과 단점에 대해 친구들과 논의해 봅시다.
- 영아기에서 수면과 울음의 의미에 대해 생각해 봅시다.
- 영아기 아기를 돌볼 때에 가장 중요한 부분이 무엇인지에 대해 생각해 봅시다.
- 영아기 아기의 신체, 인지와 언어, 정서와 사회성 발달을 도와줄 수 있는 놀잇감에는 무엇이 있을지 찾아봅시다.

C · H · A · P · T · E · R 12

유아기 발달과 부모역할

01 유아기의 발달 특징

유아기가 되면 영아기 때의 통통하던 모습이 점차 사라지고 보다 어린이에 가까운 모습으로 변화해 간다. 유아기에는 영아기보다 발달의 속도는 완만해지나 여전히 모든 영역의 발달이 꾸준히 이루어진다. 이 시기에는 초등학교 입학 후에 맞이하게 될 아동기를 위한 여러 가지 기초능력과 생활습관, 또래관계를 통한 사회성의 기초 등이 형성되는 중요한 때이다. 유아기가 되면 집에서만 생활하기보다는 유치원과 어린이집 등의 유아교육기관을 다니면서 생활반경이 점차 넓어진다. 유아의 하루는 놀이의 연속이며, 그들이 하는 거의 모든 활동은 놀이가 된다. 유아의 놀이는 성인이 볼 때 무의미한 것으로 보일 수도 있지만, 바람직한 성장과 발달에 영향을 미치는 중요한 요소이다. 유아는 끊임없이 부모의 관심을 요구하며 부모의 시간과 에너지를 소비하게 한다. 부모는 마냥 안아주고 쓰다듬어 주며 귀여워하기만 하던 영아기의 자녀와는 확연히 다르게 다양한 양육과 경험을 제공해 주고 기본생활습관을 훈육하는 일이 필요하다.

1) 신체운동발달

신체적인 성장과 기초적인 운동능력을 지니게 된 유아는 타고난 호기심으로 주변 환경을 적극적으로 탐색하고 자신의 운동능력을 시험하며 바쁘게 움직이는데, 이러한 행동이 유아의 신체운동발달을 돕는다.

(1) 신체발달

유아기의 신체는 영아기처럼 현저하게 발달하지는 않지만 매년 키가 5~7cm 정도씩 증가하여 5세경에는 출생 시의 2배, 6세 때에는 성인의 65% 정도의 성장을 나타낸다. 체중은 매년 2~3kg 정도씩 증가하여 5세경에는 출생 시 몸무게의 5배, 6세에는 성인의 30% 정도가 되지만, 몸무게의 경우 키보다 불규칙한 성장을 보이며 개인차가 큰 편이다(이숙재 · 이봉선, 2008). 머리 크기는 출생 시에는 전체 키의 약 1/4 정도로 4등신이었으나 유아기 동안 머리의 비율이 작아지고 성인의 신체 비율과 비슷해진다(Shaffer, 2002). 6세경이 되면 아기 때에 불룩 나왔던 배가 들어가고 살이 빠지면서 근육이 단단해진다.

(2) 운동능력발달

유아기에는 키와 몸무게의 발달보다는 달리기나 뜀뛰기와 같은 대근육을 사용하는 운동기술과 가위질하기, 색칠하기, 단추 끼우기, 젓가락질과 같은 소근육을 사용한 몸놀림이나 운동능력이 많이 발달한다. 이와 같은 대 · 소근육의 발달로 유아는 신체의 균형 유지와 각 부분의 협응력이 향상되는데, 이러한 능력의 발달은 유아의 긍정적인 자아개념 형성과 또래관계에서 중요한 역할을 한다.

3, 4세가 되면 유아는 달리거나 뛰는 것 자체에 흥미를 느끼기 시작하지만 처음에는 똑바로 잘 달리지 못하다가 6세경이 되면 안정된 자세로 잘 달리게 된다. 또한, 공던지기를 좋아하고 미끄럼이나 그네와 같은 놀이기구를 즐기며, 특별히 자전거를 선호하기도 한다. 3세경이면 세발자전거를 탈 수 있고 5, 6세가 되면 두발

자전거도 탈 수 있다(Seefeldt & Barbara, 2006).

한편, 가위질하기, 젓가락 이용하기, 종이접기, 퍼즐 끼우기와 같이 손으로 사물을 조작하는 소근육운동능력도 많이 발달하는데 이러한 기술들은 놀이의 형태로 반복하여 제공해 주어서 유아가 즐겁게 습득할 수 있도록 해 주는 것이 좋다. 유아기의 운동능력발달은 그 이전 시기와는 달리 자아개념 형성과 또래관계에 영향을 미치는데, 특히 남아의 운동능력은 또래관계에 영향을 미쳐서 운동을 잘하는 아이가 또래 사이에서 인정을 받아 자신감을 얻고 적극적인 또래관계를 맺는 원동력이 된다.

〈표 12-1〉 유아의 대근육운동 및 소근육운동기술

연령	대근육운동	소근육운동
$3\frac{1}{3}$세	• 속도를 줄이거나 내면서 달릴 수 있다. • 발끝으로 중심을 잡을 수 있다. • 깨금발을 뛸 수 있다. • 튀는 공을 잡을 수 있다.	• 미숙하게나마 사각형을 따라 그릴 수 있다. • 가위를 사용할 수 있다. • 간단한 퍼즐을 완성할 수 있다.
4세	• 4~8초 동안 한 발로 균형을 잡을 수 있다. • 양발을 교대로 계단을 내려갈 수 있다.	• 사각형을 그릴 수 있다. • 앞 단추를 채울 수 있다.
$4\frac{1}{2}$세	• 매우 잘 뛴다. • 장애물 넘기를 할 수 있다. • 신발 끈의 매듭짓는 것을 제외하고 혼자 옷을 입을 수 있다.	• 삼각형을 알아볼 정도로 그릴 수 있다.
5세	• 두 손으로 잡는다. • 공을 튀길 수 있으며 잡을 수 있다. • 줄넘기를 잘 할 수 있다.	• 단추를 잘 채울 수 있다.

출처: 정미라 외(2006). 자녀양육과 부모역할. p. 217. 경기: 양서원.

2) 유아기의 인지와 언어발달

(1) 인지발달

유아기에는 이전 단계인 영아기를 거치면서 감각에 기초하여 사고하던 기초적인 단계에서 발달하여 유아기만의 독특한 사고특성이 나타난다. 발달심리학자 피아제에 의하면 유아기에는 표상적 사고(representational thought)능력에 기초하여 어떤 물체를 이용하여 다른 무엇인가를 나타낼 수 있으며, 가장 대표적으로 언어 사용이 활발해진다. 또한, 유아는 이전 영아기의 감각운동기에 이어 전조작기라고 부르는 발달단계가 되어 본격적인 사고를 할 수 있게 된다. 그러나 아직 유아의 사고능력은 논리적이지 못하고 자기중심적인 한계를 벗어나지 못한다.

유아기의 인지발달은 다른 시기에서는 찾아보기 어려운 독특한 특성이 몇 가지 있는데, 대표적으로 자기중심적 사고, 물활론적 사고, 비보존적 사고, 비가역적사고, 실재론적 사고 등이다. 자기중심적 사고는 유아가 세상의 모든 사물을 자신의 입장에서만 보고 판단하며 다른 사람의 입장을 고려하지 않는 것이고, 물활론적 사고는 유아가 생명이 없는 대상이나 현상에 생명과 감정을 부여하여 세상의 모든 사물이 살아서 자신의 의지에 따라 움직인다고 생각하는 것이다. 비보존적 사고는 유아가 사물의 수, 길이, 양, 무게, 부피 등의 모양이나 위치가 변하더라도 그 속성은 변하지 않는다는 보존 개념을 아직 획득하지 못하였다는 것이다. 그러므로 유아는 같은 수의 구슬을 한 집단은 길게 늘어놓고 다른 한 집단은 한곳에 모아 놓으면 길게 늘어놓은 구슬이 더 많다고 생각한다. 유아가 비보존적 사고를 하는 이유는 판단을 할 때 아직까지도 영아기와 비슷하게 시각이나 청각과 같은 감각에 주로 의지하거나 단순히 한 가지 차원에만 근거해서 판단하는 경향이 있기 때문이다. 유아의 비가역적 사고는 처음으로 되돌아가서 다시 사고하지 못하는 것을 말하며, 실재론적 사고는 유아가 자신이 보고, 듣고, 느끼고, 생각하고, 상상하는 것은 모두 외부에 실재하고 있다고 생각하는 것을 말하는데, 가장 대표적인 것이 유아기 꿈의 실재론으로 유아는 자신이 꾼 꿈이 현실에서 실제로 일어난 일이라고 믿는다. 부모는 이처럼 독특한 유아기 사고의 특징을 미리 알아서 유아와 많은 대화를 나누고 설명해 주어 차츰 논리적인 사고로 변화하고 발달을 이루어나갈 수 있도록 도와주어야 한다.

최근 유아의 지능과 관련하여 많은 관심을 받고 있는 것으로 가드너(Gardner)의 다중지능이론(Multiple Intelligence Theory)이 있다. 다중지능이론은 기존에 IQ로 대표되는 지능이론이 논리-수학적 능력과 언어적 능력만을 측정하고 있다는 한계를 인식하고, 인간의 지능은 서로 독립적이며 다른 여러 종류의 능력으로 구성되어 있다고 본다(Gardner, 1983). 즉, 인간의 지적 활동을 서로 독립적인 아홉 개의 분야로 나누어 각 분야에 대응하는 아홉 가지의 지능을 제시하고 있으며, 언어지능, 논리-수학지능, 공간지능, 신체-운동지능, 음악지능, 대인 간 지능, 개인 내 지능, 자연주의 지능 및 영적지능이 포함된다. 다중지능이론은 부모에게 어려서부터 아홉 가지의 지능에 관심을 가지고 그중 잘하는 부분인 강점지능과 잘 못하는 부분인 약점지능을 파악하여 잘하는 부분을 활용하여 못하는 부분까지도 잘할 수 있도록 이끌어 주어야 한다고 강조한다.

〈표 12-2〉 다중지능 하위 영역의 종류와 내용

종류	정의
언어지능	단어의 의미를 이해하는 능력, 새로운 개념을 이해하기 위해 단어를 사용하는 능력, 의미를 전달하기 위해 언어를 사용하는 능력
논리-수학지능	사물, 행동, 개념 간의 관계를 이해하는 능력, 수학적 조작을 하는 능력
공간지능	3차원적으로 생각하는 능력, 사물을 정확하게 지각하고 공간을 예측하는 능력
신체-운동지능	신체를 다양한 방식으로 사용하는 능력
음악지능	음의 고저, 멜로디, 리듬, 음색의 다양성을 이해하고 만들어 내는 능력
대인 간 지능	다른 사람을 이해하고, 감정, 기분, 동기, 의도를 식별하는 능력, 다른 사람과 효과적으로 상호작용하는 능력
개인 내 지능	자신을 이해하고 자신의 삶을 효과적으로 주도하는 능력, 자신의 정서를 이해하고 자신의 강점과 약점을 아는 능력
자연주의 지능	자연 속의 유기체들의 체계와 관련 요인들에 대한 예민성
영적 지능	삶의 의미, 죽음과 인간 존재에 관련된 문제에 대한 예민성

출처: 최경숙(2006). 아동발달심리학. pp. 161-162. 서울: 교문사.

(2) 언어발달

3~5세 유아는 사용 어휘의 수가 급속히 증가하며 문법에 대한 규칙을 이해하고 적용하여 정확한 문장을 사용하고 상대방과 원활하게 의사소통을 할 수 있게 된다. 유아기에는 읽기, 쓰기와 같은 문자언어도 발달을 이루기 시작한다. 생후 36개월경의 유아는 습득한 어휘 수가 500개 정도에 이르고, 이후 1년에 약 500~600개씩 어휘를 습득하여 6세 말경에는 약 3,000개의 어휘를 습득하게 된다(장유경, 2004). 어휘의 수가 양적으로 증가하면서 단어의 의미에 대한 이해능력도 확장되고, 부정문, 과거나 미래를 나타내는 언어, 존댓말의 사용 등 문법에 대해서도 배우기 시작한다.

유아는 간단한 읽기와 쓰기에 대해서도 배울 수 있는데, 유아의 읽기발달에 대해 학자들은 유아가 주변 환경에서 볼 수 있는 상징으로서의 글자를 인식함으로써 읽기를 시작한다고 주장하였다(Barbour, 1987). 예를 들면, 유아가 좋아하는 과자나 TV 프로그램의 이름, 친구 이름, 거리의 푯말이나 간판 등을 보면서 처음에는 상황을 통해 인식하고 경험이 반복되면 인쇄글자 자체만 보고도 글자를 읽을 수 있게 된다. 이때 부모가 유아에게 그림책을 자주 읽어 주어서 글자에 관심을 갖도록 유도하고 어려서부터 책을 읽는 습관을 들여 주면 좋다.

쓰기는 글자를 쓰는 데 필요한 소근육과 손목의 힘, 손과 눈의 협응력 등이 발달되어야 하므로 유아에게는 읽기보다 더 어려운 과업이다. 그러므로 유아가 문법에 맞게 정확한 글자를 쓰는 것에 대해 너무 지나치게 강조하지 않아야 한다. 읽기와 쓰기는 유아에 따라 발달의 속도에 개인차가 많이 나고, 부모를 포함한 환경의 영향을 많이 받는다. 읽기, 쓰기와 같은 문자언어를 부모의 욕심으로 조기에 강압적으로 학습시키려고 하면 유아에게 스트레스가 되어 오히려 부정적인 결과를 초래할 수도 있다. 그러므로 그림책을 포함한 다양한 자료를 제공해 주고 유아가 개별적인 능력과 관심에 따라 일상적인 경험 속에서 자연스럽게 글자에 자주 노출됨으로써 놀이를 통해 읽기를 배울 수 있도록 하는 것이 바람직하다.

■ 좋은 그림책의 선정 기준

① 유아에게 재미와 즐거움을 주는 책인가?
② 유아의 발달 수준에 적합하고 이해할만한 수준인가?
③ 주제가 가치 있고 교육적인가?
④ 그림이 예술로서의 가치가 있으면서 글과 조화를 이루는가?
⑤ 글이 반복과 예측 경험, 새로운 어휘를 포함하는가?
⑥ 그림과 글이 유아의 상상력과 호기심, 창의적인 사고를 자극하는가?
⑦ 인종이나 성, 연령에 대한 고정관념을 탈피하도록 유도하는가?
⑧ 적은 비용으로 쉽게 구할 수 있는가?

출처: 김정원 · 전선옥 · 이연규(2016). 유아문학교육. p. 84. 서울: 학지사.

3) 정서와 사회성 발달

(1) 정서발달

유아는 여러 가지 자극에 대해 다양한 정서로 반응할 수 있다. 유아의 정서는 성인과 확연하게 다른 몇 가지 특성이 있는데 정서 상태가 짧은 시간 지속되면서 매우 강렬하고, 아직 자제력이 부족하여 정서 표현을 억제하기보다는 느끼는 그대로 자주 표출한다(이숙재 · 이봉선, 2008). 정서는 영아기부터 빠르게 발달하는 편이어서 영아기 동안에는 기쁨, 분노, 공포, 불안, 애정, 질투 등의 기본적인 정서가 나타나고 유아기 동안에는 당혹감, 수치심, 죄책감, 부러움 등의 자아인식과 관련된 정서가 나타난다. 최근에 정서를 연구하는 학자들은 사회적으로 성공할 가능성을 가늠하는 데 정서지능이 중요하게 작용한다고 주장하며, 정서지능(Emotional Intelligence)이 높을수록 대인관계가 원만할 뿐만 아니라 자아개념과 성취감이 높다고 한다.

〈표 12-3〉 성공에 필수적인 EQ 능력들

자기 인식	• 정서의 인식: 자신의 정서와 그 영향력을 이해하는 능력 • 정확한 자기평가: 자신의 강점과 한계를 아는 능력 • 자신감: 자신의 가치와 능력에 대한 확신
자기 조절	• 자기통제력: 부정적인 정서와 충동을 조절하는 능력 • 신뢰감: 정직과 성실이라는 기준을 따르는 것 • 양심: 자신의 수행에 대하여 책임을 지는 것 • 적응력: 변화를 다루는 데 있어서 유연성 • 혁신능력: 새로운 것들을 좋아하고 열린 마음을 갖는 것
동기화	• 성취동기: 우수해지려고 노력하고 달성하려는 것 • 책무감: 집단이나 조직의 목표와 함께 가는 것 • 솔선수범: 가능성을 실천하고자 준비하는 것 • 낙관성: 장애나 좌절에도 목표를 추구하고자 하는 것
사회적 인식	• 공감: 타인의 감정과 관점을 이해하고 타인에게 적극적으로 관심을 표명하는 것 • 조력행동: 타인의 능력을 발전시키고 발휘하도록 도와주는 행동 • 다양성의 조정능력: 다양한 사람들의 가능성을 계발하는 것 • 정치적 인식: 집단의 정서적 분위기와 권력관계를 읽어내는 능력
사회적 기술	• 영향력: 설득을 잘할 수 있는 효과적인 기술 • 의사소통능력: 분명하고도 확신에 찬 메시지를 전달하는 것 • 리더십: 사람들을 고취시키고 이끄는 능력 • 변화의 촉매작용능력: 변화를 잘 다루는 능력 • 갈등조정능력: 갈등을 협상하고 해결하는 능력 • 관계형성능력: 인간관계를 잘 형성하는 것 • 협력능력: 공동의 목표를 위해 타인과 함께하는 능력 • 팀 역량: 공동의 목표를 추구하는 데 있어서 집단 시너지를 창출하는 것

출처: 교육부(2013). 행복한 교육(http://happyedu.moe.go.kr/happy/bbs/selectHappyArticleImg.do?bbsId=BBSMSTR_000000000192&nttId=3956).

(2) 사회성 발달

유아는 유치원이나 어린이집과 같은 교육기관에 다니기 시작하면서 또래 친구들과 다양한 경험을 하게 된다. 이러한 과정을 통해 자기 자신에 대해 알게 됨으로써 자아개념을 발달시키고, 자신의 성별을 인지하게 되면서 사회에서 남성과 여성에게 기대하는 행동양식을 습득하며, 도덕성이 발달하여 사회생활에 필요한 규칙에 따라 자신의 행동을 통제할 수 있게 된다.

유아기에는 자아개념의 하나로 자신의 가치에 대한 전반적인 판단인 자아존중감이 나타나는데, 대부분의 유아는 자신의 능력을 매우 높게 평가하는 경향이 있다. 유아의 높은 자아존중감은 유아의 주도성 발달에 기여하므로 부모는 유아가 자기 자신을 소중하고 가치 있는 존재로 받아들이도록 항상 관심과 격려를 보여주어야 한다. 또 유아는 3세경이 되면 자신의 성별이 여자인지 남자인지 알게 되는데 이것을 성정체성을 획득했다고 한다. 그러나 아직 다른 사람의 머리 모양이나 옷차림, 하는 일 등으로 성별을 구별한다. 그러다가 6~7세경이 되면 사람의 성은 태어날 때 한 번 정해지면 평생 바뀌지 않는다는 것을 알게 되고, 성에 대한 선호도가 두드러져서 자신과 동일한 성에 호감을 갖는다. 부모는 자녀가 자신의 성에 국한해서 성역할 고정관념을 갖지 않도록 주의하고, 양성성교육을 실시하도록 노력해야 한다.

02 유아기 자녀의 부모역할

유아기는 발달의 모든 영역에 걸쳐 빠른 성장과 발달을 이루면서 기본생활습관을 습득하고 행동반경이 넓어지며 환경에 대한 호기심으로 주변을 적극적으로 탐색하는 시기이다. 자신을 부모로부터 독립된 개인으로 인식하기 시작하여 자아가 형성되고 자율성이 형성되는 시기이므로 부모는 자녀에게 옳고 그름, 해야 할 일과 해서는 안 될 일을 명확하고도 일관성 있게 지도해야 한다(김정원 · 전선옥, 2016). 대부분의 부모가 흔히 유아기에는 아직 어리니 조금 더 있다 자녀가 학교에 가게 되면 바른 습관을 지도하겠다고 결심하는 경우가 많다. 이는 유아기 부모-자녀 관계에서 매우 중요한 부모의 권위를 형성하는 일에 어려움을 가져오게 되어 유아기 이후에 자녀의 문제행동을 고치는 일이 쉽지 않을 수도 있다(Galinsky, 1987). 부모는 유아기 자녀의 욕구를 적절히 조절하면서 들어주어야 하고, 생활에 일정한 규칙을 도입하여 적용해야 하고, 자녀의 공격적인 행동에 대해서는 통제를 가하며 꾸준히 일관성 있게 지도해 주어야 한다.

(1) 유아의 건강관리

부모는 유아의 신체발달과 건강을 위해 몸을 활발하게 움직일 수 있는 기회를 제공해야 하며 새로운 운동기술이나 소근육발달, 협응력을 기를 수 있도록 적절한 놀잇감이나 활동을 제공해 주어야 한다(이영 외, 2015). 최근 컴퓨터나 스마트폰 등의 전자 매체로 인한 유아의 신체활동 기회가 점차 줄어들고 있는 것은 경계해야 할 것이다.

읽고, 생각해 봅시다

장난감 대신 준 스마트폰…자극에 중독 '팝콘 두뇌' 키운다

스마트폰 중독 문제가 사회 문제로 떠오르고 있는데 성인들의 문제로 여겨졌던 스마트폰 중독이 청소년을 넘어 영유아에게까지 빠르게 확산되고 있다. 과도한 스마트폰 중독은 신체발달과 건강은 물론 자기조절 등 정서적인 측면에도 악영향을 줄 수 있다. 전문가들은 학부모가 영유아기 때부터 인터넷과 스마트 기기에 대한 올바른 사용습관을 익히도록 지도하는 것이 무엇보다 중요하다고 조언한다.

육아정책연구소가 발표한 '영유아 스마트폰 노출 실태 및 보호대책'에 따르면 2013년 기준 영유아의 스마트폰 이용률은 53.1%에 달하는 것으로 집계됐다. 스마트폰 최초 이용 시기는 평균 2.27세. 만 3세가 되기 전에 이미 스마트폰에 노출되고 있다는 얘기다. 특히, 0세부터 만 2세 영아의 평균 스마트폰 이용 시간은 32.53분으로 만 3~5세 사이 유아(31.28분)보다 많은 것으로 나타났다. 이미 '중독' 증세를 보이는 영유아도 10만 명을 넘어선 것으로 조사됐다.

전문가들은 아이들이 지속적으로 스마트폰에 노출될 경우 '우뇌증후군'을 불러올 수 있다며 부모의 각별한 주의가 필요하다고 지적한다. 스마트폰의 화려하고 강한 자극이 좌뇌를 지속적으로 자극하여 우뇌의 기능을 상대적으로 떨어뜨리게 된다. 우뇌는 집중력, 사회성, 공간지각능력 등을 담당한다. 또 스마트폰의 화려한 색감과 빠른 변화에 지속적으로 자극을 받아 과도한 자극에만 반응하는 '팝콘 브레인'이 될 수 있다는 연구 결과도 있다. 팝콘 브레인은 뇌가 팝콘처럼 톡톡 튀어 오르는 감각적인 것에만 반응하고 현실에는 무감각해지는 현상인데, 스마트폰에 익숙한 아이들이 종이책에 흥미를 보이지 않는 이유다. 영유아는 두개골이 작고 얇아 휴대전화의 전자파가 뇌에 더 깊이 침투할 가능성도 크다. 어른과 같은 양의 전자파에 노출돼도 더 큰 영향을 받는다는 것인데, 이 같은 문제점들은 아이가 성장하는 내내 영향을 끼칠 수 있다.

영유아 스마트폰 중독 체크리스트

항목	체크
식사나 휴식 없이 화장실도 가지 않고 스마트폰을 한다.	☐
스마트폰을 하다가 그만두면 또 하고 싶어서 조를 때가 많다.	☐
스마트폰을 못하게 되면 초조해하고 안절부절못한다.	☐
스마트폰을 하고 있을 때만 흥미진진해 보이고 생기 있어 보인다.	☐
스마트폰을 안 할 때는 다른 것에 집중하지 못하고 불안해 보인다.	☐
다른 할 일이 있는데도 스마트폰만 가지고 논다.	☐
스마트폰을 못 하게 되면 지루하고 재미없어 한다.	☐
스마트폰을 하는 시간이 하루 중 가장 편안해 보인다.	☐
과다한 사용으로 학습에 집중하지 못하고 산만함을 보인다.	☐
스마트폰 사용으로 생활이 불규칙해졌다.	☐
정해진 시간만 사용하겠다 약속하지만 대부분 약속을 지키지 않는다.	☐
스마트폰을 오래 하느라 아이의 체중이 변한 것 같다.	☐
스마트폰을 못하게 하면 화를 내거나 짜증을 부린다.	☐
정해진 사용 시간을 잘 지키지 않는다.	☐
전혀 그렇지 않다 = 1점 그렇지 않다 = 2점 그렇다 = 3점 매우 그렇다 = 4점	
• 29점 이하 일반 사용자군: 건전한 사용을 위해 보호자의 지속적인 점검 필요 • 29~43점 잠재적 위험 사용자군: 스스로 조절하고 계획적으로 쓸 수 있도록 보호자의 조력 필요 • 44점 이상 고위험 사용자군: 중독 성향이 높으므로 치료 필요	

출처: 한국정보화진흥원 인터넷중독대응센터.

■ 스마트폰이 유아동에게 미치는 영향

• 스마트폰 블루라이트
: 밤에 자다가 스마트폰을 사용하는 것은 뇌에 태양을 들이대는 것. 스마트폰 불빛인 블루라이트는 수면유도호르몬(멜라토닌) 분비를 억제하여 수면장애 유발

• 디지털 격리 증후군
: 스마트폰으로 소통할 때는 편하지만 직접 만나서는 제대로 놀지 못하고 어색한 상태. 함께 있지만 각자 따로 스마트폰만 하면서 놀고 있는 모습. 스마트폰을 손에서 놓을 수 없는 상태

• 팝콘 브레인
: 현실에 무감각해지고 주의력이 크게 떨어져 팝콘처럼 강한 자극에만 반응을 보이는 것. 스마트폰의 게임 동영상을 자주 보는 바람에 빠르고 강한 정보에는 익숙하고 현실 세계의 느리고 약한 자극에는 반응을 안 하는 뇌

• 거북목증후군/손목터널증후군
: 스마트폰을 장시간 사용하여 목 뒤가 찌릿찌릿해지면서 목뼈가 휘고, 손(엄지손가락과 손바닥)과 손목이 자주 저리고 통증이 심해지는 현상

• 유아 스마트폰 증후군
: 6세 미만 아동이 스마트폰의 일방적이고 반복적인 자극에 장시간 노출, 우뇌가 발달해야 하는 직관적 사고기에 좌뇌가 과도하게 발달. 초기에는 주의가 산만하거나 또래보다 말이 늦는 등의 증상으로 나타나지만, 계속 진행될 경우 ADHD(주의력 결핍 과잉행동장애), 틱장애, 발달장애 등으로 이어질 수 있음

출처: 머니투데이(2016. 11. 17.) 재구성(http://news.mt.co.kr/mtview.php?no=2016111514154446086&type=1).

부모는 적절한 영양 섭취와 수면 등을 통해 유아의 성장을 도모해야 한다. 유아의 식습관을 지도하면서 영양소의 균형을 맞추고 유아가 먹기 쉽도록 적절한 조리방법, 새로운 음식과 맛, 질감을 경험할 수 있는 다양한 기회를 제공해야 한다. 또한, 유아기 수면의 질은 유아의 신체 성장뿐 아니라 정서행동에도 영향을 주므로 충분하고 질 높은 수면이 이루어질 수 있도록 도와야 한다. 24~30개월경에는 20개의 유치가 모두 나는데 유치의 건강은 씹기능력 및 소화능력, 영구치 공간의 확보,

턱뼈의 정상발육, 언어발달 등에 영향을 미치므로 부모는 치아 관리를 위한 관심과 노력을 게을리하지 말아야 한다. 유아의 신체발달을 도모할 수 있는 활동을 소개하면 다음과 같다.

① 높은 곳으로 올라가는 놀이는 근육이 튼튼해지고 신체의 균형을 향상시킬 수 있으므로 정글짐을 오르거나 계단 또는 언덕을 오르는 놀이를 제공할 수 있다. 이때 나무 사다리나 줄사다리를 이용하면 다양한 오르내리기 경험을 할 수 있다.

② 그네, 흔들 배, 시소 등의 운동기구를 타는 놀이는 유아의 신체적 조절을 가능하게 할 뿐 아니라 스릴도 즐기게 한다. 특히, 벤치형 그네나 흔들 배, 시소는 혼자보다 둘 이상의 유아가 함께할 수 있는 운동기구이기 때문에 이러한 놀이를 통해 협동심과 규칙 지키기 등을 증진시킬 수도 있다.

③ 던지고 받고 굴리는 등 놀이 방법이 다양한 공은 유아가 싫증을 내지 않고 계속 사용할 수 있는 놀잇감이다. 막대기에 공을 놓고 운반하는 놀이나 깔때기로 작은 공을 받는 놀이, 정글짐에 표적을 만들어 공을 던져 보는 놀이, 둥글게 원을 만들어 그 안에서 공을 주고받는 축구 등은 여러 유아가 게임처럼 할 수 있는 놀이이다.

④ 플라스틱 후프는 유아의 능숙한 신체조절능력을 요구하나 손쉽게 활용되기도 한다. 유아는 후프를 자신의 신체 부위로 돌릴 뿐 아니라 공과 같이 굴리거나 던지고 받을 수 있다. 또한, 후프 여러 개를 바닥에 늘어놓고 다양한 동작(깡충 뛰기, 엉금엉금 기기, 뒤로 뛰어넘기 등)으로 지나가는 놀이도 가능하다.

⑤ 탈 것에 흥미를 보이는 유아를 위해 발로 밀고 다닐 수 있는 소형 탈 것(3세), 페달을 밟으면서 운전할 수 있는 세발자전거나 자동차(4세), 롤러스케이트(5세) 등을 준비해 줄 수 있다.

(2) 자녀의 안전을 위한 보호자

주도성이 발달하는 시기인 유아기는 영아기 때보다 활발한 움직임을 보이며 실외활동도 훨씬 많아지는 시기이다. 유아는 새로운 환경을 탐색하고 체험하는 데 몰입한다. 유아기의 왕성한 호기심은 주변의 모든 사물에 대하여 관심을 갖게 한다. 부모는 이 시기 유아의 호기심과 활동반경을 생각하여 안전하고 자유로운 탐색이 이루어질 수 있도록 해 주어야 한다. 막연하게 "안 돼."라는 말보다는 왜 안 되는지에 대해 유아가 알아들을 수 있도록 주의를 주어야 한다. 그러나 지나친 주의는 유아의 탐구심을 저해하므로 안전한 환경을 구성해 주는 것이 중요하다. 유아의 안전을 위해서는 환경 구성만으로도 안전사고를 90% 이상 예방할 수 있다.

유아의 안전사고를 예방하기 위한 지침은 다음과 같다(김상림 외, 2014).

① 이 시기의 유아는 호기심이 많고 통제가 잘 되지 않아 침대, 의자, 식탁, 소파 등에서 추락하는 사고가 많으므로 유아가 높은 가구에 올라가 놀지 않도록 한다.
② 베란다에 가구나 발판 등 유아가 딛고 올라갈 수 있는 물건을 놓지 않는다.
③ 작은 부품이 있는 완구나 물건 등을 삼키는 사고가 많으므로 유아가 가지고 노는 완구 등이 안전기준에 적합한지 확인하고 놀이할 수 있도록 한다.
④ 마트에서 유아를 쇼핑카트에 태울 때에는 추락으로 인한 뇌진탕 등 사고 예방을 위해 반드시 보호자가 가까이 있고 어린이가 카트 안에서 일어나지 못하게 주의시킨다.
⑤ 만 3세 이상의 유아기라고 하더라도 집에 혼자 두면 안 된다. 아직 생활 주변의 위험 요소를 잘 인지하지 못하기 때문이다.
⑥ 어린 연령일수록 위험한 곳(지하실, 온실, 차고, 작업실, 가내 공장, 운동기구가 있는 곳 등)에는 절대로 들어가지 못 하게 해야 한다.

(3) 기본생활습관 및 인성 지도를 위한 훈육

대근육과 소근육의 발달이 어느 정도 이루어진 유아는 무엇이든 스스로 해 보고자 하는 욕구를 표현하기 시작한다. 이 시기에 배변훈련부터 시작하여 식습관지도, 신변처리 등과 사회적인 기본예절이나 습관 등을 익히는 기본생활습관을 지도해 주어야 한다. 기본생활습관이란 한 사회 구성원으로서의 개인이 사회의 전통과 문화를 고려하여 삶을 영위해 가는 데 바탕이 되는 기본적 생활 지식, 태도, 기술에 관련된 행동 유형이다. 유아는 자신의 건강을 유지함과 동시에 기본생활습관을 익힘으로써 자립성과 독립성을 형성하고 성격 형성, 가치관 형성, 인격 형성의 기초를 다진다. 한 개인이 생명을 유지하거나 사회에 적응하기 위해 꼭 지켜야 할 생활습관이 바로 기본생활습관이다(장갑수, 2015).

유아기 기본생활습관의 지도를 위해 부모는 자녀를 적절하게 훈육할 필요가 있다. 훈육(discipline)이란 품성이나 도덕 따위를 가르쳐 기르는 것으로 실제로 훈육은 다른 사람을 지도하고 이끄는 사람을 의미하는 사도(disciple)에서 유래한 말이다. 그러므로 훈육은 유아를 지도하는 광범위하고 긍정적인 체계를 말하는 것이다(김오남 · 류윤석 · 이유미, 2003). 애정이 담긴 훈육은 유아에게 할 수 있는 일과 해서는 안 될 일에 대한 정보를 주므로 유아가 사회적으로 좀 더 유능한 행동을 학습할 수 있게 해 준다. 더불어 애정이 담긴 훈육은 유아 자신이 잘못했을 때 부모가 도움을 주는 존재라는 믿음을 갖도록 하여 실수에 연연하지 않고 다시 도전해 볼 수 있는 긍정적인 신념을 갖게 한다(김영희, 2012).

유아기는 뇌의 전두엽이 활발하게 발달하는 시기로 전두엽은 사고력, 창의력, 판단력, 주의집중력, 감정을 조절할 뿐 아니라 인간성, 도덕성 등 인간답게 살아가는 기능을 담당한다. 유아기에 기본생활습관이나 인성교육이 잘 이루어져야 이후에 어른이 되었을 때 바른 시민으로 성장할 수 있다.

(4) 주도성과 자아존중감을 위한 격려

에릭슨에 의하면 유아기는 주도성이 발달하는 시기로 유아 스스로 여러 가지 활동을 계획하고 실행하게 된다. 이 과정에서 부모가 아이의 행동을 격려하고 지지하면 주도성이 발달하게 되지만 유아의 행동을 제한하면 죄책감이 들게 된다. 유아기에 형성된 주도성은 이후에 리더십의 기초, 의욕과 도전 정신, 문제해결 능력 발달에 영향을 미친다(제주특별자치도교육청 · 교육과학기술부, 2008). 유아의 주도성 형성을 위한 부모역할은 자녀가 안전하고 자유롭게 탐색할 수 있는 환경을 마련해 주고 자녀의 행동을 지켜봐 주고 지지해 주는 것이다. 또한, 자녀가 무엇을 언제, 어떻게 할 것인지 미리 생각하도록 격려해 주며, 의사결정이 필요할 때 자녀의 의견을 묻고 존중해 주고 혹시 의견이 다를 때는 서로 간의 생각을 이야기하며 합리적인 선택을 내릴 수 있도록 도와주어야 한다.

주도성의 또 다른 표현은 호기심이다. 유아는 선천적으로 다양한 사물이나 사건에 대해 호기심을 가지고, 많은 질문을 쏟아내며 끊임없이 탐색활동을 하게 된다. 부모는 유아가 질문을 통해 세상에 대해 많은 사실을 배우게 된다는 것을 염두에 두고 아이의 호기심 어린 질문에 친절하게 답하며 정확한 설명이 어려울 때는 다차원적인 다양한 설명을 하거나 함께 답을 찾아보는 과정을 통해 유아의 주도성과 상상력, 창의력을 발달시키는 데 기여할 수 있다(김영희 외, 2012).

자신에 대해 긍정적으로 생각하는 자아존중감은 사회적 관계 형성 및 대인관계, 성격발달, 정신건강의 기초가 된다. 유아의 자아존중감을 기르기 위해서는 부모가 자녀를 애정적으로 수용해 주어야 하며, 유아가 자신의 능력에 대해 자신감을 갖도록 도와야 한다. 부모는 유아의 성취를 격려하고 유아가 능력을 확장시킬 수 있도록 다양한 지원을 해 줄 필요가 있다.

(5) 언어적 상호작용으로 의사소통능력 고취

유아기에는 어휘 수가 급격히 증가하고 문법이 발달하는 시기이므로 충분한 언어적 상호작용이 요구된다. 부모는 유아의 이야기를 잘 들어 주고 많은 대화로 언어적 자극을 할 필요가 있다. 유아의 언어발달은 크게 듣기, 말하기, 읽기, 쓰기로 나누어지는데 네 가지 영역은 서로 영향을 미치며 통합적으로 발달해 간다.

유아의 듣기발달은 모든 언어활동의 기본 토대로 주의 깊게 듣고 변별해 볼 수 있는 기회를 주어야 하며, 특히 부모가 유아에게 주의집중하여 듣는 모델이 되어야 한다. 듣기 지도 방법을 간략히 제시하면 다음과 같다.

① 유아가 듣기의 필요성을 인식하도록 한다.
② 유아에게 듣기를 지도할 때는 듣기를 강요하는 것보다 잘 듣는 것이 학습이나 일상생활에 얼마나 필수적인가를 우선으로 알게 하는 것이 중요하다.
③ 개별적으로 듣기 지도를 해 주는 것이 좋다.
④ 부모나 교사 자신이 주의를 집중해서 듣는 모범을 보이는 것이 중요하다. 성인이 열심히 듣고 있음을 나타내기 위해 머리를 끄덕이거나 말하는 사람의 눈을 응시하거나 "응.", "그래서." 등의 반응의 말로 보여 주는 것이 좋다.
⑤ 칭찬과 격려를 통해 듣기 지도를 하는 것이 좋다. 유아가 듣기 활동에서 적절한 반응을 하는 경우, 미소를 짓거나 칭찬으로 격려해 준다.
⑥ 다양한 듣기 경험을 제공해 주는 것이 좋다. 음악 듣기와 수수께끼 게임을 활용하고, 녹음기, 각종 도서를 이용할 수도 있다.

말하기는 별도의 노력을 기울이지 않아도 일상생활의 대화 속에서 자연스럽게 발달해 가는데, 부모가 관심을 갖고 유아의 말하고자 하는 욕구를 자극해 주고 편안하게 말할 수 있는 분위기를 조성하며 격려해 주는 것이 중요하다. 다만, 3~4세경의 유아는 발달 특성상 발음이 정확하지 않을 수도 있는데 이 시기는 정확한 교정보다는 말하기에 대한 자유롭고 허용적인 분위기가 더 필요하다.

① 유아에게 다양한 이야깃거리를 제공하여 말하고 싶은 욕구를 자극해야 한다. 유아는 자신의 경험을 말로 표현하고자 하는데 유아의 경험은 언어발달의 주요 동기가 되므로 이 동기를 자극하여 말하기 지도를 할 수 있다. 즉, 유아가 새로운 경험을 할 때마다 새로운 이야깃거리가 제공되는 것이다. 따라서 여

러 가지 새롭고 흥미 있는 경험(예 동물원 견학이나 인형극 관람 등)을 제공하거나 장난감 전화기, 손인형, 마이크와 녹음기 등을 준비하여 말하고 싶은 욕구를 고취시키는 것이 좋다.

② 유아가 부담 없이 자유롭게 말을 할 수 있도록 허용적이고 개방적인 분위기를 조성해 주고 격려해 준다. 유아의 언어 표현을 무시하거나 비웃으면 유아가 위축되어 자신의 생각이나 느낌을 적극적으로 표현하지 않는다. 유아의 언어 습관이나 표현능력을 인정하면서 서서히 고쳐 주도록 한다.

③ 각 유아의 개인적 발달 수준에 따라 점진적으로 지도한다. 말하기 지도는 직접적인 교수나 반복 연습보다는 유아의 개인적인 발달 수준에 따라 자연스러운 상황에서 언어적 상호작용을 통해 점진적으로 지도하는 것이 효과적이다. 예를 들어, 유아에게 "'개가 멍멍 짖는다.'라고 따라 해 보자."식으로 강요하는 방법은 비효과적이다. 유아가 개를 보고 "개, 멍멍."이라고 말하는 상황에서 부모가 "그래, 개가 멍멍 짖는구나."라고 정확한 문장으로 언어적 상호작용을 해 줌으로써 유아의 문장구성능력을 촉진시킬 수 있다.

④ 유아에게 적절한 질문을 하여 유아가 다양한 언어 표현을 해 볼 수 있는 기회를 제공한다. 질문은 '예', '아니오' 식의 답변을 요구하는 폐쇄적인 질문보다 자유롭게 응답을 할 수 있는 개방식 질문, 예를 들어 "왜 그렇다고 생각하니?", "그다음에 어떤 일이 생겼을까?" 등 개방적인 질문으로 유아의 표현력을 촉진시킨다.

⑤ 여러 가지 말하기 상황에 필요한 예의를 갖추도록 지도한다. '감사합니다', '미안합니다' 등의 어휘를 필요한 상황에서 적절하게 사용하는 습관을 들이도록 하고, 상대에 따라 존댓말을 쓰도록 지도한다.

⑥ 성인은 훌륭한 언어 모델이 되어야 한다. 부모는 언제나 정확한 발음, 적절한 음성 크기와 속도로 말을 하는 모델이 되어야 할 뿐만 아니라 유아가 이해할 수 있는 수준의 다양한 어휘를 사용하여 간결한 문장으로 말하는 모범을 보여 주어야 한다.

읽기의 경우 개인차가 크기 때문에 부모는 유아의 읽기준비도를 파악하고 지도해야 한다. 인쇄문자를 변별할 수 있는 시력, 말을 듣고 변별할 수 있는 청력, 문자와 말을 연결할 수 있는 인지능력 등이 읽기준비도라고 할 수 있다. 또한, 왼쪽에서 오른쪽으로 읽을 수 있는지의 여부도 중요한 준비도의 하나이다(박명순 외, 2015). 유아의 발달적 준비가 이루어진 이후 읽기에 흥미를 느낄 수 있도록 다양한 언어환경을 제공해 주고 일상생활에서 자연스럽게 읽기를 경험하도록 도와주어야 한다. 부모가 책을 읽는 모습을 자주 보여 주는 것도 유아에게 좋은 자극이 되며, 공부가 아니라 놀이로 접근하여 유아 스스로 흥미롭게 글자를 익힐 수 있도록 돕는 것이 중요하다.

유아는 사실 글자를 쓰기 전부터 쓰기를 위한 준비를 한다. 크레파스로 그리기, 색연필로 끄적거리기, 풀칠하기, 가위로 오리기, 그림 맞추기, 구슬 꿰기 등 손으로 하는 모든 활동은 쓰기를 위한 준비과정이라고 볼 수 있다. 유아의 쓰기는 자발적인 쓰기에서 출발하며 정해진 글자를 보고 쓰는 것이 아닌 끄적거리기로부터 우연히 발생한 글씨 형태로 발전하고는 한다. 부모는 유아에게 다양한 쓰기 자료를 제공해 주고 글자의 모양보다는 의미를 강조하는 쓰기를 지도하며 자연스럽게 쓰기를 유도해야 할 것이다.

(6) 놀이와 체험을 통한 인지적 자극 제공

유아에게 놀이는 어른들이 생각하는 단순한 놀이 그 이상의 의미를 지닌다. 아직 어린 유아에게 형식적인 학습을 통해 많은 것을 가르치는 것은 무리가 있으므로, 다양한 놀이의 형태로 제공해 주어서 유아가 호기심과 흥미를 느끼고 적극적으로 세상에 대해서 알아나갈 수 있도록 배려해 주어야 한다. 부모가 유아의 활발한 놀이를 지원하기 위해서는 첫째, 연령과 발달 특성에 적합한 놀잇감을 선택하여 제공해 주는 것이 중요하다. 놀잇감의 난이도가 너무 쉬우면 흥미가 감소할 수 있고 반대로 어려우면 좌절감을 줄 수 있다. 또한, 유아가 생각의 폭을 넓힐 수 있는 다양한 놀잇감을 제공하되, 한꺼번에 너무 많은 놀잇감을 주는 것은 오히려 집중력을 떨어뜨리고 산만해질 수 있으므로 적절한 양을 제공할 필요가 있다. 둘째, 다양한 경험을 직접적으로 체험하는 것도 유아의 인지발달을 위한 중요한 요소이다. 유아는 흥미로운 것을 충분히 탐색하면서 직접적으로 일상의 진리를 터득해 갈 수 있으며 원인과 결과를 터득하게 된다. 마지막으로 충분한 놀이 기회를 제공해야 하는데 이를 통해 적극적인 태도와 자기표현의 기회를 얻을 수 있고 놀이를 확장하여 창의성을 도모하기도 하며, 충분한 시간을 통해 높은 수준의 놀이로 발전할 수 있다(제주특별자치도교육청 · 교육과학기술부, 2008).

(7) 유아교육기관(어린이집, 유치원) 학부모로서의 역할

3~5세 누리과정이 시작되면서 우리나라의 모든 유아는 공교육체제로 들어갔다고 볼 수 있다. 이는 유아교육을 가정에서뿐만 아니라 전문교육기관인 어린이집이나 유치원과 협력하여 함께 해나가야 함을 의미하며, 국가 지원을 통해 모든 유아가 누리과정의 혜택을 받고 공통교육과정 속에서 교육받게 됨을 의미한다. 부모는 자녀를 어린이집이나 유치원에 보냄과 동시에 학부모의 위치가 되며 전문교육기관과 협력하여 자녀를 양육할 필요가 있다. 이에 좋은 유아교육기관을 선정하여 자녀를 보내고 우수한 교육과정을 통해 가정에서 할 수 없는 다양한 활동이나 경험을 해 볼 수 있도록 하는 것이 중요하다. 유아교육 분야의 세계적 석학인 영국의 에드워드 멜휘시(Edward Melhuish) 교수는 즐겁게 놀면서 배운 어린 시절의 학습이 훗날 학업을 준비하는 데 최고의 자산이라고 하면서 양질의 유치원교육을 받은 아이는 나중에 학교에서 높은 수학 성적을 받을 가능성이 3.5배 높았다고 강조하였다(한국일보, 2011. 8. 11.; 유아교육진흥원, 2012, 재인용).

유아를 유아교육기관에 보냄으로써 부모로서의 역할이 끝이 났다고 볼 수는 없다. 유아교육기관의 선생님을 전문적인 동반자, 지원자로 생각하면서 자녀양육을 교사와 함께한다는 의미로 생각하여야 하며, 자녀양육을 위해 교사와 끊임없이 협력하고 고민하면서 자녀를 위한 최선의 노력을 다해야 한다.

■ 영유아교육기관 선택의 기준이 되는 정보

- 교사와 영유아 간 상호작용의 질을 고려해야 한다. 영유아에 대한 사랑과 배려의 마음으로 이루어지는 진정으로 성의 있는 교사-영유아 간의 상호작용은 영유아의 발달을 최대한으로 이룰 수 있는 첫 번째 조건이다.
- 영유아의 발달에 적합한 교육과정과 평가가 이루어지고 있는지 살펴보아야 한다. 영유아에게 부담되는 지나친 학습 위주의 교육은 유아의 긍정적인 발달에 도움이 되지 않는다. 영유아가 자율적이고 행복한 가운데 적극적으로 스스로 탐구하는 자세를 형성할 수 있도록 격려하는 교육기관을 선정하는 것이 중요하다.
- 유아교사와 영유아의 가족 간에 협동적인 동반자 관계 형성을 가능하게 하는 다양한 부모교육 및 참여 프로그램이 제공되고 있는지를 확인할 필요가 있다.
- 영유아교육기관의 모든 참여자를 대상으로 정기적인 평가가 이루어지고 있는 교육기관을 선택하는 것이 좋다.
- 영유아교육기관의 모든 행정 업무가 규정에 따라 일정한 양식에 의하여 관리되는지를 확인할 필요가 있다.
- 영유아교육기관의 운영이 영유아의 요구에 부합하고 동시에 영유아의 신체적 · 정서적 · 사회적 · 인지적 발달을 촉진시킬 수 있는 적절한 인력에 의하여 운영되고 있는지를 확인할 필요가 있다.
- 영유아의 연령에 따른 발달 상황에 맞게 식사와 간식이 제공되는지 확인해야 한다.
- 영유아교육의 질에 가장 결정적인 영향을 미치는 요인은 바로 교사이므로, 교사의 질에 대한 정보를 반드시 확인할 필요가 있다. 유능한 교사들이 근무하는 교육기관은 질 높은 교육을 위한 가장 중요한 조건을 갖춘 기관이라고 할 수 있다.
- 영유아가 마음껏 활동할 수 있는 충분한 실내 · 외의 공간과 질 높은 설비들이 확보되어 있는지 확인할 필요가 있다.
- 영유아의 건강 상태를 확인할 수 있는 개인파일이 마련되어 있어 건강검진 결과, 예방주사 접종 현황, 비상시 연락처, 영유아를 데리고 오고 가는 사람, 지속적인 건강관리 정보 등에 대한 자료를 확인할 수 있어야 한다.

출처: 김정원 · 전선옥(2016). 영유아교육기관의 부모교육. pp. 127-129. 서울: 창지사.

■ 좋은 부모가 되는 십계명

1. 아이의 말을 중간에 끊지 마세요.
   : 부모에게 거절당했다는 생각에 자신감을 잃게 됩니다.
2. 따뜻한 눈길로 바라봐 주세요.
   : 학습지도나 밥 차려 주기는 다른 사람도 할 수 있지만, 진심 어린 사랑 표현은 부모만이 할 수 있습니다.
3. 여러 사람 앞에서 나무라지 마세요.
   : 누구나 망신을 당한 기억은 잊고 싶어 하기 때문에 아이의 잘못된 행동을 고치는 데 오히려 방해가 됩니다.
4. 때리지 마세요.
   : 부모에게 맞으면 아이는 세상이 안전하지 않다고 느끼게 됩니다. 체벌의 90% 이상은 부모가 자기감정을 다스리지 못한 결과입니다.
5. 아이의 일을 대신 해 주지 마세요.
   : 시행착오를 통해 스스로 배울 수 있는 기회를 빼앗는 행동입니다.
6. 버릇없이 키우지 마세요.
   : 안 되는 건 안 된다고 딱 잘라 말합니다. 소리 지르지 않고도 얼마든지 단호할 수 있습니다.
7. 지키지 못할 약속은 절대 하지 마세요.
   : 사실이 아닌 말로 그 순간만 모면하려 하면 아이는 부모를 신뢰하지 못하게 됩니다.
8. 아이에게 하는 사과를 부끄러워 마세요.
   : 아이들은 부모를 쉽게 용서해 준답니다.
9. 아이가 화낸다고 같이 화내지 마세요.
   : 아이가 속마음을 표현하지 않게 됩니다.
10. 아빠는 아이와 보내는 '시간의 질'을 신경 쓰세요.
   : 일주일에 한 번을 놀더라도 진심으로 아이를 이해하고 공감하는 게 훨씬 중요하답니다.

출처: 오은영의 행복한 아이 네이버 블로그(http://blog.naver.com/eyohlovec).

함께 보면 도움이 되는 동영상

- EBS 다큐프라임: 아이의 사생활
  제1부 - 남과 여(2011. 5. 13. 방영)
  제2부 - 도덕성(2011. 5. 20. 방영)
  제3부 - 자아존중감(2011. 5. 27. 방영)
  제4부 - 다중지능(2011. 6. 3. 방영)
  제5부 - 나는 누구인가(2011. 6. 10. 방영)

- EBS 다큐프라임: 퍼펙트 베이비
  제2부 - 감정조절능력(2013. 6. 25. 방영)
  제3부 - 공감, 인간관계의 뿌리(2013. 6. 26. 방영)
  제4부 - 동기, 배움의 씨앗(2013. 7. 1. 방영)
  제5부 - 행복한 아이 프로젝트(2013. 7. 2방영)

- EBS 다큐프라임: 놀이터 프로젝트
  제1부 - 위험한 놀이터로 오세요(2013. 12. 9. 방영)
  제2부 - 나의 놀이터를 소개합니다(2013. 12. 10. 방영)
  제3부 - 꿈꾸는 놀이터(2013. 12. 11. 방영)

스스로 생각해 봅시다

- 유아의 신체운동발달을 촉진시켜주기 위한 부모의 역할은 무엇일까?
- 유아의 인지적 발달을 도와주기 위해 부모가 제공해 줄 수 있는 환경에 무엇이 있을지 각자의 경험에 비추어 친구들과 생각을 나누어 본다.
- 유아기에 적합한 성교육 내용과 방법에 대해 구체적으로 알아본다.
- 자녀가 심하게 떼를 쓰거나, 공격적인 행동을 하여 문제가 된다면 어떻게 지도해 줄 수 있을까?
- 유아기에 반드시 길러 주어야 하는 기본생활습관에는 무엇이 있을까?
- 유아기 자녀에게 부모가 권위를 지닌 사람이 되어 기본예절을 가르치려면 어떤 노력이 필요할까?
- 자신이 부모가 되어 유아교육기관을 선택해야 한다면 가장 중요하게 생각하는 부분이 무엇일지에 대해 생각해 본다.
- 유아기 놀이의 중요성에 대해 알아보고 새롭게 알게 된 사실을 정리해 본다.

C · H · A · P · T · E · R 13

아동기 및 청소년기 발달과 부모역할

01 아동기 발달과 부모역할

아동기는 학동기(school years)라고도 불리며 아동이 초등학교에 다니는 시기이다. 이 시기의 아동은 외적인 성장과 더불어 학교생활을 시작함으로써 사회생활에 필요한 여러 가지 지식과 다양한 기술을 습득하며 친구관계를 포함한 다양한 인간관계를 경험한다. 이러한 과정을 통해 자신의 독특성과 잠재성을 깨닫고 신체적 · 심리적으로 부모에게 의존하던 이전의 유아기와는 달리 차츰 독립적인 행동과 생활이 크게 증가한다(김정원 · 전선옥, 2016). 그러므로 아동기 자녀를 둔 부모는 이전의 유아기와는 달라진 자녀의 성장에 맞추어 양육방식을 변화시켜 나가야 한다.

1) 아동기의 발달 특성

(1) 신체운동발달

아동기는 성장의 잠재기로서 유아기나 청소년기에 비하면 성장이나 변화의 속도는 느리지만 신체적으로 보다 분화되고 표현방식이 다양해지며 운동기술도 발달한다. 외모는 아래쪽 앞니부터 유치가 빠지기 시작하면서 유아의 티를 벗어나게 되고, 신장과 체중도 크게 증가하는데, 특히 신장에 비해 체중이 현저하게 증가한다. 신체기관의 골격 구조와 신체 각 부위의 성장은 적절한 비율로 발달하여 전형적인 아동의 모습이 되어간다. 아동기의 신체 및 운동발달은 아동이 주변 환경에 대해 보다 현실적인 개념을 획득함에 따라 자아개념의 한 측면인 신체상(body image)을 갖게 되는 데 기여하므로 중요한 의미가 있다. 아동은 자신의 신체적 특징을 또래 친구들과 비교하면서 신체상을 형성해 나간다(정미라 외, 2006).

아동기의 운동능력발달은 유아기에 이미 획득한 운동기술이나 근육협응능력이 보다 정교화되어 자신의 신체를 통제하고 조정하는 정확성과 효율성이 점차 증가한다. 따라서 아동의 근육운동이나 대근육을 발달시키는 데 도움을 줄 수 있는 다양한 운동을 제공해 주는 것이 필요하다. 아동은 또래들과 함께 운동에 참여하여 인정받고 수용되었을 때 독립심과 자신감을 갖게 되며 그렇게 하지 못했을 경우에는 또래들로부터 소외를 당하거나 열등감이 생길 수도 있다. 그러므로 아동기에는 운동능력을 향상시킬 수 있는 다양한 운동 프로그램을 제공하여 운동능력을 키우는 것과 동시에 여러 명의 친구와 함께 협동하며 어울리는 기회를 제공해 주는 것도 매우 중요하다.

(2) 사회정서발달

아동기는 확장된 사회적 관계 속에서 다양한 경험을 하며 사회성과 정서를 발달시킨다. 아동은 자신에게 주어진 일을 잘 해내려고 노력하면서 성공을 경험하면 근면감이 발달하여 자신에 대한 자신감과 유능감을 발달시키지만 반대로 실패를 경험하면 열등감을 초래하여 자신에 대한 부정적인 인식을 하게 된다. 따라서 이 시기에 부모는 자녀로 하여금 무슨 일이든 흥미를 가지고 작업하며 근면성을 발달시키도록 칭찬과 격려를 아끼지 않아야 하며, 건전한 자아개념이 형성되도록 도와주고 가정 내에서뿐만 아니라 가정 밖에서도 다양한 학습 경험을 제공해 주는 역할을 해야 한다(이재연 · 김경희, 1989).

아동기에는 학교생활을 하면서 또래들과 직접적으로 상호작용하거나 또래를 간접적으로 관찰하는 경험도 아동의 발달에 영향을 준다. 학령기 아동은 학교생활과 방과 후의 활동을 통해서 많은 시간을 또래와 함께 보내게 된다. 아동은 또래집단에 참여하여 그 집단의 가치와 행동을 습득하며, 성역할 행동과 성별에 대한 태도 형성에도 또래집단의 영향을 받는다. 아동기는 또래집단의 영향을 많이 받는 시기인데 또래집단은 아동 개인에게 소속감의 원천이 되고, 서로에게 교사로서의 역할을 하며, 수많은 주제에 대한 지식을 서로 전달하고, 여러 가지 행동의 모델이 되어주는 중요한 사람이다(박은주, 2005).

아동은 성장함에 따라 정서적인 표현 방법이 달라진다. 유아기에는 미분화된 정서로 직접적인 표현을 했던 것에 비해 아동기에는 불쾌 감정 등을 스스로 억제할 수 있으며, 보다 분화된 간접적인 표현을 하게 된다. 아동기에 나타나는 몇 가지 중요한 정서에는 공포와 노여움이 있다. 노여움은 욕망이 좌절되거나 실수했을 때, 놀림 받거나 꾸중을 들으면 나타나기 쉽다. 아동기의 공포는 처음에는 시각적 · 청각적 대상이나 구체적이고 직접적인 자극에 의해서 일어나지만 점차 상징적이고 가상적인 공포로 변해 간다. 대표적인 예로 시험 성적, 지각, 부모나 교사로부터의 꾸중 등이 걱정과 근심의 형태로 나타나게 된다(구광현 외, 2002).

(3) 인지와 언어발달

아동기에 접어들면서 아동은 심신이 발달하고 기존의 문화를 받아들여 학습함으로써 인지적으로 현저한 발달을 나타낸다. 발달심리학자 피아제에 의하면 아동기는 구체적 조작기라고 부르는 단계에 속한다. 아동은 사건이나 사물 사이의 원칙이나 관계를 이해하여 이용할 수 있게 되고, 한 가지 관점이 아닌 여러 관점을 동시에 고려하여 논리적으로 사고할 수 있게 된다. 언어 사용은 유아기의 자기중심적 언어에서 사회적인 언어로 변화하고, 대화 형식의 언어생활과 대화 내용 및 어휘가 풍부해지고 학습을 위한 토론도 가능해진다. 아동은 언어를 자신의 지적인 의사소통의 도구로 인식하고, 학습의 도구로 사용할 수 있을 정도로 언어능력이 현저히 발달한다. 헐록(Hurlock, 1987)은 1, 2학년은 문자능력, 3, 4학년은 발표력과 문법능력, 5, 6학년은 독해력이 발달된다고 하였다. 언어발달은 가정환경, 지능 수준, 남녀 성차 등에 따라 차이가 있을 수 있으므로 다양한 언어적 경험을 제공하여 바람직한 언어습관이 형성되도록 도와주어야 한다. 또한, 아동은 점차 부모로부터 또는 주변의 다른 어른이나 또래와의 상호작용을 통하여 자신이 속한 사회의 행동 규준을 습득하면서 성숙되고 도덕적 규범을 내면화하면서 도덕성을 발달시킨다.

2) 아동기의 부모역할

아동기는 비교적 조용하고 정서적인 발달에 있어서도 비교적 안정을 이루는 시기이므로 다른 시기에 비해 부모가 무관심하기 쉬운 시기여서 잊혀진 시기(forgotten years)라고도 한다. 그러나 초등학교 시기는 많은 행동이 형성되고 사회적인 변화가 일어나는 중요한 시기이다. 부모는 아동기 자녀의 사회화와 교육에 깊은 관심과 전력을 기울여야 하고, 자녀의 양육은 영유아기의 신체적인 돌봄보다는 심리적인 면에서 도움을 주는 것으로 바뀐다. 부모는 자녀로 하여금 가정 밖의 학교 활동과 집단 활동에 참여하도록 허용하고 격려해 주는 것이 중요하며 격려자, 훈육자, 학습 경험 제공자로서의 역할을 해 주는 것이 좋다(정미라 외, 2006; 김정원 · 전선옥, 2016).

(1) 격려자의 역할

아동이 초등학교에 입학하면 부모는 자녀의 학교생활 적응을 우려하여 아동이 스스로 해야 할 일을 부모가 과잉으로 도와주는 경우가 많다. 그러나 아동이 조금 미숙하더라도 부모는 인내심을 가지고 아동이 스스로 할 수 있도록 기다려 주고 격려해 주는 것이 중요하다. 아동이 독립적으로 문제를 해결하고 스스로 학습하는 경험은 독립심을 키워 주고 자신감을 기르도록 해 준다. 부모는 무엇이든 빠르고 정확하게 잘 해내기를 강조하기보다는 아동 자신이 해야 할 일에 대해 조금 느리고 실수를 반복할지라도 스스로 해낼 수 있도록 격려해 주어야 한다. 또한, 부모는 말로만 자녀를 가르치고자 하기보다는 생활습관이나 학습 등에서 먼저 행동으로 솔선하여 보여 주고, 하루아침에 무엇을 이루고자 조급하게 마음을 먹기보다는 관심과 끈기를 가지고 꾸준하게 지도해야 한다.

(2) 훈육자의 역할

아동은 학교생활이 시작되면서 다양한 행동과 태도를 배우고, 부모의 가치관이나 행동에 대해 의문을 가지고 질문하거나 이런저런 세상사에 대한 관심으로 궁금한 점이 많이 생겨서 부모가 대답하기 어려운 질문을 자주 던지기도 한다. 또한, 또래에 대한 관심의 증대로 자신이 좋아하는 친구나 그들이 좋아하는 다른 성인의 행동을 모방하려는 욕구도 강한 편이다. 그러므로 이 시기의 부모는 아동의 발달에 적합한 방법으로 다양한 정보를 주고 합리적인 행동의 한계를 설정해 주며, 일관성 있게 꾸준히 지도하여 바람직한 행동이 습관화될 수 있도록 지도해야 한다. 즉, 바람직하지 않은 행동을 제지할 때 체벌이나 지나친 분노는 참아야 하고, 자녀가 이해할 수 있도록 분명하고 구체적이면서도 간결한 언어 사용으로 아동의 감정과 행동을 다루어 주어야 한다. 아동의 자아존중감이나 인격을 무시하는 언행을 삼가고, 부모가 어른으로서 무조건 야단을 치기보다는 아동이 아직 배우지 못한 바람직한 행동의 방법과 예절을 가르쳐 주는 긍정적 훈육을 하도록 한다.

(3) 학습 경험 제공자의 역할

아동기는 학습의 기초를 만드는 시기로 강요와 억압에 의한 학습보다는 자발적이고 능률적으로 학습에 임할 수 있도록 동기를 유발하여 건전한 학습환경을 조성해 줌으로써 공부하는 습관을 길러 주는 것이 가장 중요하다. 부모는 아동이 자신의 관심과 능력을 개발할 수 있도록 다양한 경험을 제공해 주고, 가정과 학교의 교육내용이 상호보완될 수 있도록 연계성을 가지고 올바른 학습지도를 하는 것이 좋다.

갤린스키(Galinsky, 1987)는 학동기 자녀의 부모는 자녀를 유아기 상상의 세계로부터 현실의 세계로 이끌어 주기 위해 세상에 대해 친절하게 설명해 주는 것이 필요하다고 하였다. 이를 위해서 보다 구체화되어 제기되는 자녀의 세상에 대한 관심과 질문에 대해 성실하게 답변해 주어 바른 세계관을 갖도록 도와주고, 칭찬과 격려를 통해 성취감이나 근면성, 긍정적 자아개념을 길러 주어야 한다고 하였다.

읽고, 생각해 봅시다

'대입 준비는 초등 4학년부터 시작' 미친 선행학습

교육시민단체인 '사교육걱정없는세상'은 지난해 말 서울 대치동과 목동 등 사교육과열지구에 있는 주요 13개 학원이 정규 교육과정보다 평균 3.8년 앞선 내용을 가르치고 있다고 발표했다. 예를 들어, 초등학교 6학년이 중학교 3학년 과정을 선행학습하고 있는 것이다. 심지어 대치동의 일부 학원에서는 초등학교 4학년에게 고교 2학년 과정인 미적분을 풀게 하고, 강남의 어학원에서는 초등학생을 대상으로 유학에 필요한 공인영어시험인 토플(TOEFL)을 가르치고 있다. 학부모들이 이렇게 초등학교부터 선행학습에 매달리는 이유는 단 한 가지다. 선행학습을 해야 중학교에서 좋은 성적을 받아 특수고, 특목고에 진학할 수 있고, 또 그렇게 해야만 명문대 진학 가능성을 높일 수 있기 때문이다.

안타깝게도 많은 학부모는 지나친 선행학습을 해서라도 자식을 명문 대학에만 보낼 수 있다면 자식교육을 잘했다고 믿는다. 그러면서 초등학생 자녀는 자녀대로 스트레스에 고통스러워하고, 부모는 부모대로 사교육비 부담에 허리가 휘고 한숨이 는다.

한창 부모의 사랑과 관심이 필요한 초등학생이 학원과 독서실에 갇혀 자정이 넘어서까지 중고생 수학 문제집을 풀며, 대학 수업 내용에나 나올 법한 고급 단어까지 달달 외워 토플점수를 따려는 것이 오늘날 대한민국 엄마들이 가장 부러워한다는 대치동 학원가의 모습이다.

이 같은 과도한 선행학습의 부작용은 이미 곳곳에 나타나고 있다. 지난달 26일 경기도의 한 초등학교 6학년생 A 군은 가출을 한 뒤 부모님의 신고로 사용 정지된 신용카드로 택시 요금을 결제하려다 결국 경찰서에 인도됐다. 경찰 조사에서 A 군은 "학원을 6곳이나 다니는 게 싫었고, 수학 숙제를 안 해서 가출했어요."라고 말했다.

출처: 머니투데이(2017. 02. 10.) 재구성(http://www.mt.co.kr/view/mtview.php?type=1&no=2017020110430176616&outlink=1).

02 청소년기 발달과 부모교육

중학교와 고등학교에 다니는 시기인 청소년기(adolescence)에 접어들면 자녀는 신체적 성숙과 더불어 매우 불안정한 과도기인 사춘기(思春期, puberty)를 겪게 된다. 십대(10代) 또는 틴에이저(teenager)라고도 불리는 청소년은 자아정체감과 역할혼미를 경험하며 자아를 확립해 나간다. 청소년은 이 시기 동안 생식 기능의 급격한 변화로 인한 신체적 변화에 적응하며, 심리적으로 부모로부터 독립하고 새로운 행동과 가치를 선택하며 진로와 직업 목표를 탐색한다. 친구집단의 비중이 매우 커져서 옷이나 취미, 영화나 음악 등은 친구나 매스컴의 영향을 많이 받는다. 이 시기는 정서적인 질풍노도기로도 표현되며 심리적으로도 독립하는 심리적 이유기라고 한다(김정원 · 전선옥, 2016). 청소년기 자녀의 원만한 성장을 도와주기 위해서는 우선 부모가 청소년기 자녀의 발달적 특징을 이해하고, 그들의 행동을 수용하는 입장을 취하는 것이 중요하다.

1) 청소년기의 발달 특성

(1) 신체발달

아동은 12세경을 전후하여 신체적 · 인지적 · 정서적으로 급속한 성장을 경험하면서 아동기를 지나 청소년기로 들어선다. 아동기와 청소년기 사이의 전환기를 특히 사춘기라고 부른다. 사춘기란 성적으로 미숙한 상태로부터 생식능력을 갖춘 상태로 변화하는 시기를 의미한다. 따라서 사춘기에 접어들면서 아동의 성적 특징은 급속도로 발달하여 호르몬 분비의 작용으로 2차 성징이 나타나 여아의 경우에는 초경을, 남아의 경우에는 몽정을 경험하면서 생리적인 측면에서 점차 성인의 모습을 갖추기 시작한다(정미라 외, 2006). 12~14세경까지는 여자가 남자보다 약간 성숙 속도가 빠르며, 여자는 여성다운 체형으로, 남자는 남자다운 체형으로 바뀌어 성차가 뚜렷이 나타난다(구광현 외, 2002). 변성으로 목소리가 변화하고 음모가 발생하며 남자의 경우 턱수염이 생긴다. 신장과 체중의 급격한 발달과 발달시기에 있어서의 개인차는 청소년으로 하여금 자기 신체에 관심을 갖도록 하고, 자연스럽게 남녀 모두 이성에 큰 관심을 갖는다. 생리나 몽정과 같은 청소년기의 생리적 변화는 성인이 되는 첫 신호로서 그들이 혼자서 감당하기에는 무리가 있으므로 부모는 초등학교 3~4학년경이 되면 곧 다가올 생리적인 변화에 대해 미리 성교육을 실시하고 자주 대화하는 것이 좋다.

최근 들어서는 여자 8세 미만, 남자 9세 미만에 2차 성징이 나타나는 성조숙증이 문제가 되고 있는데, 한국 청소년의 사춘기 시작 연령이 여아는 11세, 남아는 13세이고, 2~3년 동안 성적으로 성숙하게 됨을 고려해 볼 때(홍창호 외, 1994), 성적 발달의 시기가 너무 빠른 경우를 성조숙증이라고 한다. 성조숙증은 특히 여아에게서 발생빈도가 높은데, 여아의 사춘기 시작 연령이 낮아지는 경향을 보이면서, 초경 연령 또한 10년마다 2~3개월씩 빨라지고 있는 추세이다(조원경, 2009). 이러한 초경 연령의 급격한 조기화는 사회 경제적 성장과 건강 수준의 향상에서 기인한다고 보는데(Keizer et al., 2001), 사춘기 시작의 연령은 유전적인 요소와 비만, 사회 경제적 상태,

환경오염 물질인 환경호르몬의 내분비 조절계 교란 등 다양한 요인이 영향을 주는 것으로 추정된다(Wolff et al., 2008). 특히, 최근 경제 성장으로 고칼로리 음식 섭취와 운동 부족 등으로 인한 비만이 증가함에 따라 성조숙증이 많이 나타나고 있는 것으로 보인다(대한소아내분비학회, 2011).그러므로 부모는 자녀의 성적인 변화와 성숙을 잘 관찰하여 적절하게 교육하고 준비하며 자녀와 꾸준히 대화하는 자세가 필요하다.

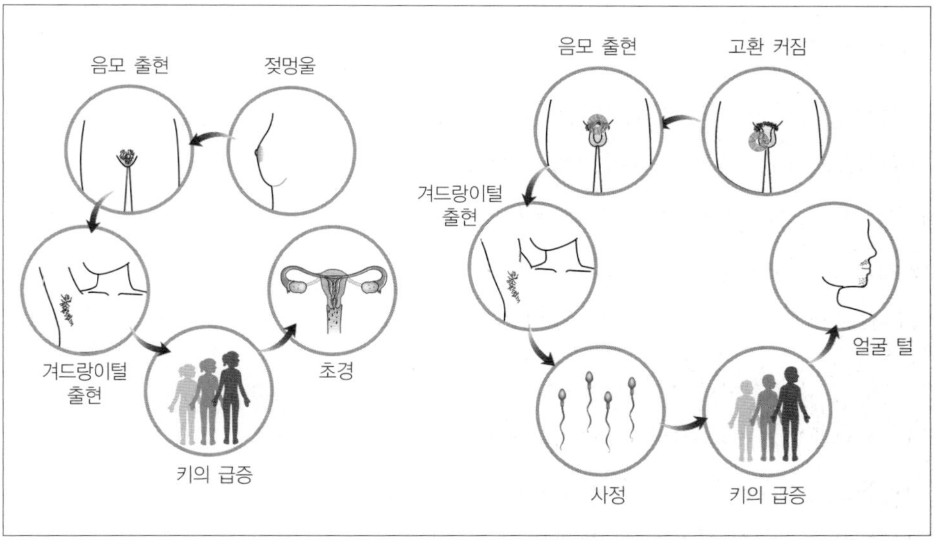

[그림 13-1] 여자 청소년과 남자 청소년의 사춘기 진행 순서

읽고, 생각해 봅시다

성조숙증 환자 증가…비만과 환경 호르몬 탓 일수도

건강보험심사평가원은 2006년부터 2010년까지 성조숙증으로 진료받은 어린이 환자 수가 6,400명에서 2만 8,000명으로 늘어났다고 발표했다. 5년간 4.7배나 증가한 것이다. 일부 부모는 아이의 성조숙증에 대해 '자연스러운 일' 또는 '월등한 능력'으로 생각해 병이라고 생각하지 않는 경우가 있다. 하지만 성조숙증을 제때 치료하지 않으면 성장판이 일찍 닫혀 최종적으로 키가 작을 확률이 높고, 남들보다 빠른 신체적 변화에 부끄럼을 타거나 소극적인 성격으로 변하는 등 아이가 사춘기 우울증을 겪을 수 있기 때문에 주의해야 한다.

성조숙증의 원인은 아직 명확하게 밝혀지지 않았지만, 부모의 사춘기가 빨랐을 경우 유전적인 영향을 받을 확률이 높다. 하지만 유전적 요인보다 고지방식과 고탄수화물 위주의 식습관도 문제가 될 수 있다. 지방, 단백질, 탄수화물 같은 영양소가 집중된 식단은 소아비만을 일으키기 때문이다. 일회용 식기, PC 소재 플라스틱 용기, 컵라면 용기, 패스트 푸드 포장지 등 환경호르몬에 아이가 자주 노출되는 것도 위험하다.

성조숙증을 예방하는 최선의 방법은 운동이다. 몸속 체지방량이 많을수록 여성호르몬 합성량이 많아지고 신체의 조기 성숙이 나타나기 때문이다. 아이의 근력과 운동능력에 맞는 운동을 선택해 적어도 일주일에 3번, 하루 30분 이상 운동해야 한다. 또 자극적인 영상과 음악은 멜라민 생성을 억제해 성호르몬 분비를 촉진하고 성장호르몬 분비를 억제하기 때문에 TV 시청이나 컴퓨터, 휴대폰 게임 등을 자제하는 것이 좋다. 성조숙증을 예방하는 식단을 알아 두는 것도 예방에 도움이 된다. ▲미네랄과 식이 섬유가 풍부한 채소와 과일을 풍부하게 섭취 ▲칼슘을 충분히 섭취 ▲햄버거와 피자, 자장면 등 패스트푸드 피하기 ▲밀가루 위주의 간식에서 벗어나 쌀가루, 채소 등을 활용한 간식을 활용 ▲신선한 유기농 음식과 성장촉진제가 들어가지 않은 육류, 달걀, 가공식품 선택 등이 있다.

출처: 헬스 조선(2015. 11. 10.) 재구성(http://health.chosun.com/site/data/html_dir/2015/11/09/2015110902780.html).

(2) 사회정서발달

청소년기는 정서적으로 감정 기복이 심해서 질풍노도(疾風怒濤)의 시기라고 하며, 점차 정서적으로 성숙해 간다. 청소년은 자신과 가정, 학교와 사회 등에 대해 골똘히 생각하며 과거를 돌아보고 미래의 이상을 설정한다. 그러나 현실과 이상 간의 모순을 발견하고 이상의 세계만을 동경하거나 불만스러운 현실에 반항적이 되기도 한다. 정서적으로 성숙됨에 따라 점차 기본적인 욕구, 양심, 이상과 현실과의 관계를 균형 있게 조절할 줄 알게 되어 정화되고 세련된 안정적인 정서 상태를 나타내게 된다(구광현 외, 2002). 청소년기를 혼돈과 격정의 시기, 스트레스와 폭풍의 시기라는 부정적인 시각으로 볼 수도 있으나, 한편으로는 성숙해지기 위한 과도기적인 과정을 지나 조화를 이루고 안정을 가지는 성인으로 나아가는 긍정적인 시기로 볼 수 있다.

청소년기 사회적 발달의 대표적인 특징은 집단정체감(group identity)에 대한 욕구와 자아정체감(ego identity)의 확립이다. 청소년은 동료집단의 영향을 중요시하고 우리 의식(we-consciousness)이 강렬하여 그에 소속되어 소속감을 얻고자 한다. 그러므로 이 시기에는 부모나 교사의 말을 듣기보다는 친구들의 의견을 따르게 되고, 친구들로부터 많은 것을 배우면서 상호영향을 주고받는다. 또한, 자아정체감은 청소년기의 가장 중요한 발달과업 중 하나로 볼 수 있는데, '나는 누구이며, 내가 가치 있다고 여기는 것은 무엇이며, 나는 앞으로 어떤 사람이 될 것인가?' 등에 대한 답을 찾으며 자신의 존재에 대한 의미를 발견하고자 노력한다.

(3) 인지발달

청소년기에는 지적 발달이 성숙되어 가설을 세우고 추론할 수 있는 추상적 사고 능력이 발달한다. 청소년은 논리적 사고를 표현하는 데 구체적인 사물이나 대상에 의존하기보다는 언어적 주장을 할 수 있으며, 추상적 개념을 사용하여 논리적으로 사고할 수 있는 능력이 생긴다. 논리적 사고가 발달하면서 대화 속에서 발견되는 논리적 모순을 쉽게 찾아낼 수 있으며, 어떤 문제에 대해 보다 체계적으로 접근할 수 있게 된다. 또한, 논쟁을 더욱 잘 할 수 있고 다른 사람들의 언행에서 논리적 오류를 발견할 수 있게 된다(정미라 외, 2006).

2) 청소년기의 부모역할

부모는 자신의 자녀도 언젠가는 십대 청소년이 되고 사춘기를 맞게 될 것으로 생각하고 있지만, 정작 사춘기의 급속한 성장과 변화를 경험하게 되면 예상했던 시기가 너무 빨리 그리고 예상치 않은 모습으로 다가왔다고 느끼고 놀라게 된다. 변화무쌍한 십대 자녀와 원만한 관계를 유지하기 위해서는 부모도 상당한 변화를 하지 않으면 안 된다. 부모가 청소년기 자녀와 긍정적인 관계를 유지하고 발전시키는 데 가장 중요한 것은 대화이다.

(1) 상담자의 역할

청소년기에는 발달상의 특징으로 인해 많은 혼란과 갈등이 일어나고, 학업 문제, 진학 문제, 친구관계, 이성 문제 등에 대해 가장 믿을 만한 상담자로서 부모의 조언과 협조를 필요로 한다. 그러므로 부모는 자녀를 잘 관찰하고 자녀의 성장과 발달에 대한 지식을 갖추고 자녀의 학교생활과 친구관계에 대해 파악하여 긍정적인 의사소통을 할 수 있어야 한다. 부모가 자신을 이해하고 있다고 생각하는 자녀는 부모와 친밀한 관계를 형성하고 서로의 공동 관심사를 주고받는 관계가 유지된다. 자녀가 사춘기를 겪으며 신체적 · 심리적으로 다양한 변화를 경험하는 동안 사춘기 자녀를 두고 있는 대부분의 부모 자신은 갱년기가 되어 그들도 심각한 신체적 · 심리적 변화를 겪는 경우가 많다. 그러므로 갤린스키(Galinsky, 1987)는 청소년기를 통과하는 자녀와 그부모는 진솔한 대화를 통해 서로가 허심탄회하게 대화를 나누며 상호의존하는 것이 필요하다고 하였다.

청소년기 자녀가 유능감을 가지는 데는 부모의 양육방식이 매우 중요한데 자녀의 건강한 발달에 도움을 주는 민주적인 자녀양육의 방법은 다음과 같다(정미라 외, 2006).

- 자녀를 성숙된 인격체로 인정하라. 부모의 양육태도는 자녀가 성장하고 변화하는 것에 맞추어 적절히 변화할 수 있어야 한다. 자녀는 독립된 인격체이기 때문에 그들의 생각과 느낌을 존중해 주어야 한다.
- 지나친 지시와 간섭은 피해야 한다. 청소년의 입장에서 볼 때, 부모의 도움은 일종의 간섭으로 여겨지고 여전히 자신을 어린아이 취급을 하는 것으로 인식할 수 있으므로 주의해야 한다. 청소년기의 자녀는 부모가 자신에게 자율성을 부여해 주기를 원한다. 자녀에게 자율성을 부여하기 위해서 부모는 자녀의 능력을 믿어주고 인정해 주며 어려움이 닥쳤을 때 적절히 격려해 주어야 한다. 청소년기에는 수많은 시행착오를 경험하게 되는데 장기적인 안목에서 볼 때 그러한 경험들이 쌓여 판단력과 문제해결력을 기르게 되므로 부모가 이를 미리 알아서 해결해 주지 않아야 한다.
- 청소년 자녀의 불안감과 불만을 수용해 준다. 신체적 · 심리적으로 갑작스럽게 많은 변화를 경험하는 청소년은 어떤 일에 대한 확신이 없고, 자신의 능력을 의심하며, 불안함을 겪기도 한다. 부모는 자녀가 우울해 보이고 뭔가 걱정이 있어 보일 때 그 자체를 수용해 주면서 조용히 지켜보는 것이 바람직하다. 대부분은 시간이 지나면 아무 일도 없었던 것처럼 행동하는 경향이 많다.
- 청소년 자녀의 사생활을 존중해 준다. 부모가 자녀의 모든 것을 알고 있어야 한다고 생각하는 것은 잘못된 일이다. 청소년기는 발달 특성상 문제의 특성에 따라 어떤 것은 부모와만 혹은 또래와만 공유하는 비밀을 갖고 싶어 하며, 때로는 누구에게도 말하고 싶지 않은 자신만의 비밀을 갖고자 한다. 그러므로 부모는 자녀에게도 사적인 생활을 유지할 수 있는 권리가 있음을 이해하고 그들의 사생활을 침범하지 않도록 노력해야 한다.

(2) 학습조력자의 역할

중학교와 고등학교에 다니는 청소년기 자녀를 둔 부모는 자녀의 학교생활에 관심을 가지고 학업 성적, 적응, 친구관계 등에 대해 자녀와 대화를 나누며 때로는 교사와도 긴밀한 협조관계를 지니는 것이 필요하다. 자녀의 인생을 좌우하는 상급학교로의 진학과 평생의 직업과 관련된 진로 선택이 이 시기에 이루어져야 하므로, 부모는 자녀의 적성과 관심을 살피면서 자녀가 뜻을 펼칠 수 있는 현명한 선택을 할 수 있도록 지원해 줄 필요가 있다.

특히, 우리나라 청소년은 대학 입시가 마치 인생 최대의 목표처럼 되어 있고, 대학 합격만이 성공의 잣대로 비춰지는 현실에서 힘겹게 성장해야 하므로 안타깝기 짝이 없으나, 부모 역시 자녀의 학습에 관심을 갖지 않을 수가 없다. 초등학교부터 고등학교까지의 모든 교육과정이 대학 입시라는 종착역을 향해서 치열하게 달려가야 하는 교육 현실 속에서 청소년과 부모는 모두 엄청난 스트레스를 받고 있다. 실제로 우리나라 학생들이 받는 학업 스트레스는 매우 심각한 실정이다.

한국정보화진흥원(2010)이 발표한 '4개국 청소년 건강실태 국제비교조사' 보고서에 따르면 한국의 학생이 일본, 미국, 중국의 학생보다 스트레스를 가장 많이 받았으며, 그중에서도 학업 문제로 스트레스를 가장 많이 받았다는 연구 결과가 나왔다. 학업 스트레스는 학업으로 인한 심리적 부담과 긴장, 근심, 우울, 초조함 같은 심리적 상태를 말하는데, 사교육 열풍과 입시 경쟁이 심한 한국 사회에서 학생의 학업 스트레스는 매우 심각하다. 또한, 한국은 OECD 국가 중 청소년의 행복지수가 최하위를 기록하고 있으며, 학력 중심주의 사회에서 청소년이 경험하는 학업 스트레스가 그 배경이 된다고 지적되고 있다(서울신문, 2017. 2. 19.). 청소년은 부모, 교사의 기대나 자기의 기대와 일치하지 않는 성적이 결과로 나왔을 때 더욱 학업 스트레스를 받는다고 한다.

청소년 자신의 개성이나 정서와는 무관하게 경쟁 위주로 이루어지는 수업, 숙제, 과외, 학원 수강 등으로 하루를 보내는 현실 속에서 오로지 공부만 해야 한다는 강박관념은 청소년이 불행하다고 느끼도록 만들고 더욱 불안해지면 문제행동을 야기하기도 한다. 부모는 가장 큰 어려움을 겪고 있을 자녀에게 적절한 관심을 보여 주고 지지해 주어야 한다. 또한, 부모는 자녀의 학습내용을 구체적으로 지도해 주기 어려우므로 학습에 대한 성취동기를 유발시키고 학습환경을 조성해 주며 자녀의 바람직한 성장을 위해서 기다려 주고 자녀의 이야기를 경청해 주며 자주 격려해 주는 것이 중요하다.

읽고, 생각해 봅시다

학업에 짓눌린 청소년 "행복하지 않아요!"

세계적 교육기업 '글로벌 에듀케이션 매니지먼트 시스템스'(GEMS)가 운영하는 자선단체 '바르키 재단'이 내놓은 'Z세대 보고서(Generation Z)'에 따르면 한국 청소년의 '행복지수'는 29점으로 조사 대상 20개국 중 19번째로 나타났다.

청소년의 행복감이 가장 높은 국가는 행복지수 90점을 기록한 인도네시아였고 나이지리아(78), 이스라엘(73), 인도(72), 아르헨티나(65) 등이 뒤를 이었다. 미국은 63점으로 6위, 중국은 62점으로 7위를 차지했다. 한국 청소년은 학업 스트레스가 많고 자기 나라에 대한 불만족도 다른 국가들보다 큰 것으로 나타났다. 행복지수가 비슷한 일본의 경우 '학업이 삶의 최우선 걱정거리'라는 응답이 36%, '자국에 대해 만족한다'는 답변이 64%였다. 이에 비해 한국은 '학업이 걱정'이란 응답이 70%로 20개국 중 가장 높았고, '자국에 대해 만족하지 않는다'는 답변(29%)이 '만족한다'(23%)보다 6%포인트 높았다. 자국에 대한 긍정 답변보다 부정 답변이 많은 것은 한국이 유일하다.

보고서는 Z세대가 향후 60년간 세계를 짊어지고 갈 '글로벌 시티즌'이라며 이들의 생각과 감정을 이해하려는 노력이 필요하다고 지적했다. Z세대의 84%는 기술발전이 미래의 희망이라고 답했으나, 다가올 미래를 긍정적으로 보는 청소년은 17%에 불과했다.

출처: 세계일보(2017. 2. 9.)(http://www.segye.com/content/html/2017/02/09/20170209003747.html).

함께 보면 도움이 되는 동영상

- EBS 다큐프라임: 아이의 사생활 II
  제1부 - 사춘기(2009. 7. 13. 방영)
  제2부 - 미디어(2009. 7. 14. 방영)
  제3부 - 형제(2009. 7. 15. 방영)
- [DVD] The Human Body(신비한 인체 세계) - BBC 과학 다큐 스페셜
  DISC 4: Raging Teens(방영 제목: 사춘기의 비밀)
- EBS 세계의 교육현장: 나에겐 꿈이 있어요 - 헬레네 랑에 학교(2011. 10. 10. 방영)
- SBS 스페셜: 부모 vs 학부모
  제1부 - 공든 탑이 무너진다(2014. 1. 5. 방영)
  제2부 - 기적의 카페(2014. 1. 12. 방영)
  제3부 - 부모의 자격(2014. 1. 19. 방영)

스스로 생각해 봅시다

- 청소년기에 자아정체감의 위기가 나타나는 원인은 무엇일까?
- 청소년을 위한 성교육의 내용과 방법에는 어떤 것이 있을지 친구들과 논의해 본다.
- 청소년기 자녀가 부모에게 가장 바라는 것은 무엇일까?
- 청소년기의 친구관계에 대한 부모의 역할에는 무엇이 있을지 생각해 본다.
- 청소년기는 성적인 성숙이 일어나면서 자연스럽게 이성친구에 대한 관심이 증가하는데, 최근 증가하고 있는 십대의 임신에 대해 친구들과 토론해 보자.
- 청소년기의 정서적 특징 중 '나는 아주 특별한 사람이다'라고 생각하는 '개인적 우화' 현상이 있는데, 이러한 현상이 나타나는 원인은 무엇이며 이를 위한 부모의 역할에는 무엇이 있을지 생각해 본다.

CHAPTER 14

아동학대와 아동의 권리

01 아동학대

1) 아동학대의 정의 및 아동학대 현황

「아동복지법」 제3조 제7호에 따르면 "아동학대란 보호자를 포함하는 성인이 아동의 건강 또는 복지를 해치거나 정상적인 발달을 저해할 수 있는 신체적 · 정신적 · 성적 폭력이나 가혹행위를 하는 것과 아동의 보호자가 아동을 유기하거나 방임하는 것을 말한다."라고 하여 적극적 의미의 가해행위와 소극적 의미의 방임행위까지 포함하여 아동학대에 관해 명확히 정의하고 있다(이성연, 2017). 우리나라에서 실시한 2017년의 아동학대 신고는 총 34,169건으로 전년 대비 15.1% 증가한 것으로 나타났다. 학대 행위자 통계 조사에 따르면 약 76.8%가 부모에 의한 학대로 조사되었고, 14.9%가 대리양육자, 약 8.3%가 그 이외의 사람들에 의한 학대로 조사되었다(중앙아동보호전문기관, 2019). 이와 같은 통계 조사에 의하면 상당수의 아동학대가 안타깝게도 친부와 친모 등을 포함한 부모와 대리양육자에 의해서 발생하고 있다는 것을 알 수 있다.

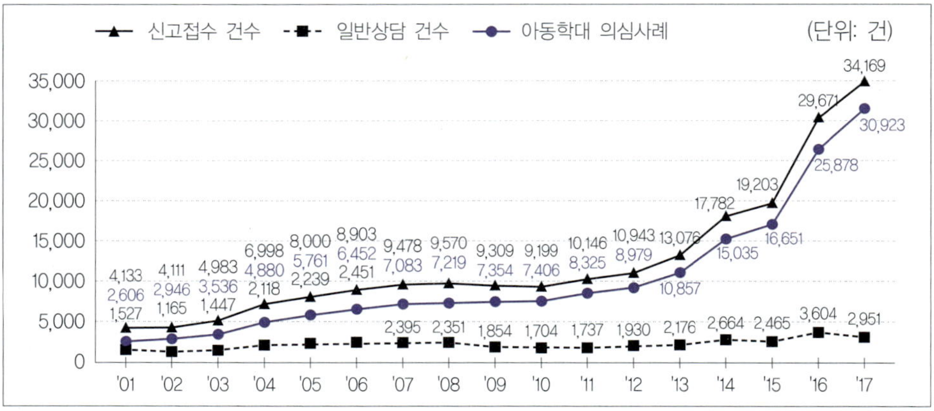

[그림 14-1] 아동학대 신고 현황

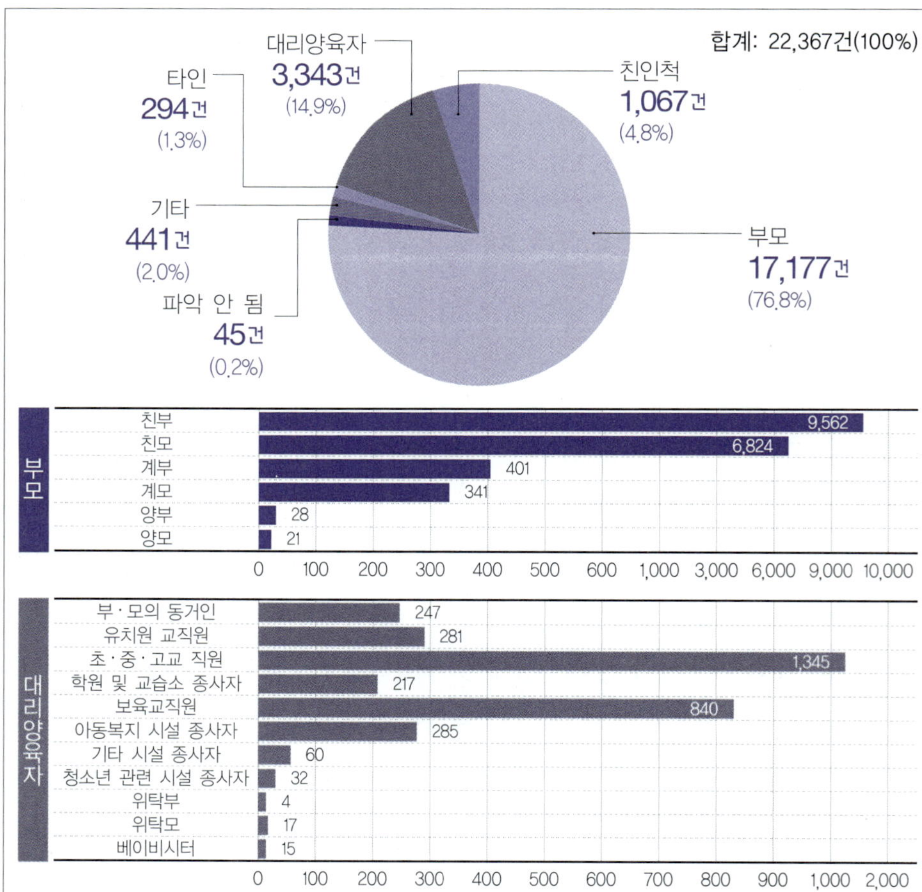

[그림 14-2] 아동학대 행위자

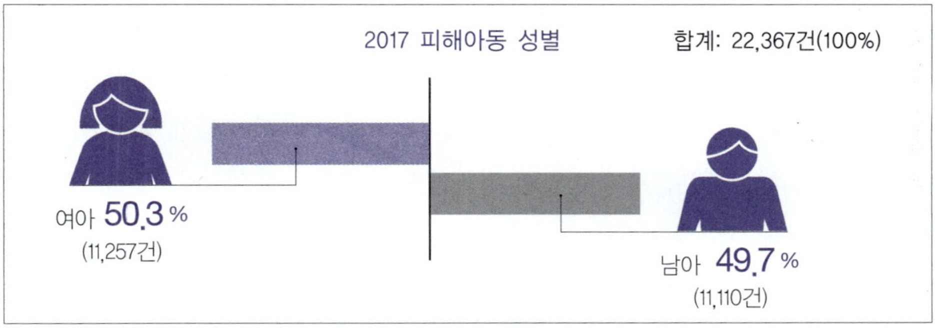

[그림 14-3] 아동학대 피해 아동의 성별

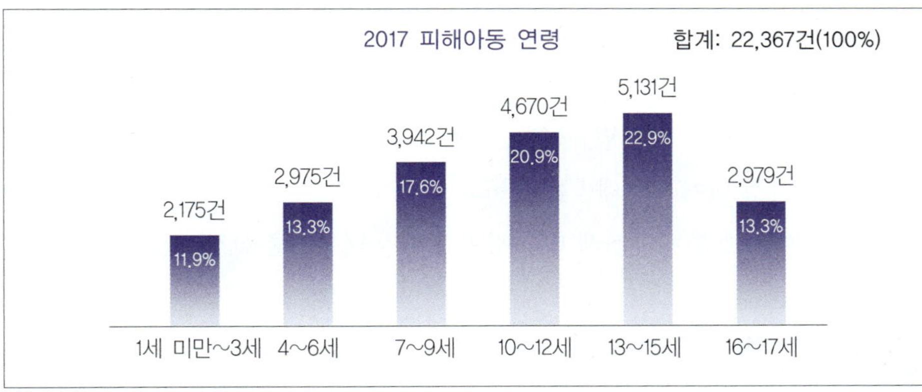

[그림 14-4] 아동학대 피해아동의 연령

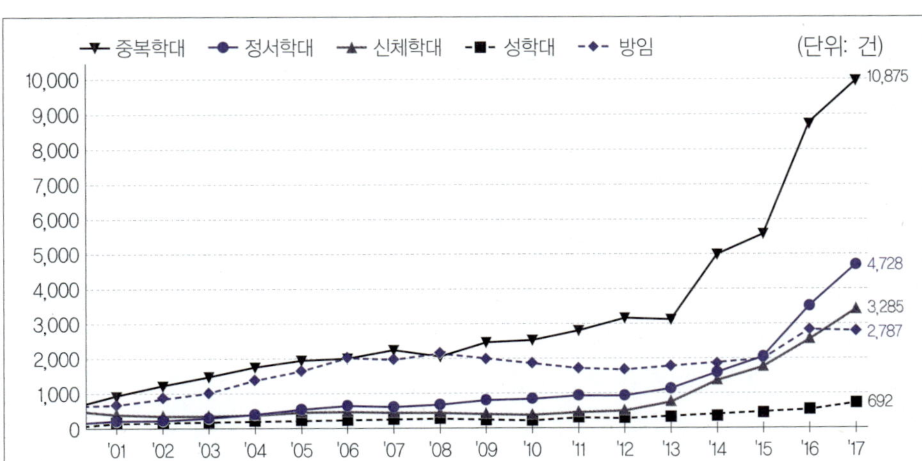

[그림 14-5] 아동학대 사례 유형(중복학대 별도 분류)

출처: 중앙아동보호전문기관(2016).

특히, 최근 2~3년 사이에 어른들의 따스한 보살핌 속에서 밝고 명랑하게 자라야 할 아동에게 심각한 학대가 가해지고 있다는 뉴스가 연이어 터져 나오면서 우리 사회에서 아동학대가 사회적 이슈로 떠오르며 뜨거운 관심을 받게 되었다. '부천 초등생 토막 살인사건', '계모에 의한 평택의 7살 영원이 사건', '의붓딸을 때려 숨지게 한 칠곡과 울산의 계모', '소금밥을 먹여 숨지게 한 계모' 등은 최근에 우리나라에서 발생한 대표적인 아동학대 사건들이다. 특히, 사람들에게 충격적으로 비춰졌던 비교적 최근의 아동학대 사건으로는 2015년 겨울 심각한 방임과 학대를 당한 여자 아동이 굶주림을 견디다 못해 집을 탈출하여 동네 주민들에게 발견된 사건이 있다. 정부는 이 사건을 계기로 '장기결석 아동 전수조사'를 통해 가정 내 아동학대 사건을 밝혀내는 데 적극적으로 대응하며 사회적 관심을 환기하였고, 「아동학대범죄의 처벌 등에 관한 특례법」을 개정하여 2016년 1월부터 시행에 들어가게 되었다. 이 법은 가정 내에서 학대받은 아동의 적극적인 보호를 위한 신고의무자를 강화하고 더불어 보호조치에 관해 더욱 강력한 법적 테두리를 설정하였다.

읽고, 생각해 봅시다

[끊이지 않는 아동학대] 부모 탈 쓴 '악마'…전국 곳곳 활개

경기도 부천에서 남편과 함께 7살 아들의 시신을 훼손한 뒤 장기간 집안 냉장고에 유기한 30대 여성은 범행 직후 시신 냄새를 없애기 위해 부엌에서 청국장을 끓이고, 학대로 쓰러진 아들에 대한 미안함보다 자신의 범행을 숨겨야 한다는 절박함이 앞선 계산된 행동을 하였다. 이처럼 부모의 탈을 쓴 악마는 지난해 '부천 초등생 시신 훼손' 사건 이후에도 전국 곳곳에서 활개 쳤다.

최근 여러 잔혹한 아동학대 사건이 세상에 드러나게 된 것은 아이러니하게도 학대 피해자 때문이었다. 아버지와 동거녀의 학대에 시달리다가 가스 배관을 타고 집에서 탈출한 '인천 맨발 소녀'는 동네 슈퍼마켓에서 허겁지겁 과자를 집어 먹는 모습이 뉴스를 통해 안방에 전달됐고 온 국민은 충격에 빠졌다. 이후 정부가 장기결석 아동 전수조사를 시작했고, 부천 초등생 사건도 이 과정에서 드러났다.

지난 2월 부천에서는 11개월간 미라 상태인 여중생 시신이 발견됐고, 3월에는 평택에서 락스와 찬물 학대 끝에 숨진 7살 원영이가 차디찬 시신으로 돌아왔다. 원영이는 한겨울 트레이닝복만 입은 채 3개월간 화장실에 갇혀 지내며 두들겨 맞기를 반복했고, 밥과 반찬을 뒤섞은 식사를 하루 한 끼만 했다는 사실이 알려지면서 충격을 줬다.

갓 태어난 '젖먹이'라고 학대 대상에서 제외되는 건 아니어서, 자녀를 제대로 부양할 의지나 환경을 갖추지 못한 채 출산한 '철부지' 20대 부모는 아이를 성가신 존재로 여겼고, 지난해 3월 부천시 자택 안방에서 생후 3개월 된 딸이 울음을 그치지 않자 1m 높이에서 바닥으로 떨어뜨렸다. 20대 아버지는 딸이 입에서 피를 흘리며 울자 작은방으로 데려가 재차 비슷한 높이에서 바닥으로 떨어뜨려 숨지게 했다. 부부는 딸이 숨지자 피 묻은 배냇저고리를 세탁기에 돌려 증거 인멸을 시도했다.

다른 20대 부부도 분유를 충분히 주지 않아 영양실조에 걸린 생후 66일 된 딸을 방치해 숨지게 한 혐의로 지난해 징역 10~13년의 중형을 선고받았다. 최근 경기도 이천에서는 잠을 자지 않고 보챈다는 이유로 3살 여자아이를 때려 숨지게 한 친모와 외할머니가 경찰에 붙잡혔다. 나무 회초리와 훌라후프 등으로 하루에 1~2시간가량 맞은 피해 아동의 사인은 전신 출혈로 인한 '실혈사(失血死)'였다.

전남 광양경찰서에서는 2014년 여수시의 한 빌라에서 당시 두 살 아들을 학대 끝에 살해 · 유기해 구속된 20대 아버지가 경찰에 구속됐다. 이 남성은 2014년 11월 27일께 자신의 집에서 아들을 훈육한다며 폭행해 숨지게 한 뒤 시신을 유기한 혐의를 받고 있다. 그는 아들이 숨지자 시신을 집에 이틀 동안 방치하다가 여수 지역 바닷가 인근 산에 버린 것으로 드러났다.

부모가 자녀를 학대하다 숨지게 한 뒤 범행 은폐를 위해 시신을 훼손하고 유기하는 수법은 최근 벌어진 상당수 학대사건의 공통점이고, 수사 초기에는 거짓말로 학대 사실을 숨기다가 경찰이 제시하는 각종 증거에 시신 유기 장소를 털어놓는 것도 짜 맞춘 듯 닮았다. 부모의 학대로 고통받는 아이들은 지금도 존재한다. 드러나지는 않았지만, 꼭꼭 숨겨진 채 부모의 모진 매질을 견디고 있을 수 있다.

아동학대 사건을 수사하는 경찰 관계자는 "지난해 연이어 아동학대 사건이 언론 보도로 알려진 후 의심 신고가 많이 늘었고, 여전히 사각지대에 방치돼 학대를 당하는 아이들이 있을 것"이라며 주위의 작은 관심이 고통받는 아이들을 구할 수 있다고 했다.

출처: 연합뉴스(2017. 02. 26.) 재구성(http://www.yonhapnews.co.kr/bulletin/2017/02/24/0200000000AKR20170224095100065.HTML?input=1195m).

2) 아동학대의 유형

아동학대의 일반적인 유형에는 신체적 · 정서적 · 성적 학대와 방임이 포함된다. 그러나 유형별로 기준이 애매모호하며, 특히 정서적 학대와 방임을 구분 짓기 애매한 경우가 많다(용현경, 2001). 아동학대는 어떤 특정한 학대의 유형만 나타나는 것이 아니라 여러 유형의 학대가 동시에 나타나는 경우가 많으며, 주로 신체적 학대와 성적 학대 또는 신체적 학대와 정서적 학대 등이 혼합된 형태로 나타난다.

(1) 신체적 학대

신체적 학대는 보호자를 포함한 성인이 아동의 건강 또는 복지를 해치거나 정상적 발달을 저해할 수 있는 신체적 폭력이나 가혹행위를 하는 것이다. 즉, 신체적 학대는 부모나 양육자가 아동에게 손, 발, 주먹 등을 사용하거나 여러 가지 도구를 사용하여 신체적인 손상과 고통을 주는 모든 행위이며, 의도적으로 물리적인 힘을 사용하여 신체에 상해나 통증을 가하는 모든 행위를 말한다. 구체적인 신체 학대의 징후로는 두 눈에 심한 멍, 줄 등으로 목 졸린 흔적, 목에 난 상처, 다리미 모양의 화상, 설명할 수 없는 골격 손상, 경직되고 부어오른 관절, 다발성 혹은 나선형 골절, 없어지거나 흔들리는 치아, 이에 물린 자국, 머리카락이 없어진 부분 발생, 스트레스로 인한 원형 탈모, 흔들린아기증후군, 내부 장기 파열, 사망 등을 들 수 있다(문영희, 2011).

(2) 정서적 학대

정서적 학대는 보호자를 포함한 성인이 아동의 건강 또는 복지를 해치거나 정상적 발달을 저해할 수 있는 정신적 폭력이나 가혹행위를 하는 것이다. 정서적 학대는 언어적 · 정신적 · 심리적 학대라고도 말한다. 이는 보호자나 양육자가 아동을 대할 때 부정적인 태도로 임하며, 아동의 정서발달이나 사회성 발달에 경우에 따라서는 치명적인 손상을 가져올 수 있을 정도로 언어적 또는 정서적으로 공격하는 것이다. 아동이 공포를 느낄 정도로 고립시켜 두거나 아이가 감당할 수 없는 모욕을 주는 것 등이 정서적 학대에 포함된다. 정서적 학대는 눈에 보이는 것도 아니고 당장 결과가 나타나지 않기 때문에 일반인이 심각성을 모른 채 지나칠 수도 있다. 정서적 학대는 아동의 인격을 존중하지 않고 경멸하는 말투로 모욕을 주는 행위, 열등하고 무능력하다고 큰소리로 비난하는 행위, 말로 공격, 협박, 위협하는 행위, 무시하고 업신여기는 행위, 희롱하는 행위, 아동에게 적합하지 않은 노동을 요구하는 행위 등을 말한다(장미령, 2009).

(3) 성적 학대

성적 학대는 보호자를 포함한 성인이 아동의 건강 또는 복지를 해치거나 정상적 발달을 저해할 수 있는 성적 폭력이나 가혹행위를 하는 것이다. 성적 학대는 아동에게 성적으로 자유를 억압하고 성희롱이나 성폭행 등의 학대를 하는 행위를 말한다. 성적 수치심을 주고 성기나 신체적 접촉뿐 아니라 성기 노출, 자위행위, 성적 행위, 강간, 음란물 보여 주기 등을 통해 아동을 수단으로 삼아 성인의 성적 욕구를 충족시키고자 강제적으로 아동에게 행해지는 폭력이다.

아동에게 행해지는 성적 학대의 범위는 다음과 같다. 첫째, 성적 폭행(assault)은 가해자가 아동에게 성적으로 강요해서 일어나는 일회적인 사건으로 출혈, 타박상 등의 신체적 손상을 남기며 가해자는 대부분 남성이다. 둘째, 근친상간(incest)은 가족 및 친지 등 가까운 관계 내에서 이루어지는 성교를 말하며, 법 또는 결혼에 의해 감추어질 수 있다. 일반적으로 장기간 동안 발생하며, 가해자는 대부분 남성이고 여성일 경우에는 잘 보고 되지 않는다. 셋째, 성적 착취(exploitation)는 매춘이나 포르노 촬영 등의 행위로 상품화하려는 성적 학대를 말한다(장미령, 2009). 성적 학대의 행위는 가정 내에서 비밀리에 행해지는 경우가 많고, 아동이 성적 학대 상황에서 스스로 벗어날 수 있는 힘의 위계를 가지고 있지 않아 일방적으로 학대를 당하는 경우가 많다(김은경 · 김미회 · 윤혜미, 2015). 또한, 성적 학대에 대한 피해 사실을 피해 아동이 즉각적으로 고발하는 비율은 42%가 채 되지 않아(최지영, 2012) 사회적으로 드러나지 않을 가능성이 크기 때문에 시간의 흐름에 따른 피해 정도가 심각해지는 문제가 발생할 수 있다.

(4) 방임학대

방임학대는 아동의 보호자가 자신의 보호 감독을 받는 아동을 유기하거나 방임하는 것이다. 즉, 주 양육자가 고의적 또는 무관심으로 아동에게 기본적으로 필요한 여러 요인을 제공해 주지 못하여 아동의 건강과 안전이 위험하고 정서적 박탈감을 경험하게 되는 상황을 말한다. 방임의 종류로는 의식주를 제공하지 않거나 부적절한 환경에 방치해 두는 물리적 방임, 학교를 보내지 않거나 아동의 교육 자체에 무관심한 교육적 방임, 아동의 질병에 대한 치료의 거부 및 무관심, 유기 등의 의료적 방임, 아동과의 대화를 거부하고 아동에게 정서적 지지와 애정 표현을 전혀 하지 않는 정서적 방임 등이 있다. 과거에는 물리적이거나 의도적으로 부모로부터 방임을 경험하는 것을 아동방임으로 보았으나 최근에는 그 개념이 확장되어 가족관계의 해체, 사회 경제적 압박감, 가족 내 심리적 갈등 등으로 인해 아동에게 가해지는 정서적 · 심리적 과정까지 아동방임으로 보고 있다(이정희, 2000).

아동학대는 아동이 건강하게 성장하며 발달하는 과정에서 '하지 말아야 하는 것에 의도적으로 해를 가하는 행동(신체적 학대, 정서적 학대, 성적 학대, 유기)'을 하는 것과 '해야 함에도 불구하고 아동의 기본욕구를 만족시키지 않는 행동(방임)'이 모두 포함된다(보건복지부, 2011).

3) 학대받은 아동의 특성

'2017년 전국아동학대현황보고서'에서는 학대 피해 아동의 특성을 파악하였는데, 충동 · 반항 · 공격성과 거짓말이나 도벽과 같은 적응행동의 특성을 보이는 아동이 전체의 21.4%에 해당하고, 정서 · 정신건강의 특성을 보이는 아동이 19.3%, 특성 없음이 18.3%, 발달 · 신체건강의 이상을 보이는 아동이 5.6%, 장애가 2.1%, 기타가 0.9%의 통계수치를 나타냈다(보건복지부, 2018). 이는 아동이 가정 내 학대로 인해 이차적인 문제행동을 일으킨다는 것을 보여 준다. 또한, 피해아동에게 뚜렷한 특성이 없는 경우가 전체의 18.3%로 나타나, 아동의 특성이 없는 경우에도 학대가 발생할 수 있다는 것을 보여 준다.

학대를 경험한 유년기의 아동은 아동학대 피해로 인해 공격적 성향을 가지게 되고, 비행 및 범죄 등 또 다른 사회적 문제를 많이 발생시킨다. 학대받은 아동은 단기적 · 장기적인 후유증으로 인해 자신뿐만 아니라 사회적으로도 문제를 발생시키므로 아동학대는 개인의 문제가 아닌 국가적이고 사회적인 문제가 된다(고미옥, 2017). 가정 내 학대받은 아동은 자기 자신에 대한 가치와 인식을 저평가하고 더 나아가 자신을 파괴하고, 이로 인한 슬픔, 우울 및 불안, 분노 등 내면화된 정서 문제와 공격적 행동이나 비행 등 외현화된 행동 문제를 갖게 될 가능성이 커진다(문영희, 2011).

가정 내 학대를 경험한 아동의 경우, 비록 외상의 상황은 비슷하더라도 각각의 아동은 다른 역동성과 사회적 요인 그리고 대처방법을 가지고 있기 때문에 가정 내에서 학대받은 아동은 제각각 다른 시각으로 그 상황을 받아들인다(Malchiodi, 2006). 또한, 가정 내 학대받은 아동은 학대 행위자인 부모와 한 공간에서 함께 동거하며 살아가기 때문에 학대에서 벗어나기를 원하면서도 그들에게 소속되기를 원하는 딜레마에 빠지는 경우도 있다(임혜나, 2016). 그러므로 많은 아동은 무서운 경험을 했음에도 자신을 학대한 부모에게 상당한 충성심을 가지고 있거나, 어떤 아동은 학대하는 부모에게 양가감정을 가지고 분노하면서도 오히려 부모를 보호하는 반응을 보이기도 한다(Malchiodi, 2006).

〈표 14-1〉 아동학대의 징후

구분 / 징후	신체적 징후	행동적 징후
정서적 학대와 방치	• 같은 연령에 비해 키와 몸무게가 상당히 작고 발달이 지연됨 • 계절에 어울리지 않는 옷 • 위생 불결, 기생충, 체취, 흉터 • 감독 소홀로 인한 방치 • 안정적이고 위생적인 은신처가 없음 • 의·치과적 방치	• 구걸이나 훔치기 • 계속해서 피로해 보임 • 출석률 저조 • 무덤덤하고 무표정함 • 아무도 자신을 돌보지 않는다고 말함 • 갑자기 극단적인 행동으로 치달음
신체적 학대	• 좌상, 찰과상, 화상 같은 잦은 상해 • 더운데도 긴소매 옷을 입음 • 상처가 없는데도 아프다고 함 • 부상으로 인해 정교한 운동기술을 따라 할 수 없음 • 걷고 앉기 곤란해짐	• 출석률 저조 • 체육수업 중 옷 갈아입기를 거부함 • 집에 가지 않으려고 학교에 남을 핑계를 댐 • 부모의 거친 대우에 대해 자주 불평하고 어른을 무서워함
성적 학대	• 침대가 젖어 있거나 더럽혀짐 • 내의에 피나 얼룩 자국이 있음 • 성기나 항문 주변에 피나 고름이 나옴 • 앉기나 걷기 힘들어함	• 극도의 공포, 매달림 • 유별나고 불순한 성행동이나 성지식 • 저조한 출석률 • 집에 가지 않으려고 학교에 남을 핑계를 댐

출처: 고정곤 외(2014). 부모교육. p. 316. 경기: 양서원.

아동학대 중 학대하는 부모와 관련된 요인으로는 부모의 미성숙, 아동양육에 대한 지식 부족, 지나친 기대, 잦은 가정의 위기, 정서적 욕구불만, 사회적 고립, 어릴 적 학대받은 경험, 알코올 중독과 약물 중독, 부모의 그릇된 아동관 및 양육관, 부모의 낮은 자아존중감, 낮은 감성, 의기소침, 부모의 분노, 좌절, 혹은 성적 욕구와 같은 충동과 감정 조절의 무능력, 원치 않는 아동, 부모의 불안, 우울증, 기타 정신질환 등이 있다(중앙아동보호전문기관, 2016). 유아교육 전문가나 아동의 권익을 옹호하기 위하여 일하는 사람들이 아동학대를 야기하는 요인이 무엇인가에 대하여 연구한 결과, 어떤 특정한 정신질환이 있는 부모에 의하여 저질러지는 사건이라고 보기보다는 이보다 훨씬 광범위하고 복합적인 이유에 의하여 아동학대가 이루어져서 그 원인을 분명하게 말하기는 매우 어렵다고 한다. 아이버슨과 시갈(Iverson & Segal, 1990)에 의하면 부모가 정신병리학적 측면에서 문제가 있는 경우나 자녀에 대해 부모나 성인이 신체적 벌을 인정하는 분위기의 사회에서 아동학대가 많이 발생한다고 한다.

여러 학자의 연구에 의하면 학대하는 가족의 몇 가지 특성을 구별해 낼 수 있다. 아이버슨과 시갈(Iverson & Segal, 1990)이 제시하는 아동학대를 야기하는 가족의 특성은 다음과 같다.

- 부모의 경험, 특히 폭력을 정당화하고 인정하는 근원 가족과 사회 문화적 상황에서 경험한 폭력을 사용하는 자녀양육기술은 자녀에 대한 학대를 증가시키는 경우가 많다.
- 자녀나 환경에 의하여 발생하는 높은 스트레스 수준은 자녀에 대한 학대의 발생 가능성을 증가시킨다. 학업 성취 수준이 부모의 기대에 미치지 못하여 부모의 스트레스가 증가하는 경우나 경제적인 이유 때문에 심각한 스트레스를 경험하는 가난한 가정인 경우 이러한 스트레스 때문에 아동학대의 가능성이 커진다.
- 부모가 신체적 혹은 의료적으로 문제가 있는 경우, 인지 수준이 낮은 경우, 건강한 부모-자녀 관계를 형성할 수 있는 능력이 부족한 경우, 부모의 결혼 상태에 문제가 있는 경우, 부모가 낮은 자아존중감, 신경증적 증상, 의존성, 우울증 등의 증상을 가지고 있을 때 학대의 가능성이 커진다.
- 십대 자녀의 부모는 그들의 발달적 특성에 의하여 자녀를 학대할 가능성이 크다. 경제적 자립도가 낮지만 소비 성향이 매우 높은 청소년의 특성은 이 시기의 발달적 특성을 가진 십대 자녀 부모의 아동학대 가능성을 높인다.

4) 아동학대에 대한 대책

"한 아이를 키우려면 온 마을이 필요하다."라는 말이 있다. 우리나라 아동이 건강하게 성장하기 위해서는 부모뿐만 아니라 주변 이웃들도 관심과 애정을 가지고 함께 노력해서 보살펴 주어야 한다. 아동을 잘 양육하기 위해서는 부모나 가족만의 문제가 아니라 학교, 지역사회 등 많은 사람과 기관의 협력과 관심이 필요하다. 아동학대는 부모의 교육 수준이나 소득 수준, 연령, 종교 등과 관계없이 발생하므로 아직 자기 스스로를 지키고 방어할 능력이 없는 어린 아동을 위한 학대방지 대책이 반드시 필요하다. 아동학대를 사전에 예방하고 조기에 발견하여 개입하기 위한 방법을 살펴보면 다음과 같다(김서호, 2006; 고정곤 외, 2014).

(1) 아동학대에 대한 인식 제고

우리나라는 전통적인 유교 사상의 영향을 받아 어른인 부모에 대한 효도와 스승에 대한 존경은 강조해 온 반면 아동을 하나의 인격체로 인정하고 아동의 인권을 존중해야 한다는 인식은 낮은 편이었다. 아동에 대한 이와 같은 인식이 아동학대를 당연시하거나 또는 아동학대를 확대시키는 요인이 되고 있다. 그러므로 아동학대의 심각성이나 아동의 권리에 대한 국민적 인식의 변화를 환기시키는 일은 아동학대 예방을 위한 급선무가 될 것이다.

(2) 다양한 가족 관련 프로그램

부부간 관계가 긍정적이고, 부모와 자녀의 관계가 긍정적일수록 아동학대 발생률이 낮게 나타나므로 아동학대 예방을 위하여 가족관계를 개선할 수 있는 다양한 형태의 가족 프로그램이 개발 · 보급되어야 한다. 원만한 가족관계를 유지하는 기술이나 신체적 학대 없이 자녀를 긍정적으로 훈육할 수 있는 방법, 자기감정을 표현하는 방법, 스트레스 대처방법 등을 포함한 다양한 프로그램을 사회복지기관이나 종교단체, 여성단체, 교육기관 등에서 실시하여 가정폭력을 없애야 할 것이다.

(3) 아동학대의 신고절차 및 구체적인 내용에 대한 교육

아동학대 예방의 필요성은 아무리 강조해도 지나치지 않으므로 아동학대 사실을 알게 된 사람은 누구든지 아동보호전문기관 또는 수사기관에 즉시 신고할 수 있도록 구체적으로 교육을 하고 신고절차를 홍보하는 일이 필요하다.

〈표 14-2〉 아동학대 신고

언제?	무엇을?	어떻게?
• 아동의 울음소리, 비명, 신음소리가 계속되는 경우 • 아동의 상처에 대한 보호자의 설명이 모순되는 경우 • 계절에 맞지 않거나 깨끗하지 않은 옷을 계속 입고 다니는 경우 • 뚜렷한 이유 없이 지각이나 결석이 잦은 경우 • 나이에 맞지 않는 성적 행동을 보이는 경우	• 신고자의 이름, 연락처 • 아동의 이름, 성별, 나이, 주소 • 학대행위자로 의심되는 사람의 이름, 성별, 나이, 주소 • 아동이 위험에 처해 있거나 학대를 받고 있다고 믿는 이유 ※ 아동이나 학대행위자의 정보를 파악하지 못해도 신고는 가능하며, 가능한 한 많은 정보를 제공하도록 합니다.	• 전화: 국번 없이 112 • 방문: 관할 지역아동보호전문기관 • 신고자의 신분은 「아동학대범죄의 처벌 등에 관한 특례법」 제10조, 제62조에 의해 보장됩니다.

출처: 중앙아동보호전문기관(http://korea1391.go.kr/new/).

02 아동의 권리

우리는 흔히 어린이는 우리의 내일이며 소망이라고 이야기한다. 대한민국 어린이헌장에도 명시되어 있듯이 모든 어린이는 차별 없이 인간으로서의 존엄성을 지니고 나라의 앞날을 이어나갈 새 사람으로 존중되며, 아름답고 씩씩하게 자라야 한다(박정은, 2014). 모든 아동과 청소년은 현재 우리 사회의 구성원이면서 동시에 미래사회를 이끌어 나갈 주역으로서 안전한 환경에서 온전한 발달을 통해 자신의 잠재력을 최대한 발휘할 수 있는 기회를 제공받을 권리를 지닌다. 무궁한 잠재력을 가진 인격체로서 이 시기에 어떤 교육을 받고 어떻게 지내느냐에 따라 한 인간의 일생이 결정되며, 완전한 인격체를 갖춘 개개인은 사회와 국가의 발전에 이바지한다는 점에서 어린이와 청소년은 매우 중요하다(배윤주, 2014).

엘렌 케이(Ellen Key)라는 학자는 20세기를 '아동의 세기'라고 하였으며, 아동이 튼튼하게 태어나고 건강하게 키워지며 정상적인 가정생활을 누리고 교육과 도덕적 · 정신적 훈련을 받으며 즐겁게 생활해야 할 권리가 있음을 이야기하였다(신지현, 2004). 사람은 누구나 권리를 가지고 있고, 이러한 권리는 성인뿐 아니라 아동에게도 있으며, 사회적 지위와 배경에 상관없이 모든 사람에게 부여된 것이다. 아동권리는 인간이면 누구나 가지게 되는 권리로서 그 주체인 아동이 가지는 권리를 말한다. 아동은 대한민국 국민으로서 「헌법」에 명시된 기본적 권리를 가지고 있으며, 성인과 마찬가지로 기본적인 생존을 위한 모든 권리와 행복한 삶과 자아실현을 추구할 수 있는 권리를 가지고 있다(윤진희, 2006). 존중받지 못한 아동은 타인의 권리를 존중하는 성인으로 자라기 힘들게 되므로 성인은 아동의 권리를 존중하고, 한 인격체로서 가치를 소중하게 지켜주어야 한다.

국제 연합(UN)은 가장 먼저 보호받아야 할 어린이를 위하여 1979년을 '세계 아동의 해'로 지정하였고, 1989년 11월 20일 국제 연합 총회에서 아동권리에 관한 국제 연합 협약을 채택하였으며, 우리나라는 1991년 11월 20일에 그 협약을 비준했다. 1989년 유엔 총회에서 만장일치로 채택한 '아동권리협약(Convention on the Rights of the Child)'은 국가로 하여금 아동권리를 보장하기 위해 법적 효력을 가지게 하여 아동권리에 커다란 진전을 가져오게 하는 계기가 되었다. 아동은 신체적으로나 정신적으로 성숙하지 못한 상태이기 때문에 태어나기 이전뿐만 아니라 태어난 이후에도 적절한 법적 보호를 포함하여 특별한 보호와 관리를 받아야 한다.

유엔의 아동권리협약은 경제 · 사회 · 문화 등 아동의 구체적인 삶을 포괄하고 있으며, 전문과 총 54개의 조항으로 된 본문으로 구성되어 있다. 아동이 권리의 주체라는 점에서 시작된 아동권리협약은 18세 미만의 모든 사람을 아동으로 정의하였으며, 여기에는 4개의 기본 원칙을 담고 있다.

〈표 14-3〉 UN 아동권리협약의 기본 원칙

기본원칙	내용
무차별의 원칙 (제2조)	모든 어린이는 동등한 권리를 누려야 한다.
아동 최선의 이익 원칙 (제3조)	아동에게 영향을 미치는 모든 것을 결정 시에는 아동의 이익을 최우선으로 고려해야 한다.
생존 및 발달보장의 원칙 (제6조)	생존과 발달을 위해 다양한 보호와 지원을 받아야 한다.
참여의 원칙 (제12조)	어린이 자신의 능력에 맞게 적절한 사회활동에 참여할 기회를 가지며, 자신의 생활에 영향을 주는 것에 대하여 의견을 말할 수 있어야 하며, 그 의견은 존중받아야 한다.

또한, UN 산하 아동구호기관인 유니세프(UNICEF)는 아동이 기본적으로 누려야 할 권리로 '아동권리협약'을 토대로 하여 생존권, 보호권, 발달권, 참여권의 네 가지 권리를 분류하여 규정하였다. 생존권은 주거, 영양, 보건 등 살아가기 위해 필요한 기본 조건을 수혜할 권리이고, 보호권은 모든 형태의 학대와 방임, 폭력으로부터 아동이 안전하게 보호받을 권리이고, 발달권은 아동이 잠재능력을 최대한 발휘하기 위해 학습, 수업 등 교육을 받을 권리, 그리고 참여권은 자신의 의견을 표현하고 사회의 여러 활동에 참여할 권리로 명시하고 있다.

우리나라를 포함하여 전 세계가 어린이의 권리를 보호하고 지켜주고자 다양한 노력을 기울이고 있지만 아직도 가난이나 질병, 고된 노동이나 전쟁 등으로 고통받는 어린이는 많다. 부모의 품에서 한없는 사랑을 받으며 행복하게 자라야 할 어린이가 견디기 어려운 고통 속에서 성인으로 성장해 가야만 하는 현실은 참으로 안타까운 일이다. 어린 아동은 누군가의 보살핌이 없으면 힘든 세상에서 스스로 살아나가기 힘든 나약하고 미성숙한 존재이므로 반드시 따뜻하고 애정 어린 성인의 도움이 있어야 한다. 더욱이 어린 아동과 청소년은 우리 사회의 미래이며 무한한 가능성이 있다는 점에서 그 중요성이 더욱 부각될 필요가 있다. 어린이와 청소년기를 지나온 모든 성인은 우리 다음 세대의 인권을 바르게 이해하고 보장해 줄 의무가 있으며, 아동과 청소년의 권리보장을 통해 우리 사회가 보다 나은 방향으로 변화할 수 있어야 한다.

자녀는 부모의 몸을 빌려서 세상으로 나오지만 분명 부모의 소유물은 아니다. 자녀는 세상에 태어나는 순간부터 생명을 지닌 인간으로서의 가치 면에서 부모와 동등한 가치를 지닌 한 인격체이다. 그러므로 부모는 자녀를 인격적으로 존중하며 돌보아 주어 한 명의 행복하고 책임감 있는 사회 구성원으로 성장시킬 의무가 있다. 자녀가 한 해 한 해 나이를 먹으며 변화를 거듭하고 성장을 이루어 나가는 것처럼 부모도 자녀의 성장에 맞추어 꾸준히 변화하며 성장할 수 있어야 한다.

■ 대한민국 어린이 헌장

대한민국 어린이 헌장은 어린이날의 참뜻을 바탕으로 하여, 모든 어린이가 차별 없이 인간으로서의 존엄성을 지니고, 나라의 앞날을 이어나갈 새 사람으로 존중되며, 바르고 아름답고 씩씩하게 자라도록 함을 길잡이로 삼는다.

1. 어린이는 건전하게 태어나 따뜻한 가정에서 사랑 속에 자라야 한다.
2. 어린이는 고른 영양을 취하고, 질병의 예방과 치료를 받으며, 맑고 깨끗한 환경에서 살아야 한다.
3. 어린이는 좋은 교육시설에서 개인의 능력과 소질에 따라 교육을 받아야 한다.
4. 어린이는 빛나는 우리 문화를 이어받아, 새롭게 창조하고 널리 펴나가는 힘을 길러야 한다.
5. 어린이는 즐겁고 유익한 놀이와 오락을 위한 시설과 공간을 제공받아야 한다.
6. 어린이는 예절과 질서를 지키며, 한겨레로서 서로 돕고, 스스로를 이기며, 책임을 다하는 민주 시민으로 자라야 한다.
7. 어린이는 자연과 예술을 사랑하고 과학을 탐구하는 마음과 태도를 길러야 한다.
8. 어린이는 해로운 사회환경과 위험으로부터 먼저 보호되어야 한다.
9. 어린이는 학대를 받거나 버림을 당해서는 안 되고, 나쁜 일과 힘겨운 노동에 이용되지 말아야 한다.
10. 몸이나 마음에 장애를 가진 어린이는 필요한 교육과 치료를 받아야 하고, 빗나간 어린이는 선도되어야 한다.
11. 어린이는 우리의 내일이며 소망이다. 나라의 앞날을 짊어질 한국인으로, 인류의 평화에 이바지할 수 있는 세계인으로 자라야 한다.

출처: 한국아동단체협의회(http://55.or.kr/?page_id=3958).

함께 보면 도움이 되는 동영상

- KBS 취재파일 K 이슈: 아동학대 모두가 공범입니다(2013. 11. 22. 방영)
- SBS 그것이 알고 싶다: 검은 집 - 아홉 살 소원이의 이상한 죽음(2013. 11. 30. 방영)
- 중앙육아종합지원센터 홈페이지: 아동학대 예방 권리존중보육 동영상
- KBS 추적 60분: 아무도 모른다: 영유아 학대 실태보고(2016. 7. 20 .방영)

스스로 생각해 봅시다

- 만약에 자신이 학대를 당하는 아동 본인이라면 세상에 대해 어떤 느낌이 들지에 대해 생각해 보고, 상처를 치유할 수 있는 방법에 대해서 친구들과 의견을 나누어 본다.
- 아동학대를 목격했다면 어떻게 대처해야 할지, 신고절차 및 신고 후의 조치는 무엇이 있을지 알아본다.
- 우리나라에서 특별히 지켜주어야 하는 아동의 권리가 있다면 어떤 것이 있는지, 그 이유는 무엇인지에 대해 생각해 보고, 친구들과 의견을 나누어 본다.

참고문헌

강영식 · 오경숙 · 김혜영 · 박창옥(2016). 부모교육. 경기: 공동체.

강영희(2008). 생명과학대사전. 서울: 아카데미 서적.

강은주 · 오태균 · 최영해 · 장은희 · 이성복 · 안혜진 · 김선아 · 김성원 · 이효정 · 강성리(2016). 영유아 전인발달을 돕는 부모교육의 이론과 실제. 경기: 공동체.

강효윤(2007). 일부 대학생의 성에 대한 지식 · 태도 · 행동의 특성과 성경험 예측 요인 연구. 성공회대학교 석사학위 논문.

경찰청(2016. 3. 7.). '연인 간 폭력(데이트 폭력)'집중 신고기간 1개월간 운영 결과, 868명검거. 정책 브리핑.

고미옥(2017). 아동학대 예방을 위한 지역사회협력의 인식과 요구. 우석대학교 대학원 박사학위 논문.

고정곤 · 김소영 · 김의석 · 손현숙 · 시옥진 · 이정순 · 임영심 · 최철용(2014). 부모교육. 경기: 양서원.

공응경(2012). NLP기법을 활용한 태교프로그램이 임신부의 정서안정, 태아애착, 모성 정체성에 미치는 효과. 동방대학원대학교 석사학위 논문.

곽금주 · 김연수(2014). 영아발달. 서울: 학지사.

곽노의 · 김경철 · 김유미 · 박대근(2007). 영유아발달. 경기: 양서원.

교육심리학용어사전(2000). 한국교육심리학회. 서울: 학지사.

구광현 · 김영숙 · 이수남 · 이은상 · 최양미(2002). 부모역할과 자녀교육. 서울: 교육과학사.

국가통계포털(2014). 국제통계연감: 인간개발지수. http://kosis.kr

국립특수교육원(2009). 특수교육학 용어사전. 서울: 하우.

권석만(1999). 인간관계 심리학. 서울:학지사.

권진숙 · 신혜령 · 김정진 · 김성경 · 박지영(2006). 가족복지론. 경기: 공동체.

김경자 · 임선영 · 김경원(2007). 함께 성장하는 결혼 그리고 가족. 서울: 구상.

김낙홍(2010). 바람직한 아버지의 의미와 사회역할에 대한 고찰. 2010년 제2차 육아선진화 포럼, 3-19.

김대수(1993). 태도형성론. 서울: 우신.

김명희(1996). 현대사회와 부모교육. 서울: 학문사.

김미영(2010). 대학생의 이성교제 실태 및 가족변인에 관한 연구. 울산대학교 석사학위 논문.

김미옥 (2003). 현대부모의 태교인식과 태교실천에 관한 연구. 경남대학교 교육대학원 석사학위 논문.

김보미(2016). 초임부의 임신기간 중 정서 상태가 출산결과에 미치는 영향. 고려대학교 대학원 석사학위 논문.

김상림 · 김송이 · 양성은 · 이윤선 · 한준아 · 김지현(2014). 유아발달. 경기: 양서원.

김서호(2006). 아동학대의 실태와 대책 방안에 관한 연구. 호서대학교 벤처전문대학원 석사학위 논문.

김선령(2010). 일제 강점기 이후 한국혼례 양상의 변화에 관한 연구. 원광대학교 대학원 석사학위 논문.

김승권(2003). 한국 사회에서의 저출산의 원인과 정책방향. 한국보건사회연구원.

김시업(1988). 결혼과 가정. 서울: 학지사.

김양희 · 전세경 · 문영소 · 이영세 · 김예리 · 김진희 · 장온정 · 박정윤 · 김효민 · 안진경 · 백선아 · 최은주(2011). 결혼과 가족. 경기: 양서원.

김연미(2007). 어머니의 부모역할 만족도와 유아의 정서지능과의 관계. 중앙대학교 사회개발 대학원 석사학위 논문.

김영옥(2016). 부모교육. 경기: 공동체.

김영옥 · 백혜리(2000). 조선시대 아동양육방법에 관한 문헌적 탐구. 유아교육학논집, 4(1), 5-25.

김영희 · 고태순 · 김경원(2012). 부모의 아동 이해와 자녀 양육. 경기: 한국학술정보.

김오남 · 류윤석 · 이유미(2003). 유능한 부모와 교사를 위한 부모교육. 경기: 양서원.

김용미 · 서선희 · 옥경희 · 정혜정(2002). 결혼과 가족의 의미. 경기: 양서원.

김유나(2010). 한국 재혼가족 자녀들이 겪고 있는 주요 문제에 대한 연구. 감리교신학대학교 신학대학원 석사학위 논문.

김유나(2012). 여중생의 부모-자녀 의사소통과 결혼관 및 자녀관, 이화여자대학교교육대학원 석사학위 논문.

김은경 · 김미회 · 윤혜미(2015). 성학대 피해아동 보호체계의 쟁점과 개선방안. 생활과학연구논총, 19(2), 1-19.

김은설 · 최윤경 · 조혜주 · 김선화(2010). 예비부모교육 실태와 내실화 방안 연구. 육아정책연구소 연구보고 2010-05. 서울: 육아정책연구소.

김은실(2001). 여성의 몸, 몸의 문화 정치학. 서울: 또 하나의 문화.

김은주 · 서영희 · 한미라 · 조희숙 · 임재택(2006). 태교의 의미와 실제에 대한 문화기술적 탐구. 열린유아교육 연구, 11(5), 321-347.

김이영 · 오성숙 · 이시진 · 이우언 · 이은미 · 채혜선(2016). 영아발달. 경기: 양성원.

김정래(2002). 아동권리 향연. 서울: 교육과학사.

김정미(2004). 예비부모교육 프로그램의 구성과 적용효과. 중앙대학교 대학원 박사학위 논문.

김정오(2016). 낙태에 있어 사람의 시기와 낙태의 허용범위에 관한 형사법적 고찰. 영산대학교 대학원 석사학위 논문.

김정원 · 김정실(2014). 영유아기 자녀를 둔 아버지의 역할지능과 행복감 간의 관계. 육아지원 연구, 9(1), 29-47.

김정원 · 전선옥(2016). 영유아교육기관의 부모교육. 서울: 창지사.

김정원 · 전선옥 · 이연규(2014). 유아문학교육. 서울: 학지사.

김지헌 · 정지나 · 조윤주 · 한준아(2013). 부모교육. 경기: 양서원.

김창규(2000). 뇌태교 혁명. 서울: 연이.

김해중(2005). 인공임신중절 실태조사 및 종합대책수립. 보건복지부가 지원한 연구보고서. 서울: 고려대학교.

김향숙(2001). 대학생의 애착 · 사랑유형에 따른 성행동. 동국대학교 대학원 박사학위 논문.

김현호 · 오선영 · 윤경옥 · 이선원 · 최용득 · 현영렬(2014). 영아발달. 서울: 정민사.

김혜선 · 박혜인 · 옥선화(2003). 가족관계학. 서울: 한국방송통신대학교 출판부.

김효경(2015). 임부의 임신스트레스 및 관련 요인에 관한 연구. 을지대학교 임상간호대학원 석사학위 논문.

남현미(2003). 대학생 데이트 성폭력 실태와 가해 예측 요인에 관한 연구. 이화여자대학교 대학원 석사학위 논문.

노지현(2012. 5. 28.). 남자 입덧 '쿠바드 증후군' 실제 가능할까- 불안-긴장감이 빚어낸 환상임신증상. 동아일보.

대한산부인과학회(2012). 산부인과학 지침과 개요(제3판). 서울: 군자출판사.

대한소아내분비학회(2011). 성조숙증 진료지침. 서울: 의학문화사.

도현심(2012). 첫 부모역할 책. 서울: 지식채널.

디지털뉴스팀(2014. 11. 22.). 대학생 10명 중 6명 "성경험 있다"…여학생은 2년 새 42% 상승. 경향신문.

류왕효(2008). 부모교육. 서울: 신정.

류지원(2013). 임신부를 위한 현명한 칼로리 조절법. 리빙센스(7월호).

마주리 · 김은주 · 유준호 · 장은정 · 김지영(2016). 유아발달. 서울: 태영출판사.

매경닷컴 디지털뉴스국(2015. 2. 9.) 미혼남녀 10명 중 9명 "혼전 성관계 가능". 매일경제MBN.

맹미현(2011). 미혼 여교사의 배우자선택의 선호도 -본인과 배우자감의 사회적 자원, 신체적 자원, 심리적 자원, 역할 가치관 중심으로-. 한국교원대학교 대학원 석사학위 논문.

문미옥 · 이혜상 · 민행난 · 한수정 · 한선아(2001). 예비부모교육. 경기: 양서원.

문영희(2011). 아동학대방지와 학대피해아동의 보호방안에 관한 연구. 동국대학교 대학원 박사학위청구논문.

박명순 · 김현경 · 이수현(2015). 부모교육. 서울: 학지사.

박미숙(2001). 고등학생과 대학생의 성에 대한 지식, 태도, 경험 및 성교육 요구도 비교 분석. 인제대학교 석사학위 논문.

박민자(1995). 가족의 의미. 여성한국사회연구회편, 가족과 한국 사회. 서울: 경문사.

박선미(2009). 성폭력에 대한 통념과 데이트 폭력 허용도가 여대생의 성적 자기주장에 미치는 영향. 건양대학교 석사학위 논문.

박선영(2002). 대학생들의 성의식과 성행동에 관한 연구. 동아대학교 석사학위 논문.

박수선(2009). 미혼성인남녀의 섹슈얼리티 형성과정에 관한 질적 연구. 한국가정관리학회지, 27(5), 147-166.

박영아(2010). 아동발달. 서울: 창지사.

박은영(2003). 이성관계 증진 집단상담 프로그램이 대학생 연인간 의사소통과 관계 만족도에 미치는 영향. 한국교원대학교 석사학위 논문.

박은주(2005). 초등학생의 학교적응에 관한 연구 - 부모, 교사, 친구관계를 중심으로. 춘천교육대학교 대학원 석사학위 논문.

박은혜 · 김희진 · 곽삼근 · 김정원(2004). 생애주기별 남녀평등의식 교육의 기본방향 연구 및 유아기 평등의식 프로그램 개발. 여성부 연구보고 2001-08. 서울: 여성부.

박은혜 · 부성숙 · 김정원 · 최혜영(2005). 보육교사와 부모의 양성평등교육 현황과 프로그램 개발에 대한 욕구. 한국교원교육연구, 22(2), 109-138.

박정은(2014). 유아교사의 아동권리인식 연구. 부산대학교 교육대학원 석사학위 논문.

박지현(2004). 대학생 커플의 성행동에 관한 연구-부모와의 의사소통 특성과 대학생의 성태도 및 성 대화에 따라서. 성신여자대학교 석사학위 논문.

방은영 (1995). 현대사회와 부모. 부모 교육 연구회 토론자료집.

배병철(편저)(2005). 다시보는 태교신기. 서울: 성보사.

배상미(2006). 임부의 태교 무용에 대한 인식도 조사. 국민대학교 대학원 석사학위 논문.

배윤주(2014). 아동 · 청소년의 권리에 관한 연구. 이화여자대학교 대학원 석사학위 논문.

보건복지부(2011). 아동학대신고의무자교육.

보건복지부(2015). 2015 한국인 영양소 섭취 기준.

보건복지부(2018). 2017년 전국아동학대현황보고서.

서울대학교 교육연구소(1995). 교육학 용어사전. 서울: 하우동설.

서울대학교 교육연구소(2011). 교육학 용어사전. 서울: 하우동설.

서울시여성가족재단(2016). 우리아이 지킴이 가이드: 아동성폭력 및 아동학대 예방 부모교육 자료집. 서울: 서울시여성가족재단.
서울신문(2017. 2. 19.). [월요정책마당] 체험활동으로 청소년을 행복하게.
서유현(2009). 임신기간 중 정서 상태가 출산결과에 미치는 영향. 고려대학교 대학원 석사학위 논문. 인체기행 네이버 캐스팅.
세브란스병원. 임신 중 체중증가 Q&A. 세브란스병원 건강칼럼.
손국희(2016. 6. 29). [젊어진 수요일] 최강창민 "결혼, 팬들 생각하면 하기 싫은데 장손이라…" 서울경찰청 홍보단과 함께 나눈 '청춘의 연애 · 결혼'. 중앙일보.
송명자(1995). 발달심리학. 서울: 학지사.
숙명여자대학교 아동연구센터 (1996). 현대사회와 부모. 서울: 숙명여자대학교 출판부.
신상숙(2001). 성폭력의 의미 구성과 '성적 자기결정권'의 딜레마. 여성과 사회, 13, 6-43.
신지현(2004). 유아기 자녀를 둔 부모의 아동권리 인식 조사 연구. 숙명여자대학교 교육대학원 석사학위 논문.
신화용 · 조병은(2006). 재미교포 기혼여성의 가족역할 분담과 결혼의 질: 취업주부와 전업주부의 비교. 한국가족학회지, 11(3), 142-172.
안순덕 · 강정숙 외(1984). 미혼모 실태에 관한 연구. 한국여성개발원.
안현정(2015). 에니어그램 성격유형론을 활용한 부부역할 행동 특성 분석. 숙명여자대학 대학원 박사학위 논문.
양명숙(1996). 예비 부모세대의 결혼관과 자녀관 그리고 성역할관에 대한 연구. 대한가정학회지, 34(2), 167-181.
여성가족부(2015). 2015년 가족실태조사 분석 연구.
여성가족부(2016a). 대학 부모교육 강의 사례집. 여성가족부.
여성가족부(2016b). 정책뉴스. 제1회 '부모교육 주간', 신설 "좋은 부모가 되는 길, 부모교육에서 시작".
여성을 위한 모임(1994). 일곱 가지 여성 콤플렉스. 서울: 현암사.
여성한국사회연구회(편저)(2009). 가족과 한국 사회. 서울: 경문사.
여정희(2005). 태교신기의 태교사상 연구. 성균관대학교 유학대학원 석사학위 논문.
연미희 · 김진숙(2014). 부모교육 이론과 실제. 서울: 동문사.
연정은(2001). 임신부부 간의 태교인식과 실천행위 비교. 연세대학교 보건대학원 석사학위 논문.
오숙희(1997). 아까운 여자. 서울: 풀빛.
오효진(2015. 11. 24.). 프리터족이란 니트족 · 캥거루족과 다른 듯 같은 삼포 · 오포 · 칠포 세대. 스포츠투데이.
옥선화 · 정민자 · 고선주(2006). 결혼과 가족. 서울: 하우.
용현경(2001). 아동학대의 대처 방법 개선에 관한 연구. 중앙대학교 석사학위 논문.
원승일(2016. 4. 7.). 지난해 혼인율 최저, 여성 초혼연령 첫 30대 진입. 헤럴드경제.
유가효(2007). 해방 이후 혼전교제와 배우자 선택 과정의 변화. 한국학 논집, 34, 319-346.
유계숙 · 강수향(2010). 대학생의 성별 및 성경험에 따른 성지식 수준에 관한 연구. 한국가족복지학회지, 15(1), 101-118.
유아교육진흥원(2012). 유치원 부모교육 프로그램.
유연희(2016). 대학생의 사랑유형과 성 태도에 관한 연구. 울산대학교 대학원 석사학위 논문.
유영주 · 김순옥 · 김경신(2008). 가족관계학. 서울: 교문사.
유영주 · 이순형 · 홍숙자(1990). 가족발달학. 서울: 교문사.

윤가현(2002). 문화 속의 성. 서울: 학민사.
윤기환(2006). 태아심리에 영향을 주는 환경적 요인. 복음신학대학원대학교 석사학위 논문.
윤덕우 (2011). 저출산 사회에서의 확대가족 유용성에 관한 연구. 영남대학교 대학원. 박사학위 논문.
윤지아(2015. 10. 23.). 임신부에겐 어떤 영양소가 필요할까. 베이비뉴스.
윤진희(2006). 유아교육기관에서의 아동권리에 대한 교원과 학부모의 인식과 실천에 관한 모형 연구. 동국대학교 교육대학원 석사학위 논문.
이기숙 · 김정원 · 이현숙 · 전선옥(2013). 영유아교육과정. 경기: 공동체.
이기숙 · 장영희 · 이윤경 · 정미라 · 심성경 · 손순복 · 김영아(2015). 영아발달. 경기: 양서원.
이명순 · 곽승주 · 전영희(2014). 영아발달. 서울: 정민사.
이미경(2012), 부모간 양육태도 일치도와 양육스트레스와의 관계. 아주대학교 대학원 석사논문.
이미호(2016). 대학생 데이트 성추행 및 성폭력에 관한 연구. 대구한의대학교 석사학위 논문.
이보람(2012). 대학생들의 결혼 및 출산의식에 관한 연구. 대구가톨릭대학교 대학원 생활복지 주거학과 석사학위 논문.
이보은 · 홍윤철 · 박혜숙 · 이종태 · 김정연 · 김영주 · 김상훈 · 강중구 · 김조우 · 하은희(2003). 임산부 간접흡연과 저체중아 및 조산아 출생에 관한 코호트 연구. 예방의학회지, 36(2), 117-124.
이사라 · 이주연 · 박민선 · 송승민 · 박선영(2013). 영아발달. 경기: 파워북.
이선아(1997). 초임부의 자아개념, 우울, 임신 및 분만에 대한 태도. 경북대학교 석사학위 논문.
이성연(2017). 가정 내 학대받은 아동을 대상으로 미술치료를 수행한 미술치료사의 체험연구. 서울여자대학교 특수치료전문대학원 석사학위 논문.
이세영(2013). 대학생의 결혼관과 출산의지에 관한 연구. 원광대학교 대학원 석사학위 논문.
이숙재 · 이봉선(2008). 영유아의 발달과 교육. 서울: 창지사.
이양지(2013). 자연주의 태교밥상 차리기. Familie(9월호).
이영 · 김온기 · 조성연 · 이혜경 · 이선원 · 이정림 · 나유미 · 김상림 · 나종혜(2015). 유아발달. 서울: 학지사.
이영주(2005). 한국가족의 구조 변화와 대응방안. 한영신학대학교 기독상담대학원 석사학위 논문.
이원영(1985). 부모교육. 서울: 교문사.
이원영 · 김정미(2007). 대학생을 위한 예비부모교육. 서울: 북카페.
이원영 · 이태영 · 강정원(2008). 영유아교사를 위한 부모교육. 서울: 북카페.
이유주(2017. 1. 18.). 손을 빨고 엄마 신체 부위에 집착하는 아이. 베이비뉴스.
이은화(1997). 부모교육의 목적. 한국부모교육학회 편. 부모교육학. 서울: 교육과학사.
이은화 · 김영옥 (1999). 유아를 위한 부모 교육. 서울 : 동문사.
이재연 · 김경희(1989). 부모교육. 경기: 양서원.
이재연 · 안동현 · 황옥경(2007). 아동과 권리. 서울: 창지사.
이정덕 · 김경신 · 문혜숙 · 송현애 · 김일명(1998). 결혼과 가족의 이해. 서울: 신정.
이정희 (2000). 방임, 유기가 아동에게 미치는 영향 및 사회복지 서비스의 접근 방안 모색. 아동과 권리, 4(1), 39-61.
이지현(2004. 9. 15.). 기독교여자절제회, 태아알코올증후군 예방 세미나. 국민일보.
이진영(2010). 젠더감수성 측정도구 개발에 관한 연구. 이화여자대학교 대학원 석사학위 논문.

이진용(2003). 임신출산. 서울: 삼성출판사.

이진용 · 김재은 · 이철 · 한호원 · 박문일 · 유윤의(2002). 첫아기를 가졌어요. 서울: 서울문화사.

이철우(2008). 심리학이 연애를 말하다. 서울: 북로드.

이태신(2000). 체육학대사전. 서울: 민중서관.

이현옥 · 김향자 · 허선자 · 박희숙 · 김연진(2016). 초임교사를 위한 부모교육. 경기: 공동체.

이해인(2016. 11. 17.). 장난감 대신 준 스마트폰…자극에 중독 '팝콘 두뇌' 키운다. 머니투데이.

이혜경(2017. 1. 24.). 임신 중 우울증. 데일리팜.

이혜원(2016). 비혼여성의 결혼가치관에 영향을 미치는 요인에 관한 연구. 한국상담대학원대학교 석사학위 논문.

인구보건복지협회(2014). 임신 단계별 건강식단. Familie(2월호).

임지영 · 류혜원 · 문영경 · 배기조 · 송혜영(2014). 영아발달. 경기: 공동체.

임현영(2017. 1. 28.). '불임=무능?' 표현의 자유에도 조건이 필요하다. 이데일리.

임혜나(2016). 심리적 외상 경험 아동을 대상으로 한 국내 심리치료 메타분석 연구. 한양대학교 석사학위 청구 논문.

장갑수(2015). 성경에 기초한 기본생활습관 형성 프로그램이 유아의 도덕적 행동으로서 배려행동 및 자기조절력에 미치는 효과. 중앙대학교 대학원 박사학위 논문.

장미령(2009). 아동학대의 유형에 관한 연구. 경북대학교 대학원 석사학위 논문.

장수정(2005). 여성의 몸과 주체를 둘러싼 정책적 담론의 형성. 아시아여성연구, 44(2), 37-70.

장우경(2004). 한국 영아의 초기 어휘발달: 18개월~36개월. 한국심리학회지 발달, 17(4), 91-105.

전남련 · 강은숙 · 나현행 · 성은숙 · 이은임 · 김기선 · 이효수 · 엄영숙 · 엄은옥 · 김연옥 · 김호년 (2012). 영아발달. 경기: 양서원.

정갑순(1996). 부모교육론. 서울: 창지사.

정귀애(1994) 산전분만준비교육이 초산모의 분만진통, 불안 및 분만경험 지각에 미치는 효과. 경북대학교 대학원 박사학위 논문.

정미라(2013). 미혼커플의 성행동, 성태도와 성적 자율성. 서울대학교 석사학위 논문.

정미라 · 이희선 · 배소연 · 최미경 · 조윤정(2006). 자녀양육과 부모역할. 경기: 양서원.

정세구(1979). 가치 · 태도 교육의 이론과 실제(교육신서 75). 서울: 배영사.

정영숙 · 김영희 · 박범혁(2005). 아동발달과 부모교육. 서울: 시그마프레스.

정옥분(2009). 아동발달의 이해. 서울: 학지사.

정옥분(2014). 영아발달. 서울: 학지사.

정옥분 · 정순화(2007). 예비부모교육. 서울: 학지사.

정옥분 · 정순화(2014). 결혼과 가족의 이해. 서울: 학지사.

정진자(2000). 우리나라 전통교육 방법이 발달장애아의 발달에 미치는 영향. 지체중복건강장애연구, 36, 69-95.

정현숙(2004). 결혼완전정복. 서울: 신정.

정현숙 · 유계숙 · 최연실(2003). 결혼학. 서울: 신정.

제주특별자치도교육청, 교육과학기술부(2008). 일반적 부모역할지원 프로그램.

조경화(2005). 청소년의 성지식과 성태도. 공주대학교 석사학위 논문.

조미영(1988). 초산모의 분만유형별 붐만경험에 대한 지각과 모아 상호작용과정에 관한 연구. 이화여자대학교 대학원 박사학위 논문.

조성연(2006). 예비부모교육. 서울: 학지사.

조승희(2011). 이성교제를 경험한 대학생의 성행동에 대한 연구. 명지대학교 박사학위 논문.

조원경(2009). 비전형 유방 조기 발육증과 진성 성조숙증 여아에서 임상 및 생화학적 인자의 비교. 대한소아내분비학회, 14, 60-67.

조은실(2008). 한국 사회 배우자 선택의 지위적 동질성: 성취 지위와 귀속 지위를 중심으로. 연세대학교 대학원 석사학위 논문.

조주연 · 한승의 · 송미승(2006). 여대생들의 피임행위에 대한 주관성 연구. 여성건강간호학회지, 12(4), 338-347.

조춘범 · 이현(2013). 아동기 신체학대경험이 청소년의 데이트 폭력에 미치는 영향: 공격성의 매개효과를 중심으로. 한국청소년연구, 24(4), 31-54.

조혜영(2012). 성인애착에 따른 대학생의 성태도와 성행동 연구. 영남대학교 석사학위 논문.

주정일(1989). 태교: 출산의 지혜. 서울: 샘터.

진미정 · 정혜은(2010) 미혼남녀의 결혼의향과 결혼희망연령에 대한 가족가치관의 영향 추세 연구: 2005, 2009년 전국 결혼 및 출산 동향 조사 자료를 중심으로. 한국인구학, 33(4), 31-51.

질병관리본부(2013). 성매개 감염병 연령별 통계.

차기주 · 김민정 · 정미라(2016). 영아기 아버지의 양육참여와 영아발달 간의 관계 : 어머니의 부모역할스트레스의 매개효과를 중심으로. 한국영유아보육학회, 99, 11-138.

최경숙(2006). 아동발달심리학. 서울: 교문사.

최삼섭 · 박찬국(역)(2002).태교신기. 경기: 성보사.

최신덕(1973). 도시부부의 적응과정에 관한 연구. 한국문화연구원 논총, 21, 73-109.

최지영(2012). 성학대 피해 발고지연의 예측 요인과 발고지연이 성학대 피해 아동의 심리적 적응에 미치는 영향. 보건사회연구, 35(4), 491-512.

최혜경 · 신수진 · 강진경(2004). 사랑학. 서울: 교문사.

치안정책연구소(2016). '데이트 폭력'의 예방 및 대응관련 쟁점 사항에 관한 연구. 치안정책연구. 30(1), 175-214.

통계청 (2013. 12. 10). 보도자료. 우리나라의 이혼, 재혼 현황 - 지난 30년간 이혼/재혼 자료 분석-. http://kostat.go.kr

통계청(2012). 2009-2011년 사망원인 보완조사 결과(영아. 모성. 출생전후기 사망) 2014년 5월1일 인용. http://kostat.go.kr

통계청(2014). '2014년 출생통계(확정). 국가승인통계 제10103호 출생통계' 통계청.

하영수(1968). 한국 초임부의 심리 상태에 관한 연구. 중앙의학, 14(4). 9-10.

한국가족상담교육연구소(2010). 변화하는 사회의 가족학. 서울: 교문사.

한국가족학연구회(1993). 가족학. 서울: 하우.

한국교육개발원(1984). 부모교육 프로그램 모형에 관한 연구. 연구보고 RR-84-20.

한국보건사회연구원(2012). 보건복지통계. 2014년 5월 1일 인용. https://hawelsis.kihasa.re.kr

한국어린이육영회 (1993). 기관중심 운영의 실제 Ⅰ. 서울: 정민사.

한국영양학회(2015). 2015 한국인 영양소 섭취 기준

한국유아교육학회(편)(1996). 유아교육사전. 서울: 한국사전연구사.

한국정보화진흥원(2010). 4개국 청소년 건강 실태 비교조사 주요국의 인터넷 중독 해소 정책 및 시사점.

한국청소년개발원(편)(1997). 청소년 심리학. 서울: 서원.

허선자(1991). 아버지의 역할 지각 및 양육참여 행동에 영향을 주는 변인 분석. 이화여자대학교 대학원 박사학위 논문.

홍길회 · 이혜란 · 왕영희 · 정미자(2016). 사회 · 가족변화에 따른 부모교육. 서울: 창지사.

홍순옥 · 박순호 · 김인순(2014). 영아발달. 경기: 양서원.

홍영오 · 연성진 · 주승희(2015). 여성대상 폭력에 대한 연구: 친밀한 관계에서의 폭력을 중심으로. 서울: 한국형사정책연구원.

홍창호 · 노혜옥 · 송상희(1994). 한국남녀 청소년의 성성열도에 대한 연구. 대한소아과학회, 37(2), 193-198.

황신우(2013). 미혼남녀의 피임행위 구조모형. 서울대학교 대학원 박사학위 논문.

Allan Pease & Barbara Pease(2005). 말을 듣지 않는 남자, 지도를 읽지 못하는 남자(이종인 역). 서울: 가야북스.(원저 출간 2000).

Barbour, N. (1987). Learning to read. In C. Seefeldt(ed.), *The early childhood curriculum: A review of current research*. New York: Teachers College.

Bem, D. J.(1965). An experimental analysis of self-persuasion. *Journal of Experimental Social Psychology*, *1*, 199-218.

Bigner, J. J. (2002). *Parent-child relations: An introduction to parenting* (6th ed.). New Jersey: Merrill Prentice Hall.

Bower, T. G. R.(1982). *Development in infancy*. New York: W. H. Freeman.

Bradley, R. H. (1980). The renaissance of fathering. *Educational Horizons*, *59*(1), 27-33.

Brazelton, T. B & Nugent, J. K.(1995). *Neonatal Behavioral Assessment Scale(NBAS) Handbook*. Boston, MA: The Brazelton Institute.

Brazelton, T. B.(1973). *Neonatal Behavioral Assessment Scale*. Phiadelphia: Lippin-cot.

Capuozzo, R. M., Sheppard, B. S. & Uba, G.(2010). Boot camp for new dads: The importance of infant-father attachment. *Young Children*, *65*(3), 24-28.

Cathy A. & Malchiodi (2006). 학대받은 아동을 위한 미술치료.(이재연 · 홍은주 · 이지현 역). 서울: 학지사.(원저 출판 1997).

Chomitz, V. R, Cheung, L. W. Y., & Lieberman, E. (1999). The role of lifestyle in preventing low birth weight. In K. L. Freiberg (Ed.), *Annual editions: Human development 99/00*(27th ed.), 23-33. New York: McGraw-Hill.

Clarke-Stewart, A., Friedman, S., & Koch, J. (1985). *Child development*. New York: John Wiley & Sons.

Cordell, A. S. (1980). Father's view on fatherhood with special reference to infancy. *Family Relations*, *29*(9), 331-338.

Dipietro, Hilton, Hawkins, Costigan & Pressman (2002). Maternal stress and affect influence fetal neurobehavioral development. *Developmental Psychology, 38*(5), 659-668.

EBS 생방송 60분 부모 제작팀(2010). 문제행동과의 한판승 편. 서울: 지식채널.

Erel. O., Burman, B. (1995). Linterrelatedness of marital relations sad parent-child relations: A meta-analytic review. *Psychological Bulletin, 18*, 108-132.

Erickson, E. H. (1968). *Identity, youth and crisis*. New York, NY: Norton.

Frederick Leboyer(1988). 폭력 없는 탄생(주정일 역). 서울: 샘터사.(원저 출간 1974).

Fromm, E. (2015). 사랑의 기술(황문수 역). 서울: 문예출판사.(원저 출간 1956).

Galinsky, E. (1987). *The six stages of parenthood*. New York: Addison-Wesley Publishing Co., Inc.

Gallahue, D. L., & Ozmun, J. C.(2002). *Understanding Motor Development*. New York: McGraw-Hill.

Gardner, H. (1983). *Frames of mind: The theory of multiple intelligences*. New York: Basic books.

Havinghurst, R. J. (1953). *Human development and education*. New York: David Mckay.

Hurlock, E. (1978). *Child Development*. New York: McGraw-Hill.

Iverson, T. J., & Segel, M. (1990). *Child abuse and neglect: An information and reference guide*. New York: Garland.

Jernberg. A. Thomas, E., & Wickersham, M.,(1985). *Mother's behaviors and attitudes toward their unborn infants*. The Theraplay Institue.

Kail, R. V.(2004) *Children and their development*(3rd ed.). New Jersey: Prentice-Hill.

Kail, R. V.(2008). *Children and Their Development*(4th ed.). Pearson Education, Inc.

Keizer, S.M., Dul, M.(2001). Trends in Pubertal Development in Europe. *Human reproduction update, 7*(3), 287-291.

Kelley, E. L., Edwards, K. M., Dardis, C. M., & Gidycz, C. A. (2015). Motives for physical dating violence among college students: A gendered analysis. *Psychology of Violence, 5*(1), 56-65.

Kopp, C. B. (1989). Regulation of distress and negative emotions: A development view. *Developmental Psychology, 25*, 343-354.

Kopp, C. B., & Neufeld, S. J.(2003). Emotional development during infancy. In R. Davidson, K. Seherer, & H. H. Goldsmith(Eds.), *Handbook of affective sciences*(pp. 347-374). Oxford, UK: Oxford University Press.

Lamb, M. E. (1987). *The father's role in cross-cultural perspectives*. New Jersey: Lawrence Erllbaum.

Larsson, C., Sydsjo, G., & Josefsson, A.(2004). Health, Sociodemographic Data, and Pregnancy Outcome in Women With Antepartum Depressive Symptoms. *Obstetrics & Gynecology, 104*(3), 459-466.

Littleton, H. L., Breitkopf, C. R., & Berenson, A. B.(2007). Correlates of anxiety symptoms during pregnancy and association with perinatal outcomes: a meta-analysis. *Am J Obstet Gynecol, 196*(5), 424-432.

Lewis J. (1979). *How's your family? A guide to identity your family's strengths and weaknesses*. New York: Brunner/Mazer.

Maccoby, E. E., & Jacklin, C. N.(1974). *The Psychology of Sex Differences*. Stanford: Stanford University Press.

Macfarlane, A. (1975). Olfaction in the development of social preferences in the human neonate. In Parent-infant interaction (CIBA Foundation Symposium No. 33), Amsterdaum: Elsever.

McKee, L., & O'brien, M. (1982). *The father figure*. London and New York: Tavistock Publications.

Newman, L. F., & Buka, S. L.(1993). Clipped wings. In K. L. Freiberg(ED.), *Annual editions: Human development*

93/94 (21st.), McGraw-Hill.

Otto, H. (1962). What is a strong familt? *Marriage and family Living*, *10*, 481-485.

Parsons, T. & Bales, R. F. (1955). Family, Socialization and Interaction Process. Glencoem: Free Press.

Rabin, A. (1965). Motivation for Parenthood, *Journal of Projective Techniques*, *29*, 405-411.

Rossi, A. (1986). Transition to Parenthood, *The Journal of Marriage and the Family*, *30*, 26-39.

Rubin, Z.(1973). *Liking and loving: An invitation to social psychology*. New York: Holt, Rinehart and Winston.

Schaefer, E. S., Bell, R. Q., Nancy Bayley (1959). Development of a Maternal Behavior: Research Instrument, *The Journal of Genetic Psychology*, *95*, 84-104.

Shaffer, D. R. (2002). *Developmental psychology childhood and adolescence*(6th ed). Wadaworth/Thomson Learning.

Skolnick, A. S. (1987). *The Intimate Environment*(4th edition). Harper Collins publisher.

Sternberg, R. J. (1986). A triangular theory of love. *Psychological review*, *93*, 119-135.

Stinett, N. & Defrain, J. (1989). The healthy family: Is it possible? In M. J. fine(Ed.), The second handbook on parent education. New York: Academics Press.

Teixeira, J. M. A., Fisk, N. M., & Glover, V.(1999). Association between Maternal Anxiety in Pregnancy and Increased Uterine Artery Resistance Index: Cohort Based Study, 153.

Thomas, A., & Chess, S.(1977). *Temperament and development*. New York: Brunner/ Mazel.

Thomas Verney(2005). 태아는 알고 있다(김수용 역). 서울: 샘터사.(원저 출간 1981).

Turner, J. S., & Helms, D. B. (1994). *Contemporary Adulthood*(5th ed). New York: Holt, Rinehart & Winston.

Veevers, J.(1973). The Social meanings of parenthood. *Psychiatry*, *36*, 291-310.

Whitaker, M. P. (2014). Motivational attributions about intimate partner violence among male and female perpetrators. *Journal of interpersonal violence*, *29*(3), 517-535.

Wolff, M. S., Britton, J. A., Boguski, L., Hochman, S., Maloney, N., Serra, N., Liu, Z., Berkowitz, G., Larson, S., Forman, J.(2008) Environmental exposures and puberty in inner-city girls. *Environmental research*, *107*, 393-400.

Zastrow, C. H., & Kirst-Ashman, K. K.(2004). *Understanding human behavior and the social environment*(3th ed.). Belmont, CA: Brooks/Cole-Thomson Learning.

네이버 국어사전. http://krdic.naver.com/

네이버 지식백과. http://terms.naver.com/

두산백과. www.doopedia.co.kr/

예방접종도우미. nip.cdc.go.kr

임신육아포털 아이사랑. http://www.childcare.go.kr/

중앙아동보호전문기관. http://korea1391.go.kr/new/

한국양성평등교육진흥원. http://www.kigepe.or.kr/

저자소개

전 선 옥

학력

- 이화여자대학교 사범대학 유아교육과 문학사
- 이화여자대학교 대학원 유아교육과 문학석사
- 이화여자대학교 대학원 유아교육과 문학박사

경력

- 전) 홍신유치원 교사
  한림성심대학교 부속 한림유치원 원장
- 현) 한림성심대학교 유아교육과 교수

부모교육 관련 저서 및 역서

- 「유아 · 부모 · 교사를 위한 부모교육」
- 「영유아교육기관의 부모교육」
- 「자녀와 더불어 성장하는 부모」
- 「이혼가족 자녀를 위하여」 등

제2판)

행복한 가족을 위한

예비부모교육

초 판 1쇄 발행 2017년 2월 25일
제2판 2쇄 발행 2020년 9월 8일

지 은 이 | 전선옥
펴 낸 이 | 김기섭
편 집 인 | 이혜란
펴 낸 곳 | 창지사 www.changjisa.com
08589 서울시 금천구 가산디지털 1로 83 파트너스타워 1차 9층
전화 (02)719-2211~3
팩스 (02)701-9386
등 록 | 1977년 4월 28일 · 제1-421호

ISBN 978-89-426-1250-5 (93370)

값 19,000원

「이 도서의 국립중앙도서관 출판예정도서목록(CIP)은 서지정보유통지원시스템 홈페이지(http://seoji.nl.go.kr)와 국가자료공동목록시스템(http://www.nl.go.kr/kolisnet)에서 이용하실 수 있습니다.(CIP 제어번호 : CIP2019031775)」